浙江大学"一带一路"合作与发展协同创新中心
浙江大学中国古代史研究所
主　编　刘进宝

CULTURES ON THE SILK ROAD

丝路文明

第二辑

图书在版编目(CIP)数据

丝路文明.第二辑／刘进宝主编.—上海：上海古籍出版社，2017.12
ISBN 978-7-5325-8691-2

Ⅰ.①丝… Ⅱ.①刘… Ⅲ.①丝绸之路—文集 Ⅳ.①K928.6-53

中国版本图书馆 CIP 数据核字(2017)第 311431 号

丝路文明(第二辑)
刘进宝　主编
上海古籍出版社出版发行

(上海瑞金二路272号　邮政编码200020)
(1) 网址：www.guji.com.cn
(2) E-mail：gujil@guji.com.cn
(3) 易文网网址：www.ewen.co
上海商务联西印刷有限公司印刷
开本787×1092　1/16　印张20.75　插页4　字数369,000
2017年12月第1版　2017年12月第1次印刷
ISBN 978-7-5325-8691-2
K·2417　定价：88.00元
如有质量问题，请与承印公司联系

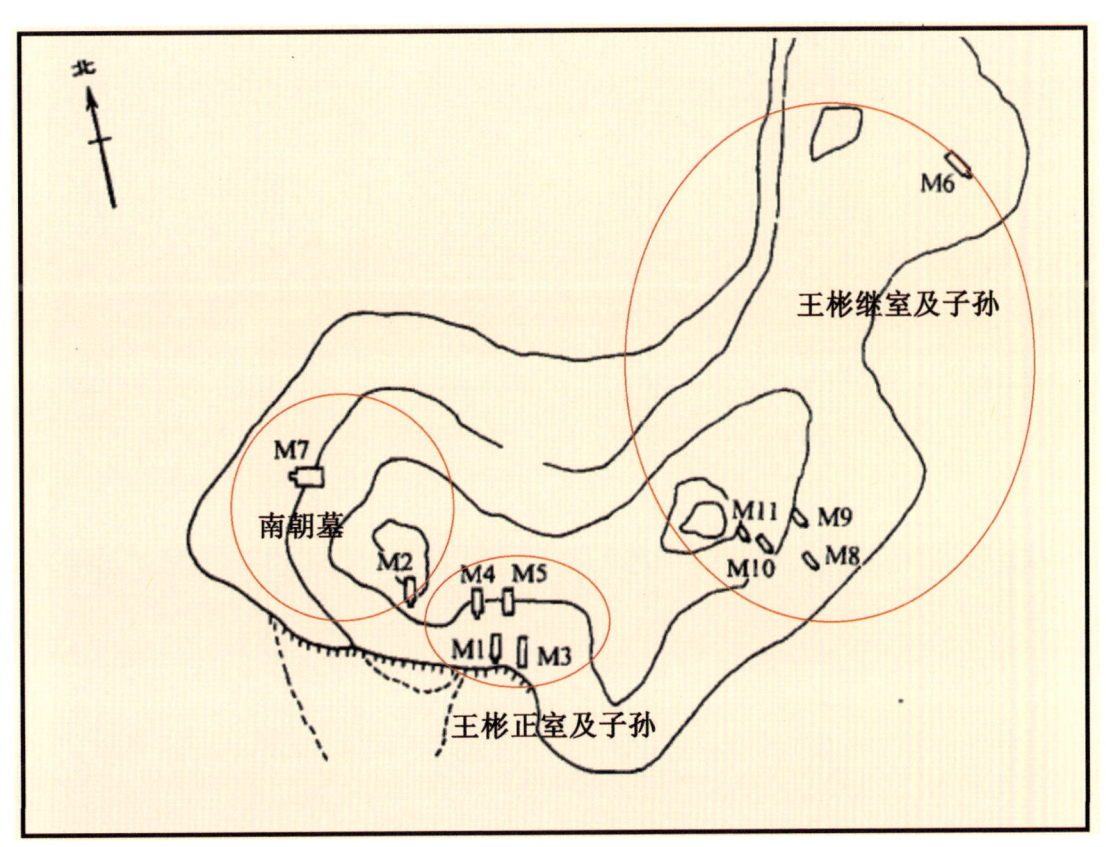

图版一　南京象山墓地墓葬分布图

图版二 南京象山 7 号墓与镇江南朝墓出土鞍马俑所见马镫

图版三 印度名钻"光明之海"(1)与象山 7 号墓出土金刚石戒指(2)

图版四　丝绸之路上的罗马磨花几何纹玻璃杯

图版五　丝绸之路上的罗马龟背纹玻璃杯（1-4）与萨珊蜂窝纹玻璃杯（5-6）

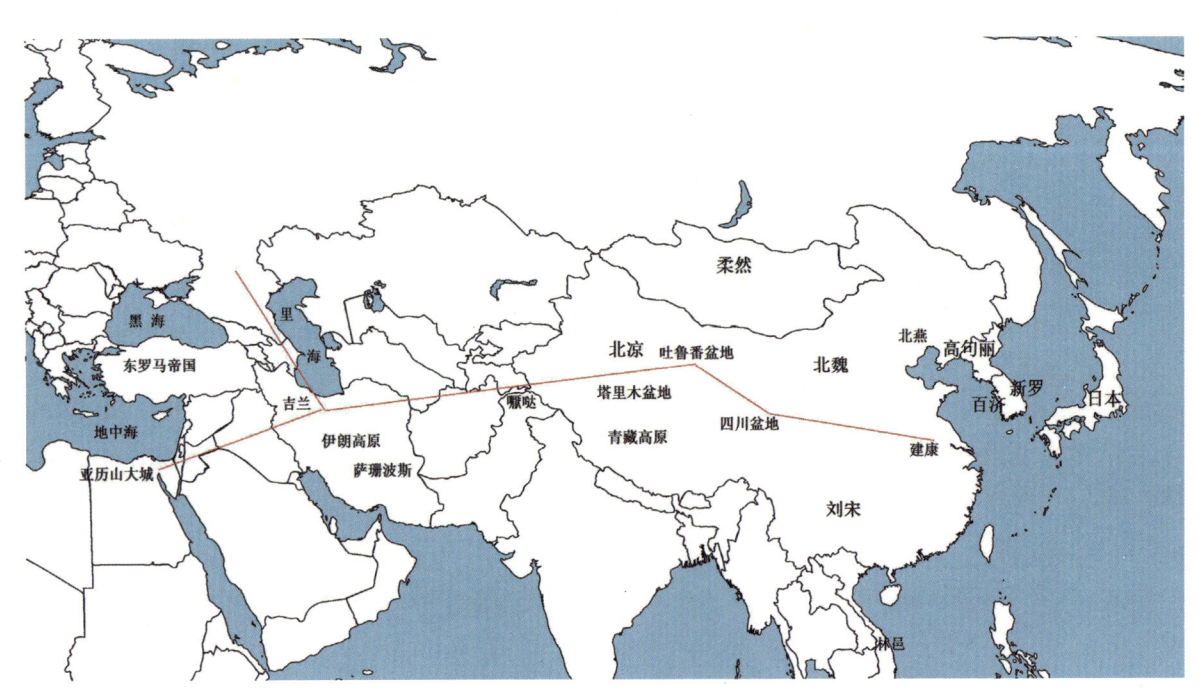

图版六　公元 5 世纪中国与东罗马帝国之间的丝绸之路

《丝路文明》编辑缘起

晚清以来，西方探险家、考察家在我国西北和中亚地区进行了各种各样的探察活动，不仅提出了"丝绸之路"的概念，而且还在丝绸之路沿线发现了许多古代的文物和文化遗存，将东方与西方、中国与世界、古代与现代紧密地结合在一起。关于"丝绸之路"，可能会有多种定义，也会有多种解说，但"丝绸之路"的主要功能是中外文明的交流与互鉴，这一点应该是毋庸置疑的。

近年来，随着国家"一带一路"战略的提出，"丝绸之路"的研究再次引起了学术界的高度关注。为适应这一新形势的需要，浙江大学在原有学科优势的基础上，成立了"一带一路"合作与发展协同创新中心，团结校内外中坚力量，从事"丝绸之路"相关问题的研究。

《丝路文明》是以丝绸之路为主线，以阐释古代多元历史文明的交流与互鉴、推进当代东西方文化交流为宗旨，刊发世界古代文明发展、交流、融合等研究成果的综合性学术刊物。

《丝路文明》的创刊，旨在为相关领域的研究者提供一个新的交流平台，从长时段探讨中外文明交流，将"丝绸之路"的研究置于中外政治、经济、文化交流的大背景下，以刊登相关历史文化研究、丝绸之路古遗址的考古发掘和考察新发现，从文明交流与互鉴的角度对丝路沿线出土文献与文物的解读，以及与丝绸之路相关的学术史、学术性书评等文章为主。热诚欢迎国内外从事和关心"丝绸之路"研究的专家、学者、朋友们提出宝贵意见。

目 录

丝路文明研究二题 ······ 朱雷（1）
试论晋唐时期丝绸之路的语言状况与语言政策
　　——以吐鲁番出土文献为中心 ······ 王启涛（5）
汉代的通关致书与肩水金关 ······ 郭伟涛（21）
河西魏晋唐墓中的胡人形象 ······ 郭永利（45）
《新获吐鲁番出土文献》所收"五胡"时代公文书试探
　　······ 〔日〕关尾史郎 著　王蕾　冯培红 译（61）
南京象山7号墓出土西方舶来品考
　　——兼论公元5世纪中国与东罗马帝国之间的丝绸之路 ······ 林梅村（75）
粟特人的东方迁徙与唐王朝的成立 ······ 〔日〕石见清裕 著　齐会君 译（91）
汉唐西北边疆地区农业开发和畜牧业发展综述 ······ 李锦绣（103）
新见中古鱼氏的几方新材料
　　——兼论鱼氏族群的起源 ······ 邓盼（115）
安史之乱后唐北庭归朝官孙杲墓志研究 ······ 陈玮（131）
敦煌写卷"落蕃诗"创作年代再探 ······ 杨富学　盖佳择（147）
悬泉镇与榆林窟 ······ 陈菊霞（173）
印度"Kauśāmbī法灭故事"在中国的传播与影响 ······ 刘屹（189）
摩尼教饮食规制考辨 ······ 芮传明（205）
摩合罗考 ······ 刘迎胜（221）
丝绸之路视阈下移民群体的身份与认同
　　——以9—14世纪东南沿海地区穆斯林为中心的考察 ······ 马娟（231）

岑仲勉先生与西北史地研究 ······ 宋翔（243）
那波利贞先生的敦煌文书研究
　　······ 〔日〕竺沙雅章 著　赵梦涵 译　〔日〕高田时雄 校（253）
斯坦因1914年敦煌莫高窟考古日记研究 ······ 王冀青（261）

评王子今《汉简河西社会史料研究》……………………………孙兆华(287)
丝绸之路佛教语文学研究的开创之作
　　——辛岛静志《佛典语言及传承》简评……………………徐文堪(291)
敦煌与西部的学术情结
　　——齐陈骏《敦煌学与古代西部文化》介评………………冯培红(299)
书评：《黄金半岛：1500年以前马来半岛的历史地理》………鲁西奇(309)
向达先生《中外交通小史》的当代价值………………………殷盼盼(319)

跋敦煌所出汉《社日》简…………………………………………赵大旺(4)
宋氏死期小考………………………………………………………许超雄(60)
布尔努瓦《丝绸之路》评介………………………………………李含慧(90)
《丝路译丛》及《驶向撒马尔罕的金色旅程》…………………闫　丽(102)
丝路文明建设的重要一环：地方文献整理………………………吕瑞锋(242)
《宫崎市定亚洲史论考》评介：以《菩萨蛮记》为中心………陈丽娟(260)

Contents

Two Case Studies on the Silk Road Civilization ················· Zhu Lei (1)

A Study of Language Situation and Policies along the Silk Road during the
  Jin-Tang Period: Focusing on Turfan Documents ··············· Wang Qitao (5)

Official Passage Documents of the Han Dynasty and the Jianshuijinguan Pass
  ·· Guo Weitao (21)

The Images of the Sogdians in the Hexi tombs during the Jin-Tang Times
  ·· Guo Yongli (45)

Official Writings during the "Five-Barbarians" Times Collected in the *Xinhuo Tulufan
  Chutu Wenxian* ············ Sekio Shiro, translated by Wang Lei and Feng Peihong (61)

On the Western Exotics Unearthed in Tomb No.7 of Xiangshan Cemetery in Nanjing
  ·· Lin Meicun (75)

The Immigrations of the Sogdians to the East and the Founding of the Tang Dynasty
  ················· Ishimi Kiyohiro, translated by Qi Huijun (91)

The Development of Agriculture and Animal Husbandry in the Han-Tang
  Northwestern Borderlands ································ Li Jinxiu (103)

On Newly Discovered Materials related to the Yu Family: A Discussion on
  this Ethnic Group's Rise ·································· Deng Pan (115)

A Study of the Epitaph of Sun Gao who Came back to the Capital from the
  Beiting Area after the An Lushan Rebellion ··············· Chen Wei (131)

A New Study on the Date of the Luofan Poem in the Dunhuang Document
  ··· Yang Fuxue, Ge Jiaze (147)

The Xuanquan Fortress and the Yulin Grottoes ················· Chen Juxia (173)

The Spread and Influence of the Indian Story of Kauśāmbī ··············· Liu Yi (189)

A Study on the Diet Regulations of Manichaeism ············· Rui Chuanming (205)

On Moheluo ·· Liu Yingsheng (221)

The Identity of the Immigration Groups in the Context of the Silk Road: Focusing
  on the Muslims of the Southeastern China during the 9 - 14 Centuries
  ·· Ma Juan (231)

Cen Zhongmian and His Studies of the Northwestern History and Geography
.... Song Xiang（243）
Naba Toshisada's Studies of the Dunhuang Documents
...... Chikusa Masaasa, translated by Zhao Menghan, proofread by Takada Shio（253）
A. Stein's Archaeological Diary on the Dunhuang Grottos in 1914 ...... Wang Jiqing（261）
Book review of *Hexi Shehui shi Ziliao Yanjiu* by Wang Zijin .... Sun Zhaohua（287）
A Creative Study of Buddhist Languages on the Silk Road: A Brief Review of
  Fodian Yuyan ji Chuancheng by Karashima Seishi .... Xu Wenkan（291）
Dunhuang and the Academic Complex related to the West: A Review of
  Dunhuangxue yu Gudai Xibu Wenhua by Qi Chenjun .... Feng Peihong（299）
Huangjin Bandao: 1500 Nian yiqian Malaibandao de Lishi Dili by Paul Wheatley
.... Lu Xiqi（309）
The Value of *Zhongwai Jiaotong Xiaoshi* by Xiang Da .... Yin Panpan（319）

丝路文明研究二题

朱 雷

摘 要：湖北鄂州西晋古墓出土的萨珊王朝钠钙玻璃，学者们认为是由海路传来。实际上早在永嘉之乱前，就已存在陆上与南方的交通，而在西晋时除了海路外，更多的应该是陆路。这些珍贵的"贡物"，也会为商人所关注，因此鄂城所出玻璃器，虽不排除海路的可能，但陆路经丝绸之路输入也是有证据的，即唐欧阳询《艺文类聚》引晋潘尼《琉璃椀赋》。杜环在大食国所见"汉匠"，学术界认为是怛逻斯之役中，被大食俘去"没落"者中的手艺者。当然大军之中有"手艺人"，如打铁、修造军器、攻城器械之专门者，但不可能带上金银匠、画匠、绫绢机杼工匠，这些皆非军事行动的需要。征召士兵，也一般不会征召工艺巧匠。这些工艺巧匠应该可能是粟特商人"勾引"而去的。

一、湖北鄂州西晋古墓出土萨珊王朝钠钙玻璃的由来

近阅《鄂城六朝墓》一书，见记一西晋古墓编号为 M4021 者，发现有若干玻璃制器碎片。其中十一片经拼合，复原成"完整器"。（见右图）

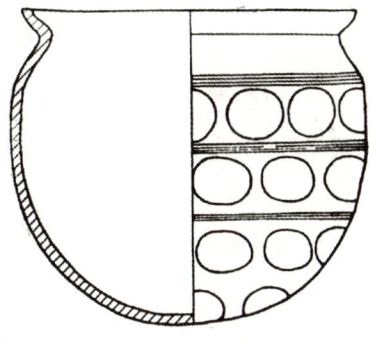

同书介绍，该玻璃器"侈口，折沿，球形腹，圆底，色泽较淡，略泛黄绿色，透明度好……口径 10.2 厘米，最大腹径 11.0 厘米"。整理后编号为 M4021∶3，定名为玻璃碗。编号为 M402∶4 为一磨花玻璃碗的上腹部残片，色泽呈淡黄绿色。①

---

① 南京大学历史系考古专业、湖北省文物考古研究所、鄂州市博物馆编《鄂城六朝墓》，科学出版社，2007 年，第 303—305 页。

据安家瑶先生的研究,这是波斯萨珊王朝的磨花玻璃碗。① 至于通过何种途径传入中国？判为孙吴时由海路传入,②根据该书记载还有玻璃珠子等物出土,这些是否皆由海路而来？当时还有陆上丝路之路。

当然这也作为贡物,由使者献给西晋皇帝。但即因价值高,也必作为贵重商品,如同黄金制品、贵重药材一样,输入西晋王朝。王仲殊先生认为是孙吴时由海路传入。③

这种推论自有其依据,但是我们知道还存在陆路的丝道,余昔年尝撰《东晋十六国时期姑臧、长安、襄阳的互市》④一文,并引用斯坦因所获在敦煌烽燧遗址出土的粟特文信函的翻译件,指出早在永嘉之乱前,就已存在丝路交通,就在大乱的五胡十六国时还在艰难地通行着,而在西晋时除了海路,更多恐怕是陆路吧。

就在唐欧阳询的《艺文类聚》卷七三《杂器物部·盌》引晋潘尼《琉璃椀赋》曰："览方贡之彼珍,玮兹椀之独奇。济流沙之绝险,越葱岭之峻危。其由来也阻远,其所托也幽深。"⑤同书卷八四《宝玉部下·瑠璃》条亦引晋潘尼《瑠璃椀赋》。⑥ 两处引文,其文或有出入,语义全同,皆指出是由西而来。"济流沙之绝险,越葱岭之峻危",表明中国虽地大物博,但当时尚未学会制作玻璃制品,犹需通过陆道丝路传入,成为潘尼赋中"览方贡之彼珍"。⑦

作为一方之珍物,除作为"贡物",也为商人所关注,自然令经丝路贩运来以售于民间富人。因此鄂城所出玻璃器,在不排除海路的可能,陆路经丝绸之路输入也是有证据的。

二、谈杜环在大食国所见"汉匠"由来

《通典》卷一九三《边防典》引杜环《经行记》,记杜环因怛逻斯之败,被大食人俘去,"没落"十余年,经历十二国,记所见所闻。至大食国,见：

---

① 安家瑶《北周李贤墓出土的玻璃碗——萨珊玻璃器的发现与研究》,载《考古》1986年第2期；《中国的早期玻璃器皿》,载《考古学报》1984年第4期。
② 《鄂城六朝墓》,第337页。
③ 王仲殊《试论鄂城五里墩西晋墓出土波斯萨珊朝玻璃碗为吴时由海路传入》,载《考古》1995年第1期。
④ 朱雷《东晋十六国时期姑臧、长安、襄阳的互市》,载黄惠贤、李文澜主编《古代长江中游的经济开发》,武汉出版社,1988年,第197—208页；后收入朱雷《敦煌吐鲁番文书论丛》,甘肃人民出版社,2000年,第327—336页。
⑤ （宋）欧阳询等编《艺文类聚》卷七三《杂器物部·盌》,上海古籍出版社,1982年,第1262页。
⑥ 《艺文类聚》卷八四《宝玉部下·瑠璃》,第1441—1442页。
⑦ 潘尼,《晋书》有传,大文人潘岳之侄,于永嘉之乱中卒。（中华书局,1974年,第1507—1516页）

> 绫绢机杼，金银匠，画匠，汉匠起作画者，京兆人樊淑、刘泚，织络者，河东人乐
> 隈、吕礼。①

上引节文断局标点当有可商量之处，盖杜君卿之《通典》本节引杜环之《经行记》或有不当之处，后人标点断句时，或因误读、误断，吾意当作：

> 绫绢机杼，金银匠，画匠，汉匠起作。画者京兆人樊淑、刘泚，织络者河东人乐
> 隈、吕礼。

此盖言不少工匠皆"汉匠"充当，其后所言"画者"为京兆两人，并署名。织络者河东人，并署名。

关于杜环所见人的来由，今见中外人多言本因高仙芝于怛逻斯之役，被大食俘去"没落"者中之有专门的手艺者，这涉及军队的组成。当然大军之中有"手艺人"，如打铁、修造军器、攻城器械之专门者，但不可能带上金银匠、画匠、绫绢机杼工匠，这些皆非军事行动的需要。作为士兵的征召，也一般不会征召工艺巧匠（至于安史之乱起，发现有工商业者投军并未在军中服役，以避其他赋役，又作别论。）

考虑到粟特商人来华贸贩久矣，首先知晓中国之特产，何地产何物，也知何地有何色能工巧匠。

陶保廉《辛卯侍行记》卷六，依此而谓是时唐人西游"去者接踵，流沙竟或康庄"。当然道路艰险，气候恶劣，沿途道匪充斥，从僧人游记中可见，流沙毕竟不是康庄大道，若不掌握路线图，具备长途行旅经验和关系的粟特商人"勾引"，这种具有特种工艺的高级人才被"引进"大食是不可能的。

联想到制镜技术由威尼斯如何传入法国，也即是"勾引"技工去法国，制造以牟利。与粟特商人"勾引"唐有特色技术工匠高手如出一辙。

（作者单位：武汉大学历史学院）

---

① （唐）杜环著，张一纯笺注《经行记笺注》，中华书局，1963年，第55页。

跋敦煌所出汉《社日》简

赵大旺

1979年9月，甘肃省博物馆文物队对马圈湾烽燧遗址（编号D21）进行科学发掘，发现了1221枚简牍，其中编号为五号探方所出的217、218二简，是关于汉代"社日"的记载，笔者称其为《社日》简。该简涉及汉代社日的活动内容，为其他材料所未见，因此向学界介绍该简，并考释部分字词。

《社日》简的图版和释文最先于1991年公布（《敦煌汉简》图版贰贰、释文第227页），笔者参照前人对该简的释录成果，对《社日》简的内容录文于下：

> 社日，众人尽坐，为卿明读爰书。约京（束）令卿，卿尽知之：卖社下贱平所市一饌以上，及发养所作治饮食，若塗垩社，皆不庄事，事罚平一石谷，赏以社。

社日，即举行社祭的日子，是民间的重大节日。汉代的里普遍立社，穷乡僻壤乃至边远地区都有里社。

爰书，自曹魏以来，学者们就对其有不同的理解（高敏《释"爰书"——读秦、汉简牍札记》，《益阳师专学报（哲科版）》1987年第2期），但都不出诉讼案件的范畴。《社日》简后接219—223号简牍恰好是一组记录法律案例的爰书，223号简仅书三字："右爰书。"因此，《社日》简所说"爰书"应就是219—223号简上的法律案例。社日活动宣读法律文件，传世史籍也有迹可寻，《周礼·地官司徒第二》有："若以岁时祭祀州社，则属其民而读法，亦如之。"唐贾公彦疏曰："凡读法，皆因即会以聚民。今既祭，因聚民而读法。"至于读法的目的，也如同书同卷所说："以考其德行道艺而劝之，以纠其过恶而戒之。"可见，汉代的乡里教化，除了儒家的乡党礼仪、孝悌力田等外，法律知识的普及也是重要内容。

发养，即负责做饭。《春秋公羊传》宣公十二年有："厮役扈养死者数百人"，注曰："炊烹者曰养。"《新简》E.P.T40：3也有分配做饭者的记载："己卯卒十一人，其一人作卒养"，睡虎地出土的《秦律十八种·金布律七五》规定："都官有秩吏及离官、啬夫，养各一人，其佐、史与共养。"这里的"养"也是指负责做饭的人。社日活动的重要内容之一就是里中居民的聚宴，因此需要有负责做饭的人，该简中"发养所作治饮食"即是对负责做饭者的规定。

若塗垩社，"若"意同"及"，《史记·大宛列传》："及汉使乌孙，若出其南，抵大宛、大月氏相属"，《集解》对"若"解释说："徐广曰：'《汉书》作及，若意义亦及也。'"又如，睡虎地秦简《法律答问》六〇简有："廷行事有罪当迁，已断已令，未行而死若亡，其所ого当诣迁所"，这里的"若"也应理解为"及"。"塗"，又写作"涂"，如《合校》214·5简："墚楼不垂涂垩"，为涂抹之意。《释名·释首饰第十五》有："胡粉，胡餬也，脂和以塗面也。"敦煌汉简D21：815号有："二人塗西门外垣下足。"《说文·土部》："垩，白涂也。"《释名·释宫室第十七》有："垩，亚也，次也，先泥之，次以白灰饰之。"《后汉书·西域传》记载大秦国："列置邮亭，皆垩墍之"。注曰："墍，饰也，音火既反。郭璞曰：垩，白土也，音恶。"据汉简所见，"塗"与"垩"为两项不同的活动，如《新简》E.P.T40：3简："三人垩，五人涂，一人治传中"，则"塗"是先以泥涂之，而"垩"则是以"白土"装饰使其鲜明，如《合校》104·24有："蓬火□□上盖垩，不鲜明"，《新简》E.P.T20：4A也有："谨修治社稷，令鲜明。"以上记载都表明在社日祭祀社神之前，社人要对社坛进行一番装饰。

试论晋唐时期丝绸之路的语言状况与语言政策
——以吐鲁番出土文献为中心

王启涛

摘 要：古代丝绸之路是一条语言多彩之路。活跃在这条丝路上的各民族,在政治、经济、军事、文化的密切交往中相互学习和掌握对方的语言文字,不少人是双语人或多语人;晋唐中央王朝和高昌等丝路绿洲国家的各级政府和民间有为数不少的翻译队伍,这支队伍以粟特人居多;唐王朝为来自异邦异族的各界人士提供法律诉讼的语言服务,确保法律面前人人平等,而从事诉讼翻译的人士还要承担相应的法律责任;晋唐王朝在西域奉行各民族语言文字的平等互利,在对于基层行政组织和行政职务的命名上,官方往往采用本地民族的语言形式,通过音译得以完成,而对于中高层行政组织和行政职务的命名,则来自汉语和汉文化,特别是儒家文化。一言以蔽之:古代丝绸之路是一条语言习得之路、语言翻译之路、语言平等之路、语言互利之路。

古代丝绸之路是一条语言多彩之路。据不完全统计,在不同的历史时段,古代丝绸之路西域段曾经使用过20多种语言文字,其中语言主要有汉语、犍陀罗语、梵语、焉耆—龟兹语、于阗塞语、粟特语、古代突厥语、回鹘语、希伯来语、波斯语、叙利亚语、古藏语、西夏语、阿拉伯语、察合台语、蒙古语、满语等,文字主要有汉文、梵文、佉卢文、希伯来文、焉耆—龟兹文(旧称吐火罗文)、于阗文、古代突厥文、粟特文、回鹘文、摩尼文、叙利亚文、婆罗米文、西夏文、契丹文、察合台文、古藏文、回鹘式蒙古文、八思巴文、满文等。[①] 那么,晋唐中央政府以及高昌国等西域绿洲国家在古代丝绸之路曾经推行了怎样的语言政策呢？随着近一百年来吐鲁番、和田、库车等地出土文献公之于众,我们对这一问题有了更加清晰的认识。

---

① 张铁山《新疆历史钱币上语言文字的交融与合璧》,《吐鲁番学研究》2015年第1期,第65—75页。

我们发现,古代丝绸之路原来是一条语言习得之路、语言翻译之路、语言平等之路、语言互利之路。请详而论之。

一、语言习得之路

语言学界把母语习得之后学习其他语言的行为称为"语言习得(language acquisition)",把能说两种或多种语言的人叫做双语人(bilingualism)或多语人(multilingualism)。① 在古代丝绸之路,无论是汉民族还是各兄弟民族,在长期的密切交往过程中,往往都在自己的母语之外掌握了一种或多种其他民族的语言,成为双语人或多语人。古代吐鲁番是典型的多语地区。《周书》卷五〇《异域传下》载高昌:"服饰,丈夫从胡法,妇人略同华夏,兵器有弓、箭、刀、楯、甲、矟。文字亦同华夏,兼用胡书。有《毛诗》《论语》《孝经》,置学官子弟,以相教授,虽习读之,而皆为胡语。赋税则计田输银钱,无者输麻布,其刑法、风俗、婚姻、丧葬,与华夏小异而大同。"②高昌国是汉人建立的西域绿洲国家,官方语言和文字肯定是汉语和汉字,但是依然使用其他民族的语言(胡语)和文字(胡书)。又检 Or.8210/斯 6251 Ast.ii.1.016‐019《北凉玄始九年(420)随葬衣物疏》(沙 2‐320):③"左青龙右白虎前□□□□物数,胡僧[受](?)□□□□",可见北凉时期的"胡僧"就已经充当"书物数"的职责,也就是用汉字起草随葬衣物疏了。

正如语言学家所言:"只有五种语言在传布文化上有过压倒势力,它们是古典汉语、梵语、阿拉伯语、希腊语和拉丁语。"④在古代丝绸之路上,各兄弟民族学习和掌握汉语蔚然成风,一些与唐西州军民处于敌对状态的外族军队也能说汉语。宁乐二〇(3)、七(2)号《唐西州都督府牒为巡罗觇探贼踪事一》(81):⑤"都督府。镇副杨逸。右从莅[蓉]□□西至挎谷,逐要督察巡逻。束碛镇戍并□□□诸路,先配人马觇探,仰谷口高

---

① 徐大明、陶红印、谢天蔚《当代社会语言学》,中国社会科学出版社,1997 年,第 162—163 页。
② 《周书》,中华书局,2009 年,第 915 页。黄文弼认为此处的"胡语"即突厥语,参看黄文弼《西域史地考古论集》,商务印书馆,2015 年,第 197—198 页。韩森认为可能是龟兹语或粟特语,参看〔美〕芮乐伟・韩森著,张湛译《丝绸之路新史》,北京联合出版公司,2015 年,第 107 页。
③ "沙 2‐320"表示该件文书图版见于沙知、吴芳思《斯坦因第三次考古所获汉文文献(非佛经部分)》,上海辞书出版社,2005 年,第 2 册,第 320 页。
④ 〔美〕爱德华・萨丕尔著,陆卓元译,陆志韦校订《语言论——言语研究导论》,商务印书馆,1985 年,第 174 页。
⑤ "(81)"表明图版见于陈国灿、刘永增编《日本宁乐美术馆藏吐鲁番文书》,文物出版社,1997 年,第 81 页,下同。本件文书被裁成二片,上下之间有缺字,2—3 行有"西州都督府之印",是一件官文书。

山着人[去]□□。此等探巡,并当贼路,贼在达匪、悬泉□□,探者据高,谷下人马百方牢固,两头计□,□[觉]贼徒。贼内有汉语之人,弥须警策,□□督察,见骑贼即点绯幡,见步贼即□□幡。马于谷底馁,着人看守,与高山望□□□,记号的见。贼从东来,向东点幡。从□□,□西点,从北来,向北点。壹人点壹下,两人[来]两下,若拾人已上,百人已下,急多点。谷[底]□□人见山头幡,的知贼来,即走马逐便[告]□,□都知界内兵马,烽火通明,处月劫[掠]□□□恒日交横,觇探勿招深累。━━叁拾里内烽,依前县府官巡逻,朝。"这是西州都督府对蒲昌府进行全面布防的指令。"贼内有汉语之人",意味着敌人中有懂汉语之人。

"桂林葡萄新吐蔓,武城刺蜜未可餐。军中置酒夜挝鼓,锦筵红烛月未午。花门将军善胡歌,叶河蕃王能汉语"。(岑参《与独孤渐道别长句兼呈严八侍御》诗)①这首富有史学价值的诗歌道出了当时西域兄弟民族学习和使用汉语的盛况。活跃于丝绸之路的各兄弟民族,有一些虽然在高昌和唐西州相对独立地聚族而居,②使用着他们原有的风俗习惯和语言文字,但是,他们又不得不面对汉语在政治、经济、军事、文化、教育等领域的强势地位,这些迁入者自然而然学习和使用汉语及汉字,成为地道的双语人或多语人,这就是今天的吐鲁番为什么既有那么丰富的汉文文献出土,又有那么多的胡语文献与世人见面。特别是那些经商的粟特人、从事劳作的突厥人,更是语言和文字方面的多面手。各兄弟民族中有不少人精通汉语,他们对汉语的语言认同(linguistic identity)背后更多是文化的认同。

在广袤的西域,考古学家们从墓葬中出土了都有不少双语文物,1975 年新疆博物馆考古队在哈拉和卓 90 号墓出土了 18 枚桃人木牌,正面书写汉文"代人",其中 17 枚属于十六国高昌郡时期,一枚属于麹氏高昌时期,其中有不少反面写有粟特文字母拼写的汉语或突厥语,译为汉文也是"人""代人""人、仆人或妻子"之义,③这座墓没有出土

---

① 柴剑虹认为"桂林"即"涝林"之误(见柴剑虹著《桂林武城考》,载《武汉师院学报》1981 年第 2 期)。关于"花门",在《新唐书·地理志》中载居延海"又北里有花门山堡",其地本唐置,天宝时为回纥所据。在杜甫诗《留花门》中指回纥,此指西州各少数民族。"叶河"见《新唐书·地理志》:"又渡叶叶河七十里有叶河守捉。"叶河守捉属北庭节度使领辖,在今乌苏市境内(参考冯承钧《西域地名》)。又参陈铁民、侯忠义校注《岑参集校注》,上海古籍出版社,2004 年,第 211—212 页。

② 如"胡城"即胡人所居之城,可能指迁到西州的突厥人所住的地方。64TAM35:38(a)《武周某馆驿给乘长行马驴及粟草帐》(3-531):"使人骨利幹乘往胡城[回],壹日料,粟捌胜下达;草肆束。"("3-531"指本件文书图版见于唐长孺主编图录本《吐鲁番出土文书》第叁册,文物出版社,1996 年,第 531 页。)关于"胡城",参考刘安志《唐代西州的突厥人》,载《魏晋南北朝隋唐史资料》第 17 辑,武汉大学出版社,2000 年,第 117 页。

③ 见库尔班·外力《吐鲁番出土公元五世纪的古突厥语木牌》,载《文物》1981 年第 1 期,第 63—64 页。

墓志,但是有《高昌阿苟母随葬衣物疏》。"苟"即"狗",可能与祆教有关。"阿苟"或许是这批有关客使、账目文书的主人,他作为高昌的入籍粟特人,由于有语言和经商的本能,在高昌客馆中接待远来的客使,最后把废弃的有关客使的文书制成丧葬的材料,埋入其母亲的墓中。①

由于高昌与突厥和铁勒关系密切,从公元554年开始,突厥逐渐控制高昌,高昌通过突厥与西方各国联络,高昌国内衣着、发式都有突厥化的倾向。虽然官方语言是汉语,但是突厥语在这里肯定也是大行其道的。同时,高昌还与何国、焉耆、伊吾、铁勒等有来往。② 我们可以从69TKM33：1/2(a)《高昌众保等传供粮食帐(一)》(1-238)、60TAM 307：5/4《高昌竺佛图等传供食帐(三)》(1-414)、60TAM329：23/1,23/2《高昌虎牙元治等传供食帐(一)》(1-461)、73TAM517：04/5《高昌元礼等传供粮食帐》(1-266)、75TKM90：20(b)《高昌主簿张绾等传供帐》(1-123)中纷繁复杂的异族人名汉译中,看出当时高昌国有关突厥、铁勒、焉耆的汉译译名系统。③

由于商业贸易、文化交流和战争因素,一些汉人也学会了其他民族的语言。④《旧

---

① 荣新江《中古中国与外来文明》,三联书店,2001年,第186—187页。又参看孟凡人《吐鲁番出土的木俑和泥俑》,载赵华编《吐鲁番古墓葬出土艺术品》,新疆美术摄影出版社、霍兰德出版有限公司,1994年,引文见第54—60页。1984年,吐鲁番地区文管所又在阿斯塔那古墓群发现两枚文字较多的桃人,参看柳洪亮《吐鲁番阿斯塔那古墓群新发现的桃人"木牌"》,载《考古与文物》1986年第1期,第39—40页。余欣指出："由此可见,各种'代人'俑(或象征性的木牌)不仅在内地和敦煌的汉人中流行,而且这种信仰和丧葬习俗有可能已渗透到远在西域的高昌粟特人聚落中。"氏著《唐宋时代敦煌的镇宅术》,载《敦煌吐鲁番研究》第9卷,中华书局,2006年,引文见第359页。"代人"(包括"铅人""锡人""松人""柏人""桃人"等)功能有二:一是代死人承担罚责作役(以免连累死者眷属),二是抵挡死者所犯之咎殃(也有代生者,即死家家属解灾之用。请比较敦煌祁家湾出土西晋十六国时期M206:3《□宫华镇墓文》："今送汝铅人一双,斗瓶、五谷,用赎生人灵魂。须铅人,膺□五谷,死生乃当。"录文参考戴春阳、张珑《敦煌祁家湾西晋十六国墓葬发掘报告》,文物出版社,1994年,第108—109页)。又参考余欣《神道人心——唐宋之际敦煌民生宗教社会史研究》,中华书局,2006年,第219—222页;项楚《寒山诗注》,中华书局,2000年,第211页。
② 荣新江《中古中国与外来文明》,第190—191页。
③ 姜伯勤《高昌麴朝与东西突厥——吐鲁番所出客馆文书研究》,载《敦煌吐鲁番文献研究论集》第5辑,1990年。
④ 这一方面的例子很早就有了,请比较颜之推《颜氏家训·教子》："齐朝有一士大夫,尝谓吾曰：'我有一儿,年已十七,颇晓书疏,教其鲜卑语及弹琵琶,稍欲通解,以此伏事公卿,无不宠爱,亦要事也。'"王利器集解："刘盼遂曰:高齐出鲜卑种,性喜琵琶,故当时朝野之于时者,多仿其言语习尚,以投天隙。《北齐书》中所纪者,孙搴以能通鲜卑语,宣传号令;祖孝征以解鲜卑语,得免罪,复参相府;刘世清能通四夷语,为当时第一,后主命之作突厥语翻《涅槃经》,以遗突厥可汗;和士开以能弹胡琵琶,因此得世祖亲狎。如此等类,屡见非一。又本书《省事》篇亦云:近世有两人,朗悟士也。天文、书绘、棋博、鲜卑语、胡书、煎胡桃油、炼锡为银,如此之类,略得梗概云云。又庾信《哀江南赋》云:新野有生祠之庙,河南有胡书之碣。知鲜卑语、胡书,为尔时技艺之一矣。器案:《续高僧(转下页)

唐书》卷一八三《武承嗣传》："延秀久在蕃中，解突厥语。"《新唐书》卷八〇《太宗诸子·常山王承乾》亦言李承乾"好突厥言及所服"。又请比较《全唐诗》卷三八二张籍《陇头行》："陇头路断人不行，胡骑夜入凉州城。汉兵处处格斗死，一朝尽没陇西地。驱我边人胡中去，散放牛羊食禾黍。去年中国养子孙，今年毡裘学胡语。谁能更使李轻车，收取凉州入汉家。"此处之"胡语"，指吐蕃语。

汉人通晓兄弟民族语言的例子在吐鲁番出土文献中也有记载：65TAM341：30/1(a)《唐小德辩辞为被蕃捉去逃回事》(4-62)：①"审：但小德今月二日牵车城东堨地，其日斋时，贼从东北面齐出，遂捉小德[并]牛。至夜在苇东[食](?)人定后即发向▢▢▢草泽宿至[三]日明，即发入突播山，▢▢▢泉谷宿。至四日夜在小岭谷宿，▢▢自解手走上山，经三日上山，▢▢▢投得[维]磨成烽，其贼见在小[岭]▢▢▢小

(接上页)传》十九《释法藏传》：天和四年……周武帝躬趋殿下，口号鲜卑，问讯众僧，几无人对者，藏在末行，挺出众立，作鲜卑语答，殿庭僚众，咸喜斯酬。敕语百官："道人身小心大，独超群友，报朕此言，可非健人耶？"此亦当时朝野好尚之一证。"王利器《颜氏家训集解》(增补本)，中华书局，1993年，第21页。汉人对其他民族的称呼，除了大家熟知的"胡"外，还有"蕃"，广泛见于吐鲁番文献。72TAM225：25《武周豆卢军牒为吐谷浑归朝事一（一）》(3-412)："▢▢▢拔褐▢▢落蕃人瓜州百姓[贺]■▢▢▢六岁，一匹父五▢▢▢[草]九岁，匹赤草，七岁，一匹白▢▢▢胡禄一▢▢▢鞍三(下残)▢▢▢[究]拾▢▢▢刀壹口，蕃书壹。"73TAM509：8/7《唐开元二十一年(733年)石染典买骏契》(4-280)："开元廿一年二月廿日，石染典交用大练壹拾柒匹，于西州市买从西归人杨荆琬青草五岁，近人颊膊有蕃印并私印，近人膊损。"Or.8212/552Ast.Ⅲ.3.037《唐西州长行坊马配放簿》(沙1-96)："一匹赤父七岁，玉面连唇白两眼霞，近人颊古'之'▢▢▢。蕃印次肤。"《太平广记》卷二五六"崔慎田"条(出《北梦琐言》)："近日中书，尽是蕃人，盖以毕、白、曹、罗为蕃姓也。"刘肃《大唐新语》卷一三《谐谑》："则天朝，诸蕃客上封事，多获官赏，有为右台御史者。则天尝问张元一曰：'近日在外，有何可笑事？'元一对曰：'朱前宜着绿，录仁杰着朱。间知微骑马，马吉甫骑驴。将名作姓李千里，将姓作名吴扬吾。左台胡御史，右台御史胡。'御史胡，元礼也；御史胡，蕃人为御史者。寻授别敕。"考唐慧立、彦悰《大慈恩寺三藏法师传》卷二："又蒙降结娣季之缘，敦奖友于之念，并遗书西域二十四蕃。煦饰殷勤，令递钱送。"又言突厥："虽蕃俗之曲，亦甚娱耳目，乐心意也。"关于"蕃印"，参看《唐会要》卷七二"诸蕃马印"条。朱雷言："在唐代，就广义而言，'东至高丽，南至真腊，西至波斯，吐蕃及坚昆都督，北至突厥、契丹、靺鞨，并为入蕃'(《白氏六帖事类集》卷一六"和戎"条引杂令)《唐会要》卷七二'诸蕃马印'条中，'诸蕃'包括40余部，整个唐王朝西北、东北，远至今撒马尔罕地区的康国，都包含在内。"见朱雷著《敦煌所出〈唐沙州某市时价簿口马行时沽〉考》，《敦煌吐鲁番文书论丛》，甘肃人民出版社，2000年，第211—224页，引文见第223页。李树辉指出史籍中的"西蕃"除了指吐蕃外，还可以指称突厥语族群和印欧语族群。见氏著《西州"贞元七年没于西蕃"中的"西蕃"是指吐蕃吗》，《新疆师范大学学报》2008年第3期。关于"蕃印"，参考乜小红《唐五代畜牧经济研究》，中华书局，2006年，第67页。《通典》卷一九九《边防十五》"突厥"条下："突骑施乌质勒者，西突厥之别种也。初隶在斛瑟罗下，号莫贺达干。后以斛瑟罗用刑严酷，拥众背之，尤能抚恤其部落，由是为远近诸胡所归附。其下置都督二十员，各统兵七千人。常屯聚碎叶西北界，后渐攻陷碎叶，徙其牙帐居之。东北与突厥为邻，西南与诸胡国相接，东南至西、庭州。斛瑟罗以部众削弱，自武太后时入朝，不敢还蕃，其地并为乌质勒所并。"又请比较李焘《续资治通鉴长编》卷一三二"仁宗庆历元年"条："西北边皆有蕃兵。蕃兵者，塞下内属诸部团结以为藩篱之兵也。戎夷种落不相统一，保塞者谓之属户，余谓之生户。陕西则秦凤、泾原、环庆、鄜延，河东则石隰、麟府。其大首领为都军主，百帐以上为军主。"

① 本件纪年已缺，另面为唐开元五年牒，今列于后。

德少解［蕃］语,听贼语,明□拟发向驰岭逐草。其抄小德等来□可［有］二百骑,行至小岭谷内,即逢。"

二、语言翻译之路

古代丝绸之路也是一条语言翻译之路。无论是官府还是民间,都有翻译方面的专门人才——"译语人"活跃其间。① 从《全唐文》卷二八七《敕罽宾国王书》以及卷一〇〇《结骨国》可以看出在安西四镇节度使以及安西都护府都有传译语和译使。综观丝绸之路上的"译语人",主要是胡人,特别是粟特人。粟特人有着语言方面的天赋,检姚汝能《安禄山事迹》记载安禄山:"长而奸贼残忍,多智计,善揣人情,解九蕃语,为诸蕃互市牙郎。"《唐会要》卷六一"弹劾条记":"永徽元年(650)十一月二十四日,中书令褚遂良抑买中书译语人史诃担宅,监察御史韦仁约劾之。"此处之译语人史诃担是出身史国的粟特人,其墓已经在固原发现。② 64TAM29:17(a)、95(a)《唐垂拱元年(685)康义罗施等请过所案卷(一)》(3-346):"[垂]拱元年四月日,译翟郍你潘连亨白。"这里的"翟郍你潘"也是粟特人,他为西域商人担任翻译。③ 72TAM188:87(a)《唐译语人何德力代书突骑施首领多亥达干收马价抄》(4-41):④"右酬首领多亥达干马叁匹直。十二月十一日付突骑施首领多亥达干领。译语人何德力。"此件文书反映了唐西州与东突厥交兵的时代背景。译语人何得力也是粟特人,他代突骑施首领多亥达干签收马价。何得力虽然是粟特人,但却是汉语翻译,穿梭于西州的贸易中。

唐西州时期,高昌县译语人主要从事唐西州与西突厥之间的翻译工作。他们在担任翻译的同时,还为商人充当证人和保人的角色。西州译语人为官府工作,应该有正式编制。73TAM210:136/10-3《唐史王公□牒为杜崇礼等绫价钱事》(3-38):"[高][昌]■□□□人杜崇礼［等］上件物及□□□□到,谨［牒］。四月一日史王公□。紫绅绫等价［及］■□□□译语人等□□□□"73TAM210:136/10-2《唐西州高昌县译语人康某辩辞为领均资练事》(3-39):"[高]昌县译语人［康］■□□□军资练拾匹□□□□领□□□辩:被问付［上］□□□□□但□□□□"

---

① 参考向达《唐代长安与西域文明》,河北教育出版社,2001年,第8页;赵贞《唐代对外交往中的译官》,载《南都学刊》2005年第6期;韩香《唐代译语人》,载《史学月刊》2003年第1期。又请比较〔日〕圆仁《入唐求法巡礼行记》卷四"会昌五年七月九日":"缘楚州译语有书付送涟水乡人,所嘱令安存,兼计会留钩之事。"
② 参看罗丰《固原南郊隋唐墓地》,文物出版社,1996年,第55—77、206—211页。
③ 参看王启涛《"目""翟"二姓与粟特关系新证》,载《民族研究》2017年第1期。
④ 表明此件文书图版见于唐长孺主编图录本《吐鲁番出土文书》第肆册,文物出版社,1996年,第41页。

由于唐王朝的空前开放和包容政策,唐朝军队和政府、民间都由多民族组成,比如唐军中突厥人就不少,73TAM221∶64《唐前庭府员外果毅沙钵□文书》(3-314):"前[庭]府。员外果毅沙钵□□□"73TAM501∶109/8-4《唐张义海等征镇及诸色人等名藉(四)》(3-388):"□□□[果]毅沙钵那,仗身。□□□守德,邓憧定,竹阁利。"这里的"沙钵"是典型的突厥人,所以翻译事务和翻译人员必不可少。Or.8212/521Ast.Ⅲ.4.093《唐尚书省为怀炎等西讨给果毅傔人事牒》(沙1-56):①"□□□久经□□□□□□[炎]今奉敕在大军前[先]□□□□[所]领蕃汉兵等,各须强人统领。随入贼要籍傔人□□□若发京多折冲果毅及译语等恐烦传驿,惣不□□□事交废阙。其人等既多在已西伊庭西等州兵□□□[合]逐怀炎先去。今将前件人等,便行于理极省□□□[至]于军机,复济急要,特望殿下恩慈,随□□□怀炎将行,各遣权检校果事分配统领并傔入贼□□□恩脱允怀炎所请,其人等应合得行赐傔等一□□□并请准波斯军别敕捡校果毅并傔译□□□□[于]所在处便给发遣。其应合得官者,事了□□□炎自领入朝准□□□敕赴选但以军机事。□□□[敢]缄默□□尚书省商量处分者。曹司商量,怀炎既□□□讨击,事资果毅傔人,据其陈请,诚亦□□□[又]其人等既多在已西,实省传驿发遣。□□□[有]一二计,亦劳费不多。望依所请,实为允□□□曾任五品官者,请从发处给傔一人。余傔及六品七□□□军中准例给傔。其行赐请别头准金□□□行例处分。□□□商量状如前,准牒。(后缺)"

在高昌国时代,在官府机构中,专门设有"通事"一职,可能就承担了"译语"这种语言沟通和交流的职责,"通事"本即通传文书,北魏时已经设置,在吐鲁番出土文书中,既可指舍人,又可指令史,二职并主通传文书。在高昌国时期,"通事令史"及"侍郎"属于高昌王秘书机构成员,负责接受来自行政部门的文书,通传章奏,宣传敕令。此外还有"通事教郎",即通事校郎;"通事舍人"即掌呈奏案,传宣敕令和担任导引。69TKM33∶1/7(a),1/3,1/6(a)《高昌众保等传供粮食帐(三)》(1—240):"次通事□□□[斗]八升,供养师一百□□康典□经竟食。"68TAM99∶6(a)《高昌侍郎焦朗等传尼显法等计田承役文书》(1-441):"通事张益传:索寺主德嵩师交何王渠常田一亩半。"67TAM84∶21(b)《条列入官臧钱文数残奏》(2-3):"□[案]条列入官臧钱文数,列别如右,记识奏诺。[奉]□。门下校[郎]阴□;门下□□高□;通事

---

① 表明此件文书图版见于沙知、吴芳思《斯坦因第三次中亚考古所获汉文文献(非佛经部分)》,第1册,第56页。

□□[索]□;通事□□□□,通事□□□□。"72TAM170：109/4(b),109/15(b),109/10(b)《高昌僧僧明等僧尼得施财物疏(三)》(1-164)："□□□□丈五尺取史通事□□□□匹七十丈。"66TAM48：25(a),31(a)《高昌延昌二十七年(587)四月兵部条列买马用钱头数奏行文书》(1-338)："谨案条列买马用钱头数,列[别]如右。记识奏诺奉行。门下校郎□琼,通事令史□患,侍郎史养生。延昌廿七年丁未岁四月廿九日兵部奏,□[军]将军高昌令尹麹伯雅,□[卫]将军绾曹郎中绍徽,□□□□□□[部]事麹欢,严仏图,翟奇乃。郑僧道。"60TAM339：50/3(a)《高昌某部残奏》(1-399)："通事令史司空。侍□。史。"72TAM155：37(a)《高昌某年传始昌等县车牛子名及给价文书》(1-428)："通事令史辛孟护贰人传。"72TAM155：29《高昌诸臣条列得破被毡氇、破褐囊、绝便索、绝胡麻索头数奏一》(1-429)："门下事威远将军臣麹;门下校郎臣司空;[行]门下事殿中将军臣高;通事令使臣辛。通事令史臣史。"64TAM24：35/1《高昌延昌酉岁屯田条列得横截等城葡萄园顷亩数奏行文书》(2-168)："□□□□截俗四半,交河俗二半六十步□□□□安乐俗八亩,浐林俗四亩,始昌俗一半,高宁僧二半,都合桃壹顷究拾叁亩半。[谨]案：条列得桃顷亩,列别如右,记识奏诺奉□。[门]下校郎麹[琼],通事令史麹□。"64TAM24：35/2《高昌延昌酉岁屯田条列得横截等城葡萄园顷亩数奏行文书》(2-169)："通事令史史□□,□□□□和隆□,阴□。"72TAM194：2《唐开元七年(719)张行伦墓志》(侯634)[①]："其增,高昌伪朝授明威将军,祖,伪朝授通事教郎。"黄文弼《大凉张季宗及夫人宋氏墓表》(侯7)："河西王通事舍人,敦煌张季宗之墓表。"我们注意到一个重要的事实：担任"通事"的往往都是高门大姓,有麹姓、张姓,这或许说明他们的翻译能力(也就是双语或多语能力)是非常强的。

关于"通事",《通典》卷二二《职官四》有载,《八琼室金石补正·中岳嵩山灵庙碑》碑阴题名有河南郡通事一人。又《魏书·官氏志》太和十七年《职品令》亦载"通事",为州郡的佐吏,传达文书。[②] 周一良指出："《宋书·百官志》称汉尚书郎'主作文书,起立事草',事即文书也。《续汉·百官志》言侍郎'主作文书起草',所指相同。《宋志》又言,魏文帝黄初初置通事郎黄门郎。'黄门郎已署事过,通事乃奉以入,为帝省读书

---

① "侯634"表明此件文书图版见侯灿、吴美琳《吐鲁番出土砖志集注》,巴蜀书社,2003年,第634页。
② 参见徐连达主编《中国历代官制词典》,安徽教育出版社,1999年,第190、882页。

可'。由此知官名通事郎以及后来之通事舍人之事,皆指文书而言。"①在唐代亦有"通事舍人",可以与高昌国时代相比较。《新唐书》卷四七《百官二》:"通事舍人十六人,从六品上。掌朝见引纳,殿庭通奏。凡近臣入侍、文武就列,则导其进退,而赞其拜起、出入之节。蛮夷纳贡,皆受而进之。军出,则受命劳遣,既行,则每月有问将士之家,视其疾苦。凯还,则郊迓(原注:有令史十人,典谒十人,亭长十八人,掌固二十四人,武德四年,废谒者台,改通事谒者为通事舍人)。"因此,"通事"还可以引申指负责翻译事务的官员。圆仁《入唐求法巡礼行记》卷四"会昌六年九月廿二日":"解日本国语,便为通事。"

与"通事"一职类似的是,在唐王朝治理西域时,专门设置了"表疏参军",这也与语言翻译有关。鄯善出土《唐开元五年(717)后西州献之牒稿为被悬点入军事》②:"牒,献之去开五年十一月奉定远道行军大惣管、可汗[牒]:西州追献之拟表疏参军,其[月]廿三日,州司判:牒下县发遣。至十二月到定远军,即蒙可汗试,[可]判补盐泊都督府表[疏][参][军],并录此奏讫。"盐泊都督府是唐高宗显庆三年(658)平定阿史那贺鲁叛乱后,在西突厥胡禄屋部设置的羁縻都督府(《唐会要》卷七三"安西都护府"),唐朝羁縻府、州之都督、刺史、司马,一般都由该民族的首领所担任,而参将或表疏参军既然负责表疏之事,应该通晓胡汉等民族语言。《旧唐书》卷四三《职官二》:"凡四夷来朝,临轩则受其表疏,升于西阶而奏。""表疏"很可能包括民族语言和文字的沟通与翻译,又考《元和郡县图志》卷四十《陇右道》下"庭州"条载来济被贬庭州刺史期间:"请

---

① 周一良《周一良集》第贰卷《魏晋南北朝史札记》,辽宁教育出版社,1998年,第722页。又请比较斯610《启颜录》:"国初有人姓裴,宿卫考满,兵部试判,为错一字落第。此人即向仆射温彦博处披诉。彦博当时共杜如晦坐,不理其诉。此人即云:'少小已来,自许明辩,至于通传言语,堪作通事舍人。并能作文章,兼能嘲戏。'彦博始回意共语。"又,关于"通事教(校)郎",侯灿言:"笔者研究麹氏高昌王朝官制,不见其称谓。根据一些学者的研究,在麹氏高昌中央进行运转的主要有两套机构:一套为高昌王直接控制的出纳审查机构,另一套为高昌令尹直接领导的行政执行机构。前者又分文武两个机关:文的是门下机关,长官有门下校郎,下属有通事舍人,通事令史、侍郎等官;武的是中兵机关,长官有中兵校郎,下属有中兵参军、中郎等官。在高昌令尹直接领导下的行政执行机构,则为各部长史、司马等官。张行伦的两方墓志均系追述其祖的任官,有可能将两套机构的官员混淆:通事校郎,或将门下校郎、中兵校郎与通事舍人、通事令史相混称,教、校相通;门下司马,或将门下机关官员与行政执行机构官员相混称。"见《吐鲁番出土砖志集注》,第635页。关于"通事舍人",参考同书第7页。陈仲安曾经考察"通事令史"的来源并指出:"《晋书》卷二四《职官志》:'魏黄初初,中书既置监、令,又置通事郎,次黄门郎。黄门郎已署事过,通事乃署名。已署,奏以入。为帝省读,书可。及晋,改曰中书侍郎。'通事令史盖即助通事郎理事之令史。其职居宫中,与门下诸职关系密切。"又:"然此官虽本属中书,至高昌时则并归门下。其任务在与通传章奏,和敕令。高昌王朝由门下校郎和通事令史传令的例子在文书中多次出现。"氏著《麹氏高昌时期门下诸部考源》,载唐长孺主编《敦煌吐鲁番文书初探》,武汉大学出版社,1983年,第11页。

② 杨文和主编《中国历史博物馆藏法书大观》第11卷《晋唐写经·晋唐文书》,东京柳原书店、上海教育出版社,1999年,图版第176—177页。

州所管诸蕃,奉敕皆为置州府,以其大首领为都督、刺史、司马,又置参将一人知表疏等事。"

在多语使用和翻译过程中,各语言间有不少借用现象,①特别是其中的借词,具有很高的史料价值。美国语言学家和人类学家爱德华·萨丕尔指出:"一种语言对另一种语言最简单的影响就是词的借贷。只要有文化借贷,就可能把有关的词也借过来。""仔细研究这样的借词,可以为文化史作有意味的注疏。留意各个民族的词汇渗入别的民族的词汇的程度,就差不多可以估计他们在发展和传播文化思想方面所起的作用。"②我们在吐鲁番出土汉文文献中发现了大量的粟特语借词,但是,遍考这些借词,往往多出现于粟特人名中,而且主要体现其宗教信仰(祆教、佛教),以及对财富、荣誉、神佑、吉祥和光明的追求,至于政治、经济、军事、法制等的粟特语借词则很少,这说明粟特人在高昌的政治、经济和文化地位是有限的(虽然粟特人善于经商)。但是突厥语的情形有些不一样。我们在吐鲁番出土汉文文献中发现了大量的突厥语借词,关键在于,这些借词涉及面广,其中涉及政治领域的词语最多,这说明了突厥人曾经对高昌产生了巨大的政治影响,这种影响无论从深度还是广度上讲都是粟特人以及其他胡人所不能比的,即使是后来的唐西州,受突厥的各种影响也是显著的,我们推测,当时的吐鲁番地区可能也使用突厥语,不只是来此生活的突厥人以此为母语,而且连汉人也往往使用突厥语,我们搜索吐鲁番出土汉文献,共得以下诸突厥语借词:跋弥砲(即"没密施",突厥可汗尊号)、阿拃(阿博,阿波。阿波可汗,亦即大逻便。沙钵略袭击阿波可汗部,杀阿波之母,阿波西奔达头可汗,造成东西突厥的分裂)、头六(咄六、都陆、咄陆、咄禄,西突厥中一个较有实力的部落名称)、头六拙(咄陆设,也就是乙毗咄陆可汗,贞观年间活跃于高昌地区的西突厥欲谷设,即乙毗设)、依提具拙(欲谷设)、处蜜(西突厥诸部之一,

---

① 有的甚至出现语法上的借用。公元1000年后,粟特语逐渐消亡,并且不再被用作书面语,很多讲粟特语的人改说突厥语。从一组敦煌文献中可以看到,这组文献使用的语言是突厥-粟特语,即受到回鹘语强烈影响的粟特语,这种粟特语不仅有回鹘语借词,更重要的是其中还包含早期粟特语中不存在的回鹘式句子结构。参看〔美〕芮乐伟·韩森著,张湛译《丝绸之路新史》,第248页。一般说来,语音和语法是语言中比较稳定的成分,语音和语法发生借用,须是对贷方的语言非常熟悉。布龙菲尔德指出:"假使借方人民相当地熟悉贷方语言,或者假使借词数量相当地多,那么音韵上跟本土音位相距很远的外语语音也许被保留下来,模仿的忠实程度或高或低,突破了本土的语音系统。"〔美〕布龙菲尔德著,袁家骅、赵世开、甘世福译,钱晋华校《语言论》,商务印书馆,2002年,第551页。

② 爱德华·萨丕尔还指出:"语言,像文化一样,很少是自给自足的,交际的需要使说一种语言的人和说临近语言的或文化上占优势的语言的人发生直接或间接接触。交际可以是友好的或敌对的,可以在平凡的事务和交易关系的平面上进行,也可以是精神价值——艺术、科学、宗教的借贷或交换。"〔美〕爱德华·萨丕尔著,陆卓元译,陆志韦校订《语言论——言语研究导论》,商务印书馆,1985年,第173—174页。

与处月为邻），处月（今额林哈毕尔噶之南，自空格斯流域，迄于天山之北，也指西突厥强部之一，在今新疆巴里坤湖西北），达干（唐代突厥、回纥等族高官的一种称谓。源于古突厥语"tarkan"，为专统兵马的武职官号，往往是立过战功的人），达汉（突厥语中二十八等官号之一 tarqan 的音译），都芦悌（马伯乐还原为"turdi"，突厥文"tur"有"住止、建立"义，"悌"可能是官爵名，相当于咄、啜之类），苻离拽（步利设。此人与乙毗咄陆可汗即欲谷设与高昌麴文泰的联合阵线相对立，但是其使节却出现在高昌客馆，说明麴文泰与其暗中通使），居冉拽（伽那设，咥利失可汗之另一弟），胡禄达干（胡禄屋部的军事首领），都担（十姓部落名），珂摩至（突厥官号），莫贺（勇健），莫贺咄（突厥首领，杀统叶护而自立，国人不附，弩失毕立肆叶护可汗，莫贺咄主东方五部），磨贺吐、摩咄、摩何、摩诃、磨诃、无贺知（以上诸词疑与"莫贺"或"莫贺咄"义近），尼利珂寒（泥利可汗），卑失蚍婆护（卑史叶护，婆实特勤，泥利可汗之弟，泥利死后，其妻嫁之为妻，开皇末，与妻向氏入朝，遇达头乱，遂留京师。蚍婆护，叶护，在西突厥时代，"叶护"是次于可汗的军事长官，往往由可汗之弟担任，其身份为"特勤"，即王子），卑失移浮孤（卑失蚍婆护），恕逻珂寒（处罗可汗，西突厥泥利可汗之子），染干（贵族儿子），时多浮（相当于突厥文 sadapyt，又见于《噢昆河碑》，碑文作时多浮跌，汉译即"失毕"，"失毕"属右厢。高昌正居突厥之右。本为其衙帐中站立右侧的高官），贪汗（突厥王称谓），提慜（特勤，突厥语 tegin 的音译，本是"王子"，也用作突厥官号），突骑施（原系突厥十姓部落之一），土门（万人长），吐屯（突厥语中二十八等官号之一 tudun 的音译，突厥曾经在西域诸国设置一位吐屯来监统，并督其征赋，这是突厥控制西域各国的方法。有时是派遣突厥人担任吐屯，有时是任用西域王国的高级官员，如高昌王国是以高昌令尹出任吐屯的），吐屯使（吐屯的使者），输屯发（吐屯发，可能是木杆可汗威服塞外诸国时期所实行的制度，入唐以后名为吐屯），希利发（突厥的军事领导人官职名），陁豆阿跋（突厥语 tardus apa 的音译，"tardus"汉语又译为达头、地头、大度，而"apa"译为阿波，为可汗之衔称），拽（高昌王国对突厥军官"设""杀""察"sad 的音译，可能是吸取上古汉族政权的军官称号"率""帅"而得），伊离地（国的）。此外，还有一个交通术语"乌骆"（古突厥语 Ulay 的译写，意思是"驿马"），这可能体现了突厥人发达的驿站文化或他们对当时西域交通的掌控能力。[①]

[①] 王启涛《吐鲁番出土文献语言导论》，科学出版社，2013 年，第 16—17 页。

三、语言平等之路

在唐王朝,一些不懂汉语的兄弟民族,在法律上享有同等的权利,在诉讼过程中上配备翻译人员,翻译人员往往签字画押,承担法律责任。从吐鲁番出土文献可知,当时对涉及诉讼的少数民族不懂汉语的情况给予特别关注,66TAM61：17（b）《唐西州高昌县上安西都护府牒稿为录上讯问曹禄山诉李绍谨两造辩辞事（一）》（3-242）："其李三是汉,有气力,语[行]（?）身是胡,不解汉语。身了知此间□——行恩泽于此间。请一个□——"66TAM61：23（a）、27/1（a）、27/2（a）《唐麟德二年（665）婢春香辩辞为张玄逸失盗事》（3-239）："春香等辩：被问所盗张逸[之]物夜□更共何人同盗,其物今见答□审：但春香等身是突厥,及今因更老患,当夜并在家宿,实。依实谨辩。麟德二年月日。译语人翟浮知□□（引者按：有画指）问张逸式□。"

译语人在诉讼过程中要承担重要的法律责任,这实际上既是维护法律的尊严,更是对兄弟民族自身权益的保护。唐王朝有"证译诈伪罪",此罪乃是证人出庭作证"不吐情实",译人翻译供词"故有出入",导致司法定刑失误之行为。此类行为即今所谓"伪证罪",于司法审判妨害极大,故唐律立为专条以惩治之。根据律文,证译诈伪罪之处罚,译人罚重,证人罚轻。凡译人传译不实,导致罪有出入者,译人即得其所出入之罪。《唐律疏议·名例》"称反坐罪之"："诸称'反坐'及'罪之'、'坐之'、'与同罪'者,止坐其罪,死者止绞而已。疏议曰：称反坐者,《斗讼律》云：'诬告人者,各反坐。'及罪之者,依例云：'自首不实、不尽,以不实、不尽之罪罪之。'坐之者,依例,余赃应坐,悔过还主,减罪三等坐之。与同罪者,《诈伪律》,译人诈伪,致罪有出入者,与同罪。止坐其罪者,谓从'反坐'以下,并止坐其罪。不同真犯,故'死者,止绞而已'。"[①]《唐律疏议·诈伪》"证不言情及译人诈伪"："诸证不言情及译人诈伪,致罪有出入者,证人减二等,译人与同罪。（原注：谓夷人有罪,译传其对者。）疏议曰：'证不言情',谓应议、请、减、七十以上、十五以下及废疾并据众证定罪,证人不吐情实,遂令罪有增减,及传译番人之语,令其罪有出者。'证人减二等',谓减所出入罪二等。'译人与同罪',若夷人承徒一年,译人云'承徒二年',即译人得所加一年徒坐,或夷人承流,译者云'徒二年',即译者得所减二年徒之类。故注云'谓夷人有罪,译传其对者'。律称'致罪有出入',即明据证及译以定刑名,若刑名未定而知证、译不实者,止当'不应为'法,证、译徒罪以上从

---

① 参考刘俊文《唐律疏议笺解》,中华书局,1996年,第504—505页。

重,杖罪以下从轻。"①

四、语言互利之路

晋唐时代,官方在民族地区往往推行多语并行制度。1980 年在楼兰古城的晋墓中出土一件丝织品,锦上织有"延年益寿大宜子孙"汉文图案,在锦边上用墨水写有一行佉卢字,有十几个字母。在楼兰古城官署遗址边出土过一批木简,上有西晋泰始四年(268)纪年,在这批汉文木简中有一枚写有一行佉卢字,形制与同时出土的汉文木简一样,可能属于同一册簿。至于著名的于阗马钱(或称汉佉二体钱、和田马钱),是公元 3 世纪前后在古代于阗国铸造的铜币,②圆形无孔,用源自希腊的打压法铸造,有大钱和小钱两种,将汉字、佉卢字融于一体,正面周围以汉文篆字标志币值,反面周围一圈是佉卢字书写国王的尊号和名字,这些古代文献生动表明汉族与少数民族源远流长的文化互动关系③。还有"汉龟二体钱",也就是龟兹五铢,约从东汉晚期至隋唐之交(3—7 世纪)铸行于古龟兹国的一种通用货币,出土地在今新疆以库车为中心的一片绿洲地带,质地以红铜为主,铭文为汉文和龟兹文合璧。又有"高昌吉利",铭文隶体,④铸造于麴氏高昌时期。

唐代在西域的语言政策,还体现在对于基层行政组织和行政职务的命名上,官方往

---

① 参考刘俊文《唐律疏议笺解》,第 1768 页。
② 芮乐伟·韩森指出:"独特的汉佉二体钱,即一面有汉字一面有佉卢文的钱币,印证了于阗人与其邻邦有着广泛的接触。于阗王结合了贵霜钱币和汉式钱币的特点,创造出了属于自己的混合式钱币,古钱币学家还不能把这些钱币上的王名与中文史籍中提到的国王对应起来,因此给这些钱币准确定年比较困难,只能说其铸造时间大概在公元三世纪前后。"〔美〕芮乐伟·韩森著、张湛译《丝绸之路新史》,第 258 页。
③ 与很多西域绿洲国家一样,于阗人非常善于学习语言。有些藏语文书是于阗书吏抄写的,因为于阗文的页码泄露了抄写者的身份。敦煌藏经洞保存有汉语—于阗语常用语手册中的几页,这种辅助学习的书籍不用汉字,而是用婆罗米字母写出汉语句子的读音,然后再给出于阗语释义。同时,还有梵语—于阗语双语手册。最早的丹丹乌里克文书年代为公元 722 年,是一组木简,在此组木简上,有汉语和于阗语,都给出了纳税人姓名、粮食缴纳量以及缴税年份。此组木简显示了公元八世纪唐朝政府对社会的管控一直延伸到最基层,即使是缴纳最小额的税谷也要用当地人的语言于阗语和统治者的语言—汉语做双语记录。与之类似,所有政府官员都有汉语和于阗语的头衔,于阗官府雇有把于阗文书译成汉语的专门人员,一些汉语文书提到当地人用于阗语写了请愿书,这些请愿书被译成了双语,这样唐朝官员才能看懂。参看〔美〕芮乐伟·韩森著,张湛译《丝绸之路新史》,第 270—271 页。另外,还可以与之对比的是"日月光金钱",方孔圆形铜钱,正面为汉文"日月金光",背面铸有胡书文字,有人认为是古藏文,有人认为是粟特文或回鹘文,还有人认为是突厥文。又有"汉粟二体钱",是昭武九姓各国仿照唐朝开元通宝钱币的形制,采用浇铸技术,在中亚粟特地区铸造的一种圆形方孔铜钱款式之一,其正面铸"开元通宝"汉字,背面为粟特文。参看张铁山《新疆历史钱币上语言文字的交融与合璧》,载《吐鲁番学研究》2015 年第 1 期,第 65—75 页。
④ 张铁山认为,"高昌吉利"四个汉字实际上是拼读突厥语,汉字"高昌"对应突厥语 qocu,"吉利"对应突厥语 ilig "王"。高昌吉利钱是中原汉文化与新疆突厥文化相互交流融合的结果。参看张铁山《新疆历史钱币上语言文字的交融与合璧》,载《吐鲁番学研究》2015 年第 1 期,第 65—75 页。

往采用本地民族的语言形式,通过音译得以完成(这样做也许能带来基层民众的亲切感和认同感),而对于中高层行政组织和行政职务的命名,则来自汉语和汉文化,特别是儒家文化。

比如"叱半",是一职事名,可能是一个基层官职或公差,主要职责是收税,与"处半"相近的还有"叱半",含义相同,或为异写之同类职名。Or.8211/969‐72《唐于阗某寺支用簿》(沙2‐329):"付镇海坊叱半莎□□充还先籴草豉壹胜价直岁僧法空。"Or.8211/969‐72《唐于阗某寺支用簿》(沙2‐327):"出钱伍伯伍拾文,付市城安仁坊叱半蛇蜜,充还家人勿悉满,又科着税。"2006TZJ1:113《唐龙朔二、三年(662、663)西州都督府案卷为安稽哥逻禄部落事》(荣310):①"□□□□折处半达官□□并译牒泥熟□□□□又牒庭州及安西□□□分事。"在和田附近麻扎塔格出土某寺支用历中,常列右某坊或某村"叱半"收税草的记录。② 伯希和在库车某地获得了一件汉文文书(伯D.A4号文书),此文书为一契文尾:"1■□□伽黎□□ 2(保)人白苏□□鸡年册一,3(保)人明府城处半白瑟笃米黎年五十,4(保)人",③此件文书还记有"处半"多人,如"处半白骨雷""处半白支陁地肥""处半白吉帖失鸡"等,④"处半"亦相当于中原之坊正、里正。⑤

唐在拓厥关附近有坊、村等基层建制,于阗都督府下的乡里村坊制,村名一般用胡语拼写,里坊则用汉名,特别是儒家文化如"安仁"(龟兹的坊名与之类似)。坊有怀口坊(伯D.A93)、安仁坊、和众坊(伯D.A134、大谷1512),带有浓郁的汉文化(儒家文化)

---

① "荣310"表明此件文书图版见于荣新江、李肖、孟宪实主编《新获吐鲁番出土文献》,中华书局,2008年,第310页。

② 池田温指出市城以若干坊构成,乡野以乡村分治,俱有"叱半"为主要征税人。"叱半"即于阗语Spata之音写,别种音写"薛波"(参考氏著《麻扎格出土盛唐寺院支用簿小考》,载敦煌研究院编《段文杰敦煌研究五十年纪念文集》,世界图书出版公司,1996年,第219页)。文欣指出"叱半"是低级官员,这个官员是和村(bisā)的建制结合在一起的。氏著《于阗国官号考》,《敦煌吐鲁番研究》第11卷,上海古籍出版社,2009年,第121—146页(特别是第143—144页)。

③ Éric Trombert, Ikeda On et Zhang Guang-da, *Les Manuscrits Chinois de Koutcha*, Fonds Pelliot de la Bibliothèque Nationale de France, Paris, 2000, p.49.

④ Éric Trombert, Ikeda On et Zhang Guang-da, *Les Manuscrits Chinois de Koutcha*, Fonds Pelliot de la Bibliothèque Nationale de France, p.131.

⑤ 又可以参考〔美〕劳费尔著,林筠因译《中国伊朗编》,商务印书馆,2001年,第179页。荣新江认为"处半"来自突厥语,在《旧唐书·突厥传》西突厥沙钵罗可汗所统咄陆五啜下有"鼠尼施处半啜",在弩失毕五俟斤下,有"哥舒处半俟斤"。见氏著《新出吐鲁番文书所见龙朔年间哥逻禄部落破散问题》,载沈卫荣主编《西域历史语言研究所集刊》第1辑,科学出版社,2010年,第13—44页。引文见第27—28页。又参考刘安志、陈国灿《唐代安西都护府对龟兹的治理》,载《历史研究》2006年第1期。

色彩,但是"村"的命名更多的来自当地民族的语言,村有南萨波村(伯 D.A12)、西萨波村(D.A12)、僧厄黎村(大谷 1514)、伊禄梅村(伯 D.A121)、南界双渠村(大谷 8044)、东王子村(大谷 8062)、西王子村(伯 D.A95、大谷 8062)等。

唐王朝设置羁縻州,实行高度的自治政策,《新唐书》卷四三下《地理志》"羁縻州":"唐兴,初未暇于四夷,自太宗平突厥,西北诸蕃及蛮夷稍稍内属,即其部落列置州县。其大者为都督府,以其首领为都督、刺史,皆得世袭。虽贡赋版籍,多不上户部,然声教所及,皆边州都督、都护所领,著于令式。"唐王朝在龟兹设置都督府后,以其王白素稽为都督,统其众。唐王朝充分尊重各兄弟民族的语言文字习惯,唐王朝在西域专门设置有"胡书典","胡书"即用汉字以外的胡语文字(比如于阗文语、粟特文)写成的文书;"胡书典"即草拟(甚至翻译)胡书的小吏(可以与"译语人"比较)。2006TZJ1∶036《唐于阗毗沙都督府案卷为家畜事》(荣 359):"百姓□□□□,百姓史□□□□。百姓弥悉□年六□□□,□□□被问见在百姓,今得破沙苏越门胡书[状]称,□□□树处分,其羊□遣还褐镞,一仰具状,其羊□□□□,为当还褐镞私羊,仰答。□悉曾移其□□□□即□□□□眺捉驼已后,捉得驼三□□□早逐将桑□□□。"Or.6405(M9A)H.1《唐大历三年(768)三月典成铣牒》(沙 2-331):"□□□牒杰谢百姓并杰谢百姓状诉杂差科等□被镇守军牒称得杰谢百姓胡书翻称:上件百□□□深忧养苍生频年被贼损,莫知[其]计近日蒙差使,移到六城,去载所着差科并纳[足]□□慈(?)流。今年有小小差科,放至秋熟,依限输纳□□粮并在杰谢,未敢就取。伏望商量者。使判:一切并放者。其人粮状称并杰谢未有处□□□□百姓胡书状诉杂差科准使判牒。所由放其人粮并在杰谢,欲往使人就取粮,未敢[专]擅执案谘取处分讫,各牒所由者。使又判任自般运者。故牒。大历三年三月廿三日典成铣牒。六城质逻刺史阿摩支尉迟信。"Or.8210/斯.5864 D.V.6.《唐建中二年(781)二月六城杰谢百姓思略牒》(沙 2-313):"阿磨支师子下胡书典高施捺,胡书典□□□牒思略去年五月内与上件二人驴,准作钱六[千]■□□□思略放丁。经今十个月,丁不得,驴不还,伏望□□□乞追征处分。谨牒。抄口抄人。□□□□大历十六年二月日六城杰谢百姓[思]□□。"除了汉文契券外,还有"胡书契",伯 D.A112 残契:"(前缺)1 □□□□罗善提密□□□□,2 □□□□西,遣奴宜同给木纳寺僧□□等□□ 3 □□□□用,索名练两匹,便立胡书契,限两月内□□□□ 4 □□□□妻边索得一匹,余欠一匹。白□□□(后缺)。"①文书上下前后

---

① Éric Trombert, Ikeda On et Zhang Guang-da, *Les Manuscrits Chinois de Koutcha, Fonds Pelliot de la Bibliothèque Nationale de France*, p.198.

均缺,1 行字小,与 2 行行距宽,很可能是另一契的契尾。从 2 行起推测是一起借奴使用契,观其大意,似为胡人某,遣奴宜同给木纳寺僧某使用。契限两个月,借用价格是名练二匹的契文。从"便立胡书契"看,此契应该是胡汉两种文字书写。[①]

  唐王朝在于阗的语言政策被吐蕃人所借鉴。吐蕃人在公元796年征服于阗,但吐蕃人基本维持了原来的行政系统,官吏也未大范围换血,并继续用于阗语和汉语发布命令。从这一点可以看出,唐朝官僚系统是多么深刻地影响了于阗人以及之后的吐蕃人。有些官员继续用单个汉字作为签名,起草契约的书吏把汉语条文逐字翻译成藏语,这些契约虽然从来没有在藏地使用过,却成了敦煌藏语契约的范本。吐蕃对于阗实行间接统治,当地的吐蕃最高长官会向于阗官员发布命令,再由后者转达给相应的下级官员,[②]这中间肯定有吐蕃语与于阗语的转换。

(作者单位:西南民族大学敦煌吐鲁番文献研究所)

[①] 参看刘安志《敦煌吐鲁番文书与唐代西域史研究》,商务印书馆,2011 年,第 314—315 页。
[②] 参看〔美〕芮乐伟·韩森著,张湛译《丝绸之路新史》,第 273 页。

汉代的通关致书与肩水金关

郭伟涛

摘　要："致书"与符、传同为汉代的通关证件。此前学界通常认为"致"乃独立的通关证件，实际上"致"的本意是指记载个人信息的名籍简。传的附件，也就是记载传主个人信息的简，及以通知书形式通关的证件，其记录名籍的附牒，正式名称均为"致"。因此，"致"并非独立的通关证件。那种以通知文书的形式向关口行文，附牒记录出行者名单，关口根据移送来的文书核查放行的通关证件，命名为通关致书较为合适。肩水金关遗址出土的此类证件基本上限于张掖郡内使用，一般发给特定的关口，较符、传更为灵活，可补两者之不足，具有浓厚的地方色彩。以小见大，由此及彼，不难想像汉帝国境内那些著名关隘，如函谷关、玉门关、阳关等，其通关制度与程序可能与肩水金关差相仿佛。

除符、传之外，还有一类通关证件，以通知文书的形式向关口行文，附牒记录出行者名单，关口根据移送来的文书核查放行。这类通知文书，据其用语及程序，类似于今天俗称的通知书，学界一般称为"致"。不过，通知文书及传所附的牒，均可称为"致"，一定程度上传亦可称为"致"（详下），然而将此类通知书性质的通关证件称为"致"极易造成混淆。综合考虑，本文将之暂名为"致书"，以指代过去所习称的"致"。

作为通关凭证之一的致书，在特定区域内，出现频率及重要性不减符、传。学界注目已久，早前陈邦怀、裘锡圭、徐乐尧、李均明、大庭脩等对敦煌汉简、居延旧简中的致及致文书进行了考辨；[①]张家山汉简《二年律令·津关令》刊布后，李均明、陈伟、李天虹、

---

① 陈邦怀《居延汉简考略》，载《中华文史论丛》1980年第2辑，第85—86页；裘锡圭《汉简零拾》，原刊《文史》第12辑，1981年，今据《裘锡圭学术文集》第2卷《简牍帛书卷》，复旦大学出版社，2012年，第79—81页；徐乐尧《汉简所见信符辨析》，载《敦煌学辑刊》1984年第2期，第152—153页；李均明《简牍文书"致"考述》，原刊《新疆文物》1992年第4期，此据作者《初学录》，兰台出版社，1999年，第116—121页；〔日〕大庭脩《汉简研究》，1992年初刊，此据大庭脩著，徐世虹译《汉简研究》，广西师范大学出版社，2001年，第145—149页。

藤田胜久、杨建、冨谷至、安忠义等结合律令与汉简讨论了传、致之异同。① 金关汉简刊布后，杜鹏姣进一步明确了致籍的分类，②田家溧对致籍格式进行了初步分类，③青木俊介探讨了致的通关制度。④

综观此前研究，学界对通关"致"的含义仍然存在分歧。致书通关的研究则较为薄弱，有效期、送达者、文本性质等相关问题皆有待于进一步讨论。有鉴于此，本文首先考辨"致"的含义，在此基础上，结合弱水中下游流域的屯戍组织体系，深入考察致书通关的相关问题。

一、"致"义辨析

学界对通关简中"致"或"致籍"的认识，按照时间先后，存在三种看法。下面逐一辨析。

第一种看法是陈邦怀提出的。他注意到下述的楬：

1.1 ■民出入关传致籍　　　　　　　　　　　　　　　50.26/A32

推测简1.2即为"致"，如下：

1.2 ☐……韩弟自言☐☐☐充光谨案户籍在官者，弟年五十九，毋官狱征事，愿以令取传，乘所占用马☐

八月癸酉居延丞奉光移过所河津金关毋苛留止如律令/掾承☐　　218.2/A32

之所以做出这种推断，可能因两简皆涉及通关。⑤ 这个看法无疑是错的。今天看来，据用语、流程及书式，简1.2当属私传。⑥

第二种观点，认为"致"当指记载出入关人员、车辆、马牛等情况的简。这个观点是

---

① 李均明《汉简所反映的关津制度》，载《历史研究》2002年第3期，第31—32页；陈伟《张家山汉简〈津关令〉涉马诸令研究》，载《考古学报》2003年第1期，第37—38页；李天虹《汉简"致籍"考辨——读张家山〈津关令〉札记》，载《文史》2004年第2辑，第33—37页；藤田胜久《〈张家山汉简·津关令〉与汉墓简牍——传与致的情报传达》，载《简帛》第2辑，2007年，第447—452、456—457页；杨建《西汉初期津关制度研究：附〈津关令〉简释》，上海古籍出版社，2010年，第91—95页；〔日〕冨谷至《文书行政的汉帝国》，2010年初版，此据冨谷至著，刘恒武、孔李波译《文书行政的汉帝国》，江苏人民出版社，2013年，第257—260页；安忠义《秦汉简牍中的"致书"与"致籍"考辨》，载《江汉考古》2012年第1期，第111—116页。
② 杜鹏姣《试论汉简中的"致"和"致籍"》，载《牡丹江大学学报》2013年第9期，第51—53页。
③ 田家溧《汉简所见"致籍"与"出入名籍"考辨——以金关汉简为中心》，载《史学集刊》2014年第6期，第112—117页。
④ 〔日〕青木俊介《肩水金関汉简の致と通関制度》，载《日本秦汉史学会会报》第12号，2014年，第36—64页。
⑤ 陈邦怀《居延汉简考略》，载《中华文史论丛》1980年第2辑，第85页。
⑥ 关于私传书式及申请手续，详拙文《汉代的传与肩水金关》，待刊。

裘锡圭提出来的,依据材料如下:

  1.3 居摄三年吏私牛出入关致籍   79DMT6：54

  1.4 ☐转谷输塞外输食者出关致籍   79DMT8：27

  1.5 ·元始三年七月玉门大煎都万世候　长马阳所赍操妻子从者奴婢出关致籍   79DMT9：27

三简当为簿书标题简,末简尚存两道编联空白。比对居延汉简中常见的簿书,这些通关簿书标题简中的"致籍",无疑应是记载出行人员及物品车马等信息的某种名籍。① 这个看法,最为接近"致"或"致籍"的本意。此后,李天虹、藤田胜久、初世宾等亦持此说。②

第三种观点,认为"致"是以下述两简为代表的通关证件:

  1.6 建平三年闰月辛亥朔丙　寅禄福仓丞敞移肩水金关：·居延坞长王戎☐所乘用马各如牒,书到,出如　律令。   15.18／A32

  1.7 始建国三年五月庚寅朔壬辰,肩水守城尉萌移肩水金关：吏所葆名如牒,书到,出入如律令。   73EJF3：155A

             置奥凤   73EJF3：155B

两简皆有"××如牒,书到出"等字样,表示以文书附牒的形式直接发给金关,前简尚有编联留空。最早指出此类文书即为通关"致"的是李均明,该学者还进一步推测"吏所葆名如牒",即附件,当以名籍的形式呈现,这类名籍包括人员、牲畜、器物等。"致",包括文书和附牒两者。③ 然而,1.6、1.7两简皆无"致"字眼,今天看来,在当时的条件下能做出这样的推断无疑是非常敏锐的。大庭脩、陈伟亦认同此观点。④ 金关汉简刊布后,青木俊介注意到下述两简:

  1.8 建昭元年……辰广地候千秋移☐☐

    将省卒诣……到,案致出入,如律☐   73EJT23：200①+②

  1.9 愿令史案致籍出,毋留,如☐   73EJT10：218A

    正月辛未☐☐卒☐以来☐   73EJT10：218B

---

① 裘锡圭《汉简零拾》,第80—81页。
② 李天虹《汉简"致籍"考辨——读张家山〈津关令〉札记》,第35页;〔日〕藤田胜久《〈张家山汉简·津关令〉与汉墓简牍——传与致的情报传达》,第449—452页;初世宾《悬泉汉简拾遗》,载《出土文献研究》第8辑,2007年,第95页。
③ 李均明《简牍文书"致"考述》,第119—120页。
④ 〔日〕大庭脩《汉简研究》,第145—149页;陈伟《张家山汉简〈津关令〉涉马诸令研究》,第37页。

两简虽残,将其简文与1.6、1.7比对,不难发现其相似性。1.8"(书)到案致出入如律"、1.9"案致籍出毋留"与1.6、1.7两简"书到出入(如)律令"文句相似,性质相同。据此,青木俊介认可了通关致包括文书和附牒的观点。①

仔细审视第三种看法,尤其1.8、1.9两简的案致(籍)出入,所谓的致,其真正所指当是文书所附的牒。② 下述两简可证明:

1.10 神爵二年十二月壬申朔戊寅,将转肩水仓令史☑转折谷就家县名里各如牒,出入复籍,敢言☑   73EJT3:113

1.11 甘露四年戊寅朔甲午,甲渠鄣守候何斋移肩水金关:令史☑☑罢军徙补
䪥得临谷候官令史,书到,案籍内,如律令。   73EJT5:68A
　　　　　　　令史安世   73EJT5:68B

两简与前述1.6、1.7相似,确实均为通知性的过关文书。不过,仔细比对文句及意思,1.10"出入复籍"、1.11"案籍内"等所案核的致或籍,与1.6"……所乘用马各如牒"、1.7"吏所葆名如牒",指代相同。1.8"案致"、1.9"案致籍",亦与1.6、1.7相同。由此可见,严格意义上,"致""致籍"实际上是指此类通知文书所附的牒,并不包括通知文书本身。而且,张家山汉简《二年律令·津关令》中关于"致"的相关规定,亦可佐证此看法,如下:

1.12 十二:相国议,关外郡买计献马者,守各以匹数告买所内史、郡守,内史、郡守谨籍马职物、齿、高,移其守,及为致告津关,津关案阅(509)出,它如律令。御史以闻,请许,及诸乘私马出,马当复入而死、亡,自言在县官,县官诊及狱讯审死亡,皆津关,制曰可。(508)

1.13 ☑议,禁民毋得私买马以扞关、郧关、函谷关、武关及诸河塞津关。其买骑、轻车马、吏乘、置传马者,县各以所买(506)名匹数告买所内史、郡守,内史、郡守各以马所补名为久,久马,为致告津关,津关谨以藉、久案阅出。诸乘私马入而复以出,若出而当复入者(507),津关谨以传案出入之。诈伪出马,马当复入不复入,皆以马贾讠宅过平令论,及赏捕告者。津关吏卒、吏卒乘塞者智,弗告劾(510),与同罪;弗智,皆赎耐。·御史以闻,制曰可。(511)

1.14 □、相国上中大夫书,请中大夫、谒者、郎中、执盾、执戟家在关外者,得

---

① 〔日〕青木俊介《肩水金関漢簡の致と通関制度》,第46—49页。
② 李零认为,牒是简册的基本单位,竹简一枚,木牍一枚,都叫牒(作者《视日、日书和叶书——三种简帛文献的区别和定名》,载《文物》2008年第12期,第78页);鹰取祐司认为,就简牍而言,牒是作为附加文书而被添附的木简(〔日〕鹰取祐司《秦漢官文書の基礎の研究》,汲古书院,2015年,第576页,尾注14)。

私买马关中。有县官致上中大夫、郎中,中大夫、郎中为书告津关,来复传(504),
津关谨阅出入。马当复入不入,以令论。·相国、御史以闻,·制曰可。(505)

细察三条律令,"致"的含义当如前述裘锡圭所言。1.12"内史、郡守谨籍马职物、齿、高,移其守,及为致告津关,津关案阅出"显示,内史、郡守需要记录马的标识、齿龄及尺寸,并"为致"告津关,津关根据"致"案阅出入。从其句式及文意判断,"致"无疑是指前述记载了马之体貌特征的某种簿籍。1.13"内史、郡守各以马所补名为久,久马,为致告津关,津关谨以藉、久案阅出",津关无疑是根据"致"上记载的籍、久进行案阅的。1.14"县官致"当指前述"私买马"的情况,中大夫、郎中将此情况以"书"的形式通告津关。此处的"书"实际上是个泛称,并不表示某一类通关证件,传、致书皆属广义的书。①

至此,基本可以确定,"致"或"致籍"的本意,是指记载出行者及其车马、物资明细的简牍,既包括私传中记载个人信息的简,也包括上举1.6、1.7所附的牒。一定意义上,将1.6、1.7为代表的那类通关文书称为"致"亦未尝不可,但如此处理,就掩盖了"致"的真正含义。

另外,作为通行证的传,完整者当包括传文及个人信息两部分。与传文配合使用的个人信息简,亦可称为"致"。② 这个观点,最早为藤田胜久提出,③杜鹏姣、田家溧亦认可。④ 不过,三位学者仅仅推测,未作详论,且未见直接证据。新刊金关简及居延旧简即有这方面的材料:

1.15 建平四年正月丁未朔庚申,西乡守啬夫武以私印行事:昭武男子孙宪诣乡自言"愿以律取致籍,归故县"。谨案:宪毋官狱征事,当得以律取致籍。名县如牒,唯廷谒移卅井县索、肩水金关,出入如律令。敢言之。 三月辛酉北啬

---

① 金关汉简私传亦颇多"书到"者,如下:
  永始五年闰月己巳朔丙子,北乡啬夫忠敢言之:义成里崔自当自言为家私市居延。谨案:自当毋官狱征事,当得取传。谒移肩水金关、居延县索关,敢言之。
    闰月丙子䩅得丞彭移肩水金关、居延县索关,书到,如律令/掾晏令史建　　　　　　　　15.19/A32
    □嘉二年七月丁丑朔丁丑西乡啬夫政敢言之成汉里男子孙多牛自言为家私市居延□传。谨案:多牛毋官狱征事,当得取传。谒移肩水金关、居延县索关出入,毋苛留止□
    七月壬戌寅䩅得长守丞顺移肩水金关、居延县索,写移书到,如律令/掾尊守□　　　73EJT6:39A
    䩅得丞印　　　　　　　　　　　　　　　　　　　　　　　　　　　　　　　　　　73EJT6:39B
  据程序、书式及用语,尤其"当得取传"判断,两简无疑是私传,但县廷签发之语皆言"书到如律令",不同于常见的"毋苛留止"。这一点即显示,私传亦可视为广义的"书",推测公传、致书等亦如此。
② 详拙文《汉代的传与肩水金关》,待刊。
③ 〔日〕藤田胜久《〈张家山汉简·津关令〉与汉墓简牍——传与致的情报传达》,第452页。
④ 杜鹏姣《试论汉简中的"致"和"致籍"》,第53页;田家溧《汉简所见"致籍"与"出入名籍"考辨——以金关汉简为中心》,第113页。

夫丰出 73EJT37：530

　　1.16　元延二年四月壬辰朔丙辰,守令史长敢言之：表是安乐里男子左凤自言"凤为卅井塞尉,犯法论,事已,愿以令取致,归故县"。名籍如牒,谒移卅井县索、肩水金关,出入如律令。敢言之。　　　　73EJT37：529

　　1.17　☐私市居延,愿以令取致。谨☐　　243.34/A32

1.15、1.16 两简皆由传主先提出申请,随后再由乡啬夫或令史向上级申报批准。两简皆未见县级机构的批准签发之语,当是简牍残损之故。据两简先县索后金关的移文顺序判断,当由居延县签发。1.15"三月辛酉北"显示,孙宪后来又返回居延,该简当是返程时过关录副。1.17 残断,比对用语,与前两简亦相似。据此,三简用语、流程,与私传几乎全同。暂举典型私传如下：

　　1.18　始建国元年八月庚子朔乙巳,南乡有秩博敢言之：悉意虞章自言为家私使之居延,愿以令取传。谨案：章年卅六爵公乘如牒,章毋官狱征事,当得以令取传。谒移居延县索津关出入毋苛留止,如律令。/八月乙巳魏得长守丞襃移过所写移如律令/掾戍守令史商　　73EJF3：175+219+583+196+407

传主虞章为家私使居延,申请私传。前述 1.15"以律取致籍"、1.16、1.17"以令取致",与该简"以令取传",极其相似。结合前述对"致"的考证,三简所取的"致"和"致籍",当指记载出行者信息的身份证件。

因完整的传由传文及"致"组成,故有时亦以"致"称呼"传"。如下：

　　1.19　毋官狱征事。谒☐书婴齐等年长物色,谒移肩水金关以致籍出,来复传入,如律令。敢言之。　73EJT37：4+1172

简文"以致籍出""来复传入"显示,该简既可称为"传",又可称为"致"。另外,婴齐的"致"亦可找到,如下：

　　1.20　☐婴齐年廿七长七尺二寸黑色　73EJT37：1102

该简墨色、笔迹与 1.19 几乎全同,当为婴齐过关时关吏制作出入名籍而留下的。据此,虽然 1.15、1.16、1.17 三简仅言"取致"或"取致籍","致"有时亦代指传。此外,下简亦可为此说提供旁证,如下：

　　1.21　甘露四年六月丁丑朔甲辰,西乡有秩☐☐☐王武案,

简 1.19　简 1.20

毋官征事,当为传致□□□□□六月雒阳□　　　　　　　　334.20A
　　　　印曰雒阳丞印　　　　　　　　　　　　　　　　　　334.20B/A32

该简虽残,但乡的申请及雒阳县的签发之语皆存,流程与1.18全同,为私传无疑。简文"毋官征事,当为传致"显示,"传致"当即县廷签发的传以及相应的身份证件。如果说1.15、1.16皆由张掖郡内的居延县签发,尚可怀疑两枚"致"仅适用于短途旅行、另成一类的话,那么1.21由河南郡雒阳县签发,则足以打消这方面的疑问。

此外,简1.21"当为传致"似表示传、致分开。然而,传、致未必全都分开制作,也存在少数将出行者信息记入传文内,或者与传文记载在同一枚简上的情形。① 传需封印是无疑的,推测"致"亦须封印,以保证其有效性。如下简:

　　1.22　觻得益昌里王福年五十七　　阳朔四年十月庚戌觻得长护封致
　　　　　　　　　　　　　　　　　　　为家私市居延　　　　　　　　□
　　　　　　　　　　　　　　　　　　　　　　　　　　　　　　　72EJC:121

该简形制为单札,与一般出入名籍简相同,据其书式及用语当即录自王福所持的"致",又添加上"阳朔四年十月庚戌觻得长护封致为家私市居延"的说明,很可能因此而并未另简录副王福所持之传。此外,该简显示,"传"亦可称为"致"。比对下简,更证明此点:

　　1.23　居延尉史梁襃　　阳朔元年九月己巳居延令博为传　十二月丁□
　　　　　　　　　　　　　市上书具长安　　　　　　　　　　73EJT6:27A

该简书式与1.22几乎完全一致,唯多出简末出入信息,而1.22下残,出入信息可能残去。比对两简,传、致确实存在混同的现象。

综上,"致"指的是名籍类简牍。1.6、1.7"如牒"所附的牒,以及与私传配合使用的身份证件,皆可称为"致"。有时,传亦可称为"致"。因此,将1.6—1.11等通知性质的通关文书称为"致",是不太准确的,而且极易与私传相混淆。青木俊介虽然注意到1.8中包含的"致"字眼,但忽略了"致"的本来含义,而将"致"作为与私传、公传性质相同的通关证件加以讨论,其结论自然难以让人信服。②

---

①　详拙文《汉代的传与肩水金关》,待刊。
②　〔日〕青木俊介《肩水金関漢簡の致と通関制度》,第36—64页。

二、致书研究

考虑到以 1.6—1.11 等为代表的通关凭证,其附牒的正式名称为"致",而本文所要研究的对象,不仅包括 1.6—1.11 等文书附牒,亦包括文书本身,故暂将之称为"致书",以区别于公传、私传及符等通关证件。排比材料,目前可发现约 60 份通关致书(附表)。此前,学者在"致"的名义下对"致书"通关展开了研究,结论大体可信,但在有效期、送达者、通关等方面,尚待进一步探索。下面围绕这些问题进行考辨。

1. 概观

此前,徐乐尧、李均明、大庭脩等推测通关致书使用地域较狭,不及传之广阔,[①]今日看来无疑是对的。据附表不难看出,通关致书的发出者,有肩水候(例8、11 等)、橐他候(例9、15 等)、橐他塞尉(例18、20 等)、广地候(例14、16 等)、肩水库啬夫(例3等)、肩水城尉(例12 等)以及甲渠候(例6 等)、甲渠塞尉(例38 等)、居延城仓丞(例51 等)、居延库丞(例29 等)、居延令(例4、36、41 等)等机构或官吏,还有疑似肩水塞尉(例62)、肩水仓(例52)、肩水千人(例5、57)、肩水都尉(例7)等发出者,多数集中于肩水都尉及居延都尉辖区内。[②] 此外,前引通关致书 1.6,签发者为禄福仓丞,禄福距金关甚近,却辖于酒泉郡。郡外发给金关的通关致书,仅此一见。

通关致书的使用群体较为广泛,不仅有官吏(例6、8、9 等)、戍卒(例15、35)、骑士(例41)、就人(例1、5、38 等),还有家属葆使从者(例8、31、32 等)、[③]大奴(例2)等。

[①] 徐乐尧《汉简所见信符辨析》,第 153 页;李均明《简牍文书"致"考述》,第 119—120 页;〔日〕大庭脩《汉简研究》,第 14 页。

[②] 还有一份致书似为"䚢得塞尉"发出,如下:

建平二年六月丙辰朔囗候长赵审宁归屋兰,名县爵里年姓如牒,书到,出入如　　73EJT37:651+727A
䚢得塞尉印　候史丹发　　　　　　　　　　　　　　　　　　　　　　　　　73EJT37:651+727B

据用词"名县爵里年姓如牒书到出入"判断,无疑属于通关致书,惜简背"䚢得塞尉"费解,不见有此官职。屋兰在金关以南,持该致书者通过金关,故发出者"䚢得塞尉"当在金关以北。结合下简,"䚢得塞尉"或为广地塞尉之讹,如下:

建平元年十月庚申朔戊子,广地候移肩水金关:遣候长赵审为官市,名县爵里年姓如牒,书到,出入如律令。十一月辛卯……并入　　　　　　　　　　　　　　　　　　　　73EJT37:964+1124+1352A
　　　　　　　　　　　令史嘉　　　　　　　　　　　　　　　　　　73EJT37:964+1124+1352B

两简相差半年,出行者皆为候长赵审,疑是同一人。而且,后简由广地塞发出,与前简的位置亦相符。若此不误,则前简所谓的"䚢得塞尉"或即广地塞尉,或因关吏打开封泥誊抄印文时出错所致。

[③] 关于葆、从者的身份,可参侯宗辉《汉代"私从"的身份与政府管理探论》,载《五邑大学学报》2013 年第4期,第 54—58 页;侯宗辉《肩水金关汉简所见"从者"探析》,载《敦煌研究》2014 年第 2 期,第 132—140 页;凌文超《西北汉简中所见的"庸"与"葆"》,待刊。

就其事务属性而言,既有诣府(例9、16、45等)、校邮书(例24)、征伐(例41)等公务,亦有收债(例11、25、54等)、私使居延(例17)等私事。从中不难看出,虽然使用人群及事务性质多样,但基本上均与官员有关系。

此前,李均明推测致书的申请手续与传相似。① 揣摩其意,传当指直接签发的公传。检附表不难发现,通关致书大部分亦直接签发。不过,少部分包含低级属吏的"自言",即申请。暂举如下:

2.1 建平元年十二月己未朔辛酉,橐他塞尉立移肩水金关:候长宋敞自言与葆之觻得,名县里年姓如牒,书到,出入如律令。　　　　　　73EJT37:1061A

　　张掖橐他候印　　　　　即日啬夫丰发

　　十二月壬戌令史义以来　　门下　　　　　　　73EJT37:1061B

该简简背文字笔迹书风与正面不同,显系接到后别笔所书。据简文,候长宋敞首先"自言",提出申请,然后才由橐他塞尉签发。② 另有类似者,如下:

2.2 以致籍入,敢言之。　　　　　　　　　　　73EJT9:59B

　　印曰张肩塞尉

　　四月庚寅就家李幼君以来　　　　　　　　　73EJT9:59A

该简形制为两行,正背笔迹相似。据"敢言之"及"印曰张肩塞尉",似由肩水塞尉呈报,其呈报对象或为肩水候官。据下简,李幼君活动于甘露三年:

2.3 甘露三年三月甲申朔丁亥,张掖☐家输橐他广地候官,书到☐

　　　　　　　　　　　　　　　　　　　　　73EJT33:54A

　　肩水千人印

　　三月戊子就家李幼君以来　　　　　　　　　73EJT33:54B

据简背印文及简文,尤其"书到"二字,似亦为通关致书。很可能肩水都尉府派遣就家输谷橐他、广地候官,③故签发此通关致书。简背"三月戊子就家李幼君以来"显示,致

---

① 李均明《简牍文书"致"考述》,第119页。
② "自言"的形式,采用书面还是口头,尚不清楚。睡虎地秦简《内史杂》规定"有事请也,必以书,毋口请,毋羁请(188)",通关致书的使用者多为官吏,故书面申请者当居多数。私传常见的"自言",因其多为普通民众,当是口头申请。关于"自言"的进一步研究,可参卜宪群《秦汉日常秩序中的社会与行政关系初探——关于"自言"一词的解读》,《文史哲》2013年第4期,第81—92页。
③ 就家、就人乃雇佣之人,相关研究参张俊民《从简牍谈汉代西北边郡运输的几个问题》,载《中国社会经济史研究》1996年第3期,第3—4页;蔡宜静《汉代居延"就"运探研》,载《简牍学报》第17期,1999年,第269—280页;郭丽华、张显成《西北屯戍汉简中的"就人"及其相关词语考论》,载《中国社会经济史研究》2016年第2期,第99—102页。

书由就人携带通关。不过,简首左右两侧均有刻槽,且正背笔迹亦相似,或原件由就人携走,此为录副。就人李幼君可能长期在此地活动,故频繁通关。2.2、2.3 由不同机构签发,或许就人并无固定服务机构。

此外,李均明认为,通关致书发给特定的关口。① 检附表,这一看法无疑是对的。不过,之所以如此,并非因为致书通关有特殊规定,而是这类证件基本上均在张掖郡内使用,而该郡仅设金关、悬索关,故可在致书中明言关口。实际上,短途外出的私传,亦见不少发给特定关口者,如下:

  2.4 永始五年闰月己巳朔丙子,北乡啬夫忠敢言之:义成里崔自当自言为家私市居延。谨案:自当毋官狱征事,当得取传,谒移肩水金关、居延县索关。敢言之。

  闰月丙子觻得丞彭移肩水金关居延县索关书到如律令/掾晏令史建 15.19/A32

  2.5 □嘉二年七月丁丑朔丁丑,西乡啬夫政敢言之:成汉里男子孙多牛自言为家私市居延☑传。谨案:多牛毋官狱征事,当得取传。谒移肩水金关、居延县索关出入,毋苛留止☑

  七月壬戌寅觻得长守丞顺移肩水金关居延县索写移书到如律令/掾尊守□☑

                    73EJT6:39A

  觻得丞印☑   73EJT6:39B

两枚私传皆由觻得县签发,传主皆私市居延,因途中仅设金关、悬索关两个关卡,故县廷签发之语指明了两关。

综上,通关致书绝大部分发出机构均位于肩水都尉及居延都尉辖区内。仅有一份由酒泉郡禄福县发出,或为特例。凡可考的通关致书,亦均发给特定关口。其原因就在于这类证件仅适用于张掖郡内,而该郡仅设金关、悬索关,故无须赘言"过所津关"。根据发出机构及出行目的地,移向的关口亦不同。

2. 有效期

关于通关致书的有效期,尚未见讨论。实际上,大多数致书亦未交代。一般而言,应仅限于往返双程,下次出行时须另行签发。同时,亦有明确交代时效者,如下:

  2.6 元延二年正月癸亥朔壬午,肩水关啬夫钦以小官行☑

  事隧长章辅自言遣收责橐他界中,出入尽十二月晦,如律☑ 73EJT23:79A

---

① 李均明《简牍文书"致"考述》,第 120 页。

　　　　　　　　　守令史骏☐　　　　　　73EJT23：79B

该简下残，推测致书当是金关啬夫以行肩水候事的身份发出。签发时间为元延二年（前11）正月，"出入尽十二月晦"显示有效期到年底。此外，还有两件相似者，如下：

　　2.7　☐建国元年正月癸酉朔戊寅，橐他守候孝移肩水金关、居延卅井县索关：
　　　　吏葆家属、私☐县爵里年姓如牒，书到，出入尽十二月，如律令。　　73EJF3：120A
　　　　☐掖①橐他候印
　　　　☐□十日北啬夫钦出　　　　守尉史长□　　　　　73EJF3：120B
　　2.8　始建国元年二月癸卯朔乙巳，橐他守候孝移肩水金关、居延卅井县索关：
　　　　吏所葆家属、私使名县爵里年始牒，书到，出入尽十二月。令史顺　73EJF3：117A
　　　　张掖橐他候印　　　　　　　　　　　　　　　　　73EJF3：117B

两致书发出时间相隔仅一个月，有效期皆到年底。落款并非同一人，两简正面文字笔迹亦不同。两致书皆以橐他候孝的名义发出，均发给了金关、悬索关。两个月内向金关、悬索关签发两次通关致书，且时效均为一年，可见出行者并非同一批人。此外，2.7简背印文笔迹与正文明显不同，而2.8背面墨色与正面似存差别，但笔迹书风相似，推测2.7为原件，2.8为录副。何以如此？尚不清楚。

下述名籍简，或即与2.6、2.7、2.8等类似文书配合使用的附牒，

　　2.9　河上守候史麟得专心里公乘薛远年廿三郭迹橐他界中出入尽十二月
　　　　　　　　　　　　　　　　　　　　　　　　　　　73EJT37：1163
　　2.10　☐丰佐仁送客行书橐他界中出入尽十二月☐　　73EJT37：1247+1235
　　2.11　☐　级年十八　　丰郭迹塞外君级戎收责橐他界中尽十二月止
　　　　　　　年十七
　　　　　　　　　　　　　　　　　　　　　　　　　　　73EJT37：1168

三简均一笔下来，形制为单札。2.9为肩水塞所辖河上隧候史，河上隧可能为某部候长驻地。② 其他两简所在机构不详，所涉事务分别为送客行书和收债，皆在"橐他界中"，推测出行者亦属肩水塞。有效期皆"尽十二月"，惜不详签发日期。还有下述三简：

---

①　"掖"字原释为"水"，细察图版，仅存下半，当为"掖"，径改。
②　详拙文《汉代肩水塞部隧设置研究》。

简2.7A	简2.7B	简2.8A	简2.8B	简2.12	简2.13

2.12　禁奸隧戍卒鱳得悉意里公乘王凤年五十行书橐他界中　尽五年二月止

　　　73EJT37：628+658

2.13　驿北亭戍卒鱳得定国里公乘庄悳年廿七　行书橐他界中　尽五月二月止

　　　73EJT37：631+113

2.14　河上守候史鱳得春舒里不更冯长年廿八郭迹塞外尽三月

　　　73EJT37：1581

2.12、2.13两简笔迹书风相似，所涉禁奸隧、驿北亭同属肩水塞。2.13"五月二月"当为五年二月之误,两简截止日期相同,推测当为同一份致书的附牒,惜致书签发日期不详。2.14亦属肩水塞,亦注明"尽三月"的时限。

3. 送达者

青木俊介认为,通关致书当由出行者本人携带送至关口。① 理论上,出行者本人携带致书,不仅过关时方便,即途中遇到盘查亦保无虞。与此同时,亦有例外者。如下:

    2.15 建平元年十二月己未朔辛酉,橐他塞尉立移肩水金关:候长宋敞自言与葆之觻得,名县里年姓如牒,书到,出入如律令。　　　　　　　　73EJT37:1061A

        张掖橐他候印　　　　　　　即日啬夫丰发

        十二月壬戌令史义以来　　　门下　　　　　　　　73EJT37:1061B

比对正背文字,笔迹书风似不同,当为原件。该致书使用者为候长宋敞及其所葆人员,但简背"令史义以来"显示由令史送来。下简亦非通关者本人带来:

    2.16 居延都尉卒史居延平里徐通大奴宜长七尺黑色髡头　十一月丙辰出

        五凤元年十月丙戌朔辛亥,居延守丞安世别上计移肩水金关:居延都尉卒史居延平里徐通自言䌛之陇西,还买觻得敬老里丁韦君大奴宜。今疏书宜年长物色,书到,出入如律令。　　　　　　　　　　　　　　　　　　　　73EJT37:522A

        印曰居延丞印

        十一月丙辰佐其以来　　　　　　　　　　　　　　　73EJT37:522B

这份证件在五凤元年(前57)十月二十六日(辛亥)由居延守丞签发,涉及居延都尉卒史徐通所买大奴通关。很可能徐通持有之前开具的公传,而所买大奴则需要增开证件方可通关。不过,该致书并未由大奴宜携带,而由佐其在十一月二日(丙辰)"以来"。当然,不能排除徐通与佐其两人同行,故过关时由佐其出示证件。另外,细察图版,简背接收记录与正面文字书风笔迹皆不同,而右下角"十一月丙辰出"与简背相同,当皆为关吏别笔所书,该简显系原件。细察该简书式,大奴宜的身份信息记在右侧,当别无附牒。

4. 通关与存档

如前述2.1、2.7等简背接收记录与正面文字笔迹书风不同,推测这些致书当是原件,由出行者携带至关,原件留下,返程时据关口留存证件通行。据附表,大部分致书皆如此,正背笔迹不同,似原件。与此同时,前举2.2、2.3、2.8等似为录副而非原件。一个

---

① 〔日〕青木俊介《肩水金関漢簡の致と通関制度》,第56—57页。

简 2.15A	简 2.15B	简 2.16A	简 2.16B

可能的解释，是出行者需要先后经过悬索关、金关，但仅持有一份致书，因此先行经过的关口只能录副，后一个关卡或可留下原件。如下：

2.17 居摄二年三月甲申朔癸卯，居延库守丞仁移卅井县索、肩水金关：都尉史曹解掾葆与官大奴杜同俱移簿大守府，名如牒，书到，出入如律令。

73EJT8：51A

居延库丞印　　　啬夫常发

　　　　　　君门下　掾戎佐凤

73EJT8：51B

2.18 官大奴杜同年廿三　三月辛亥☐

73EJT8：52

简 2.17B	简 2.17A	简 2.18	简 2.19A	简 2.19B

简 2.17 为宽木牍,简 2.18 为单札,均仅存上端编绳,下端编绳脱落留有空白。细察图版,简 2.17 正面、简背落款及简 2.18 上端"官大奴杜同年廿三"字迹墨色相似,疑为同一人书写。简 2.17"名如牒"当包括所有出行者,惜仅存杜同一简,两简可编联。此前学者据两简扭结方位,判断简 2.18 当居前,简 2.17 当居后。① 结合前引简 2.16 的书式行款,确应如此。此外,简 2.17 背面上端及简 2.18 下端"三月辛亥",与正面字迹迥异,显非抄件,当为关吏在原件上别笔所书。该致书签发者为居延库,出行者前往太守府,无疑当先后经过悬索关和金关,既然原件留在金关,推测经过悬索关时可能仅仅录副。

---

① 〔日〕青木俊介《肩水金関漢簡の致と通関制度》,第 46 页。

理论上,居延库可开具两份内容相同的致书,分别放在悬索关、金关,但考虑到出行者持一份致书即可通关,似无必要另开一份。上述推测,可由下简得到证明:

  2.19 绥和二年四月己亥朔癸卯,守城尉赏移肩水金关、卅井县索关:吏自言

  遣所葆……   73EJT37：1067A

    四月乙巳北 白发君前   73EJT37：1067B

文书发出者为守城尉,结合先金关后悬索关的顺序,此城尉当即肩水城尉。细察图版,该简正背两面笔迹相似。其原因或即出行者仅持一份致书,过金关时由关吏录副,过悬索关时把原件留下。

  出行者经过金关时,因大部分致书均要留下,故我们所见的相关出入名籍简多数存在两种以上的笔迹。如下:

  2.20 千秋隧长辛匡 诣府 八月廿六日南入九月廿四日出 73EJF3：277+479

千秋隧辖于橐他塞中部,"诣府"即前往肩水都尉府,故先南入后北出。细察图版,"千秋隧长辛匡诣府""八月廿六日南入""九月廿四日出"等笔迹各不相同,推测该简当为致书附牒原件,关吏在该简上分别填上出、入信息。不过,较为常见的是单程出入名籍简,如下:

  2.21 橐他守尉延陵循 葆从者居延西道里贾良年十四 三月戊辰南啬夫丰入

                       73EJT37：135+133

  2.22 驺马亭长封并 葆孙昭武久长里小男封明年八岁、三月甲子入

          明弟乃始年四   73EJT37：787

  2.23 居延令温君 兄子禄福嘉平里温普年十三 十二月庚午南啬夫丰入

         马一匹骝牡齿七岁高五尺七寸半   73EJT37：785

  2.24 田卒居延富里张恽年三十五 大车一两用牛二头 九月戊戌出、

                      73EJF3：371

  2.25 广汉隧长张霸 送佐胡敝候史苏章诣府 五月八日入 73EJT37：82

  2.26 居延临湖坞长尹音年五十六 车一乘 十一月甲辰入

                 用一匹

                      73EJT37：1083

前三简皆为家属,2.24为田卒,后两简为官吏。六简的出入信息与个人信息文字笔迹皆不同,怀疑当是致书附牒原件,关吏在其上登记出入信息。不过,一般而言,若致书原件留下,则出行者返程时并不持有通关证件,关吏需查找旧档才能予以核实放行,此时的

简 2.20	简 2.21	简 2.22	简 2.23	简 2.24	简 2.25	简 2.26

通关信息似亦应登记在原来的出入名籍简上。然而,目前发现此类名籍简大部分都仅记单程通关信息,或许,返程时关吏需要另简制作出入名籍简,少部分在旧简上备注。

当然,大规模的吏卒通关,无须在每一枚简上都记录下出入信息。如始建国二年(10)十一月骑士奔赴西域的致书:

2.27 □□年十一月癸亥朔 壬辰,居延守宰城仓守宰诩、守丞习移肩水金关:遣骑士史永等百百二十人,以诏书持兵马之西或,卒马十二匹,名如牒。书到,出入如律令。

73EJF3:184A

居延丞印

☐月三日入　　　　　　　　　　兼掾永守令史党　　　73EJF3：184B

该简形制为两行，正面有两道留空，当为编绳所过。该简纪年不存，据"居延守宰城仓守宰"判断，当为王莽简。① 又据简73EJF3：123+561纪年"始建国二年十一月癸亥朔癸亥"，当为始建国二年十二月三日入关而南。② 正面及简背具名"兼掾永守令史党"书风笔迹相似，当同一人所书。简背"居延丞印""月三日入"笔力劣弱，显系收到文书后别笔所书。其所附120名骑士的"名如牒"，亦可找到。暂举五简如下：

　　2.28　右前骑士 䩺都里任宪 卩 左前骑士阳里张严 卩 中营右骑士中宿里郑戎 卩　　　　　　　　　　　　　　　73EJF3：3

　　2.29　右前骑士 䩺都里赵严 卩 左前骑士通泽里李严 卩 中营右骑士安乐里范良 卩　　　　　　　　　　　　　73EJF3：11+4

　　2.30　右前骑士中宿里华赏 卩 左前骑士当遂里萧仁 卩 中营左骑士广郡里孙长　　　　　　　　　　　　　　73EJF3：7+360

　　2.31　右前骑士仁里杨意 卩 左前骑士广都里冯恭 卩 中营右骑士遮虏里戴林 卩　　　　　　　　　　　　　73EJF3：273+10

　　2.32　右前骑士 䩺都里李谊 卩 左前骑士阳里张丰 卩 中营左骑士安乐里李丰 卩　　　　　　　　　　　　73EJF3：415+33

名籍简按照原有的部曲卒伍编制记录，③每一枚简记录三人，当有40枚简，目前共发现35枚。在这35枚简中，几乎每名骑士之下皆有勾画符号，显见当时应该是逐人查点通关。这些人奔赴西域，与当时西北边疆形势有关。④ 据此，各地征调过来的新卒以及服役结束的罢卒，其通关形式亦应与骑士通关类似。⑤

---

① 新莽始建国元年改县令长为宰。(《汉书》卷九九中《王莽传中》，中华书局，1962年，第4103页) 相关讨论参饶宗颐、李均明《新莽简辑证》，新文丰出版公司，1995年，第140页。
② 汉简所记新莽始建国二年十一月朔日干支，与学界推算多不相符，如朱桂昌认为当月朔日为壬辰(朱桂昌《太初日历表》，中华书局，2013年，第231、611页)。实际上，新莽时期历朔改动颇大，后人逆推容有错误，应以当时汉简行用为准。
③ 关于汉代兵卒的组织编制，可参黄今言《秦汉军制史论》，江西人民出版社，1993年，第226—233页。
④ 关于这份通关册书的复原及有关的背景，参拙文《金关汉简始建国二年骑士通关册书复原研究》，待刊。
⑤ 新卒及罢卒通关的相关文书，如下：
　　卒张掖居延，移肩水金关卒当出关名籍一编，如律令。　　　　　73EJT37：738A
　　淮阳令印　　　　　　　　　　　　　　　　　　　　　　　　73EJT37：738B
　　元康二年八月丁卯朔甲申，昭武左尉为郡将漕敢言：谨写罢卒名籍移，敢言之。　73EJT30：21A+87
　　佐安昌亭长齐　　　　　　　　　　　　　　　　　　　　　　73EJT30：21B
前简是新卒戍守居延，由淮阳直接发给金关。后简是罢卒，由昭武左上呈，可能是给张掖太守府，由后者转给金关。两简"卒当出关名籍一编""罢卒名籍"显示，亦当附有记录具体人员名单的牒。通关形式当与前举骑士通关相似。

关吏汇总通关人员情况时,将通关致书与传放在一起,基本上以月为单位,年度总结。① 除此之外,对于牛车、转车等亦有记载,如下:

2.33 ·元康三年六月己卯转车入关名籍　☑　　　　　　　73EJT5:3

2.34 ·神爵元年五月转车名籍　　　　　　　　　　　　　73EJT29:103

2.35 ▨初元五年三月敦煌

　　　▨冯卿所送降者　　　　　　　　　　　　　　　　73EJT9:9A

　　　▨冯卿所送降者用牛

　　　▨车名籍　　　　　　　　　　　　　　　　　　　73EJT9:9B

2.33 记载某日入关转车,2.34 以月为单位记载转车。2.35 所记是敦煌送降者所用牛车,单独立案。笔者推测,应该也会有年度汇总。

三、小　结

通关"致"的本意,是记录个人信息的名籍简,并非特定的通关证件,传及通知书的附件均可称为"致"。一定意义上,传亦可称为致。过去,学界将"致"作为独立的通关证件进行讨论,如此处理未见其可。

目前可见的通关致书,绝大多数都局限在张掖郡内使用,军政、民政等机构皆可发出。其使用群体尽管多样,但基本上均与官吏有关。一般而言,通关致书当由出行者本人携带通关,但亦不乏例外者,端视具体事务而定。与公传、私传不同,留在关口的多为通关致书的原件而非录副。关吏在原件上登记出入信息。绝大多数仅限于出入双程,部分明确记载了一定的期限,一年者有之,其他时段或亦有之。综合看来,通关致书类似于传,但其形式更为灵活,适合临时性的外出,或者一段时间内频繁多次的外出,如送客、行邮书等。此外,大规模人员也采用这种形式通关,较为方便。

此类通关证件的性质,与能在全国通用的传相比,类似地方施行的土政策,权宜之计。因此,从形式到实质,通关致书具有传、符所不具备的灵活性,亦可有效补充两者在通关方面的不足,发挥的作用不容小觑。

---

① 详拙文《汉代的传与肩水金关》,待刊。

通关致书简表

序例	时间①	出行者及事由	签发者	所移关口	正背笔迹②	简号	备注
1	神爵二年(前60)十二月戊寅*	转折谷就家				73EJT3∶113	敢言□
2	五凤元年(前57)十月辛亥	居延都尉卒史徐通大奴宜	居延守丞	金关	不似	73EJT37∶522	佐其以来
3	甘露二年(前52)正月丙午*	载输归落亭××牛车	肩水库啬夫			37.51/A32	
4	甘露二年(前52)二月庚午*	曹子元、段中宗、崔子玉、夫人、从者、奴	居延令		不似	73EJT34∶1	曹子元以来
5	甘露三年(前51)三月丁亥*	就家输橐他广地候官	肩水千人印			73EJT33∶54	就家以来
6	甘露四年(前50)戊寅朔甲午	令史徙补觻得临谷候官令史	甲渠守候	金关		73EJT5∶68	
7	永光五年(前39)正月壬申*	成宣等自言遣葆□□□之官	肩水城尉行都尉事？			73EJT3∶109	
8	鸿嘉四年(前17)二月辛未	督蓬史张卿葆从者	肩水守候	谓关啬夫	不似	72EJC∶2	邺以来
9	永始五年(前12)闰月戊寅	令史吕凤持传车诣府	橐他守候	金关	不似	73EJT37∶1065	
10	元延元年(前12)六月*	收债橐他				73EJT37∶273+410	
11	元延二年(前11)正月壬午*	隧长章辅自言遣收责橐他界中	金关啬夫兼行候事？			73EJT23∶79	编联留空
12	元延三年(前10)三月甲子*	士吏□宣	肩水守城尉			73EJT37∶143+729	
13	绥和二年(前7)四月癸卯*	吏自言遣所葆	肩水守城尉	金关、悬索	相似	73EJT37∶1067	

① 简牍残缺不全者，在时间后缀符号"*"，以示区别。
② 正背笔迹一栏，是指正面的文书与背面的接受开封记录，简背的具名属于文书内容。部分简牍背面仅有具名没有接收开封记录，则不再比较。

续表

序例	时间	出行者及事由	签发者	所移关口	正背笔迹	简号	备注
14	绥和二年（前7）闰七月乙丑*		广地守候			73EJT37：148+422	
15	绥和二年（前7）十一月壬子	遣吏卒送鸡府	橐他候	金关		73EJT37：783	编联留空
16	建平元年（前6）四月甲申	候诣府	广地候	金关	不似	73EJT37：1503	
17	建平元年（前6）四月	吏自言遣所葆为家私使居延	肩水守城尉	金关、悬索		73EJT37：640+707	
18	建平元年（前6）十月癸亥*	……肩水界中	橐他塞尉		不似	73EJT37：1162	
19	建平元年（前6）十月戊子	遣候长赵审为官市	广地候	金关	不似	73EJT37：964+1124+1352	
20	建平元年（前6）十二月辛酉	候长宋敞自言与葆之觻得	橐他塞尉	金关	不似	73EJT37：1061	令史义以来
21	建平二年（前5）六月	候长赵审宁归屋兰	觻得塞尉印		不似	73EJT37：651+727	
22	建平三年（前4）闰三月丙寅	居延坞长王戎	禄福仓丞	金关		15.18/A32	
23	建平三年（前4）四月丁未*		驿北守亭长行候事			73EJT37：591+795	
24	建平三年（前4）五月甲子	遣守令史敞校邮书橐他	肩水候	谓关啬夫	不似	73EJT37：788	
25	建平四年（前3）正月癸丑	吏据书葆妻子收责橐他界中	肩水候	谓关啬夫		73EJT37：1378+1134	
26	建平四年（前3）十二月癸酉		广地候	金关		73EJT37：800	
27	建平四年（前3）十二月甲戌*	吏使囗	广地候			73EJT37：1502	
28	元始五年（5）三月戊辰	吏囗囗囗	肩水城尉	金关		73EJT24：616	

续 表

序例	时　间	出行者及事由	签发者	所移关口	正背笔迹	简　号	备注
29	居摄二年(7)三月癸卯	都尉史曹解掾葆与官奴移簿大守府	居延库守丞	悬索、金关	不似	73EJT8:51	
30	居摄三年(8)六月丙子*	吏妻子家属夕客				73EJT24:75	
31	始建国元年(9)正月戊寅	吏葆家属私	橐他守候孝	金关、悬索	不似	73EJF3:120	
32	始建国元年(9)二月乙巳	吏所葆家属、私使	橐他守候孝	金关、悬索	相同	73EJF3:117	
33	始建国元年(9)二月丙午*	吏所葆	肩水候			73EJT23:290	
34	始建国元年(9)三月己丑	吏使	金关啬夫行候事	谓关啬夫		73EJF3:338+201+205+73EJT7:148	
35	始建国元年(9)七月丙申	遣吏卒	广地隧长行候事	金关	不似	73EJF3:125	
36	始建国元年(9)八月甲辰*	亭长程望	居延守令城骑千人丞	悬索、金关		73EJT35:8+9	
37	始建国元年(9)十二月己酉		金关守啬夫行候事	谓关		73EJF3:153	
38	始建国二年(10)七月庚午	就人车两粟石斗人名如牒	甲渠守塞尉	悬索、金关	不似	73EJF3:299+492+334	
39	始建国二年(10)八月丙辰*	吏所葆	肩水库有秩行城尉事	金关、悬索		73EJF3:327	
40	始建国二年(10)十一月癸亥	吏诣府?	广地守候	金关	不似	73EJF3:123+561	
41	始建国二年(10)十一月壬辰①	骑士120名,马12匹,前往西域	居延守宰城仓守宰守丞	金关	不似	73EJF3:184	编联留空

① 该简上残,仅余"□年十一月癸亥朔壬辰"。据"居延守宰"判断,当为王莽简,检今人所推历日表,王莽时期并无十一月朔日为癸亥者,可能当时历法改动较大。而73EJF3:123+561纪年为"始建国十一月癸亥",则当为始建国二年十一月。

续 表

序例	时 间	出行者及事由	签发者	所移关口	正背笔迹	简号	备注
42	始建国三年(11)五月壬辰	吏所葆	肩水守城尉	金关		73EJF3：155	
43	始建国六年(14)二月庚寅*	吏所葆	肩水城尉	金关、悬索		73EJF3：116+208	
44	天凤元年(14)二月庚辰①*		肩水候	谓关啬夫		73EJF3：180	
45	天凤元年(14)十二月壬午*	遣吏奏檄诣府	橐他候	金关		73EJF3：39	
46	天凤三年(16)四月*	尉史刑张等追亡吏卒范威等				73EJF3：171	
47		迎钱城仓	橐他/广地候官	金关		73EJT3：11	
48		候×	橐他守候守塞尉	金关		73EJT7：30	
49			橐他候		不似	73EJT15：29	
50		部吏所葆家属	广地候	悬索、金关		73EJT23：15	
51		遣就人车辆人名	居延城仓丞			73EJT23：907	
52			肩仓小官印	悬索、金关		73EJT24：237	
53		万年里赵房等十一人	居延右尉		不似	73EJT31：92	
54		收债橐他候官				73EJT32：3	
55		延水丞就迎铁器大司农府		金关		73EJT37：182+1532	
56		告归平陵	广地候		不似	73EJT37：209+213+1285+1297	

---

① 该简上残，"凤"前之字不存，查历日，昭帝元凤元年二月朔为癸酉，宣帝五凤元年二月朔为庚寅，唯新莽天凤元年二月朔为甲戌，故纪年当为天凤元年。

续表

序例	时间	出行者及事由	签发者	所移关口	正背笔迹	简号	备注
57		遣吏之居延	肩水千人印	金关	不似	73EJT37:781	
58		吏及所葆之居延	肩水城尉	金关、悬索		73EJT37:913	
59		驿北亭长行候事	谓关啬夫			73EJT37:1311+1233	
60			居延令	悬索、金关		73EJT37:1560+246+61	
61		千人令史等自言遣葆	肩水城尉	金关		73EJF2:45	
62		就家	肩水塞尉印			73EJC:313	
63		×与家属贼奴	居延县？	悬索、金关		73EJC:446	
64		橐他土吏阎章迎奉府自言葆如牒	橐他候官？			73EJC:523	

2017年3月初稿
5月定稿
9月修订

附记：本文的写作及修改，应该感谢导师侯旭东及李均明、汪桂海、邬文玲、刘乐贤、赵平安等师长前辈。文稿完成后，得见武汉大学简帛网2017年5月25日所刊鹰取祐司《肩水金関遺址出土の通行証》一文（http://www.bsm.org.cn/show_article.php?id=2813），该文原刊鹰取祐司主编《古代中世東アジアの関所と交通制度》（东京：汲古书院，2017年），与本文所论不同，希请读者参看。

（作者单位：清华大学出土文献研究与保护中心）

河西魏晋唐墓中的胡人形象*

郭永利

摘　要：在河西魏晋十六国及唐代的墓葬里有大量的图像资料，真实地反映了此一时期河西地区的社会生活面貌。这些墓葬图像资料中有相当比例的胡人形象，本文以此为主要研究对象，从图像题材分类入手，分析胡人形象特征的图像表现、胡人形象的变化等，从而认识河西各民族长期聚居的状况。

河西走廊发现的魏晋十六国及唐代墓室壁画，内容丰富，真实地反映了此一时期河西地区的社会生活面貌。河西走廊是丝绸之路的重要路段，自西亚、中亚而来的人们从这里进入中原，有些在此聚居，并逐步向东迁居。如公元3世纪就已在河西活动的粟特人，逐渐形成了武威安氏、会稽康氏、建康史氏等粟特大姓。此外，河西地区很早就活跃着从北方和河西走廊东南迁入的一些民族，如鲜卑、羌人等，他们与汉民族杂居，生活于此，在魏晋十六国墓中可见他们的身影，这些人都被泛称为胡人。

对河西魏晋唐墓中的胡人形象较早有所关注的，是日本的园田俊介，他在《酒泉丁家闸5号墓壁画所见十六国时期的河西社会——以胡人图像为中心》一文中认为，该墓表现墓主财富的图像中描绘了诸多胡人，有着三角帽的胡人、披发胡人、着尖顶帽的胡人等。尖顶帽胡人为西域胡，与月支有关系；帽上带毡，推测是匈奴人风俗；着三角帽的胡人极有特征，但难以判断为何种胡人；披发胡人，是羌人或鲜卑人。这些胡人居于坞壁，从事农耕。① 他后来又发表《河西画像砖墓所见胡人图像——以魏晋时期酒泉为中

---

* 本文为兰州大学丝绸之路经济带研究中心中央高校基本科研业务费专项资金"一带一路"重点项目（15LZUJBWZX011、16LZUJBWZX0120）的阶段性成果。

① 〔日〕园田俊介《酒泉丁家闸5号墓壁画にみえる十六国时代の河西社会——胡人画像を中心として》，载《西北出土文献研究》第3号，2006年，第45—50页。

心》一文,对出土的胡人图像进行了讨论,判定图像中的披发者为羌人;髡发图像从头发来看,是与羌人不同的胡人,可能为鲜卑人;而编发胡人可能是氐人;尖顶帽者为月氏胡;着三角帽的可能为西域胡人。① 郑怡楠对高台县地埂坡魏晋 4 号墓的人物进行了分析,认为表演角抵的人物为粟特人。② 墓室图像中,从服饰、头发即可判断出他们是与汉民族不同的人物,都是生活在河西地区的其他民族形象。本文从图像题材分类入手,对相关问题进行讨论。

一、魏晋墓葬中的胡人形象

1. 墓室壁画中的胡人

魏晋时期河西地区发现有胡人的墓葬,主要是在嘉峪关、酒泉、高台等地。敦煌地区发现的魏晋时期壁画墓中,到目前为止尚未见有可明确判断为胡人形象的人物。

嘉峪关:可以明确判断为胡人形象的图像较多,从题材内容大体可以分为坞堡与穹庐、放牧、耕作。

坞堡与穹庐图,其内容为坞及人物,人物绘于穹庐内,居于坞外。这些人物有披长发者,他们赤足,着交领及膝长衣。如嘉峪关三号墓前室北壁右侧壁画(图一)。

放牧图,见于嘉峪关五号墓。其中有人物赶着一群马,人物着靴,头着缨帽,明显可见其高鼻特征。这是与上述披长发者不同的民族(图二)。又,嘉峪关十三号墓中的牧马图,人物赤足,赶着一匹马,披长发,着交领及膝长衣,手中似持剑(图三)。

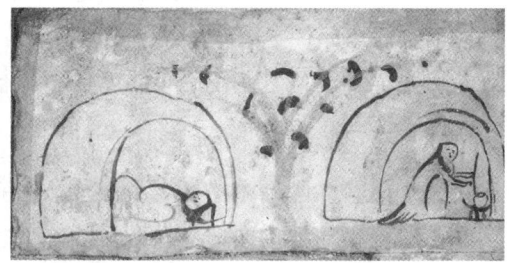

图一 嘉峪关三号墓壁画

---

① 〔日〕园田俊介《河西画像砖墓に見える胡人図像——魏晋期の酒泉を中心として》,载《西北出土文献研究》第 5 号,2007 年,第 107—112 页。
② 郑怡楠《河西高台县墓葬壁画娱乐图研究——河西高台县地埂坡 M4 墓葬壁画研究之二》,载《敦煌学辑刊》2010 年第 2 期,第 125 页。

图一 嘉峪关三号墓壁画(续)

图二 嘉峪关五号墓放牧图

图三 嘉峪关十三号墓牧马图

耕作图,见于嘉峪关六号墓。其中人物蹲于耙上,正在耙地,明显可看到长发披着,飞在两边(图四)。嘉峪关十三号墓中的人物与此类似。

图四 嘉峪关六号墓耕作图

酒泉:魏晋墓葬中的胡人形象,从衣饰来看与汉民族服饰有着明显不同,从题材来看有牧羊、骑吏与女子等。

牧羊图,见于果园乡高闸沟魏晋墓。图中所绘人物发髻较高,下着裤,足着靴,身披大衣,赶着一群羊。此类族属问题仍未解决(图五)。

图五　果园乡高闸沟魏晋墓牧羊图

骑吏与女子图，见于果园乡西沟村七号墓，图中可见一女子行走，前有一骑吏前行。女子披发，身着及地长裙。同墓另一幅同样绘一女子行走在山间，披发，着及地长裙，而她行走的方向正是穹庐。在有限的画面中，绘穹庐与山林，应是用最具典型特征物来表现披发者所居环境的做法，而非装饰或点缀（图六）。

图六　果园乡西沟村七号墓

高台：骆驼城一号墓室上部画有狩猎图，骑马回首拉弓射箭者为披发形象（图七）。

图七 骆驼城一号墓狩猎图砖

2. 魏晋时期墓葬出土的胡人俑

高台县博物馆收藏有几件魏晋时期的胡人形象的木俑。

胡人与马俑：胡人头着高帽，面相丰圆，大眼，细腰身，下着裤，双手笼于袖中。马的身形明显大于人物，说明了牵马者地位低于代表墓主人的马（图八）。

图八 高台县博物馆藏胡人与马俑

女侍木俑：人物形象艳丽，头上梳类似元宝形的发髻，直鼻梁，鼻根几乎到了发际处，意在表现鼻梁很高。身上绘彩色条带，应为间色裙。这种服饰装扮与汉族妇女完全不同，应为少数民族人物，但暂时无法定其族属（图九）。

图九　高台县博物馆藏女侍木俑　　　　图十　男侍木俑

男侍木俑：木俑整体略残。人物头着帽，面相丰圆，着窄袖。与汉族有异，但其族属暂不明（图十）。

这一时期与汉人形象有异者，多见披发形象。从图像表现的内容来看，披发者身份均为耕种、放牧、狩猎者，与坐于榻上或帷帐内的汉人明显不同，显示了其地位低于汉人的身份特征。这些披发者或居于山林庐帐内，或居于汉人的坞堡之外，与汉人关系密切，但又有着自己独立的生活空间。男子披发、着短衣，女子披发、着及地长裙。使用三足镬生活，这在图像中都有很明确的表现。

二、十六国时期墓葬中的胡人形象

1. 墓室壁画中的胡人形象

在河西发现的这一时期的壁画墓不多，主要有敦煌祁家湾西凉建初十一年墓，酒泉丁家闸五号墓、小土山墓，高台前秦建元十四年墓、地埂坡四号墓。

敦煌祁家湾西凉建初十一年墓出土了一块画像砖，上面绘有胡人形象。画面分上、下两部分，上部分表现墓主人宴乐内容，墓主人正在观赏的驯兽图中就有胡人形象。胡人戴小冠，身穿窄袖短衣，下着裤，足着靴。一膝着地，一膝直立状，正在驯狮。下部分为车马出行，牵马者是胡人，手持鞭，着短衣，下着裤，足着靴，正赶马前行（图十一）。

图十一　敦煌祁家湾西凉建初十一年墓画像砖

酒泉丁家闸五号墓为十六国时期的墓葬，壁画中的胡人形象出现较多。有披发者，主要出现在耕种、坞门外、扬场当中，形象仍为着交领短衣，赤足，披发。有着三角帽者，表现出高鼻、浓须、大眼的特点，但服饰与其他耕作者并无区别。虽然与嘉峪关五号墓放牧者相似，但足不着靴。与魏晋时期相比，从服饰到从事的作业，均没有根本性的变化（图十二）。

小土山墓位于酒泉果园乡魏晋唐代墓群，距丁家闸五号墓1公里。该墓规模大，且墓葬形制与魏晋时期的墓葬形制差异较大，根据画像砖图像的特点，此墓应为西凉时期的墓葬。[①] 在墓门前区，耳室和侧室均嵌画像砖。其中一块画像砖绘二人物，前面一人着汉式官服，宽袖长袍；后面一人，头上似着风帽，上着短衣，下着裤，手中持华盖，足着靴，此胡人形象非常明显，与汉民族有着明显的差异（图十三）。

---

① 郭永利《河西魏晋十六国壁画墓》，民族出版社，2012年，第252页。

图十二　酒泉丁家闸五号墓壁画

图十三　小土山墓照墙右侧图

前秦建元十四年壁画墓位于高台县许三湾古城墓群。墓葬被盗,仅出土几块画像砖。最重要的是,一同出土的一块墓砖上有"前秦建元十四年"的墨书题记,这是有明确纪年的墓葬。其中一块为胡人牵马画像砖,画面中的胡人似着风帽,大眼,高颧骨,上着短衣,下着裤,足着靴,一手持矛一手持盾,正面而立,这应是一位武士形象的胡人,所牵似为具装甲骑,更明确了人物的武士身份。因该墓画像砖图像画法简约,细部描绘不够精准,因此很难获得更多的胡人特征信息,但人物正面像的画法却值得注意,因为魏晋时期河西墓室画像中人物除西王母和东王公为正面像外,均不见其他正面像的画法(图十四)。

图十四　前秦建元十四年壁画墓画像砖

高台县地埂坡墓群四号墓位于罗城乡黑河以南的台地上。墓葬为双室土洞墓,前室四壁绘仿木结构建筑,壁面上绘墓主人宴饮娱乐、耕种、门侧武士等。壁画人物画风精细,与河西魏晋壁画墓相比较,其年代更晚,其精细画风与酒泉丁家闸五号墓更为接近,应为十六国时期的墓葬,而非墓葬发掘者所定的魏晋时期。该墓墓主形象与汉民族形象完全不同,应为胡人。墓主人位于墓室北壁,仿木柱的内侧为二胡人对坐宴饮。左端胡人着高帽,大眼,高鼻,浓须,下着圆领贴身衣,盘腿而坐,手中似持物,肩宽腰细,腰间系带,足着长靴。右端胡人与此相同。此二人形象与7—8世纪乌兹别克斯坦的片治肯特古城壁画中的粟特宴饮人物几乎完全一致,所以墓主人应为粟特人。北壁的另一端绘有二人,着窄袖衣,大眼形象,也应为胡人,二人相对而立,中间绘物似一杆秤,似为正在交易,与墓主宴饮配置在一起,更加说明了粟特人的商业特性(图十五)。

图十五　高台地埂坡四号墓墓室北壁壁画

高台地埂坡四号墓前室通向后室的甬道口上部绘有娱乐图。左端二人为杠鼓表演，右端二人表演角抵戏，四人服饰发型均相同，应为同一民族，但与汉民族形象不同。四人均髡发，着交领及膝短衣，赤足，郑怡楠认为这四人为粟特人。从人物服饰上来看，最鲜明的特征是髡发，而在片治肯特、阿弗拉西阿卜的壁画中所见粟特人并非髡发，多为大眼浓须、着帽的形象，而这正是四号墓宴饮中的墓主人形象，因此髡发非粟特人，可能为居于河西的鲜卑人（图十六）。

图十六　高台地埂坡四号墓甬道口上部壁画

2. 棺板画中的胡人形象

高台县博物馆藏有一件棺板画，从中也可以看到胡人的形象。画面中绘一通幰牛车，前有一人赶车，车后一女子随行。随行者着大衣，梳高髻，最为罕见的是描绘了细腰，这在汉民族妇女形象画中绝不会出现，因此应视其为胡人。此类人物绘于棺板上，也表现了墓主人的族属并非汉人。河西墓画中出现通幰车，时代较晚，属十六国时期，因此这个棺板画的年代当在此一阶段（图十七）。

图十七　高台县博物馆藏十六国时期棺板画

十六国时期河西墓室壁画中的胡人形象发生了比较大的变化,出现了着短衣、裤、靴的胡人形象。从这些胡人的面相来看,均高鼻、深目、浓须,是来自中亚一带的胡人。同时,相关的题材也变成了戏狮、宴饮、具装武士内容的胡人形象,这些胡人与魏晋时期多见的披发形象已完全不同,魏晋时期常见的披发者图像则逐渐退出,自汉代以来的墓室壁画程序开始发生了变化。

三、河西唐代墓葬出土的胡人形象

1. 墓室壁画中的胡人形象

河西地区发现的唐墓数量不多,仅在敦煌佛爷庙湾、酒泉西沟、山丹县、肃南大长岭等地发现了唐墓。其中出现胡人形象的墓葬,见于敦煌佛爷庙湾唐墓和山丹一中唐墓。

敦煌佛爷庙湾墓群发掘了几座唐墓。墓室出土模印砖,可见有胡人形象者。一二三号墓为砖室墓,发掘者认为年代应在7世纪末8世纪前期,[①]最新的研究结论认为是唐开元时期。[②]西壁嵌有胡人牵驼模印砖。胡人着高尖帽,高鼻,浓须,宽肩细腰,着翻领窄袖及膝长衣,足着靴,身体细长,所牵之驼身躯肥壮,驼身上有驼囊和小猴等物(图十八)。

图十八 敦煌佛爷庙湾一二三号墓出土模印砖

---

① 甘肃省博物馆《敦煌佛爷庙湾唐代模印砖墓》,载《文物》2002年第1期,第64页。
② 戴春阳《敦煌佛爷庙湾唐代模印塑像砖墓——墓葬举要与年代》,载《敦煌研究》2015年第5期,第10页。

山丹一中唐墓为双室砖墓。墓室嵌彩绘模印砖,题材有十二辰、胡人牵驼、力士、四神、出行仪卫等。其中胡人牵驼模印砖上的胡人形象较为清晰,着尖帽,上着翻领窄袖及膝衣,腰系鞶囊,足着靴,大眼高鼻,一手持物,一手牵驼,正在行进当中。骆驼身躯强壮,负囊(图十九)。该墓胡人服饰与敦煌佛爷庙湾一二三号墓完全相同。该墓出土了墓志,其明确纪年为唐咸亨元年(670)。

图十九　山丹一中唐墓出土彩绘模印砖

山丹一中唐墓从墓葬形制到题材,与敦煌佛爷庙湾一二三号墓几乎相同,所以后者的年代也应与此大体相同,应在公元7世纪后半叶,而不会在开元时期。山丹唐墓与敦煌佛爷庙湾唐墓人物相比,显出丰肥趋势,故其年代应略晚于后者。

2. 唐代胡人俑

牵驼俑:出土于敦煌铁家堡,为一男子,呈立姿。戴幞头,高鼻深目,双睛突出,着窄袖翻领长衣,腰系带,下着靴。身略前倾,双手作牵驼状(图二十)。

吐蕃牵驼俑:与上件出土地点相同。收藏于敦煌市博物馆,此件人物定为吐蕃人。人物头梳小髻,着窄袖翻领长衣,腰系带,下着靴。面部眉头紧收,高鼻梁,双目圆突。身体略前倾,足下踩踏板(图二十一)。

铁家堡出土的胡人俑,着幞头,幞头高且前倾,其特征与西安唐杨思勖墓(740年)

图二十
敦煌铁家堡出土
牵驼俑(左侧)

图二十一
敦煌铁家堡出土
吐蕃牵驼俑(右侧)

石刻人物相同,其年代应大体相同,即为开元时期。

河西唐代墓葬中的胡人形象发现虽然不多,但与魏晋十六国时期已大为不同。河西地区魏晋时期的胡人与汉人关系密切,或居于坞外,或与汉人一起耕种。在墓室图像中,他们是自汉代以来墓室图像中墓主人的财富符号。到十六国时期,中亚胡人形象明显增多,但其图像题材仍以汉代图像为主要形式,如胡人表演驯狮等内容。但与此同时,胡人题材发生了明显的变化。从高台地埂坡四号墓粟特人墓主宴饮图来看,墓主人已处于主导地位,而汉人在该墓中成了墓主人的财富符号,在该墓图像中从事耕种等事。河西唐前期墓室胡人形象主要是着尖帽者。在片治肯特古城遗址出土的壁画人物,其中多处可见着尖帽的人物,这些均被认定为粟特人,而敦煌和山丹唐墓所见尖帽人物与此相差无几,他们很可能就是来自中亚的粟特人(图二十二)。

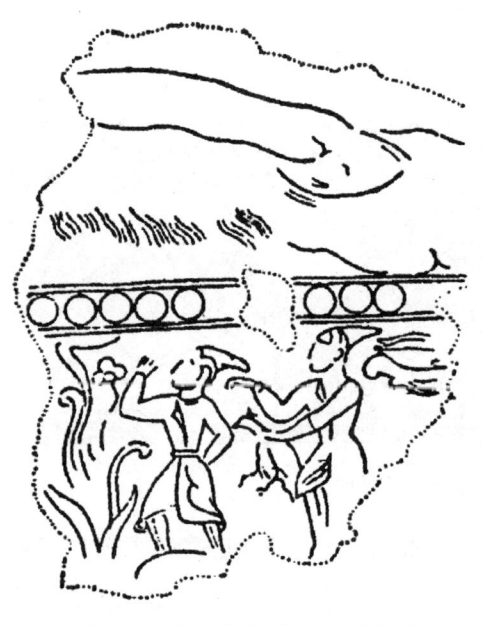

图二十二　片治肯特壁画中的粟特人

与这些胡人相配的,是高大的骆驼和沉重的背囊,呈行走状。同一座墓中,这类画像砖绝不只是一幅,山丹一中唐墓目前搜集到的有四幅。但是从形象来看,身份比较单一,这可能是表现沿丝路从中亚来的粟特商人从事贸易的形象。到开元时,胡人形象变得丰肥,身体前倾,与前期细瘦形象相差较大,且多见牵马牵驼俑,这类表现已程式化,与唐两京地区胡人俑相同。此时墓室中的胡人形象表现,已无很强的地域性表现,与两京地区保持了高度一致。

四、结　语

河西墓葬的胡人形象,从魏晋时期就已进入墓室,成为墓室壁画表现的内容之一,真实地反映了河西地区多民族聚居的状况及民族关系。到十六国时期,河西墓室开始出现中亚胡人形象,比较典型的如粟特人的形象,即墓主人就是典型的粟特人。粟特人是丝绸之路上的商人,他们沿着丝绸之路进入河西,并逐渐迁居内地。河西是他们在中华地域较早的落脚点并形成粟特人聚落。在十六国时期河西的五凉政权中,都能看到粟特人对政治、经济方面的影响,因此他们在这里定居并有了自己的家族墓地,在墓室中突出本民族的图像,也是情理之中的事情。也正因此,河西十六国壁画墓在这一时期对其他地区墓室壁画产生的作用,应引起重视。

河西唐墓中的胡人,前期主要表现胡人与骆驼的行走状态。开元时期,胡人与骆驼则被描绘成静止且肥壮、身体略倾的状态,这个变化应与胡人在人们心中形象的变化有关。行走的胡人与骆驼,无疑表现的是行走在丝路上的胡商形象,他们有可能是粟特人。而开元时期那些静止状态的胡人,更多的是墓室随葬品的程式化表现,与真实的胡人生活则相去较远。

(作者单位:兰州大学历史文化学院考古学及博物馆学研究所)

宋氏死期小考

许超雄

P.2704《后唐长兴四至五年(933—934)曹议金回向疏四件》为归义军节度使曹议金向寺院布施、祈愿活动的文书,文书提及了曹氏家族成员,在天公主之后提到了夫人。苏莹辉认为此处夫人为广平宋氏或巨鹿索氏。按莫高窟第98窟为曹议金的功德窟,其中曹议金的题衔中有"太保",荣新江指出曹议金称太保在公元925—926(927)年之间,即在本疏之前。这个窟中有"郡君太夫人巨鹿□(故)索氏一心供养"之语,若"故"补字无错,则此时索氏已死,而同窟中宋氏的题记中并没有"故"字,说明仍然在世。由此可以发现,索氏在此之前已经去世,此处的夫人当为宋氏。

又S.4245《河西节度使司空造佛窟功德记稿》,造窟者为节度使司空,其中出现了国母圣天公主、故父大王,其所反映的时代正是曹元德时期。与P.2704《曹议金回向疏》所列曹氏家族成员不同的是,该功德记提到了天公主、司空、故父大王、小娘子、诸郎君以及曹议金嫁到于阗和甘州的女儿,唯独没有提到夫人广平宋氏。宋氏为曹元德的生母(见下文),如果在世,功德窟不可能不提及,唯一的解释就是此时宋氏已去世。曹元德于公元935年继位,在位期间一直沿用司空称号,即该窟作于曹议金死后,曹元德在位的935—939年之间。

P.4638《曹大王夫人宋氏邈真赞并序》即是宋氏的邈真赞,其中有"辞天公主,嘱托偏照于孤遗;别男司空,何世再逢于玉眷",结合曹元德的功德记,我们可以确定,广平宋氏为曹元德之生母,死于曹元德任节度使期间。据《敦煌遗书总目索引新编》,该邈真赞背面为《龙晋、惠云、绍宗等谢状》,该状明确年代为清泰四年(937)十一月十八日,据《敦煌社会经济文献真迹释录》,第13行钤有"沙州都僧统印"方印,可见其为正式文书,可以推断该《谢状》写于邈真赞前,即邈真赞的书写当在清泰四年十一月十八日后。

从图版看,邈真赞的字迹潦草,且有多处涂改的痕迹,很难说是正式的文本,更像是一份书写的稿子,从书写字体看也不太像习字,更像是文章正式使用前的草稿。如果其草稿定性不误,则可认为这是为宋氏专门撰写邈真赞的稿子。宋氏邈真赞中已经指出作赞者"谨奉旨命,略述数言",可以肯定P.4638号文书的书写时间距离宋氏逝世应该很接近,则宋氏应死于清泰四年十一月十八日以后。龙晋等状中曹元德的活动也为我们提供了更进一步的证据。

龙晋等人在上司空牒中提到了"大开四路"、"司空出境,巡历退遥"、"定押河隍"、"肃清九郡"之语,荣新江指出,曹元德这次率军出征,很可能是有打通道路的目的。一般而言,如果宋氏死于曹元德出征前,距离邈真赞书写时间过于接近的话,戴孝期间曹元德不太可能率军出征。由此我们可以确定宋氏在清泰四年十一月十八日曹元德出征时还在世。那么,其去世时间就可以定位在937年11月18日—939年之间。

郑炳林指出,宋氏死于曹元德称司空的935—936年间,但P.3377《戊辰年(938)正月沙州百姓洪润乡百姓令狐安定状》、P.3347《天福三年(938)十一月五日敕归义军节度使牒》中都提到曹元德仍称司空,可见郑氏推定宋氏死期的前提有误。

《新获吐鲁番出土文献》所收"五胡"时代公文书试探*

〔日〕关尾史郎 著 王蕾 冯培红 译

摘 要：本稿对《新获吐鲁番出土文献》所收录的沮渠氏北凉流亡政权时代的公文书进行了探讨，讨论对象是2006年吐鲁番博物馆所受捐赠中的6份文书。参考唯一的前人研究即孟宪实《吐鲁番新出一组北凉文书的初步研究》进行讨论，获得了如下结论：6份文书都是在承平七年（449）八月作成，因为高昌县的功曹书佐刘会是发信人或收信人，所以由他连续粘贴并保管在手边。本组文书的中心是围绕处理廉和谦、宋万平二人差遣案件。其由廉和谦所提出的辞，与之相对应的刘会向县级长吏发出的上行文书"白"，以及高昌郡发给高昌县、命令其尽快处理的下行文书"符"等构成。要解明当时县级官府内作成的"白"的样式，这也是重要的一组文书。

前 言

笔者曾在《"五胡"时代高昌郡文书的基础考察——以兵曹文书群的讨论为中心》（下文简称"前稿"）①一文中，对唐长孺主编《吐鲁番出土文书》壹（简称《文书壹》）②和柳洪亮《新出吐鲁番文书及其研究》（简称《新出》）③等收录"五胡十六

---

* 本文是日本学术振兴会科学研究费补助金基盘研究B（海外学术调查）"域圈論の視點による中國古代地域社會像の構築"（负责人：关尾史郎；课题编号：16H05678）的研究成果之一，系本刊首发。其中，"摘要"由作者用中文直接写成，正文由译者从日文未刊稿翻译成中文，并得到作者及北京大学历史系田卫卫女士的审校。

① 〔日〕关尾史郎《〈五胡〉時代，高昌郡文書の基礎の考察—兵曹關係文書群の檢討を中心として—》，土肥义和编《敦煌·吐魯番出土漢文文書の新研究》，东洋文库，2009年，第183—200页。

② 唐长孺主编《吐鲁番出土文书》（壹），文物出版社，1992年。

③ 柳洪亮《新出吐鲁番文书及其研究》，新疆人民出版社，1997年。

国"(简称"五胡")时代的公文书,以上行文书的"白文书"为中心作了讨论。但遗憾的是,在稍前出版的荣新江、李肖、孟宪实主编《新获吐鲁番出土文献》(简称"《新获》")①中所收的文书,前稿未能论及。虽然这些文书多为残片,但也有一些五胡时代的公文书。

因此,本文在前稿研究的基础上加以补充,对《新获》所收五胡时代的公文书试作初步探讨,故拟题为"试探"。

一、前稿的研究进展

本节首先归纳一下前稿的主要论点,明确其研究进展。

《文书 壹》和《新出》两书收录了 16 座古墓出土的 220 件五胡时代的文书,其中 1975 年发掘调查的哈拉和卓 91 号墓(75TKM91)和 96 号墓(75TKM96)出土文书分别多达 51 件和 43 件,②尤以公文书居多。

总体而言,公文书可以分为上行文书、下行文书和平行文书三大类。毋庸多言,明确公文书的分类问题,既是分析的起点,同时也是终点。从时代与政权变迁来看,每件文书的种类、名称和样式等各有不同,③因此有必要掌握五胡时代固有的文书行政体系。但对这一时期来说,难点在于不能寄希望于传统史料,而只能从第一手资料的文书本身来研究其行政体系;④而且,实际上在上行文书中经常会引用下行文书,反之亦然,所以这项工作绝非易事。正因如此,《文书 壹》收录文书的定名还有讨论的

---

① 荣新江、李肖、孟宪实主编《新获吐鲁番出土文献》,中华书局,2008 年。
② 《文书 壹》中有 91 号墓 44 件、96 号墓 30 件文书的释文,此外只是残片图版。王素《〈吐鲁番出土文书〉[壹]附录残片考释》(载中国文物研究所编《出土文献研究》第 3 辑,中华书局,1998 年,第 145—169 页)对这些残片作了尽可能的释读,最终成功释读出 91 号墓 7 件、96 号墓 13 件文书,本文所标文书总数包含了王素释读文书的数量。
③ 例如,"符"是五胡时代至麴氏高昌国时代(501—640)具有代表性的下行文书的样式,原指剖为两半的符,汉代的符是作为通行证使用并带有封泥匣的简和符的总称。关于这一点,参〔日〕鹰取祐司《漢代官文書の種別と書式》,《秦漢官文書の基礎的研究》,汲古书院,2015 年(初刊于 2003 年),第 27—84 页。关于麴氏高昌国时代的"符",参〔日〕关尾史郎《〈高昌延壽元年(624)六月勾遠行馬價錢勅符〉をめぐる諸問題(上)》,《東洋史苑》第 42、43 号,1994 年,第 62—82 页。
④ 笔者也在继续从事这样的研究。〔日〕西北出土文献读书会(新潟大学研究生院关尾研究班)《トゥルファン出土漢語文書校訂稿(Ⅰ)—カラホージャ 3 號墓とその出土文書—》,《東アジア—歴史と文化—》第 8 号,1999 年,第 1—14 页;〔日〕关尾史郎《條呈—トゥルファン出土五胡文書分類試論(Ⅰ)—》,《東アジア—歴史と文化—》第 10 号,2001 年,第 1—13 页;《〈五胡〉時代の〈屬〉について—トゥルファン出土五胡文書分類試論(Ⅱ)—》,《資料學研究》第 6 号,2009 年,第 25—34 页;《〈五胡〉時代の符について—トゥルファン出土五胡時代文書分類試論(Ⅲ)—》,《西北出土文獻研究》第 8 号,2010 年,第 41—53 页;等等。前稿也是这一系列研究的成果之一。

余地。

具体来说,如前稿副标题所示,以上两墓出土的公文书中有不少与兵曹有关,并且几乎都有"兵曹掾○○、史××白"这样的固定句型(注意这个固定句型必位于行首)。这是指郡、县等地方官府列曹之一的兵曹长官"掾"及其下属"史"的连名呈报。仅从这一部分看,这些文书为上行文书,由两人连名发出,收件人是长官即太守或县令。整理小组将文书定名为《建□某年兵曹下高昌、横截、田地三县符为发骑守海事》(75TKM91:26,《文书 壹》第67页),标题中有三个县名,可证该兵曹隶属于高昌郡。整理小组认为,如标题所示,该文书不过是高昌郡列曹之一的兵曹下发给其所辖三县的"符",为下行文书。然而该文书明确记载"兵曹□赵苕、史尊兴(下缺)",与上述固定句型相似,惜下部残缺,但从上下文意考虑,①后面无疑为"白"字("曹"字下面为"掾")。② 那么,整理小组为什么会把这件文书判断为下行文书"符"呢?其根据可能是正文末尾"乃下符□□"中有个"符"字。然而,在正文之后所记发出日期的"建□□年九月十二日白"中明确记有"白"字,这无疑应为上行文书。"符"字后面残损严重,很难正确释读,可能是兵曹请求太守给相关三县发符作出指示,这样就能够判断该文书为上行文书。③ 总之,"白"字是表示向上陈述之意的动词,同时也是上行文书的一种类型。前稿认为,这样的"白文书",《文书 壹》和《新出》两书中共收录了15件。④

当初这还只是一个假说,但长沙市走马楼出土的长沙吴简中也有很多相同样式的简牍。也就是说,"白文书"不只见于五胡时代,早在魏晋时就已作为上行文书被频繁使用。⑤

前稿从《文书 壹》和《新出》两书所收五胡时代的公文书中,把上行文书之一的"白

---

① 在兵曹掾和史的姓名之前诸行,列举了士兵的姓名及其人数,接下来的一行记有"罗人□□右"。记录的姓名大概就是"罗人",即充当巡逻的士兵。文书复原后当为"罗人(数?如)右"。

② 赵苕在《兵曹掾次往守海人名文书》(75TKM91:40,《文书 壹》第73页)中以"兵曹掾赵苕、史翟富白"的形式出现。这也是"白文书"。

③ 据此应定名为《建□某年兵曹白为高昌、横截、田地三县发骑守海事》。

④ 其中包括哈拉和卓91号墓出土11件、96号墓出土2件、《新出》所收阿斯塔那382号墓出土2件,此外20世纪初斯坦因所获B.L.OR.8212-548也是"白文书",故合计16件,皆由高昌郡的兵曹发出。

⑤ 长沙走马楼吴简中的上行文书有"白文书"和"敢言之文书"两种,后者程式性较强,前者限于同一官府内部(吴简中为临湘侯国)使用。笔者认为,这种限定性也符合吐鲁番文书中的"白文书"。参〔日〕关尾史郎《魏晋简牍のすがた—長沙吴简を例として—》,《國立歷史民俗博物館研究報告》第194集,2015年,第221—236页(苏俊林译《魏晋简牍之形态——以长沙吴简为例》,长沙简牍博物馆编《走马楼吴简研究论文精选》上册,岳麓书社,2016年,第22—34页)。

文书"择取出来;①在此基础上不难推测,《新获》的公文书中也有不少这样的"白文书"。

二、公文书概观

首先列出本文据以讨论的中心即《新获》所收公文书的释文,并整理相关的资料。

《新获》所收五胡时代的文书共计55件,包括2006年鄯善县洋海1号台地4号墓出土的47件,以及同年吐鲁番博物馆收到捐赠文书中的8件。两者虽然都含有公文书,但前者半数以上是残片,故本文以后者中的6件(下文称之为"本组文书")为讨论对象。② 这里先对文书进行释文,③标题则遵从《新获》的定名,顺序以《新获》及孟宪实《吐鲁番新出一组北凉文书的初步研究》为准,后文是唯一一篇专门讨论本组文书的论文。④

①《北凉承平(?)七年(449)八月三日高昌郡仓曹掾杜顼符为宋平差遣事》(06TZJI：183,《新获》下册第272—273页)

（前　缺）

▬▬□□前坐民宋平□差▬▬

▬▬□有罚,县解称,会被病,求须差遣,▬▬

---

① 如上页注④所述,前稿选取的"白文书"皆由高昌郡的兵曹发出,正如前稿副标题所示,是以兵曹文书群作为讨论的中心。《新出》所收阿斯塔那382号墓出土的官文书中也有"白文书"。柳洪亮定名为《北凉高昌郡功曹白请溉两部葡萄派行水官牒》(79TAM382：5-1,《新出》第16、399页)即为其中一例,仅凭该定名可判断为上行文书之"牒"式。关于这一点,柳氏认为"白"字是上行文书的"一种标志",而非特定的类型,"牒"才是上行文书。参柳氏《吐鲁番文书中所见高昌郡官僚机构的运行机制——高昌郡府公文研究》,《新出》(初刊于1997年),第267—329页。其根据之一是《北凉玄始十二年(423)正月高昌郡兵曹白为补代、任佃、守代等事》(75TKM96：18,23,《文书 壹》第30—31页,名称为关尾史郎所定)记有"兵曹掾张龙、史张□白：牒事在右,事诸注簿"。此处所说的"牒事",指的是前14行(仅为文书现存部分)中围绕事件的处理而提出的一些请求(通过"辞"提出)。因此,不能据此断定有"牒"式这种上行文书。这里的"牒"字不是动词,"牒事"为名词,指的是"需要报告的情况",这样的解释是正确的。

② 剩下的两件分别定名为《北凉高昌计赀出献丝帐》(06TZJI：185,173,172,186,189,174,175,188,187,《新获》下册第278—281页)、《北凉高昌计口出丝帐》(06TZJI：170,179,169,178,177,《新获》下册第282—284页)的簿籍,对此,参笔者的另一篇论文《〈赀簿〉的周边——北凉时代的簿籍与税制——》,〔日〕土肥义和、气贺泽保规编《敦煌・吐鲁番文书の世界とその时代》,东洋文库,2017年,第39—57页。

③ 笔者没有机会亲睹下列文书的原件,故依《新获》中的图版进行录文,对《新获》释文中一些文字的位置关系等作了修改。另外,■表示涂抹。长沙简牍博物馆编《翰墨留香 丝路溢彩——吐鲁番出土文书精粹展》(长沙简牍博物馆,2015年,第54、56页)对六件文书中的①和②附有简单的解说,并公布了照片与释文。

④ 荣新江、李肖、孟宪实主编《新获吐鲁番出土文献研究论集》,中国人民大学出版社,2010年(初刊于2007年),第71—86页。

▭▭▭□五日,尽七月卅日,至今不诣。苻到克遣,会月五□▭
▭▭▭违,明案奉行。

　　　　　　　七年八月三日,起仓曹掾杜琐□▭
　　　　　　　　　　主薄　　肃

（后　缺）

② 《北凉承平(?)七年(449)八月五日高昌廉和辞为诊病事》(06TZJI：182,《新获》下册第272—273页)

（前　缺）

　　　　□□□诺属敕,纪□▭

功曹史"下"

▭▭▭□七年八月五日,廉和辞：去七月□▭
　　▭▭□交河屯,于彼得□▭
　　▭□致还,如今顿剧。今□▭
　　▭□知辛冲、侯允催。辞达,烦诊▭
　　▭□辞具。

　　　　"即日白"

（后　缺）

③ 《北凉承平(?)七年(449)八月高昌某人启为廉和得病以他人替代事》(06TZJI：165,《新获》下册第274—275页)

　　□曹书佐刘会白：廉和辞如□▭
　　七月廿日交河屯,于彼得病,求诊实□▭
　　实信病,催督事要。请以同军人□▭
　　▭□事诺属敕,纪识谨启。

　　　　主薄"劝"　　八月□▭
　　　　廷掾"应"　　录事□▭

④ 《北凉高昌某人启为宋万平息、廉和谦息替代事》(06TZJI：166,《新获》下册第274—275页)

　　宋万平息　　廉和谦息
　　　右二人任代赵贡、李慈,为辛冲、侯允□▭

　　　　☐曹书佐刘会白：解应申，教脱☐━━━
　　　　━━━☐任代☐☐━━━
　　　（后　缺）

⑤《北凉高昌符尾》（06TZJI：167，181，《新获》下册第276—277页）
　　　（前　缺）
　　　━━━佐☐人名如右，事诺属敕，━━━
　　　━━━识谨启。　　　　八月━━━
　　　　　主簿　　　　"劝"
　　　　　功曹史　　　"下"
　　　　　廷掾　　　　"应"
　　　　　录事　　　　"矞"

⑥《北凉高昌某人启为摄行水事》（06TZJI：180，168，《新获》下册第276—277页）
　　　（前　缺）
　　　━━━书佐刘会白：南部劝农
　　　━━━听下郡，水无人掌摄。请敕前督
　　　━━━☐婢兼行水，■须应还付。事诺属敕，
　　　━━━。　功曹史下　八月四日　白。
　　　（余　白）

　　这六件文书都是从一双纸鞋中拆出来的，从形状判断是用来制作鞋底的。① 其中②、③、⑤、⑥等四件折叠后用作两只鞋底。②由两张纸粘连而成，②严格说来，第一张纸和第二张纸应该是内容有别的文书。此外，②（第一张纸）、③、⑤及⑥等四件均有墨痕鲜明的大笔勾画。④的第3行之"解"字处所存在的笔画痕迹，应该也是同样的勾画。另外，⑥的第3行"须应还付"四字夹写在与第2行之间的空隙处。

　　在书写风格上，带有勾画的②—⑥等五件文书字体较大，只有①字体较小，且书写工整。印象中主簿"某肃"仅在①中签署，应与③和⑤中相同的签署主簿"某劝"相区

---

① 孟宪实《吐鲁番新出一组北凉文书的初步研究》第71—73页的注文认为，②、⑥是右脚纸鞋上拆出的文书，③、④、⑤拆自左脚（①不详，可能拆自右脚）。

② 仅从照片来判断，右上、左下的连接处有不足1 cm宽的粘连痕迹，可以说这是五胡时代俗文书的一般形态。关于这一点，参〔日〕荒川正晴、关尾史郎《トゥルファン出土文书调查记》，《唐代史研究》第3号，2000年，第59—74页。

别。⑤中与"某劝"一同签署的功曹史"某下",除⑤以外在②与⑥中也可见到,这是本组文书的关键点。

关于每件文书的尺寸,孟宪实已经作了介绍,笔者根据图版重新测量得出如下数据:

① 20.1×8.8 cm
② 20.1×17.3 cm
③ 20.3×15.9 cm
④ 20.0×8.1 cm
⑤ 23.2×14.3 cm
⑥ 22.3×18.4 cm

纵向最长的是⑤,大致相当于当时的1尺。① 另外五件文书的上下方皆有1—2字左右的缺损。⑥有很大的余白,且可见与另一张纸粘连的接缝。③的左端有5 mm左右宽度的变色痕迹。前面指出,②由两张纸粘连而成,从这些情况来判断,可能①—⑥全都以接连粘贴的方式保存下来。这一点从文书的年代和内容等亦可佐证,不过此处不急于下结论,拟先讨论唯一对此作过研究的孟宪实之观点。

三、前人研究及其问题

孟宪实《吐鲁番新出一组北凉文书的初步研究》是唯一对本组文书进行研究的论文,本节概要介绍该文论点并指出其问题。

孟宪实再次列出《新获》所载本组文书的释文,并在此基础上对之进行整体性的介绍。在这六件文书中,①—④等四件是与宋平(宋万平)与廉和(廉和谦)相关的文书;虽然⑤(内容不详)和⑥(关于水利)在内容上与①—④没有关联,但⑤正文后方签署的官员与②、③一致;⑥正文开头的"□曹书佐刘会"与③、④一致,由此看来这是同一组文书。另一根据是除④以外的其他文书都有某年八月上旬的日期。孟氏认为,①是由郡之仓曹起草的下发给县的文书,②②(第3行以下)是廉和的"辞",③是对②的回答。其次,关于本组文书的制作年代,①与②分别写着"七年八月三日"和"七年八月五日",

---

① 国家计量总局主编《中国古代度量衡图集》(文物出版社,1981年,第25页,图39)收录了北凉时代长24.5 cm的木尺(1963年阿斯塔那22号墓出土)。据此,⑤的纵向长度比1尺长不到1 cm。
② 孟宪实在①的释文中将标题定为《北凉某七年县仓曹掾杜珛符为宋平差遣事》,无论是从对正文的理解来看,还是与《新获》(孟氏为主编之一)的标题对比,二者都不同,可能纯属失误。

4世纪后期到5世纪之间吐鲁番所用年号中,持续7年的有升平、建初、真兴、承平、永康等五个,通过排除法可以判断为承平。承平七年为公元449年,当时长期盘踞在交河城的车师前王国正处在被"沮渠氏北凉流亡政权"[①]灭亡的前夕。对此,②和③中所见的"交河屯"是有力的证据。最后,孟氏以③和⑤中所署官名为线索,认为本组文书是县府的官文书。

关于占据本组文书中心地位的①—④,笔者基本赞同孟氏对其内容的理解,他对文书年代的推断也十分合理;[②]但是,最后的文书制作部门究竟为何呢?在讨论孟氏观点之前,有必要重新探讨这些文书究竟是上行文书还是下行文书?②(第3行以下)确实是廉和的"辞",但其他文书呢?《新获》认为①、⑤为"符",是下行文书;③、④、⑥为"启",是上行文书。③正文末尾写有"谨启",似乎也是其定名的根据(虽然④、⑥正文末尾残缺,情况不明,不过大概可以认为与③一样,是与"□曹书佐刘会"有关的文书),但是⑤正文也以"谨启"结尾,却被定名为"符尾",据此⑤应被定名为"启尾"。不明白为什么只有这件文书定名为"符尾"。另外,①正文中似因为有"苻(符)到克遣"而被命名为"符",这是否太过于草率?虽然从结论来说,我也这样认为,但由于有前述《建□某年兵曹下高昌、横截、田地三县符为发骑守海事》等例子,故应更加慎重地判断。

上文不仅对孟氏的观点,而且对《新获》(孟氏为主编之一)的定名进行了质疑与批判。下面以这些问题为线索来解读本组文书。

四、文书的制作与传达

本组文书中,文书出具部门明确的是②的后半部分(第3行以下)。这是廉和在(承平?)七年八月五日的"辞",笔者试作推测并解读如下:

廉和辞:我从七月二十日开始驻戍于"交河屯",但在那里身患疾病,故而归还。此后病情愈加恶化,但通过来自"交河屯"的辛冲和侯允得知,催我返回的"辞"已经到达。我的"辞"若能送达,无论正确与否,请让我接受诊断。

---

① 王素论述了北凉末代国王沮渠牧犍之弟无讳、安周在吐鲁番建立了政权(沮渠氏高昌国)。王氏《高昌史稿(统治编)》,文物出版社,1998年,第236页。

② 孟宪实从吐鲁番地区紧张的周边政权关系谈起,其论证富有启发性。本组文书和两件簿籍一同出土。这些簿籍与推定为承平年间的赀簿相关联(参前揭〔日〕关尾史郎《〈赀簿〉の周邊—北凉時代の簿籍と税制—》),因此可以判断,本组文书应该也是在此前后制作的。关于这一点,孟氏没有把资产对应的税制限定在沮渠氏高昌国,因此不能将这两件簿籍的所属时代限定于此时,所以不能断定本组文书的纪年为承平七年。孟氏的观点虽有一定道理,但在同一税制下,簿籍样式并不是一成不变的。

正文以"辞具"结尾,①问题是下一行的"即日白"（当日呈报）三字,与"辞"的正文笔迹明显不同,可能是仓促之间加写的。加写者当然是受理"辞"的官府部门,其结果是该部门当日即予呈报。这是处理文书（辞）的有趣事例。孟氏将③直接排在②的后面,不如排在②的前半部分（到第2行为止）。这部分只残留正文的末尾,从③来类推当为"事诺属敕,纪识谨启"。同样的用语似乎也出现在⑤和⑥的末尾。首先,关于②可以解释为"（此事）若被允许,遵从命令,纪识（后缺）"。其后为功曹史"某下"的签署。在五胡时代,"纪识"二字也用于条呈文书的末尾,②相当于麴氏高昌国时代上奏文书末尾所见的"记识",③意为"相关官员的署名"。

在使用同样用语的③、⑤及⑥中,③的第1行、⑥的第1行和第4行都出现了"白"字,很显然是"白文书";另外,②的后部粘连了与"即日白"笔迹不同的"辞",从这两点来看,②的前半部分也是"白文书",并与后半部分的"辞"相对应。这样的话,其内容可解释为负责的官员接受了廉和的"辞",并就廉和就诊一事请求长官的批准。在获得长官批准以后,廉和才得以接受诊断。因此,某曹书佐刘会呈报的③为其对策,可作如下解读：

　　□曹书佐刘会报告说,以下为廉和的"辞"："我从七月二十日开始驻戍在'交河屯',在那里身患疾病,希望得到确诊。"事实上廉和确患有疾病。由于需要尽快补充缺员,所以请补充同一军队中的人员。此事若被批准,遵从命令。相关吏员署名,谨启。

③的发出日期为八月某日,可以肯定是在八月五日以后。针对③,④一度决定让李慈接替廉和,但该意见最终未被采纳,随后廉和的接替者与①中宋平的接替者（一度为赵贲）同时被选出,以此回应了辛冲和侯允的请求。④也是□曹书佐刘会的报告,第1、2行是其最终决定,报告的内容在第3行的"白"字以后,是对其后处理方法的建议。这一部分颇为费解,但仍可作如下解读：

　　□曹书佐刘会报告说,呈述（本县的）情况。如若依"教"认可（来自郡？的）赵

---

① 〔日〕京都大学人文科学研究所简牍研究班编《漢簡語彙　中國古代木簡辭典》,岩波书店,2015年。据此,"辞具"是"表示供述毫无遗漏的记载用语"（第220页）。毋庸多言,"辞"的书写者不是廉和本人,而是官府受理此事的官员。

② 参前揭〔日〕关尾史郎《條呈—トゥルファン出土五胡文書分類試論（Ⅰ）—》。

③ 关于"记识"的解释,参〔日〕白须净真《麴氏高昌國における上奏文書試釋—民部・兵部・都官・屯田等諸官司上奏文書の検討—》,《東洋史苑》第23号,1984年,第13—66页。

贡等人免予替代(的意见),则请确定宋(万)平与廉和(谦)的接替者(后缺)。

"教"是用来表示县令和太守等长官的命令的用语,①用法的区别在于郡太守为"府君教",县令为"君教"。此处指的是县的上级即郡太守的命令。县里最初选出李慈和赵贡作为廉和与宋平的接替者,但郡(高昌郡)里有不同的意见,因此县里重新改选人员,结果将直系亲属中的男子来充当接替人员。

下面我们重新回到①。在②的"辞"之前是八月三日仓曹掾杜项起草的公文书。如前所述,①正文末尾从第3行后部到第4行写有"苻(符)到克遣,会月五□□□违,明案奉行",其中有"苻(符)"字。这确实是"符到……奉行"的文书结构,但最后有"明案奉行"四字,这一用语亦见于兵曹的"白文书",②所以仅凭此点还难以作出判断。

从结论来说,笔者也考虑①为下行文书的"符",理由如下:第一,起草者在日期的正下方写有"起仓曹掾杜项□□"。"白文书"中虽然也会在此处写个"起"字,③但一般情况下都为"符",如《北凉神玺三年(399)五月符为仓曹贷粮事》(66TAM59:4/6,《文书 壹》第12页)中记载"神玺三年五月七日起仓曹",④另外在后来的麴氏高昌国时代,"符"在正文后部的日期之后也会写个"起"字,很多是另起一行写上列曹(负责起草文书)及其长官的官职与姓名,这是很有力的证据。⑤ 第二,属于上行文书的"白文书",③、⑤、⑥全都记有文书发出的日期,①虽无年号却写了年月日。"白文书"是在县府或郡府等特定官府内部使用的,无论哪种,其样式都极为简略;而属于下行文书的"符",则是上级官府发给下级官府的文书,由特定官府向外部发出。如果是"符",开头应该明确标记接收方的县名,即"○○县主者",⑥但该文书首部残缺,无法确认。

为什么是由仓曹掾起草呢?以下对此疑问试作解释:

(前缺)首先,当问责百姓宋平不服从派遣、给予处分之时,根据县里的报告,

---

① 参〔日〕关尾史郎《出土史料よりみた魏晋・〈五胡〉時代の教》,〔日〕藤田勝久、关尾史郎編《簡牘が描く中國古代の政治と社會》,汲古书院,2017年,第261—281页。

② 柳洪亮定名为《北凉真兴六年(424)(十月)高昌郡兵曹牒尾署位》(79TAM382:5-3a,《新出》第6、389页)的"白文书",正文末尾记有"不得违失,明案奉行"。文书发出日期的正下方记有"兵曹范庆白草",据此可以判断为"白文书"。

③ 仅有《北凉义和三年(423)六月兵曹李禄白草》(75TKM91:43,《文书 壹》第62页)一例。此处记有"义和三年六月五日起兵曹李禄白草",但未见署名。

④ 《文书 壹》将该文书定名为《仓曹贷粮文书》,并判断为"符",其根据是开头有"□□□主者赵恭、孙殷",残缺之处应为赵恭等的官名。该文书末尾有"位白"两字,但意义不明。

⑤ 参前揭〔日〕关尾史郎《〈高昌延壽元年(624)六月勾遠行馬價錢勅符〉をめぐる諸問題》。

⑥ 《新获》将文书的标题全带上"高昌"二字,但不能断定为高昌县,故题解中作"某县"。虽然笔者也认为此看法无误,但这样在标题中记作"高昌"极易混淆。

因其意外患病,故请求重新派遣(命令)。二十五日?在截至七月卅日的期限内,至今尚未到来。(命令宋平的)符到达的话,定要派遣,并以今月五日为限(服从指示,前来报到),必须执行。

即使高昌郡给属县的负责部门下达了该"符",但可能因为宋平的病情没有好转,所以他没来报到,最终县里采取了④的处理方法。

以上主要从①—④等四件文书来判断事情的始末,此处对⑤和⑥也略作介绍。⑤只知道是向县令提交某一名单时的"白文书"。⑥可以理解为:南部劝农(?)就缺少负责水利的人员一事联系高昌郡,请求前督(?)"某婢"兼任行水之职,并就召还一事求得县令的谅解。"南部劝农"和"前督"的含义很难理解。町田隆吉已经明确指出,当时在高昌郡下设有很多"部",每部设置行水官,并且采取以各郡吏员为中心、再结合县级吏员的体制。① "南部"当为诸部之一,其负责人通过郡府向县传达指示,选出或指定任命行水官。

虽然还有遗留问题,但以上主要围绕六件文书的制作和传达,下面对作为上行文书的"白文书"与《新获》定名中的"启"试作考证。

五、"白文书"和"启"

如上文所见,《新获》与孟宪实将③、④、⑥定为"某人启",⑤定为"符尾",②定为"廉和辞"。②由两件文书粘连而成,这在题解中虽然作了说明,但对前半部分文书的性质则未谈及。

将③、④、⑥定为"启",大概是因为③的正文以"事诺属敕,纪识谨启"来结尾,④、⑥与此相同,可能是因为都有□曹书佐刘会的"白"。特别是⑥和③一样,在接近末尾处有"事诺属敕",这也是其依据。但若如此,⑤也以"事诺属敕,……?□识谨启"结尾,即使未见刘会之名,也应认为同样是"启"。关于这一点,前文虽已论及,但同样的情况也符合②的前半部分,也是因为正文末尾有"□诺属敕,纪□(后缺)"。也就是说,除了③之外,⑤、⑥及②的前半部分均以同样的用语结尾,如果将③定为"启",那么这些文书全都应该定为"启"。倒是④,不知正文是否也以这样的方式结尾。但笔者经过反复确认,认为这些都是"白文书"。此处要事先说明这一点。

---

① 〔日〕町田隆吉《五世纪吐鲁番盆地における灌溉をめぐって—吐鲁番出土文書の初步的考察—》,中国水利史研究会编《佐藤博士退官記念中國水利史論叢》,国书刊行会,1984年,第125—151页。

正文末尾有"谨启"二字的文书，在《文书 壹》和《新出》中即有其例，兹仅列三例：①

⑦《年代不明刘□明启》(75TKM91：20(b)，《文书 壹》第75页。24×26.5 cm)

  刘□明启：明□

  刘、晁合赀具□

  马头，岁々从伯□

  草。晁□譲不□□二年

  谷草□须□

  教付曹。□晁□□□谷草

  谨启。

    十一月廿日上

⑧《北凉年代不明某人启为因缺税见闭在狱事》(79TAM382：5－3b，《新出》第12、395页。25×22 cm)

  □□启：去八月内被敕，当人输苋炙

  一斛。即往于山北，行索无处。今坐

  不输炙为幢，见闭在狱。遭遇

  节下，乞愿赐教，听于被输□

  □炙。蒙恩，付所典。谨启。

    十月五日上

 "听 倍 输"

⑨《北凉年代不明狱囚□阿挈启为事》(79TAM382：6－3b，《新出》第14、397页。24.3×26 cm)

  狱囚□阿挈启：去前

  七月内为□□见诬，诬挈盗

  □□兴□听对极手，吏

  □□申理，敕偿兴物。遭遇

  节下，听姐弟保任出外。甘心具

---

① 参前揭〔日〕西北出土文献读书会《トゥルファン出土漢語文書校訂稿（壹）》，特别是《附．五胡时代の〈启〉文書について》，第13—14页。关于以下三件文书的尺寸，⑦的数据是依据照片的测量结果，⑧和⑨则是《新出》中的数据。

□□兴□辞,不胜困切,冒犯自
　　＝＝。
　　　　　　正月十七日上

　　笔者这里不把它翻译为白话文,但一览便知这些文书格式相同,开头为姓名("启"的发出者)+"启":正文(文末有"谨启"),①换行后下方为月日+"上",记录了"启"的上报时间。早年祝总斌对这种"启"予以关注,②他认为"启"是下级官吏向上级的报告,故其内容一般是关于具体的诉讼和徭役等事务。⑨是"狱囚"发出的"启",因此祝氏的观点尚有讨论的余地,不过他对"启"的基本理解是合理的。

　　然而在本组文书中,③、④、⑥等三件与②的前半部分和⑤等两件,与⑦—⑨那样正式的"启"的格式不一致。勉强一致的只有③和⑤正文以"谨启"结尾这一点。⑥正文以"白"开始,正文后部的日期之后写有"白"字,所以这是上行文书的一种,即"白文书",其格式可归纳如下:

　　　　ⓐ 姓名("白"的发出者)(如④所示,ⓐ的前面是结论/建议)
　　　　ⓑ "白":正文(文末有"谨启")
　　　　ⓒ 官员的签署
　　　　ⓓ 月日"白"(或替换ⓒ)

其中两处标明"白"字,并且近末尾处有官员的签署,这和⑦—⑨"启文书"明显不同。问题是虽然这些文书的正文均以"谨启"结尾,但县府内部的"白文书"经常使用这样的用语。前稿所见有关兵曹的文书也是"白文书",但在高昌郡府内部使用。即使同样是"白文书",在郡府和县府中的若干用语有所不同也是很自然的,不足为怪。③ 这就是本文的结论。

结　　语

　　如上所论,本组文书中刘会既是"白文书"的起草者又是发出者,他究竟担任了什么官职? 这个问题虽然尚未解决,但一提到县级官员"□曹书佐",首先想到的是功曹

---

① ⑨正文的末行缺损,但应以"谨启"结尾。
② 祝总斌《高昌官府文书杂考》,北京大学中国中古史研究中心编《敦煌吐鲁番文献研究论集》第2辑,北京大学出版社,1983年,第465—501页。
③ 本组文书作为县府制作的"白文书"之最早实例,但ⓒ和ⓓ的位置关系不固定,加上官员署名的书写位置也不规整,与前稿所见高昌郡府的"白文书"相比,尚未形成固定的风格。或者虽为"白文书",但正文可能与"启文书"一样以"谨启"结尾。

书佐。《晋书》卷二四《职官志》云："县大者置令,小者置长。有主簿、录事史……功曹史、小史书佐幹……"①在晋代,功曹史的下级僚佐有功曹书佐,本组文书的关键在于指出功曹史"某下"的下属。② 换言之,"白文书"全都由功曹书佐刘会起草,再由其直接上司"某下"为首的相关官员签署后,报告给长官即某县县令,被批准(勾画)后再返还给功曹书佐刘会,由其统一保存。②中因制作"白文书"的"辞"也在返还后粘连在"白文书"上,从而被保存下来。郡府关于此事所下达的"符文书"最后也交由直接负责人刘会一并保存。

本文认为刘会为功曹书佐,并对本组文书重新试作定名,以此来结束本文。

① 《北凉承平(?)七年(449)八月三日高昌郡符为宋平差遣事》
② 《北凉承平(?)七年(449)八月五日某县功曹书佐刘会(?)白文书残片》+《北凉承平(?)七年八月五日某县廉和辞为诊病事》
③ 《北凉承平(?)七年(449)八月某县功曹书佐刘会白为廉和得病以他人替代事》
④ 《北凉承平(?)七年(449)八月(?)某县功曹书佐刘会白为宋万平息、廉和谦息替代事》
⑤ 《北凉承平(?)七年(449)八月某县白文书残片》
⑥ 《北凉承平(?)七年(449)八月四日某县功曹书佐刘会白为摄行水事》

附记:本稿投稿后,才知道王素先生的《吐鲁番新获高昌郡文书的断代与研究——以〈新获吐鲁番出土文献〉为中心》[载土肥义和编《敦煌・吐鲁番出土漢文文書の新研究》,东洋文库,2009年(2013年修订版)]一文也曾对该文书群有所论及。请相互参照。

(作者单位:日本新潟大学人文社会・教育科学系;
译者单位:兰州大学敦煌学研究所、浙江大学历史系)

---

① 《晋书》卷二四《职官志》,中华书局,1974年,第746页。
② 关于高昌郡下面的县府的构成,王素《高昌郡时期县廷官制研究》(载饶宗颐主编《华学》第9、10辑第3分册,上海古籍出版社,2008年,第1081—1086页)已有论述,王氏认为,如果功曹的职掌是统辖人事权,则也应负责徭役的征收。

南京象山 7 号墓出土西方舶来品考
—— 兼论公元 5 世纪中国与东罗马帝国之间的丝绸之路

林梅村

摘　要：东晋琅琊王氏王彬家族墓地位于南京幕府山西南象山，目前共发掘了 11 座古墓。其中 7 号墓主身份显赫，采用帝陵或重臣特有的近方形砖室墓，规格高于王彬家族所有墓葬。发掘者认为墓主是王彬兄长、东晋初荆州刺史王廙。殊不知，此墓随葬品有些晚至刘宋时期，如印度笈多王或东南亚国王贡品金刚石戒指，以及来自大秦国的罗马玻璃杯。我们的研究表明，第一，7 号墓主实乃宋文帝的驸马爷王藻，尚临川长公主刘英媛，景和元年（465）下狱论死。公主改嫁未成，又回归琅琊王氏，死后与亡夫合葬。第二，7 号墓出土鞍马俑塑有 5 世纪初流行的短柄横穿型马镫，可能模仿元嘉十六年（439）高句丽所贡战马的马具。第三，7 号墓出土金刚石戒指当为 413—430 年间印度笈多王或东南亚国王贡品，可证墓主确为刘宋皇亲国戚。第四，7 号墓出土罗马玻璃杯产自埃及亚历山大城或黑海北岸，在伊朗吉兰、新疆塔里木盆地皆有发现。这对罗马玻璃杯或为 442—459 年间高昌北凉王所贡方物，宋文帝转赠驸马爷王藻和临川长公主，景和元年随王藻下葬。

象山坐落于南京北郊幕府山西南麓。1965—1970 年，南京文物部门在此山相继发掘了 7 座古墓，多为东晋琅琊王氏王彬家族墓，个别为南朝墓。1998—2000 年，南京市博物馆又在象山发掘了 4 座东晋墓，亦为王彬家族墓。其中 7 号墓颇为特殊，采用六朝帝陵或重臣特有的近方形砖室墓，规格明显高于王彬家族所有墓葬；7 号墓出土文物有些晚至南朝（如印度笈多王或东南亚国王贡品金刚石戒指和来自大秦国的罗马玻璃杯），正可谓"旧时王谢堂前燕，飞入寻常百姓家"。我们找到一些证据，说明 7 号墓主实乃王导玄孙光禄大夫王偃之子王藻。此公官至东阳太守，尚临川长公主刘英媛，景和元年(465)下狱论死。草拟此文,见教于海内外研究者。①

一、谁是象山 7 号墓的主人

1965 年至今,南京市博物馆在象山共发掘 11 座六朝古墓,可分三组。第一组和第二组皆为东晋琅琊王氏王彬家族墓;第三组为南朝墓(见前彩图"图版一")。作为永嘉南渡之后首屈一指的侨姓大族,琅琊王氏与司马氏共建东晋王朝,形成"王与马,共天下"的政治格局。② 东晋咸和三年(328),历阳内史苏峻作乱,三朝元老"(王)导使参军袁耽潜讽诱永等,谋奉帝出奔义军。而峻衞御甚严,事遂不果。导乃携二子随永奔于白石"。③ 为了平定苏峻之乱,荆州刺史陶侃一夜之间建成军事防御工事"白石垒"。④ 据王兴之墓志,象山即王导携子逃亡之地,时称"白石"。⑤ 考古简报推测 7 号墓主为王彬兄长、东晋初荆州刺史王廙(276—322),不一定正确。讨论如下:

第一组,东晋琅琊王氏王彬正室及子孙墓地:第一组墓葬主要分布于象山南部,计有王彬墓、1 号墓、3 号墓、4 号墓和 5 号墓,凡 5 座墓葬(见前彩图"图版一")。王彬为东晋初尚书仆射,东晋权臣王导的堂弟,以及著名书法家王羲之的堂叔,母亲为晋元帝司马睿的姨妈。晋成帝咸康二年(336)二月在任内逝世,享年 59 岁。⑥ 据墓志,王彬墓在四子王兴之墓(1 号墓)之左,以及长女王丹虎墓(3 号墓)之右。南京文物部门多次在此地调查勘探,至今尚未发现。⑦

王彬有四子一女,1 号墓主为王彬第四子王兴之。墓志曰:"君讳兴之,字稚陋。琅耶临沂都乡南仁里。征西大将军行参军,赣令。春秋卅一。咸康六年十月十八日卒。以七年(341)七月廿六日葬于丹杨建康之白石,于先考散骑常侍、尚书左仆射、特进卫将军、都亭肃侯(王彬)墓之左。故刻石为识,臧之于墓。"⑧ 王兴之与著名书法家王羲之为叔伯兄弟。夫人宋和之于晋穆帝永和四年(348)十月三日与亡夫合葬。3 号墓主是王彬长女王丹虎。墓志曰:"晋故散骑常侍、特进卫将军、尚书左仆射、都亭肃侯、琅邪

---

① 本文得到北京市社会科学基金重大项目"中国与波斯海上丝绸之路考古学研究"的资助,项目批准号 15ZDA23。
② 田余庆《东晋门阀政治》,北京大学出版社,1989 年(1991、2005 年再版)。
③ 《晋书》卷六五《王导传》,中华书局,1974 年,第 1750—1751 页。
④ 《晋书》卷六六《陶侃传》,第 1775 页。
⑤ 南京市文物保管委员会《南京人台山东晋兴之夫妇墓发掘报告》,载《文物》1965 年第 6 期,第 26—33 页。
⑥ 《晋书》卷七六《王彬传》,第 2005—2006 页。
⑦ 罗宗真《魏晋南北朝考古》,文物出版社,2001 年,第 132 页。
⑧ 南京市文物保管委员会《南京人台山东晋兴之夫妇墓发掘报告》,载《文物》1965 年第 6 期,第 26—33 页。

临沂王彬之长女,字丹虎。年五十八,升平三年(359)七月廿八日卒。其年九月卅日葬于白石,在彬之墓右。刻砖为识。"① 4号墓主亦为王彬某个儿子,可惜墓志字迹不清,不知是王彬其余三子(王彭之、王彪之、王翘之)中哪一位。② 5号墓主是王兴之嫡长子、王彬之孙,晋穆帝升平二年(358)下葬。③

第二组,王彬继室夏金虎及子孙墓地:第二组墓葬分布于象山北部和东北部,计有6号墓、8号墓、9号墓、10号墓和11号墓,凡五座墓葬(见前彩图"图版一")。夏金虎是王彬继室夫人,比王彬小30岁,晋孝武帝太元十七年(392)下葬。不知为什么,这位继室夫人未与亡夫合葬,孤身一人葬在象山北部6号墓。④ 夏金虎有二子:其一为丹杨令王仚之(8号墓),晋废帝泰和二年(367)下葬;另一为鄱阳太守王建之(9号墓),发妻刘氏"先建之半年薨",东晋泰和六年(371)与亡夫合葬。⑤ 夏金虎还有两个孙子:一为王仚之的某个儿子(10号墓)。可惜墓志字迹漫漶,不得其详;另一王康之(11号墓),英年早逝,晋穆帝永和十二年(356)下葬,年仅22岁。志文简略,不知是夏金虎哪个孙子。王康之发妻何法登是东晋宰相何充之女;晋孝武帝泰元十四年(389)与亡夫合葬。⑥

第三组,南朝墓地。第三组墓葬分布于象山西部,目前只发掘了2号和7号两座墓(见前彩图"图版一")。2号墓出土了一件莲花瓣纹小瓷罐,与刘宋元徽二年(474)明昙憘墓出土莲花瓣纹碗风格相似,正如考古简报指出的,应为南朝刘宋墓。从位置和墓向看,2号墓殆为南朝时期王彬后人墓。⑦ 7号墓为一男二女合葬墓,未见墓志。根据墓葬形制及墓中随葬东晋早期风格的青瓷器,发掘者认为"7号墓的时间应属东晋早期"。⑧《晋书·元帝纪》记载:永昌元年(322)冬十月"己丑,都督荆梁二州诸军事、平

---

① 南京市文物保管委员会《南京象山东晋王丹虎墓和二、四号墓发掘简报》,载《文物》1965年第10期,第29—33页。
② 南京市文物保管委员会《南京象山东晋王丹虎墓和二、四号墓发掘简报》,载《文物》1965年第10期,第33—35页。
③ 南京市博物馆《南京象山5号、6号、7号墓清理简报》,载《文物》1972年第11期,第27—32页。
④ 南京市博物馆《南京象山5号、6号、7号墓清理简报》,载《文物》1972年第11期,第27—32页。
⑤ 南京市博物馆《南京象山8号、9号、10号墓发掘简报》,载《文物》2000年第7期,第7—16页。
⑥ 南京市博物馆《南京象山8号、9号、10号墓发掘简报》,载《文物》2000年第7期,第16—18页。
⑦ 南京市文物保管委员会《南京象山东晋王丹虎墓和二、四号墓发掘简报》,载《文物》1965年第10期,第29—45页,图八;南京市文物保管委员会《南京太平门外刘宋明昙憘墓》,载《考古》1976年第1期,第49—52页,图三-1。
⑧ 南京市博物馆《南京象山5号、6号、7号墓清理简报》,载《文物》1972年第11期,第27—32页。

南将军、荆州刺史、武陵侯王廙卒"。① 据此,发掘者将 7 号墓定为东晋初荆州刺史王廙墓。

表一 南朝刘宋墓一览表

	墓葬形制	墓主	年代	甬道(米)	墓室(米)
1	象山 7 号墓,凸字形墓	王藻墓	景和元年(465)	1.42×1.35×1.75	3.90×3.22×3.42
2	象山 2 号墓,凸字形墓	王彬孙辈墓	南朝刘宋	0.80×？×？	4.18×1.24×1.76
3	光化门外红毛山,凸字形墓	墓主身份不详	南朝早期	2.01×0.93×1.05	2.86×1.39×1.01
4	司家山 6 号墓,凸字形砖室墓	谢珫墓	永初二年(421)	1.83×1.25×1.80	4.45×2.25×3.00
5	西善桥刘宋墓,凸字形墓	钟济之夫妇墓	元嘉十年(434)	2.28×1.10×1.74	4.70×2.1×？
6	江苏句容刘宋墓,凸字形墓	墓主身份不详	元嘉十六年(439)或稍晚	1.99×1.17×1.8	5.06×1.96×2.58
7	太平门外刘宋墓,凸字形墓	明昙憘夫妇墓	元徽二年(474)	1.30×？×？	4.20×2.04×1.47

殊不知,王廙家族人丁兴旺,子孙满堂。长子王颐之,世袭王廙武陵侯爵位,官至东海内史。次子王胡之,官至西中郎将、司州刺史。三子王耆之,历任中书郎、鄱阳太守、给事中。四子王羡之,官至镇军将军掾属。王廙有两个孙子:一为王茂之(次子王胡之之子),官至晋陵太守;另一为王和之,历任永嘉太守、正员常侍。此外,王廙还有曾孙王敬弘(王茂之之子),义熙(405—418)末年任尚书。② 换言之,王廙家族乃钟鸣鼎食之家,他不太可能寄人篱下,孤身一人葬在弟弟王彬家族墓地。

尽管南朝王公贵族墓流行椭圆长方形砖室墓如西善桥宫山竹林七贤壁画墓,③但是 7 号墓所用"晋制"凸字形砖室墓一直沿用到南朝如象山 2 号墓、光化门外红毛山南朝早期墓、司家山永初二年谢珫、西善桥刘宋元嘉十一年钟济之夫妇墓、江苏句容刘宋

---

① 《晋书》卷六《元帝纪》,第 156 页。
② 《晋书》卷七六《王廙传》,第 2002—2005 页。
③ 南京博物院、南京市文物保管委员会《南京西善桥南朝墓及其砖刻壁画》,载《文物》1960 年 8—9 期。

元嘉十六年墓、太平门外刘宋元徽二年明昙憘夫妇墓(详见表一)。① 这个现象生动反映出南朝北方士族门阀对"晋制"的依恋与传承。② 按照考古学原则,墓葬年代要靠最晚的文物断代。从下文的讨论中,我们将看到7号墓至少有4件随葬品(陶鞍马俑、金刚石戒指和一对罗马玻璃杯)属于南朝,而非东晋早期之物。

二、鞍马俑的年代

象山7号墓出土文物中,最引人瞩目的是一件陶鞍马俑,障泥两侧各有一个短柄横穿型马镫(见前彩图"图版二"左)。1959年,湖南长沙金盆岭西晋永宁二年21号墓出土釉陶鞍马俑,障泥左侧有一个泥塑三角形马镫。③ 1971年,日本京都大学樋口隆康教授撰文《马镫之起源》,提出长沙永宁二年墓出土釉陶骑俑马镫是考古材料中最早的马镫实物。④ 这个说法得到许多研究者的支持。⑤

2001年,王铁英撰文《马镫的起源》,对欧亚大陆发现的数以百计的马镫实物进行综合研究。她将4—13世纪的马镫分为直柄横穿型马镫、壶镫、T形柄金属马镫、8字形马镫四个类型,认为这四个类型的马镫既相互关联,又各自具有鲜明的地域特色。她还指出,尽管单镫产生年代早,但不能骑行使用,并非真正意义上的马镫,不能和马镫混为一谈。⑥ 如果象山7号墓确为东晋初王廙墓,那么,这件鞍马俑所见马镫将是现有考古材料中最早的马镫之一。⑦ 为了便于今后的研究,我们把西晋至南朝墓出土早期马镫

---

① 南京市博物馆《南京象山5号、6号、7号墓清理简报》,载《文物》1972年第11期,第27—32页;南京市文物保管委员会《南京象山东晋王丹虎墓和二、四号墓发掘简报》,载《文物》1965年第10期,第29—45页;李鉴昭、屠思华《南京石门坎乡六朝墓清理记》,载《考古通讯》1958年第9期,第66—69页;南京市博物馆、雨花台区文化局《南京南郊刘宋永初二年谢琉墓》,载《文物》1998年第5期,第4—14页;南京市博物馆、雨花台区文化广播电视局《南京市雨花台区西善桥南朝刘宋墓》,载《考古》2013年第4期,第33—42页;镇江博物馆等《江苏句容春城南朝宋元嘉十六年墓》,载《东南文化》2010年第3期,第37—43页;南京市文物保管委员会《南京太平门外刘宋明昙憘墓》,载《考古》1976年第1期,第49—52页。
② 俞伟超《汉代诸侯王与列侯墓葬形制分析——兼论"周制"、"汉制"与"晋制"的三阶段性》,载《中国考古学会第一次年会论文集》,文物出版社,1980年(收入北京大学中国传统文化研究中心编《北京大学百年国学文粹·考古卷》,北京大学出版社,1998年,第184—190页);〔韩〕赵胤宰、韦正《南朝陵寝制度之渊源》,北京大学考古文博学院《古代文明》第4卷,科学出版社,2005年,第207页。
③ 湖南省博物馆《长沙两晋南朝隋墓发掘报告》,载《考古学报》1959年第3期,第75—99页。南朝王公贵族墓流行椭圆长方形墓室,参见韦正《六朝墓葬的考古学研究》,北京大学出版社,2010年,第295页。
④ 〔日〕樋口隆康《鐙の發生》,载《青陵》第19期,1971年。
⑤ 杨泓《中国古代马具的发展和对外影响》,载《文物》1984年第9期,第47页;齐东方《中国早期马镫的有关问题》,《文物》1993年第4期,第73页。
⑥ 王铁英《马镫的起源》,载《欧亚学刊》第2辑,中华书局,2001年,第76—100页。
⑦ 罗宗真《马镫与炼丹术》,载《东南文化》1994年第4期,第9—10页。

列为一表,所列材料主要根据田立坤的调查。① 我们补充了以下三个材料:

第一,1966—1969年,吐鲁番阿斯塔那墓地22号墓出土了一件彩绘木鞍马俑,障泥两侧各有一短柄横穿型马镫,可惜考古简报未详述此墓。② 不过,《吐鲁番出土文书》提到阿斯塔纳22号墓出土了一批北凉文书。据该书介绍,"本墓无纪年衣物疏,所出文书亦无纪年。从墓葬形制及同出文物看,具有十六国时期特征。所出文书中'主簿云'及'录事识'又见于哈拉和卓96号墓北凉玄始十二年(423)及其前后文书,但官职不同。本墓文书时代当与之大体相当"。③

第二,1975年,呼和浩特市北魏墓出土了一件陶鞍马俑,通高19.5厘米,长30厘米,障泥两侧刻有短柄横穿型马镫。④

第三,近年江苏镇江何家门水场南朝墓出土了一件陶鞍马俑,障泥两侧均有略呈梯形的马镫。⑤

这就清楚地表明,马镫是中国北方农牧交错地带的鲜卑人发明的。最早的实例皆出自西晋(266—316)鲜卑墓,如辽宁北票喇嘛洞西266号墓和北票章吉营子北沟8号墓出土的铜皮木芯马镫,皆为长柄横穿型(参见表二:1—2)。象山7号墓出土陶鞍马俑所见马镫属于短柄横穿型,器型与陕西咸阳平陵十六国墓釉陶鞍马俑和彩绘木鞍马俑,呼和浩特大学路北魏墓陶鞍马俑,以及吐鲁番北凉墓彩绘木鞍马俑所见短柄横穿型马镫相同,年代不早于5世纪初(参见表二:6—8)。

表二 西晋至南北朝古墓出土马镫一览表

	出土地点	马镫材质	年代	族属
1	辽宁北票喇嘛洞西区266号墓	一对,铜皮木芯马镫,长柄横穿型	西晋武帝太康十年(289)	鲜卑
2	辽宁北票章吉营子北沟8号墓	一对,铜皮木芯马镫,长柄横穿型	西晋(266—316)	鲜卑

---

① 田立坤《古镫新考》,载《文物》2013年第11期,第50—62页。
② 新疆自治区博物馆《1966—1969吐鲁番县阿斯塔那—哈拉和卓古墓群清理简报》,载《文物》1972年第1期,第9—10页。
③ 国家文物局古文献研究室、新疆维吾尔自治区博物馆、武汉大学历史系编《吐鲁番出土文书》第一册,文物出版社,1981年,第196页。
④ 山西博物院、内蒙古博物院编《草原华章:契丹文物精华展》,山西人民出版社,2010年,第32页。
⑤ 索言《说马镫》,载《收藏快报》2014年2月3日。

续 表

	出土地点	马镫材质	年代	族属
3	辽宁朝阳袁台子壁画墓	一对,藤芯皮革髹漆马镫,长柄横穿型	东晋穆帝永和十年(354)	鲜卑
4	吉林集安七星山96号墓	一对,鎏金铜皮木芯马镫,长柄横穿型	公元4世纪初至4世纪中叶	高句丽
5	辽宁北票冯素弗墓	一对,鎏金铜皮木芯马镫,长柄横穿型	北燕太平七年(415)	鲜卑
6	陕西咸阳平陵十六国墓	两对,一为釉陶鞍马俑,马铠甲两侧有短柄横穿型马镫;另一为彩绘木鞍马俑,马铠甲两侧绘有短柄横穿型马镫	前秦至后秦时期(350—417)	氐羌
7	呼和浩特大学路北魏墓	一对,鞍马陶俑,障泥两侧有短柄横穿型马镫	北魏(386—534)	鲜卑
8	新疆吐鲁番阿斯塔那墓地22号墓	一对,彩绘木鞍马俑,障泥两侧有短柄横穿马镫	高昌北凉政权(443—460)	沮渠
9	吉林集安万宝汀78号墓	两对,皆为鎏金铜皮木芯马镫,长柄横穿型	公元5世纪中叶	高句丽
10	吉林集安长川4号墓	一对,鎏金铜皮木芯马镫,长柄横穿型	公元5世纪中叶	高句丽
11	吉林市帽儿山93XIM18号墓	一对,鎏金铜皮木芯马镫,长柄横穿型	公元5世纪中叶	扶余
12	宁夏固原北魏墓	一对,轮镫型铁马镫	北魏太和八年(484)前后	鲜卑
13	南京象山7号墓	一对,陶鞍马俑,障泥两侧有短柄横穿型马镫	不早于刘宋元嘉十六年(439)	汉族
14	江苏镇江何家门水场南朝墓	一对,陶鞍马俑,障泥两侧有略呈梯形的马镫	南朝(420—589)	汉族

东晋义熙三年(407),汉化鲜卑人冯跋拥立后燕高句丽族大将高云为天王,定都龙城(今辽宁朝阳),史称"北燕"。目前所知最早的鎏金铜皮木芯马镫,就出自北燕太平七年(415)冯素弗墓,属于长柄横穿型(参见表二:5)。北燕与高句丽一向友好。436年北燕亡国后,末代君主冯弘率数万百姓投奔高句丽,因此早在4世纪初,高句丽工匠就掌握了制作马镫的技术(表二:4、9—10)。

高句丽素以东晋和南朝为正朔,视北魏政权为"夷狄"。朝鲜黄海北道安岳冬寿墓壁画榜题甚至采用东晋年号"永和十三年"。① 高句丽王每年遣使南朝,贡献不绝。江南素不产马,难以组建骑兵部队抗击北魏,宋文帝遂令高句丽献马。史载高句丽长寿王"(高)琏每岁遣使。十六年(元嘉十六年,439),太祖(指宋文帝)欲北讨,诏琏送马,琏献马八百匹"。②

直至大明三年(459),刘宋皇帝仍将马匹视为珍禽异兽,要求吐谷浑进贡。③ 不过,吐谷浑所贡舞马不一定有马镫,那么,象山7号墓出土鞍马陶俑当模仿元嘉十六年高句丽所贡鞍马。近年江苏镇江何家门水场南朝墓发现一件鞍马陶俑,障泥两侧均有略呈梯形的马镫(参见表二:14)。凡此表明,象山7号墓出土装配马镫鞍马俑当为南朝之物,年代不早于刘宋元嘉十六年(439)。

三、印度金刚石戒指

象山7号墓出土文物中,最引人注目的是一枚镶嵌金刚石的金戒指,出自男棺中部,应在死者的手边。④ 钻石,古称"金刚石"。其名源于梵语 vajra(金刚)。⑤ 这枚钻戒呈扁圆形,素面无纹,直径2.2厘米。指环上焊接方斗,方斗长、宽各4毫米。金刚石嵌在方斗内,经鉴定,它确系金刚石无疑。半个八面体,直径1.5毫米(见前彩图"图版三":2),⑥迄今仍是中国考古发掘品中最早的钻石。

关于金刚石产地,《魏书·西域传》记载:"波斯国,都宿利城,在忸密西,古条支国也。……河经其城中南流。土地平正,出金、银、鍮石(黄铜)、珊瑚、琥珀、车渠、马脑,多大真珠、颇梨(水晶)、瑠璃(玻璃)、水精、瑟瑟、金刚(钻石)、火齐、镔铁(钢)、铜、锡、朱砂、水银……"⑦殊不知,波斯并非钻石产地,18世纪以前世界上唯一的钻石产地在印

---

① 宿白《朝鲜安岳所发现的冬寿墓》,载《文物参考资料》1952年第1期,第101—104页。
② 《宋书》卷九七《蛮夷传》,中华书局,1974年,第2393页。有学者引此文说高句丽曾经向刘裕贡马(李辉《南北朝时期高句丽强盛原因试析》,载《长春师范学院学报》2001年第4期,第17页),作者显然把世祖宋文宗误当作高祖刘裕了。
③ 史载刘宋大明三年(459)十一月,"西域献舞马"(《宋书》卷六《孝武帝纪》,第125页);刘宋"大明五年,拾寅遣使献善舞马、四角羊"(《宋书》卷九六《鲜卑吐谷浑传》,第2373页)。正如余太山指出的,大明五年或为"大明三年"之误(余太山《两汉魏晋南北朝与西域关系史研究》,商务印书馆,2011年,第256页)。
④ 南京市博物馆《南京象山5号、6号、7号墓清理简报》,载《文物》1972年第11期,第35页。
⑤ 〔日〕榊亮三郎编《梵藏汉和四译对校〈翻译名义大集〉》,"京都帝国大学文科大学丛书",京都文科大学藏版,1916年,第385—386页。
⑥ 南京市博物馆《南京象山5号、6号、7号墓清理简报》,载《文物》1972年第11期,第31—34页;顾苏宁《南京市博物馆藏金镶玉文物浅析》,载《华夏考古》2011年第4期,第95—99页,彩版一:1。
⑦ 《魏书·西域传》,第2270页。

度。① 波斯王冠上的世界名钻"光明之海"(Darya-i-Nur)就出自印度戈尔康达(图三-1),那么象山7号墓出土金刚石戒指当从印度传入中国。据夏鼐先生考证,西晋至南北朝时期,西域南海使臣共四次进贡金刚石。②

第一,敦煌贡品。《晋起居注》记载,西晋武帝"咸亨三年(227),敦煌上送金钢,生金中,百淘不消,可以切玉,出天竺"。③

第二,林邑王贡品。《林邑记》记载:"林邑王范明达献金刚指镮。"④史载东晋隆安三年(399),"林邑王范达陷日南、九真,遂寇交趾,太守杜瑗击破之"。⑤范达即《林邑记》的"范明达",《晋书·四夷传》作"胡达"。郦道元《水经注》引《林邑记》又载:"义熙九年(413),交趾太守杜慧度造九真水口,与林邑王范胡达战,擒斩胡达二子,虏获百余人,胡达遁。五月,慧度自九真水历都粟浦,复袭九真。长围跨山,重栅断浦,驱象前锋,接刃城下,连日交战,杀伤乃退。"⑥那么,林邑王献金刚石戒指当在东晋安帝义熙九年(413)之后。

第三,印度笈多王贡品。《宋书·夷蛮传》记载:"天竺迦毗黎国,元嘉五年(428年),国王月爱遣使奉表……臣之所住,名迦毗(黎)河,东际于海……奉献金刚指环、摩勒金环诸宝物,赤白鹦鹉各一头。"⑦《宋书·夷蛮传》所载迦毗黎国及使者来华之事,亦为《南史》《宋会要稿》《册府元龟》《资治通鉴》和《南朝宋会要》征引。罗宗真认为,这位迦毗黎国王即印度笈多王月爱(旃陀罗笈多二世)。⑧ 据莫任南考证,迦毗黎河乃恒河下游一支流,梵语作Kapila。迦毗黎国就是恒河中游的摩揭陀国,也即印度笈多王朝。从时间看,元嘉五年派使者来华的笈多王实乃鸠摩罗笈多一世(414—455年在位),而非其父笈多王月爱(380—414年在位)。⑨

第四,呵罗单国王贡品。《宋书·夷蛮传》记载:"呵罗单国治阇婆洲(今印尼爪哇

---

① Leonard Gorelick and A. John Gwinnett, "Diamonds from India to Rome and beyond," *American Journal of Archaeology*, Vol. 92, No. 4 (Oct., 1988), pp. 547–552.
② 夏鼐《无产阶级文化大革命中的考古新发现》,载《考古》1972年第1期,第34页,注24。
③ (宋)李昉等编《太平御览》卷八一三《珍宝部》引《晋起居注》,中华书局,1960年,第3614页。
④ (宋)李昉等编《太平御览》卷八一三《珍宝部》引《林邑记》,第3614页。
⑤ 《宋书》卷三九《良吏传·杜慧度附父瑗传》,第2263—2264页;《资治通鉴》卷一一一"晋安帝隆安三年(399)"条,中华书局,1974年,第3488页。
⑥ (北魏)郦道元著,陈桥驿校证《水经注校证》,中华书局,2007年,第835页。
⑦ 《宋书》卷九七《蛮夷传》,第2385页。
⑧ 罗宗真《六朝时期中国对外文化交流》,载《文史哲》1993年第3期,第76页。
⑨ 莫任南《刘宋时遣使来华的迦毗黎国在南亚何处》,载《海交史研究》1992年第1期,第25—27页。

岛），元嘉七年（430）遣使献金刚指镮、赤鹦鹉鸟、天竺国白叠古贝、叶波国古贝等物。"①白叠，印度人对棉花的称谓。《梁书·西北诸戎传》高昌国条记载："多草木，草实如茧，茧中丝如细纑，名为白叠子，国人多取织以为布。布甚软白，交市用焉。"②古贝，当为"吉贝"之误，指印度和东南亚所产木棉。

据以上调查，金刚石戒指实乃印度笈多王或东南亚国王贡品，可见象山7号墓主非同寻常。此外，六朝墓一般采用长方形墓室，7号墓颇为特殊，墓室近正方形。东晋帝陵（如南京大学北园大墓、南京北郊汽轮机厂大墓、南京富贵山大墓）或重臣墓（如骠骑将军温峤墓、交宁二州刺史霍承嗣墓）往往采用近方形墓室。③此外，7号墓随葬品规格高于王彬家族所有墓葬，而且陶器数量甚至比东晋骠骑将军温峤墓还要多，④可见象山7号墓主身份显赫，当为皇亲国戚。

《至正金陵新志》记载："宋明帝陵，幕府山阳西，与王导坟相近，山前有坟垄。晋穆帝陵在山南，或以西为明帝墓。"⑤故知东晋权臣王导家族墓地也在南京幕府山西南麓。我们认为，象山7号墓主当为刘宋景和元年（465）下狱论死的驸马爷王藻。此公乃王导玄孙、光禄大夫王偃之子，官至右光禄大夫、东阳太守，母亲是吴兴长公主（宋武帝刘裕次女），尚临川长公主（宋文帝第六女）刘英媛。这位驸马爷与侍女吴崇祖偷情，被公主上告，景和元年（465）下狱论死。至于墓中两位女尸，一为王藻移情别恋的侍女吴崇祖；另一为王藻原配夫人刘英媛。这位公主改嫁未成，又回归琅琊王氏家族，死后与亡夫合葬。象山7号墓出土了一套13件金簪，当即临川长公主故物。

四、罗马磨花玻璃杯

值得注意的是，象山7号墓还出土了一对磨花椭圆纹玻璃杯：一件口径9.4厘米、底径2.5厘米、高10.4厘米、壁厚0.5—0.7厘米，另一件出土时已破碎，后有修复。这两件玻璃杯大小、器形相近，均为直筒形，圜底，透明，泛黄绿色，内有气泡。其口缘及底部有磨花椭圆形花瓣纹，腹部有七个磨花大长椭圆形花纹，器形端庄秀美，颇具异国风采

---

① 《宋书》卷九七《夷蛮传》，第2381页。
② 《梁书》卷五四《西北诸戎传》，中华书局，1973年，第811页。
③ 蒋赞初《南京东晋帝陵考》，载《东南文化》1992年第3—4期合刊，第98—106页。
④ 南京市博物馆《南京北郊东晋温峤墓》，载《文物》2002年第7期，第19—33页；韦正《六朝墓葬的考古学研究》，北京大学出版社，2011年，第283页。
⑤ （元）张铉编《至正金陵新志》，《宋元方志丛刊》第六册，中华书局，1990年，第5749页上。

（见前彩图"图版四"：1—2），现藏南京六朝博物馆。① 经化学成分检测，当为罗马苏打玻璃器，氧化钾含量只有0.45%。② 据美国康宁玻璃博物馆古玻璃专家罗伯特·布里尔（Robert H. Brill）考证，氧化钾含量低于2.00%的钙钠玻璃为罗马苏打玻璃。③

据中国社科院考古研究所安家瑶调查，新疆维吾尔自治区博物馆"在楼兰遗址上采集到数块玻璃残片。其中1块为器壁残片，淡黄绿色，透明，带有长椭圆形花瓣式磨饰。1块是玻璃杯口沿残片，淡黄绿色，透明，带有弦纹和椭圆形磨花。从这两块残片的玻璃质地及磨花的风格来看，与南京象山7号东晋墓出土的磨花杯非常相似。同时采集的还有两块无纹饰的玻璃容器残片，一为残口沿，乳白色半透明，一为腹部残片，绿色，透明。这两块没有纹饰的残片作了成分定量分析，结果与南京东晋墓玻璃残片的成分，与3—4世纪罗马玻璃的标准成分都十分接近"。④ 魏晋南北朝时期，楼兰地区属于鄯善王国。前凉在楼兰建西域长史府，也即楼兰古城（斯坦因编号LA古城）。《南齐书·芮芮虏传》记载："先是益州刺史刘悛遣使江景玄使丁零，宣国威德。道经鄯善、于阗，鄯善为丁零所破，人民散尽。"⑤ 刘悛任益州刺史在永明九年至十一年（491—493），江景玄闻鄯善"人民散尽"之事不晚于永明十一年（493），可知楼兰古城废弃于5世纪末，⑥那么新疆维吾尔自治区博物馆在楼兰古城采集的罗马玻璃器残片的年代当在公元5世纪末，而非公元3—4世纪。

英国考古学家斯坦因第二次中亚考察期间（1906—1908），在塔克拉玛干大沙漠南缘安迪尔古城（今属新疆民丰县）发现一批古代玻璃残片，其一为磨花椭圆纹玻璃杯残片（编号E. Fort. 0011），宽4.6厘米、长5.1厘米（见前彩图"图版四"：4），现藏大英博物馆。⑦ 这件磨花椭圆纹玻璃杯残片与象山7号墓出土罗马玻璃杯风格相似。2017年，我们在德黑兰玻璃与陶瓷博物馆考察时，见到一件出自伊朗阿塞拜

---

① 南京市博物馆《南京象山5号、6号、7号墓清理简报》，载《文物》1972年第11期，第35页，图版五-1。
② 李军、罗海明《安徽当涂东晋墓发掘简报：兼论出土的玻璃碗残片类别和来源》，载《东南文化》2002年第2期，第36—37页，表一。
③ 罗伯特·布里尔著，马波译《抛砖引玉——2005年上海国际玻璃考古"丝绸之路古玻璃"专题研讨会开幕词》，干福熹主编《丝绸之路上的古代玻璃研究》，复旦大学出版社，2007年，第40页，表2。
④ 安家瑶《魏晋南北朝时期的玻璃技术》，干福熹等编《中国古代玻璃技术的发展》第八章，上海科学技术出版社，2005年，第122页。
⑤ 《南齐书》卷五九《芮芮虏传》，中华书局，1972年，第1025页。
⑥ 林梅村《寻找楼兰王国》，北京大学出版社，2009年，第196—200页。
⑦ M. A. Stein, *Serindia: Detailed Report of Explorations in Central Asia and Westernmost China*, Vol.1 (Oxford: Clarendon Press, 1921), pp.291-292; Pl.XXXVI.

疆的磨花椭圆纹玻璃杯(见前彩图"图版四":6),与象山 7 号墓出土罗马玻璃杯相似。大英博物馆也有类似的椭圆纹玻璃杯,高约 10.2 厘米(见前彩图"图版四":5),据说出自伊朗吉兰地区,年代在萨珊王朝时期(224—651)。①

据马艳调查,这种磨花椭圆纹玻璃杯流行于 4 世纪,可能于 4 世纪末消失,如乌克兰墓地 51 号墓。磨花大椭圆外有缠丝。此外,摩尔多瓦墓地出土筒形玻璃杯,腹部有 4 个对称的磨花大椭圆纹,口径 8.9 厘米,高 10.7 厘米,底径 2.8 厘米,厚 0.4 厘米,呈半透明黄色;口沿外壁刻有希腊文"生活永远美好",年代在 4 世纪后半叶。德国、波兰和捷克考古学家认为,此类玻璃杯为小亚(今土耳其安纳托利亚)产品,时代为 4 世纪末至 5 世纪。② 凡此表明,象山 7 号墓出土罗马玻璃杯是从埃及亚历山大港或黑海北岸,经伊朗北部吉兰地区传入新疆塔里木盆地的。

刘宋与西域的交往中,北凉高昌且渠氏政权最值得注意。沮渠无讳、沮渠安周两兄弟先后四次遣使刘宋。第一次,宋文帝元嘉十九年(442)九月,沮渠无讳占据高昌(今新疆吐鲁番),"遣常侍氾俊奉表使京师,献方物"。③ 第二次,元嘉二十年(443),"河西国……并遣使献方物"。④ 第三次,元嘉二十一年(444),沮渠"无讳卒,弟安周立。二十一年,诏曰:'故征西大将军、河西王无讳弟安周,才略沈到,世笃忠款,统承遗业,民众归怀。虽亡士丧师,孤立异所,而能招率残寡,攘寇自今,宜加荣授,垂轨先烈。可使持节、散骑常侍、都督凉河沙三州诸军事、领西域戊己校尉、凉州刺史、河西王。'"第四次,宋孝武帝"大明三年(459),安周奉献方物"。⑤ 凡此表明,象山 7 号墓出土罗马玻璃杯或为刘宋文帝至孝武帝年间(442—459)高昌北凉王且渠氏所贡方物。

此外,北凉高昌王所贡方物可能还有江苏句容刘宋墓出土罗马龟背纹玻璃杯。此墓为凸字形券顶砖室墓,未见墓志。随葬品有青瓷器、陶器、铜器、漆木器、银器、玻璃器等,并出有元嘉十六年纪年砖。故发掘者将其年代断为元嘉十六年(439)或稍后。墓中所出磨花龟背纹玻璃杯(编号 J440),侈口束颈,球腹圜底,肩部饰一圈凸弦纹。口径

---

① St John Simpson, Sasanian Glassware from Mesopotamia, Gilan, and the Caucasus, *Journal of Glass Studies*, Vol. 57 (2015), pp. 77-96, fig.6.
② 马艳《大同出土北魏磨花玻璃碗源流》,载云冈石窟研究院编《平城丝路》,青岛出版社,2015 年,第 424—425 页。
③ 《宋书》卷九八《大且渠蒙逊传》,第 2417 页。
④ 《宋书》卷五《文帝纪》,第 91 页。
⑤ 这两次北凉朝贡刘宋见于《宋书》卷九八《大且渠蒙逊传》,第 2417、2418 页。

8.5 厘米、腹径 9.3 厘米、高 6.5 厘米(见前彩图"图版五":1),考古简报称之为"萨珊王朝舶来品"。① 然而,这件玻璃杯装饰罗马玻璃器典型纹样"龟背纹",②与萨珊玻璃器典型纹饰"蜂窝纹"(见前彩图"图版五":5—6)不尽相同。③

罗马龟背纹玻璃器亦见于楼兰古城(见前彩图"图版五":2)、④阿富汗贝格拉姆遗址(见前彩图"图版五":3),以及埃及亚历山大城所产金彩龟背纹玻璃杯(见前彩图"图版五":3)。⑤ 美国古玻璃专家罗伯特·布里尔对贝格拉姆遗址所出 35 件玻璃样品作过化学成分检测。除 1 件样品氧化钠检测值无效外,其余 34 件皆为泡花碱(或称"苏打")玻璃,与地中海东南岸罗马玻璃成分完全一致。⑥

20 世纪 80 年代,新疆且末县扎滚鲁克墓地 49 号墓出土了一件蜂窝纹玻璃杯,呈淡黄绿色(见前彩图"图版四":3),与英国考古学家斯坦因第三次中亚考察在新疆尉犁县营盘古墓发现的蜂窝纹玻璃杯(编号 YingⅢ.3.06)几乎完全相同。⑦ 经化学成分检测,扎滚鲁克 49 号墓出土蜂窝纹玻璃杯,氧化钾仅含 0.42%,属于罗马苏打玻璃。⑧ 1995 年,新疆文物考古研究所在营盘墓地 9 号墓又发现同样的蜂窝纹玻璃杯。⑨ 经化学成分检测,氧化钠含量高达 19.67%,氧化钾仅含 0.59%,亦为典型的罗马苏打玻璃。⑩ 有学者将这三件蜂窝纹玻璃杯的年代断在 3—4 世纪。⑪ 1969 年,伊朗考

---

① 镇江博物馆、句容市博物馆《江苏句容春城南朝宋元嘉十六年墓》,载《东南文化》2010 年第 3 期,第 27—43 页,图七:5。
② Oliver Jr. Andrew, *Early Roman Faceted Glass*, *Journal of Glass Studies*, Vol. 26 (New York, 1984), pp. 35-58。
③ 图五-5 为斯坦因在楼兰 LB 遗址采集;图五-6 伊朗吉兰出土。两者皆为伦敦大英博物馆藏品。
④ 据考古简报,这片磨花龟背纹玻璃器残片出自楼兰古城小佛塔西北约 100 米处(侯灿《楼兰古城址调查与试掘简报》,载《文物》1988 年第 7 期,第 7、17—18 页)。这件龟背纹玻璃残片曾经送到日本参加楼兰文物展览,日本古玻璃专家谷一尚将玻璃器外壁的"龟背纹"称作"菱形磨饰",认为是公元 1—2 世纪罗马玻璃器(安家瑶《魏晋南北朝时期的玻璃技术》,干福熹等编《中国古代玻璃技术的发展》第八章,上海科学技术出版社,2005 年,第 122 页)。
⑤ 贝格拉姆出土罗马龟背纹玻璃杯,现藏法国吉美亚洲艺术博物馆;亚历山大城所产金彩磨花玻璃杯,现藏东京国立博物馆(参见东京国立博物馆编《东洋古代ガラス》,东京,1978 年,第 349 号。编者误认为这件金彩玻璃杯是萨珊玻璃器,但是波斯工匠并不掌握金彩玻璃工艺,其产地当在埃及亚历山大城无疑)。
⑥ 罗帅《阿富汗贝格拉姆宝藏的年代与性质》,载《考古》2011 年第 2 期,第 71 页。根据器型和化学成分分析,研究者多认为贝格拉姆遗址出土玻璃器为罗马玻璃。不过,牛津大学怀特豪斯教授认为其中 53 件并非罗马玻璃。David Whitehouse, Begram: The Glass, *Topoi Orient Occident*, 2012, 11(1): pp. 437-449.
⑦ M.A.Stein, *Innermost Asia: Detailed Report of Explorations in Central Asia and Westernmost China*, Vol. 3, Oxford, 1928, p.756, pl.CX.
⑧ 成倩、王博《新疆且末扎滚鲁克墓地出土玻璃杯研究》,载《文物》2011 年第 7 期,第 88—92 页。
⑨ 新疆文物考古研究所《新疆尉犁县营盘墓地 1995 年发掘简报》,载《文物》2002 年第 6 期,第 41 页。
⑩ 干福熹等编《中国古代玻璃技术的发展》,上海科学技术出版社,2005 年,第 123 页。
⑪ 赵永《新疆且末扎滚鲁克 49 号墓出土玻璃杯的年代问题》,载《考古与文物》2014 年第 4 期,第 77—80 页。

古研究中心在里海南岸的诗曼姆(Shimam)古墓发掘出类似的玻璃杯,年代定在帕提亚王国晚期(约公元3世纪)。①

另一方面,塔里木盆地出土蜂窝纹玻璃杯残片中,也有萨珊植物灰玻璃。例如:新疆文物考古研究所在安迪尔古城采集到一些"淡黄绿色玻璃残片,饰磨制椭圆形纹饰"。经化学成分检测,这些玻璃残片氧化钾含量高达3.94%。②据美国古玻璃专家罗伯特·布里尔研究,氧化钾含量在4.00%与2.00%之间的钙钠玻璃属于萨珊植物灰玻璃。③据马艳调查,玻璃磨花技法公元初即出现于罗马,此后可能传布至黑海北岸及莱茵河地区。波斯地区该技法则可能兼受黑海北岸、罗马—拜占庭影响。东亚所知的磨花玻璃器,3—4世纪制品可能多源于黑海北岸,5世纪后制品多源于波斯。④ 换言之,波斯工匠烧造筒形玻璃杯起初完全仿造罗马龟背纹苏打玻璃杯,5世纪后才改用萨珊植物灰玻璃工艺,器型由筒形演变为碗形,而磨花纹饰则由龟背纹演变为蜂窝纹。

安迪尔古城地处丝绸之路南道,本来属于鄯善国。元嘉十八年(441),沮渠安周奉兄长之命攻打鄯善,结果大败而归。元嘉十九年(442),沮渠无讳的侄儿沮渠丰州乘鄯善国内乱之机占领了鄯善。⑤《洛阳伽蓝记》卷四记载:河间王"琛常会宗室,陈诸宝器。金瓶银瓮百余口,瓯檠盘盒称是。自余酒器,有水晶钵、玛瑙(杯)、琉璃碗、赤玉卮数十枚。做工奇妙,中土所无,皆从西域而来"。⑥ 由于河西走廊在北魏控制之下,高昌北凉和西域诸国使臣一般从四川岷山道进入刘宋境内,⑦那么,公元5世纪中国与东罗马帝国之间的丝绸之路当如前彩图"图版六"所示。

综合全文的讨论,我们似可得出以下几点结论:第一,象山7号墓主当为宋文帝的驸马爷王藻,王藻尚临川公主刘英媛,景和元年下狱论死。公主改嫁未成,回归琅琊王

---

① 安家瑶《魏晋南北朝时期的玻璃技术》,干福熹等编《中国古代玻璃技术的发展》第八章,上海科学技术出版社,2005年,第123页。
② 李青会《玻璃的科技考古和分析技术》,干福熹编《中国古代玻璃技术的发展》第三章,上海科学技术出版社,2005年,第24页。
③ 罗伯特·布里尔(Robert Brill)著,马波译《抛砖引玉——2005年上海国际玻璃考古"丝绸之路古玻璃"专题研讨会开幕词》,干福熹主编《丝绸之路上的古代玻璃研究》,复旦大学出版社,2007年,第40页,表2。
④ 马艳《大同出土北魏磨花玻璃碗源流》,载云冈石窟研究院编《平城丝路》,青岛出版社,2015年,第424—425页。
⑤ 《宋书》卷九八《氐胡传》,第2403页。
⑥ (北魏)杨衒之撰,周祖谟校释《洛阳伽蓝记校释》,中华书局,1963年,第165页。
⑦ 喇明英《"岷山道"的历史作用及其当代价值》,载《西南民族大学学报》2017年第9期,第52—53页。

氏家族,死后与亡夫合葬。第二,象山7号墓出土陶鞍马俑塑有5世纪流行的短柄横穿型马镫,可能模仿刘宋元嘉十六年(439)高句丽所贡八百匹战马的马镫。第三,象山7号墓出土金刚石戒指实乃413—430年印度笈多王或东南亚国王贡品,可证墓主确为刘宋皇亲国戚。第四,象山7号墓出土罗马风格的龟背纹玻璃杯产自埃及亚历山大城或黑海北岸,途径伊朗吉兰,传入新疆塔里木盆地。这对玻璃杯或为442—459年高昌北凉王所贡方物,宋文帝转赠驸马爷王藻和临川长公主,景和元年(465)随王藻下葬象山墓地。

(作者单位:北京大学考古文博学院)

布尔努瓦《丝绸之路》评介

李含慧

法国学者布尔努瓦(1931—)1963年出版的《丝绸之路》，是综合讨论丝绸之路历史的著作，其中译本由中国社会科学院历史研究所耿昇先生翻译，1982年由新疆人民出版社出版。2016年中国藏学出版社又出新版。该书共十八章，根据内容可将其分为如下四部分：

第一至五章是第一部分，讲述了陆、海两条丝路的开辟过程。作者讨论了中国和罗马对于开辟东西方之路的努力，认为1世纪末的亚欧大陆上，四大帝国均处于昌盛发达的强盛时期，且都执行着具有连续性的贸易政策，这是东西方陆路开通的时代背景。（中国藏学版，第47页。下同）

第六至九章是第二部分，讨论丝路交通对东西方社会文化的影响。作者从地理学上的世界观、民族往来、宗教的传输，以及罗马对中亚的影响等角度入手，论述了东西方各国通过丝绸之路举行文化的交融、物品的交换。作者认为，欧亚大陆主要文明之间，"相互交流已形成了潮流。"（第104页）

第十至十七章是第三部分，主要探讨3世纪以后丝绸之路的历史演变及其对东西方国家的影响。作者讨论的时间从3世纪到19世纪，视野西至欧洲的罗马，东到亚洲的日本，内容涉及罗马和波斯对丝路控制权的争夺、中古商业民族的活跃、东西方各国对彼此的了解、近代东西方纺织业的强弱变化等。作者用宏观的视野展示丝绸之路的古今变化，反映出丝绸之路作为欧亚大陆上的交通动脉对于欧亚各国历史的重要影响。

第十八章是第四部分，举例具体说明丝绸之路上的物质与技术传播。前文的讨论侧重于丝绸及其技术的传播，本章则讨论了其他物种如苜蓿、天马、葡萄、养蚕、纸张、琉璃、香料、毒药、茶叶、瓷器的传播，它们"通过欧亚大陆自东往西或反向传播"，作者将其称作东西方"共同的遗产"。（第242页）

本书最后附有《丝绸之路沿途重大事件年表》，罗列了丝绸之路上各个时代不同地区的重大事件，从而直观反映地区局势对丝路兴衰的影响。

通读全书，可以发现作者具有宏观的欧亚视角，以丝绸之路为主线，将东西方历史贯穿叙述，侧重描述丝路沿线国家之间的交融与冲突、丝路两端中国与罗马之间的历史联系，直观展现了一幅相差千年、相隔万里的物质、文化传播史，重绘丝路上别开生面的千年图景。作者能够将这种欧亚视野施诸纸上，如耿昇先生在书前序中所言，其原因在于作者掌握了多种语言的材料，将波斯、阿拉伯、希腊、罗马、汉文、藏文及古印度文献融会贯通，并熟悉近现代考古资料及各国学者研究论著，从而能够对丝路沿途各民族的历史进行细致的梳理和通盘的把握，并得出较多的卓论，这是一般学者所难具备的。

该书法文原本出版后，由于其文笔优美、史料丰富，经过多次再版，并被翻译成多种语言出版，如今，距该书初版已过了半个多世纪，但其仍然是国际知名的丝路研究专著，是相关研究者应当研读的经典著作。其中文本译者耿昇先生是介绍翻译法国学术著作卓有成就的学者，译文通顺流畅，具有较强的可读性。加上本书所使用的多元资料，尤其是对中文以外史料的广泛征引，是国内许多著作难以做到的，对中亚、西欧各国的生动叙述，也提供了诸多为国内学者所鲜知的丝路细节，因此，该书值得我们仔细品读。

粟特人的东方迁徙与唐王朝的成立

〔日〕石见清裕 著　齐会君 译

摘　要：20世纪末期以后，中国多地出土了大量一直不曾为世人所知的粟特人墓志。这些墓志为我们了解粟特人的东方迁徙问题，提供了极其重要的、全新的视角。大量粟特人居住于唐代中国，并在唐代国际文化的形成中大放异彩，这一点已广为人知。一直以来学界普遍认为，这一现象的出现，是由于突厥的灭亡导致丝绸之路贸易失去了其原有的庇护者，故而粟特人为寻求唐王朝的庇护，而移居至中国各地。然而，细读这些新出土的粟特人墓志，不难看出他们在北朝末期已经移居至中国，并在华北各地形成聚居地。事实上远不止此，粟特士兵甚至还加入了曾追随唐高祖李渊入驻长安并建立了唐王朝的太原元从军。因此，我们应将唐王朝的建立视作在民族迁徙这一大背景下所发生的现象。

引　言

本文题目所言"粟特人"，即原居住于今乌兹别克斯坦一带中亚地区的波斯系民族。法国著名东洋史学者保罗·伯希和早在1911年的法兰西学院中亚学讲座中已经指出，这个民族在公元后近一千年的时间内，一直是内陆丝绸之路贸易的中坚力量。

在唐代，也有大量粟特人移居中国，并在唐代社会国际文化的形成过程中大放异彩，而该观点在诸多古典研究中已被多次提及。[①] 此外，唐代墓葬中出土的胡俑正是当时粟特人实际样貌的写照。提及唐代外来文明，通常人们脑海中浮现的多是粟特人所带来的西域文化。

---

① 石田干之助《長安の春》，创元社，1941年；向达《唐代长安与西域文明》，生活·读书·新知三联书店，1957年；Berthold Laufer, *Sino-Iranica*, Chicago, 1919; Edward H. Schafer, *The Golden Peaches of Samarkand*, University of California Press, 1963（汉译本见吴玉贵《唐代的外来文明》，中国社会科学出版社，1995年）。

在唐代，人们用汉字标记各个粟特国家，而粟特人多以出身国名为姓。也就是说，康国人为康国康氏，安国人为安国安氏，石国人为石国石氏，史国人为史国史氏，等等。

那么，为何会有如此之多的粟特人涌入唐代中国呢？一直以来，学界普遍认为，对于组建商队展开丝绸之路贸易的粟特人来说，最大的威胁是盗贼的袭击，而且为保障生命和财物安全，加入擅长武力的突厥游牧政权，并接受其庇护，无疑是最好的选择。另一方面，对突厥而言，在游牧生活方式下，储蓄基本无用武之地，因此他们需要通过控制商业利权而不断发展壮大。总而言之，粟特与突厥之间是互相依靠、互惠互利的关系。然而，随着唐王朝势力的不断扩大，蒙古高原的东突厥被消灭，而天山山脉以北的西突厥也逐渐衰落。在唐王朝的统治延伸至该地区后，粟特人失去了原有的保护伞，而只能依赖于唐王朝而展开商业活动，不久之后他们便开始出现在中原。正因如此，一般认为粟特人即为商人。

当然，这种见解亦不无道理。实际上，确实有大量粟特人为丝绸之路贸易而来到唐朝。① 然而，在 20 世纪末至 21 世纪中国各地出土的粟特人墓志中，我们看到了一个有别于上述形象的，移居到中国的粟特人群体。本文所要探讨的正是这一群体。

一、宁夏固原史氏一族墓志

首先，不妨了解一下宁夏回族自治区固原出土的史氏一族墓志。②

在固原南郊村的 6 座坟墓中出土了 7 方墓志，由于其中 1 座坟墓出土了一对夫妻两方墓志，因此共计 7 方。根据墓志记载所复原的该族系谱如图一所示，该族分为两个世系（姓名加粗者为撰有墓志之人）。

首先，需要注意的是在图一的世系中，史射勿的曾祖父与祖父分别在北魏和西魏北周担任"萨保"之职。"萨保"是粟特语 sartpaw 的汉字音译，而粟特语 sartpaw 本是"商队队长"之意，汉语的"萨保""萨宝"在隋以前指中国国内粟特人聚落的首领，在唐以后则指祆教的管理者。③ 从史射勿的祖先在北魏至北周时期担任萨保这一点来看，当时

---

① 荒川正晴《ユーラシアの交通・交易と唐帝国》，名古屋大学出版会，2010 年。
② 宁夏回族自治区固原博物馆、罗丰编著《固原南郊唐墓地》，文物出版社，1996 年；宁夏回族自治区固原博物馆、中日原州联合考古队编《原州古墓集成》，文物出版社，1999 年；荣新江、张志清主编《从撒马尔干到长安——粟特人在中国的文化遗迹》，北京图书馆出版社，2004 年；石见清裕编著《ソグド人墓誌研究》第Ⅱ部，汲古书院，2016 年。
③ 吉田丰《ソグド語雑録（Ⅱ）》，《オリエント》31-2，1988 年；荒川正晴《北朝隋・唐代における"薩宝"の性格をめぐって》，《東洋史苑》50・51，1998 年。

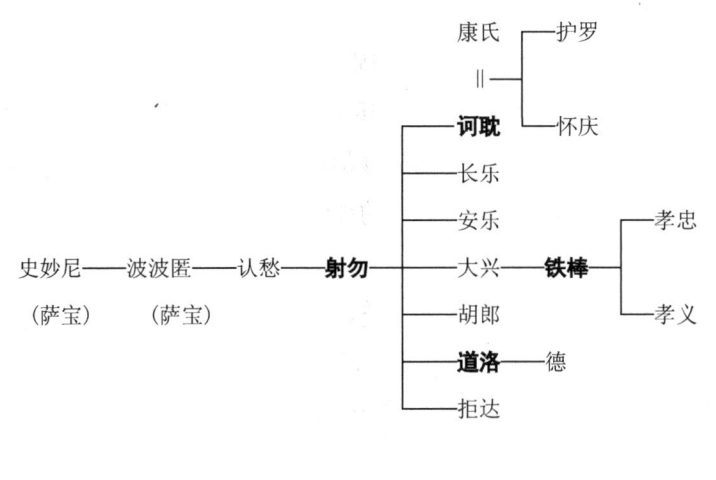

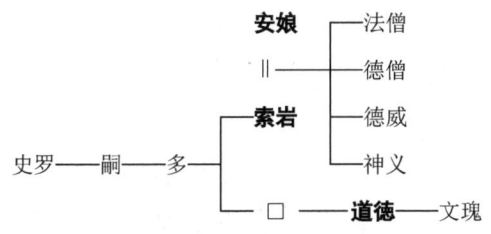

```
                          康氏——护罗
                           ‖
                          诃耽——怀庆
                          ├长乐
                          ├安乐                ┌孝忠
史妙尼——波波匿——认愁——射勿├大兴——铁棒┤
 (萨宝)    (萨宝)              ├胡郎          └孝义
                          ├道洛——德
                          └拒达

                     安娘——法僧
                      ‖  ├德僧
                     索岩 ├德威
                          └神义
史罗——嗣——多——□——道德——文瑰
```

图一　固原史氏一族系谱

固原地区当有粟特人聚落存在,且其首领出自史射勿的世系。

史射勿在北魏末期至隋代一直生活在固原,下文《史射勿墓志》中有如下记载:

> 天和元年从平高公,于河东作镇,二年正月,蒙授都督,其年二月,被使从郑国公,征王壁城。建德五年,又从申国公击破轵关,大蒙赏。宣政元年,从上柱国齐王宪掩讨稽。(开皇)十四年,转帅都督。十有七年,迁大都督。

由上可知,史射勿在北周时代曾多次率兵参与国家军事行动,而关于其率兵之际所带头衔,据墓志记载为"都督"。进入隋朝以后,作为军人他从"帅都督—大都督"平步青云,但在北周以前其一直为"都督"。

西魏为能与东魏抗衡,改编军事制度,募集各地的乡里兵,开创了"府兵制"。上文墓志中的"都督"便是编入府兵制后的称号。不过,在西魏北周的府兵制中,关于"都督"与"帅都督"统领何种士兵这一问题,迄今为止学界并无统一见解。然而,据《史射勿墓志》可导出如下阶层构造:

乡帅(郡望,帅都督)—豪右(众小豪族,都督)—乡兵

不难看出,统领末端乡兵的豪右有"都督"之称,而位于其上层的乡帅(即郡望)则

拥有"帅都督"的称号。

也就是说，萨宝家族出身的史射勿在固原统领粟特乡兵，但由于西魏府兵制的创立，其被授予"都督"称号并编入西魏的府兵组织，进而参加北周的军事行动。

以下对《史诃耽墓志》与《史索岩墓志》加以考察，此二人虽世系不同，但基本属于同一代人，且两者的墓志都涉及隋末动乱的详细情况。

唐《史诃耽墓志》（670年）：

> 属随末栋倾，猾毛俱起。黠贼薛举，剖斮豳岐。拥豕偾之奇兵，近窥京辅，假狐鸣，以挺祸，充仞王畿　高祖太武皇帝，建旗晋水，鞠旅秦川。三灵之命有归，万椿之基爰肇。君遂闲行险阻，献款宸极……寻奉彦莫中书省，翻译朝会。禄赐一同京职。

唐《史索岩墓志》（658年）：

> 仍与平凉郡太守张隆，同讨薛举。扬旌瑁而犬羊授首，援桴鼓而鲸鲵暴鳃。丁冠当时，赏敘前烈。

隋末之乱呈现出典型的群雄割据之势，唐高祖李渊自并州（太原）进入长安城并建立了唐王朝，而其建国后所面临的最大威胁是来自西部兰州、伺机夺取长安的薛举之势力。因此，固原史氏一族与长安联手，对薛举构成夹击之势，为帮助建国之初的唐王朝度过危机发挥了重要的作用。①

上文所引《史诃耽墓志》文末"莫中书省，翻译朝会"之记载，可知其曾在长安担任翻译之职。另据墓志记载，史诃耽最初与粟特人康氏结婚，后在康氏亡故后又与汉人张氏结婚，想必这与其长期在长安生活不无关系。

以下再简单考察一下固原史氏一族墓志与唐代监牧的关系。固原史氏一族墓志中有如下记载：

唐《史诃耽墓志》（670年）：

> 武德九年，以公明敏六闲，别彦授左二监。

唐《史铁棒墓志》（670年）：

> 显庆三年，彦授司驭寺右十七监。

唐《史道德墓志》（678年）：

---

① 李锦绣认为该事件是《旧唐书》卷五九《丘行恭传》所载"原州奴贼"归顺唐朝之事。李锦绣《史诃耽与隋末唐初政治——固原出土史诃耽墓志研究之一》，载罗丰主编《丝绸之路上的考古、宗教与历史》，文物出版社，2011年。

总章二年,拜给事郎,迁玉亭监……龙朔三年,诏除兰池监。

上述史料中的"监"即为国营牧场"牧监"。固原史氏一族中就任牧监监督之职者甚众,必然与该地区曾是唐代牧监的中心地有关。《元和郡县图志》卷三《关内道·原州》"陇右监牧"条载:

监牧,贞观中,自京师东赤岸泽,移马牧于秦、渭二州之北,会州之南,兰州狄道县之西,置监牧使以掌其事。仍以原州刺史为都监牧使,以管四使。南使在原州西南一百八十里,西使在临洮军西二百二十里,北使寄理原州城内,东宫使寄理原州城内。

上文所载牧场制度被称作"陇右监牧",而该陇右监牧的中心就位于原州亦即固原。[①]

综上,固原史氏一族系军人而非商人,他们不仅参与了唐王朝的建国,并在唐建国后的国家"马政"中担任要职,发挥了举足轻重的作用。

二、西魏北周的粟特人墓志

除了固原地区,还有诸多其他地区的粟特人墓志。首先来了解一下西魏、北周境内出土的墓志,其中最耐人寻味的当属以粟特文与汉文双语书写的《史君墓志》。史君墓室中的石棺呈厅堂形状,在石棺正面的屋檐下方,门形雕刻之上,悬挂有形似匾额的横向细长的石块,其中刻有记录死者夫妇生涯的文章。右侧三分之二为粟特文,左侧三分之一为汉文。以下为吉田丰氏所作粟特文的中文翻译及汉文部分录文。[②]

《史君墓志》粟特文翻译(吉田丰译):

伟大的大周大象 2 年,鼠年第 1 个月,第 23 天

于是,有一个人姓 Kish 国姓(=史姓),住在姑臧。他从中国天子…(被任命?)为姑臧的萨保。他是粟特的显贵,名叫 Wirkak。他是 Wanūk(阿奴伽)之子,阿奴伽是萨保 Rashtvantak(阿史盘陀)之子。

夫人生于 Senpen,名叫 Wiyāusī。萨保 Wirkak 在西平于猪年第 6 个月的 7 日,兔日结婚。其后,他在此 Khumtan(长安)死于猪年第 5 个月的 7 日。夫人也在第 6

[①] 山下将司《唐の监牧制と中国在住ソグド人の牧马》,载《东洋史研究》66-4,2008 年。李锦绣《史诃耽与唐初马政——固原出土史诃耽墓志研究之二》,载《欧亚学刊》第 10 辑,2012 年;《"以数纪为名"与"以土地为名"——唐代前期诸牧监名号考》,载《隋唐辽宋金元史论丛》第 1 辑,紫禁城出版社,2011 年。

[②] 西安市文物保护考古所《西安北周萨保史君墓发掘简报》,载《文物》2005 年第 3 期;西安市文物保护考古研究院、杨军凯《北周史君墓》,文物出版社,2014 年;石见清裕编著《ソグド人墓志研究》第 I 部第 2、3 章。

个月的 7 日,兔日死亡。与结婚日相同的年月日。

任何人生来都无法逃脱死亡的命运。而且,在这个世界上享尽天年是不容易的。但是,人世间夫妻二人冥冥之中在某年,某月,某日相遇,且在天国共度光阴就更加困难。

这个石造墓室是由 Vrēshmanvantak(毗沙), Zhēmatvantak(维摩), Frōtvantak(富卤多)在一个适合的场所为父母所作。

《史君墓志》汉文:

1 大周□州　保史君石堂
2 君　　　史国人也本居西域
3 土　　　及派迁居长安
4 自他有　　水运应期中
5 原显美□　日昌具德祖阿
6 史盘陀为本国萨保父阿奴伽并
7 怀瑾握逾重规叠矩秀杰不
8 群立功立事少挺　名又□英
9 声而君秉灵山岳　　志
10 □统之初乡间推挹出身为
11 萨保判事曹主　五年诏
12 □凉州萨保而天道芒芒沉
13 芳永岁大象元年　月七日薨于
14 家年八十六妻康氏其　　日薨
15 以其二年岁次庚子正月丁亥朔廿
16 　　己酉合葬永□县堺□□长子
17 毗沙次维摩次富卤多并有孝行乃为
18 父造石□□区刊碑墓道永播
19

由于汉文部分第 2 行讳字无法识别,故只能称之为《史君墓志》。从粟特文译文来看,其中所葬之人名为 Wirkak,其妻名为 Wiyāusī。据粟特文部分所载,Wirkak 的祖父是 Rashtvantak,父亲为 Wanūk,汉文部分第 5 至第 6 行将其分别标记为"阿史盘陀"与"阿奴伽"。

其实,汉文部分不仅部分文字未被刻出,而且墓志中所刻汉字整体也较为拙劣。汉文部分第 4 行最上方的文字,一直被录作"目"字,但由于其出自《春秋左传》"庄公二十二年"条"光远而自他有耀者也"之典故,故可将其录为"自",还可在"有"下补充"耀"字。同样,第 7 行第 4 个字一直被录作足字旁,但是由于其出自《楚辞·九章》"怀沙":"怀瑾握瑜兮,穷不知所示"之典故,故需将其录作王字旁。

由上可知,汉文部分的撰写者当是精通中国古典之人,但将其刻于石上之人当对汉字不甚了解。颇耐人寻味的是,由于第 6 行载"萨保",第 12 行亦载"凉州萨保",所以第 1 行的题目中当亦刻有"萨保"二字,但其中虽有"保"字,却未刻"萨"字。细细看来,第 1 行整体刻为篆书,极有可能是雕刻者不会雕刻"萨"字篆书之故。

一般情况下,中国墓志中盖的题名多为篆书。也就是说,撰写汉文部分的人所书第 1 行当为墓志盖的题名部分,故收到墓志原稿的人才将第 1 行刻为篆书。如此看来,撰写汉文者虽是中国人,但将其铭刻于石之人当为粟特人。

被葬者 Wirkak 的妻子是名为 Wiyāusī 的女性,且基于汉文第 14 行所载"妻康氏",可知其夫人当为康国出身的粟特人。据粟特文部分所载,这对夫妻在女方家庭所在地"Senpen"成婚。"Senpen"一般认为是"西平",但是也有学者认为其为"新平"(陕西省彬县)。① 当然,康国出身的 Wiyāusī 一家必不会独自居住在"西平"或"新平",当有一定规模的粟特人聚落存在于此。

下文节选自西安北郊发现的北周时期《康业墓志》(571 年),② 从姓氏可知其应系康国出身的粟特人。

> 父魏<u>大天主</u>,罗州使君。去魏大统十季,车骑大将军,雍州呼药翟门及西国胡豪望等,举为<u>大天主</u>……天和元年,蒙诏以君积代蝉联,门传忠孝,授世掌<u>大天主</u>。

从墓志记载来看,其父为"西魏大天主",被葬者康业本人则承袭了其父"大天主"之位。"大天主"一般认为是琐罗亚斯德教的神职人员。通常,琐罗亚斯德教在汉文中多用汉字"祆教"来表示,但一般认为"祆"是唐代以后出现的字,唐以前则使用"天"字。③ 总之,在西魏、北周时代的长安,已经有大量粟特人移居于此,他们担任着获得政

---

① 王丁《中古碑志、写本中的汉胡语文札记(一)》,载罗丰主编《丝绸之路上的考古、宗教与历史》;冯培红《丝绸之路陇右段粟特人踪迹钩沉》,《浙江大学学报》2016 年第 5 期;毕波《石见清裕编著〈ソグド人墓誌研究〉》,《唐代史研究》第 20 号,2017 年。
② 程林泉、张翔宇、山下将司《北周康业墓志考略》,载《文物》2008 年第 6 期;石见清裕编著《ソグド人墓誌研究》第 I 部第 4 章。
③ 陈垣《火祆教入中国考》,载《陈垣学术论文集》第一集,中华书局,1980 年。

府认可的神职人员之职。前文的史君便是在这个时代背景下由凉州移居至长安的。

同在西安北郊发现的北周《安伽墓志》(579 年)①中,在第 1 行题与第 7 行中均载安伽曾任"同州萨保"。同州即今陕西省大荔县,是连接太原地区与长安的交通要所。西魏、北周与东魏、北齐对抗之时,此处曾是西魏的最前线。东部的东魏、北齐虽定都于邺,但因其军事据点位于太原,故同州在地政学方面仍然占据着重要地位。在同州置萨保,也就意味着当地当有粟特人聚落。另墓志第 9 行载:

……绩宣朝野,见推里閈,遂除同州萨保。

故其率领粟特人士兵并担任军事要职之可能性极高。

三、东魏北齐的粟特人墓志

本部分简单考察一下东魏、北齐时期的粟特人墓志,下文是陕西省太原市南郊出土的隋代《虞弘墓志》(591 年)②的部分内容:

公讳弘,字莫潘。鱼国尉纥驎城人也。……父君陀,茹茹国莫贺去汾达官,使□□□□……公承斯庆裔,幼怀劲质。年十三,任莫贺弗,衔命波斯、吐谷浑。转莫缘,仍使齐国。……迁领并、代、介三州乡团,检校萨保府。

据墓志记载,墓主虞弘生于蒙古高原的柔然,13 岁时曾作为使者前往波斯与吐谷浑,后来还曾出使北齐。然而,不巧的是,在他滞留北齐期间柔然灭亡,致使其无法北归,其后一直留在北齐,最后在隋代逝于太原。需要留意的是他"统领并州、代州、介州三州乡团,检校萨保府"这一点。并州即为太原,代州、介州分别位于太原南北两个方向,均为隶属于山西省的州。由此可知,这些地区也有粟特人聚落,并且组织有乡兵。

下文为 2017 年公开的《游埿丶槃陀墓志》与其妻"康纪姜"的合葬墓出土的墓志,③该墓位于西魏、北周都城所在地邺城西郊。这两方墓志石中分别刻有粟特文和汉文,现收藏于深圳望野博物馆。现将汉文墓志与粟特文墓志英译版的汉语译文引用如下:

《游埿丶槃陀墓志》汉文:

---

① 陕西省考古研究所编著《西安北周安伽墓》,文物出版社,2003 年;石见清裕编著《ソグド人墓誌研究》第 I 部第 1 章。
② 山西省考古研究所等编《太原隋代虞弘墓》,文物出版社,2005 年;石见清裕编著《ソグド人墓誌研究》第 I 部第 5 章。
③ Bi Bo, Nicholas Sims-Williams, Yan Yan, "Another Sogdian-Chinese Bilingual Epitaph", *Bulletin of School of Oriental and African Studies*, Vol.80:2, University of London, 2017.

```
1  大 象 二 年 岁
2  次 庚 子 十 月
3  癸 丑 廿 日 壬
4  申 相 州 商 客
5  游 涅 ヽ 槃 陀
6  妻 康 纪 姜 合
7  范 旧 相 州 城
8  西 北 六 里 际
9  陌 河 所 铭 记
```

《游涅ヽ槃陀墓志》粟特文的中文翻译：

天统（年间）第 2 年，猪年第 10 个月的第 23 天，居住在邺的商人 Chinakk 之子 Nanai-vandak 离开了这个世界。而且，在武平（年间）第 2 年，兔年的第 11 个月的 5 日，他的父亲运走了他的身体，家人将他安葬在邺城西北 6 parasangs（距离的）伟大的商人 Chinakk 一族（墓地）的西北方。

大象（年间）1 年，猪年第 2 个月的第 19（天），居住在邺的 Wankharakk 的女儿，商人 Nanai-vandak 的妻子 Kekan 夫人离开了这个世界。大象（年间）2 年的第 10 个月的 20 日，她的身体从母亲被运到父亲（之处），在没有母亲的情况下，（他们把她）安葬在邺城西北 6 parasangs（距离的）家族（墓地）中合适的场所。

其中所葬丈夫为 Nanai-vandak，本墓志中"游"这一姓氏初见于粟特人，故无法断定其故国为何处。根据汉文记载可知，其妻 Kekan 夫人为康国女性。汉文部分记载 Nanai-vandak 为"相州商客"，也就是说其是以商人身份来到邺城。不过，细读粟特文部分可知，邺城西郊有其家族墓地，由此可以推测其家族至迟在其父亲一代已移居邺城。

综上，公元 6 世纪北魏分裂成东西两部分，西魏、北周与东魏、北齐互相对立，在隋王朝统一以后，粟特人已经移居华北，并在各地形成聚居地，其中一部分甚至拥有自己的乡里兵。这种粟特人形象从未见于传统史料之中，实际上他们在突厥灭亡以前，甚至在唐建国以前，已移居中国并在各地形成自己的聚落。这些粟特人聚落多分布于敦煌、酒泉、张掖、武威、西平（或新平）、原州（固原）、岐州、长安、夏州、同州、洛阳、介州、并州（太原）、代州、邺、定州等地。

四、与唐建国有关的粟特人墓志

下文所引史料亦是部分粟特人在北魏时期已经移居中国之佐证。

隋《安备墓志》(589年):①

  君名备,字五相,阳城县龙口乡曹刘里人。其先出于安居耶尼国。上世慕中夏之风,<u>大魏入朝</u>。

唐《康子相墓志》(657年):②

  君讳子相,河南洛阳人也。其先出自康居,<u>仕于后魏为颉利发</u>。

《北史》卷九二《恩幸·安吐根传》:

  安息胡人,<u>曾祖入魏</u>,家于酒泉。

总而言之,可以确定的是早在突厥灭亡后,粟特与唐发生直接联系以前,粟特人已经来到中国,并定居于中国各地,而且此类粟特人的数量还远不止此。

正如前文所述,固原史氏曾参与唐的建国,而山西省汾阳市所收唐《曹怡墓志》(655年)中亦有如下记载:③

  父遵,皇朝<u>介州萨宝府</u>车骑骑都尉。君……<u>起家元从</u>,陪翊义旗,后殿前锋,殊功必致。

曹怡父亲曾为介州萨宝府车骑骑都尉,而墓主自身曾从军于元从军,该军队曾追随唐高祖李渊自太原举兵进入长安,并建立了唐王朝。

此外,西安出土的《康令恽墓志》亦载:④

  其先……家于长安。曾祖朝,属随季天压,唐初日跻,天子龙飞于晋阳,诸侯骏奔于寰宇。<u>亦犹高祖起沛,先议萧何之功,成汤自陑,必酬伊尹之效</u>。公折冲樽俎,拜为骠骑将军。

墓志中褒扬了康国出身的康令恽的曾祖父曾迎接高祖李渊入长安城之功绩。由此不难看出,在那些移居中国的粟特人中,还有不少人直接参与了李唐王朝的建国。

---

① 胡戟、荣新江《大唐西市博物馆藏墓志》上册,北京大学出版社,2012年。
② 曹建强、马旭铭《唐康子相墓出土的陶俑与墓志》,《中原文物》2010年第6期。
③ 王仲璋主编《汾阳市博物馆藏墓志选编》,三晋出版社,2010年;山下将司《唐の太原挙兵と山西ソグド軍府—〈唐·曹怡墓誌〉を手がかりに—》,《東洋学報》93-4,2012年。
④ 王育龙《唐长安城东出土的康令恽等墓志跋》,《唐研究》第6卷,2000年。

结　语

对于这种粟特人的出现，我们又该作何思考呢？

在西欧发生"日耳曼民族大迁徙"现象之时，欧亚大陆东部适逢五胡十六国时代。我们可将这两个现象视作欧亚民族迁徙所引起的连锁反应，可以说公元4世纪到6世纪或7世纪初，欧亚大陆是一个民族大迁徙的时代。

粟特人正是在这一迁徙大潮之下移居到中国各地。实际上，创建了北周、隋、唐政权的诸势力亦是自内蒙古地区南下的人们，隋唐王朝的成立正是发生在这一民族迁徙大潮之中的现象。

或许今后我们有必要从民族迁徙的视角，重新审视唐王朝的成立问题。笔者在经年粟特人墓志研究的过程中，愈发感觉到解决这一问题之迫切性。

(作者单位：日本早稻田大学教育·综合科学学术院；
译者单位：日本早稻田大学文学研究科)

《丝路译丛》及《驶向撒马尔罕的金色旅程》

闫 丽

近年来,在中亚、巴基斯坦、阿富汗等地发现大量遗物遗迹,这些与中国北方发现的来华粟特人墓葬遗物交相呼应,皆以考古材料为载体,揭示了早期丝绸之路上的中西文化交流面貌。由漓江出版社出版、敦煌研究院毛铭负责翻译的《丝路译丛》第一辑共6册就是这一成果的反映。

从徐文堪先生的序言可知,《丝路译丛》的作者都是世界级的东方学专家和丝路艺术史家,每一位都亲身参加国际考古队在中亚五国联合国遗址的挖掘工作十几年甚至几十年,用血汗和青春见证了丝绸之路宝藏的出土,用著作填补了最近十年世界丝路学研究的空白,解决了诸多疑难。全套丛书配有大量插图,展示了考古所出的壁画、佛像、珠宝等,内容深入浅出,通俗易懂,便于初学者学习。

《丝路译丛》之一的《驶向撒马尔罕的金色旅程》,是法国法兰西学院葛乐耐(F.Grenet)教授的著作,他是法国-乌兹别克斯坦联合考古队的队长。全书收集了葛乐耐教授的11篇文章,共分为四卷。分别从艺术、政治、宗教、文化方面勾勒出早期撒马尔罕的面貌。

卷一由《粟特人的自我画像》和《撒马尔罕大使厅壁画都说了什么?》组成,通过对阿弗拉西阿卜大使厅壁画的解读与西墙巨型人物身份的推测,说明撒马尔罕国王拂呼曼与东西国家间的政治结盟;将其与中国北方出土的粟特墓葬浮雕做对比,分析中国浮雕多表现商贸活动,而本土侧重政治的原因。

卷二包含3篇文章,其中《撒马尔罕古城,世界的纽带》一文通过中亚考古材料的大量运用,揭示粟特自青铜时代(公元前650年)至喀啦汗王朝宫殿壁画(11—12世纪)近两千年的历史。《白匈奴时代的撒马尔罕》一文从粟特考古遗址(沙金尔-帖佩、金蒂吉里城堡、泽哈尔-帖佩和卡菲尔-卡拉皇家遗址)看白匈奴和寄多罗时代(4—5世纪)。《片治肯特王最后的日子》一文通过释读穆格山文书,还原片治肯特城主戴瓦什提契在大食入侵时的最后抵抗时光。

卷三也有3篇文章,《大夏贵霜王朝的希腊万神殿(1—4世纪)》《粟特拜火教神庙里的印度神祇》二文分析了贵霜王朝时拜火教神对希腊、印度神形象的借鉴以及众神神格内涵的演变。《吐鲁番出土唐代占星术绘卷中的印度和波斯天文学传统》则展示了黄道十二宫占星术,通过对绘卷画面和榜题的释读分析其大夏源头。

卷四的3篇文章是《粟特早期纳骨瓮上的拜火教主题》《花剌子模与粟特的纳骨瓮》《穿过钦瓦特桥:粟特移民聚落在北朝的拜火教葬俗》,皆通过对中亚出土纳骨瓮、拜火教徒骨殖遗存和中国北方出土史君墓、安伽墓、虞弘墓浮雕画面解析,勾勒出拜火教墓葬仪式和宗教习俗,以期对亡灵升天中神祇的作用做一探讨。

本书视野广阔、史料丰富、分析深入,展现了早期欧亚文明交融的历史场景,以此窥视中亚考古发掘与研究的最新成果,对中亚考古、犍陀罗佛教艺术、西域艺术及丝绸之路上的中西文化交流的深入研究有一定的启发作用。

汉唐西北边疆地区农业开发和畜牧业发展综述*

李锦绣

摘 要：本文从移民实边、兴修水利、劝课农桑、屯田和农牧兼营等五个方面，概述了汉唐时期中国古代开发西北边疆地区农牧业的主要措施，并探索了西北边疆农业开发、畜牧业发展与边疆地区稳定和丝绸之路的关系。

秦汉以来，中原王朝多积极致力于西北边疆地区的经济开发，丝绸之路为边疆经济发展带来新的机遇和挑战。西北边疆经济开发，保证了丝绸之路的畅通，也促进了丝绸之路经济贸易的繁荣。中国古代西北边疆经济发展，驻防军队衣食充足，不但加强了边防力量，而且奠定了开拓丝绸之路的经济基础，推进了丝绸之路向外延伸得更为深远。

根据自然、土壤和气候特点，西北边疆地区经济开发的目标是提高生产力水平，将边疆建成农牧业生产基地。因此，边疆地区发展经济，首先是发展农业和畜牧业。中国古代开发西北边疆的措施主要可概括为移民实边、兴修水利、劝课农桑、屯田和农牧兼营五种。

一、移 民 实 边

西北边疆地区土地辽阔，人口稀少，历代王朝在开拓边疆之后，首先实行移民实边之策。

秦代已开始大规模向边疆地区移民。秦始皇三十三年（公元前314年），秦大举北击匈奴，"悉收河南（河套以南）地"。于是"筑四十四县城临河，徙适（谪）戍以充之"；①三十五年（公元前312年），"益发谪徙边"，三十六年（公元前311年），"迁北河、

---

* 本文为2014年度国家社科基金重大项目"丝绸之路经济带建设与中国边疆稳定和发展研究"阶段性成果。
① 《史记》卷一一〇《匈奴列传》，中华书局，1959年，第2886页。

榆中三万家"。① 加上大量的士兵、戍卒,秦始皇时期在新开辟的河套地区集结了数十万人力,不但增强了边塞防御力量,而且也促进了战国秦长城以北地区的经济开发。

汉文帝时,为解决匈奴的南下侵掠,晁错上《守边备塞疏》,提出"募民相徙,以实塞下"理论,要求"选常居者,家室田作,且以备之",并对徙民的生产、生活、军事训练、国家军事保障制度等都做了细致规划。② 其"先为室屋,具田器",使徙民且耕且战的思想,对发展边疆经济具有重要意义。③ 汉武帝与匈奴作战得胜后,"徙关东贫民",将之安置在"所夺匈奴河南、新秦中"等地,"以实之"。④ 之后又发"数万人度河筑令居(今甘肃永登县西北)",⑤徙民设县。河西走廊设置四郡后,"自武威以西……其民或以关东下贫,或以报怨过当,或以訞逆亡道,家属徙焉",⑥表明河西四郡人口基本上来自移徙的关东贫困户和罪犯及其家属。

魏晋南北朝时期,中原之地战乱频仍,西北较为安定,中原人大量流移到西北。如前凉张轨时,"中州避难来者日月相继";⑦苻坚建元末年,"徙江汉之人万余户于敦煌",又从中原迁徙来7 000余户。⑧ 因此,十六国时期,河西人口增长显著。⑨

唐代的移民实边集中在北疆和西北疆。隋末动乱,突厥强盛,北疆河套地区百姓被迁到关内,北疆退缩,导致突厥长驱直入。唐贞观之末,拓展疆域到黄河以北的丰州(今内蒙五原南),"募人实之,西北始安"。⑩ 开拓北疆的同时,唐更积极开拓西域,在阳关、玉门关以西设置州县,向西域地区大规模移民。贞观十四年(640)唐设置西州,"每岁调内地更发千人镇遏焉",⑪同时移徙犯罪之人配防西州。贞观十六年(642)正月"戊

---

① 《史记》卷六《秦始皇本纪》,第258、259页。
② 《汉书》卷四九《晁错传》,中华书局,1962年,第2283—2289页。
③ 刘光华《论"徙民实边"不是屯田》,载《兰州大学学报》1987年第1期,第50—57页;柳春藩《西汉徙民实边屯田说质疑》,载《中国史研究》1988年第2期。
④ 《史记》卷一一〇《匈奴列传》,第2909页。
⑤ 《汉书》卷二四下《食货志》,第1173页。
⑥ 《汉书》卷二八下《地理志》,第1644—1645页。
⑦ 《晋书》卷八六《张轨传》,中华书局,1974年,第2225页。
⑧ 《晋书》卷八七《凉武昭王传》,第2263页。
⑨ 王育民《十六国北朝人口考索》,载《历史研究》1987年第2期,第77—78页。
⑩ 《资治通鉴》卷二〇三"弘道元年五月"条,中华书局,1956年,第6414页。
⑪ 《通典》卷一九一《边防七·西戎三》"车师"条,第5206页。

辰(十二日),募戍西州者";①辛未(十五日),"死罪囚徒,配西州为户",流人"徙防西州"。②以致西州的原高昌国百姓"与镇兵及谪徙者杂居",③外来移隶人在人口构成中占有重要比例。④贞观初设置的伊州也有大量移民,因而唐代《狱官令》第15条提到流移人"配西州、伊州者",⑤与岭南、南宁以南和嶲州界一样,成为流移人的主要去处。建置于天山以北的庭州,更是主要由流移人构成。开元年间,庭州"户二千六百七十六",设有5个乡,汉户"皆龙朔已后流移人"。⑥若每户五人,庭州的流移人口也超过万人了。随着唐向西域纵深处发展,流移人也更加向西,开元中,已有"移隶葱岭"的记载。⑦"葱岭"指的是葱岭守捉,位于今新疆塔什库尔干,史称"安西极边之戍",⑧是唐在天山以南实际控制的最西部边境。"移隶葱岭"是唐朝倾全力在西域开拓进取的体现。⑨

移民实边,补充了边疆地区的国防力量和生产劳动力,对开发边疆的丰富资源,发展边疆地区经济,巩固国防,都起到了积极作用。

二、兴修水利

我国西北边疆多大面积荒漠,干旱少雨,影响了农牧业的发展。水利工程是边疆地区农牧业生产的命脉,兴修水利,管理用水,成为开发边疆的重要措施。

汉武帝从匈奴手中夺得河南地后,在朔方以西至令居的广阔地区,"往往通渠",⑩

---

① 《新唐书》卷二《太宗纪》,中华书局,1975年,第41页。
② 《旧唐书》卷三《太宗纪》,中华书局,1975年,第54页。参《新唐书》卷二《太宗纪》,第41页。
③ 《资治通鉴》卷一九六"贞观十六年九月癸酉"条,第6177页。
④ 详见刘安志《唐初西州的人口迁移》,《中华文史论丛》2007年第3辑,收入其著《敦煌吐鲁番文书与唐代西域史研究》,商务印书馆,2011年,第24—43页。
⑤ 天一阁博物馆、中国社会科学院历史研究所天圣令整理课题组《天一阁藏明钞本天圣令校证:附唐令复原研究》,中华书局,2006年,第645—649页。
⑥ 《元和郡县图志》卷四〇《庭州》,中华书局,1983年,第1033页。
⑦ "移隶葱岭"四个字,见诸现藏英国国家图书馆的Or.8212/520文书。文书图版及录文见Maspero H., *Les Documents Chinois de la Troisième Expédition de Sir Aurel Stein en Asie Centrale*, Vol. 1, London, 1953, pp. 93 – 95, pl. XIV. 池田温《中国古代籍帐研究》,东京大学东洋文化研究所,1979年,第362页。沙知、吴芳思《斯坦因第三次中亚考古所获汉文文献(非佛经部分)》上海古籍出版社,2005年,第54—55页。关于此件文书的研究见陈国灿《唐西州诸曹符帖目年代及相关问题》,载其著《斯坦因所获吐鲁番文书研究》,武汉大学出版社,1994年,第80—89页。
⑧ 《新唐书》卷四三下《地理志》,第1150页。
⑨ 参见拙著《"移隶葱岭"与唐代的西域经营》,《理论与史学》第1辑,中国社会科学出版社,2015年。
⑩ 《史记》卷一一〇《匈奴列传》,第2911页。

进行水利建设。这种沟渠开凿,其规模往往很大,如"朔方亦穿渠,作者数万人",两三期仍未完成,但已经"费亦各巨万十数"。① 汉代大兴水利的结果,使"朔方、西河、河西、酒泉"等边疆地区,"皆引河及川谷以溉田",②从北疆到西北的水利工程建设起来了。

西域绿洲地区处于干旱、半干旱地区,降水量更少,夏季酷热,蒸发严重,水成为不可或缺的生产资料。汉代在这里则因地制宜,利用山间雪水和季节性河流,搭建水利灌溉设施。如在米兰古城(今新疆若羌县东),考古发现灌溉遗迹,"有七条大型支渠",采用了双向灌溉、集中分水的先进技术。③ 新疆沙雅南长达100多公里的汉人渠、罗布泊附近和轮台的渠道遗迹等,是保存至今的汉代西域水利工程的几个缩影。汉代在边疆地区的拦河筑坝,建渠引水,保证了农牧业的持续发展。

曹魏时期,西北地方官员仍致力于水利建设。魏明帝时,徐邈任凉州刺史,当时"河右少雨,常苦乏谷",徐邈则"广开水田,募贫民佃之",使仓廪充实,百姓也"家家丰足"。④ 嘉平(249—254)中,皇甫隆任敦煌太守,他努力提高敦煌地区农耕水平,当时敦煌的农耕,"常灌溉滀水,使极濡洽",然后才开始耕作,这样既费水,收获又较低。于是他"又教衍溉",节省灌溉用水,事半功倍。⑤ 皇甫隆向边疆地区传授了中原先进的耕作和灌溉技术,促进了农耕技术的提高。西域地区水源紧缺,灌溉用水有严格制度,根据尼雅出土佉卢文书可知,因过度开发和自然灾害,在被鄯善所并的精绝地区,河水枯竭,灌溉困难,田地灌水严格登记在册,用水收费。⑥

两晋南北朝时期,兴修水利是边疆屯田的保证。西晋时,楼兰以部为单位,屯田兵士轮番"上堤","具粮食、作物诣部会",⑦维修屯田渠堤。北魏在薄骨律镇(今宁夏灵武县西南)屯田,该地区"乏雨,正以引河为用",但"官渠乏水,不得广殖"。天平真君五年(444),镇将刁雍经周密考察,用4000人以四十日之功,更引河水,另造新渠。新渠建好后,"水则充足,溉官私田四万余顷"。新渠与旧渠相连接,在十天之内,可将4万顷土地灌溉一遍,而"水凡四溉,谷得成实。官课常充,民亦丰赡"。⑧兴修水利带来的效

---

① 《史记》卷三〇《平准书》,第1424—1425页。
② 《史记》卷二九《河渠书》,第1414页。
③ 饶瑞符《米兰古代水利工程与屯田建设》,载《新疆地理》1982年第1期,第57、59页。
④ 《三国志》卷二七《徐邈传》,中华书局,1959年,第739—740页。
⑤ 《三国志》卷一六《仓慈传》注引《魏略》,第513页。
⑥ 林梅村《沙海古卷:中国所出佉卢文书(初集)》,文物出版社,第20、38页。
⑦ 楼兰549简,见林梅村《楼兰尼雅出土文书》,文物出版社,1985年,第74页。
⑧ 《魏书》卷三八《刁雍传》,中华书局,1974年,第867—868页。

果显而易见。魏孝文帝时期,边疆地区屯田和修水田灌溉的范围更加扩大。太和十二年(488年)五月,"诏六镇、云中、河西及关内六郡,各修水田,通渠溉灌";第二年八月,又下诏:"诸州镇有水田之处,各通溉灌,遣匠者所在指授。"①派水利专家(匠)指导水利灌溉,提高了边疆地区农田水利技术水平,也反映了北魏对边疆水利建设的重视。

唐代西北边疆地区河渠堤堰建造和修塞已制度化。唐水利渠堰的整修和兴建可分为三类:一为大规模兴造开凿水利工程;二为每年定期大规模整修;三为随时随事修葺。

史籍中记载的唐代大规模水利工程多集中在北部和西北边疆。如建中初年,宰相杨炎奏请"置屯田于丰州",于是"发关辅民凿陵阳渠以增溉",②大量征发京畿地区百姓修渠。李景略任丰州刺史时,"凿咸应、永清二渠,溉田数百顷,公私利焉"。③ 贞元七年(791)八月,夏州上奏,"开延化渠,引乌水入库狭泽",浇溉田地二百顷。④ 长庆四年(824)七月,"疏灵州特进渠,置营田六百顷"。⑤ 西北的甘州地区,广设屯田,这些屯田"皆因水利,浊河溉灌,良沃不待天时",因而"四十余屯,并为奥壤"。⑥ 甘州屯田由水利支撑,可见唐在甘州广开水利,进行了大规模水利工程建设。

唐整修堤堰的时间在二三月,即"仲春,乃命通沟渎,立堤防",⑦早春开始修理堤防,疏通沟渠。边疆地区也是如此,敦煌"甲申年二月廿日渠人转帖"文书记载,甲申年二月廿日,录事张再德发帖文,要求二月二十二日渠人自带工具集合,"今缘水次逼近,切要通底河口"。⑧ 这是渠社自行组织的掏拓。西域库车地区的大母渠堰,在春天的桃花水汛到来之前已掏拓完毕,但其他屯的渠堰在桃花水来之前却并未掏完。龟兹掏拓所下达文书要求各渠完成疏通工作,以便在3月15日开始放水。⑨ 可见每年二三月,各地在灌溉之前,要组织人力物力,对河渠进行大规模整修,保证渠道畅通,以利灌溉。

---

① 《魏书》卷七下《高祖纪下》,第164、165页。
② 《新唐书》卷五三《食货志》,第1372页。
③ 《旧唐书》卷一五二《李景略传》,第4074页。
④ 《旧唐书》卷一三《德宗纪》,第372页。
⑤ 《旧唐书》卷一七上《敬宗纪》,第510页。
⑥ 徐鹏点校《陈子昂集》卷八《上西蕃边州安危事》,中华书局,1960年,第195页。
⑦ (唐)李林甫等撰、陈仲夫点校《唐六典》卷七"水部郎中员外郎职掌"条,中华书局,1992年,第226页。
⑧ 敦煌伯五〇三二(14)"甲申年二月廿日渠人转帖"文书,录文及图版见唐耕耦《敦煌社会经济文献真迹释录》第1辑,书目文献出版社,1986年,第404页。
⑨ 库车"掏拓所"文书,图版见《新西域记》,参见拙著《唐代财政史稿》(上卷),北京大学出版社,1995年,第1085—1088页。

每年秋季,仍要进行堤防整修。吐鲁番文书"唐开元二十二年(734)西州高昌县申西州都督府牒为差人夫修堤堰事"就记载了高昌县新兴谷内"堤堰一十六所"的整修人工安排,9月13日由县知水官杨嘉恽上状。① 这表明西州每年9月进行水利整修已成定制,因西北地区水资源更为宝贵,所以西北地区渠堰的修缮比内地更为频繁,更为重要。除设知水官外,唐还为主要渠道配置了专业技术人员,管理水利,指导水渠修缮。西州曾下符高昌县,"为差水子一人处分讫申事",②这次被差遣的水子为专门负责渠堰修缮的技术人员,他们负责因时因事修葺堤堰。

由于西北地区水源紧缺,唐渠堰维修、灌溉用水管理严格,非法用水灌溉田地要受到惩罚,并交纳罚款。吐鲁番文书记载,西州曾下符统辖之县,"为水罚钱速催送州事"。③ 西州的"水罚钱",就是对百姓不修理沟渠而使渠破失溉,或对违反取水条例,擅自灌溉田地者征收的罚款。因为在西州,只有靠人工渠道保证灌溉,才能形成一块块的绿洲,水格外重要,不按国家规定或当地用水细则支用水,都要受到处罚。④ 吐鲁番文书还记载西州城南营小水田家用水的规矩是"立一牌牓,水次到,转牌看名用水",如有不按照顺序取水用的,要"罚车牛一道远使"或单功三十日。⑤ 转牌用水是西州城南地区用水规则,滥用水的惩罚比徭役还重,这表明西州水之珍贵及水罚之重。唐对边疆地区水利经营和管理之严格,也于此可见。

三、奖励耕织、劝课农桑、开发土地

边疆地区多以畜牧业为主,农业基础薄弱,经济发展缓慢,因而历代王朝都以管理农业,鼓励发展农业生产为要务。

南凉由河西鲜卑秃发氏建立,利鹿孤在位时,其部下劝其"置晋人于诸城,劝课农桑",⑥鼓励汉人从事农业,发展生产。西凉国迁都酒泉,凉武昭王李暠"敦劝稼穑",使"年谷频登,百姓乐业"。⑦ 唐代的地方官员从刺史、县令,到最基层里正,其主要职责都

---

① 《吐鲁番出土文书》第9册,文物出版社,1990年,第107—109页。
② 《吐鲁番出土文书》第9册载"唐残牒为高昌县差水子事"文书,第125页。
③ 《吐鲁番出土文书》第7册载"唐西州某县事目"文书,文物出版社,1986年,第341页。
④ 参见孙晓林《唐西州高昌县的水渠及其使用管理》,载《敦煌吐鲁番文书初探》,武汉大学出版社,1983年,第532—534页。
⑤ 《吐鲁番出土文书》第9册载"唐城南营小水田家牒稿为举老人董思举检校取水事"文书,第146—147页。
⑥ 《晋书》卷一二六《秃发利鹿孤载记》,第3145页。
⑦ 《晋书》卷八七《凉武昭王李玄盛传》,第2264页。

是劝课农桑。里正的"课植农桑"之职,被写入唐《令》,①以法律形式保证执行。刺史、县令要督促检查劝课情况,列入政绩考核内容。敦煌文书记载,每年年初,敦煌县县令以下,要对去年乡里的耕耘情况进行检查,对耕种少、"不存农务"的基层官员、胥吏,要施以惩罚。长安三年(703)左右,敦煌县某乡社官、村正因"耕耘最少",被决杖二十下;敦煌、平康、龙勒、慈惠、神沙五乡,因"营功稍少",也被"节级科决,各量决拾下"。② 这反映了唐代西北基层乡村对农业生产的重视,奖惩并用,鼓励耕耘,对执行不力的官吏严刑重罚,以保证乡村农业发展。

唐代对于不耕织的百姓根据实情进行处罚。中原地区,"有田不耕,被罚三夫税粟",③对惰农不耕者惩罚较重。边疆地区对不耕织的百姓也要施以重罚。长安三年(703),敦煌县下文给诸乡,要求"其桑麻累年劝种",让百姓粮食充足,还"望请检校营田官,便即月别点蒌子及布",城内由县官自巡查,如果有一家不耕织者,"罚一回车驮远使"。④ 车驮远使对百姓而言,是一项沉重负担。不耕织的惩罚,或罚以重税,或罚以重徭,也是劝课农桑的一部分。从积极方面劝,与从消极方面罚,劝罚并行,促进了边疆地区的耕织生产。

对于屯田上的劳作者,唐时也制定了奖惩标准。屯官收获有等级,根据收成,至少分为四等,以屯田上的一切收获物计折,等级标准写入《屯田格》中,⑤成为法律依据。屯田的等级标准因时因地不同,根据土地和年成好坏分为三种,取每年当地丰歉收获的中熟情况作为标准。⑥《太白阴经》记载,一屯有六十顷,收获9 000石,即亩产1.5石,为"等级殊等";收获7 000石,即亩产1.17石,为第一等;收获6 000石,即亩产1石,为第二等;收获5 000石,即亩产0.83石,为第三等;收获4 000石,即亩产0.67石,则为第四等。屯官的屯田等级要列入考课中,前两等得到奖励,如果没有水旱虫灾,却只收获第四等,屯田官吏要受到处罚。⑦ 屯田的等级考课也是劝课农桑的措施之一。

边疆地区土地大量抛荒,土壤、土质较为恶劣。屯田、垦地必须与土地治理并行。

---

① (唐)杜佑撰,王文锦等点校《通典》卷三《食货三·乡党》,中华书局,1988年,第63页。
② 大谷2838号"周长安三年前后敦煌县牒",录文见池田温《中国古代籍帐研究》,第344页。
③ 《文苑英华》卷五二五《惰农判》,中华书局,1966年,第2688页。
④ 大谷二八三六"周长安三年三月敦煌县录事董文彻牒"。小田义久《大谷文书集成》壹,京都:法藏馆,1984年,第107—108页,图版122、123、125。参见池田温《中国古代籍帐研究》,东京:东京大学东洋文化研究所,1979年,第343—344页。
⑤ 《通典》卷一〇《食货十·盐铁》引开元二十五年《屯田格》,第231—232页。
⑥ 《唐六典》卷七"屯田郎中员外郎"条,第222—223页。《新唐书》卷五三《食货志》,第1372页。
⑦ 《太白阴经》卷五《屯田篇第五十九》,《守山阁丛书》,页8a。

前凉开展了大规模治理土地的工程——"治石田"。史载前凉治理石田的方法为"徙石为田,运土殖谷",①进行艰辛屯垦。唐代天宝中,岑参所见的敦煌地区"黄沙碛里人种田",②是在戈壁边缘大规模垦荒。

除大规模军州屯田外,唐代在边疆地区还要求镇、戍、烽、铺以劚田③的方式开垦土地。劚即斫,指的是砍斫锄耨田地,这是边疆戍防兵士在余暇时进行的垦田行为。劚田的记载仅见于吐鲁番文书。北庭都护府下辖的俱六守捉、神山守捉、凭洛守捉④都参加了劚田,伊吾军的"诸烽铺","劚田总壹顷"多,种粟、糜、豆等作物。其中速独烽种豆6亩,故亭烽种糜6亩,青山烽种豆5亩。⑤劚田不同于官府营田,是开垦土地的行为。

农业是古代国家经济的根本,耕织则是关系到国计民生的大事。奖励耕织、劝课农桑,开垦土地,促进了古代边疆地区的农业开发。

四、屯 田

屯田为军事农业经济,是为军事目的而组织的农业生产活动。中国古代的屯田多集中在北方、西北等边疆地区。⑥汉唐时期的边疆屯田,在中国古代屯田史上具有重要地位。

汉代屯田因大规模抗击匈奴而展开。⑦武帝元鼎(公元前116—前110)中,设置张掖、酒泉郡后,汉在上郡、朔方、西河、河西等地区大开屯田,"斥塞卒六十万人戍田之",⑧北方与西北屯田模式建立起来。

汉代西域屯田最早设在轮台和渠犁。⑨汉武帝,"仑头(轮台)有田卒数百人",置使

---

① 《魏书》卷九九《私署凉州牧张寔传附张骏传》,第2194页。
② (唐)岑参著,陈铁民、侯忠义校注,陈铁民修订《岑参集校注》卷二《敦煌太守后庭歌》,上海古籍出版社,2004年,第104页。
③ 程喜霖《唐代的烽铺劚田》,载《武汉大学学报》1985年第6期,第72—80页。
④ 《吐鲁番出土文书》第8册载"唐开元十一年状上北庭都护所属诸守捉劚田顷亩牒",文物出版社,1987年,第197—198页。
⑤ 《吐鲁番出土文书》第8册载"唐开元某年伊吾军典王元琮牒为申报诸烽铺劚田亩数事",第202—203页。
⑥ 关于中国古代屯田研究,详见赵俪生主编《古代西北屯田开发史》,甘肃文化出版社,1997年。本段多参考此书。
⑦ 刘光华《汉代西北屯田研究》(兰州大学出版社,1988年)一书,对汉代屯田进行了深入细致的研究,可参看。
⑧ 《汉书》卷二四下《食货志》,第1173页。
⑨ 陈慧生《两汉屯田和统一新疆的关系》,《秦汉史论丛》(第三辑),陕西人民出版社1986年,第197—198页;施丁《汉代轮台屯田的上限问题》,《中国史研究》1994年第4期,第20—27页;李炳泉《西汉西域渠犁屯田考论》,载《西域研究》,2002年第1期,第10—13页;张德芳《从悬泉汉简看两汉西域屯田及其意义》,《敦煌研究》2001年第3期,第113—121页。

者(校尉)"护田积粟",屯田收入,"以给使外国者",①主要供往来交通支用。李广利征伐后,"初置校尉,屯田渠黎"。宣帝时,西域都护郑吉"以侍郎田渠黎,积谷,因发诸国兵攻破车师",②渠黎的屯田为出征车师提供了军食。元凤四年(公元前78)派"吏士四十人",小范围屯田伊循;③地节二年或三年(前68或前67),在伊循置都尉,扩大了屯田规模。④ 神爵三年(公元前59),汉又"徙屯田,田于北(比)胥鞬",屯田校尉隶属于西域都护,⑤屯田成为汉管理西域的重要措施。元帝初元元年(前48),又"置戊己校尉,屯田车师前王庭"⑥,屯田重心转移至吐鲁番地区。河平元年(前28),己校尉徙屯田于姑墨,⑦但姑墨屯田持续时间很短。这些屯田中,伊循、居庐仓附近及车师的屯田,由军屯发展成较大规模的民屯。

东汉西域的屯田因"三绝三通"而或废或开,屯田地区有伊吾卢(置宜禾都尉)、⑧楼兰、车师、⑨莎车、疏勒、⑩柳中、⑪精绝(司禾府)⑫等。屯田是两汉对西域进行统辖的重要策略。通过屯田,西汉控制了东部与东北部的战略要地,并经中部向西深入,以期对西域实施全面管辖。屯田在防备匈奴势力卷土重来,保障东西交通的畅通等方面,都发挥了重要作用。两汉的屯田活动,使西域出现新的农业生产区,推动了屯田所在地区的经济开发。⑬

唐代大规模的屯田主要是因军事需要,出现在边疆地区。贞观初,张公谨在代州置屯田;⑭贞观末,瀚海都护李素立在北疆开置屯田。⑮唐倾全力开拓西北,西北屯田也大

---

① 《史记》卷一〇〇《大宛列传》,第3179页。
② 《汉书》卷七〇《郑吉传》,第3005页。
③ 《汉书》卷九六上《西域传》,第3878页。
④ 李炳泉《西汉西域伊循屯田考论》,《西域研究》2003年第2期,第1—9页。
⑤ 《汉书》卷九六上《西域传》,第3874页,参张俊民《"北胥鞬"应是"比胥鞬"》,《西域研究》2001年第1期,第90页。
⑥ 《汉书》卷九六上《西域传》,第3874页。
⑦ 甘肃省文物考古研究所编《敦煌汉简·附录》,中华书局,1991年,第85页。
⑧ 《后汉书》卷八八《西域传》,中华书局,1965年,第2909页。
⑨ 《后汉书》卷四八《杨终传》,第1597—1598页。
⑩ 《后汉书》卷四七《班超传》,第1576页。
⑪ 《后汉书》卷四七《梁慬传》,第1592页。
⑫ 贾应逸《新疆尼雅出土"司禾府印"》,载《文物》1984年第9期,第87页;平一《"司禾府印"小考》,《新疆文物》1990年第2期,第111—112页。
⑬ 详见李艳玲《"屯田"与"积谷"——西汉在西域的农业活动拾遗》,《丝瓷之路:古代中外关系史研究》第4辑,商务印书馆,2014年,第133—154页。
⑭ 《新唐书》卷八九《张公谨传》,第3756页。
⑮ 《旧唐书》卷一八五上《良吏上·李素立传》,第4786页;《新唐书》卷一九七《循吏·李素立传》,第5619页。

为发展,如黑齿常之任河源道经略大使时,"垦田五千顷,岁收粟斛百余万";①郭元振任凉州都督时,"遣甘州刺史李汉通辟屯田,尽水陆之利,稻收丰衍",使凉州粟价"至匹缣易数十斛,支廥十年";②和守阳在景龙(707—710)之后,任北庭副都护,"专知仓库支度营田使。始终十年,储蓄巨亿"。③开元年间,唐代屯田的经营达到顶峰。据《唐六典》,当时军州设 992 屯,每屯大者 50 顷,小者 20 顷。④唐军州屯田共计 49 600 顷,分布广泛,规模较大,成为解决兵食、充实仓廪、开发边疆的重要措施。

"诸屯分田役力,各有程数"。唐代屯田所需劳动力及时间,都有严格规定,并写入屯田考核法令中。根据作物种类,以一顷(100 亩)计算,种稻,需要一个劳动力 948 天的时间;种禾,需 283 日;种大豆,需 192 日;小豆,196 日;乌麻,191 日;麻,489 日;糜黍,280 日;麦,177 日;乔麦,160 日;蓝,570 日;蒜,720 日;葱,1 156 日;瓜,818 日;蔓菁,718 日;苜蓿,228 日。⑤管理屯田的官吏根据这个令式分配屯田耕作劳动力,并检查种植和屯收情况。唐代屯田作物种植因地制宜,不但有稻、麦等粮食作物,还有蔬菜等经济作物,供给畜牧的苜蓿也在种植范围之内。

唐代屯田地域广泛,制度严格。地方官员尤其是边疆将领大多重视屯田业绩。天授(690—692)初,娄师德检校丰州都督,"衣皮袴,率士屯田,积谷数百万",⑥因而"不烦和籴之费,无复转输之艰,两军及北镇兵数年咸得支给"。⑦唐朝皇帝也以屯田为要务。武则天谆谆叮嘱师德:"王师外镇,必藉边境营田,卿须不惮劬劳",任命他为河源、积石、怀远等军及河、兰、鄯、廓等州检校营田大使。⑧唐玄宗在给安西四镇节度副大使王斛斯的敕书中,多次提到屯田,如"朕虽在九重,心悬万里,念虑之至,想所知之。近既加兵,惟忧粮贮,诸处屯种,今复何如?"⑨"近日狂虏,形候如何?屯收是时,尤须备预,更资一熟,亦复何忧?"⑩玄宗对屯田念兹在兹,正体现了西北边防屯田在军事上的重要地位。正因为唐从上到下都重视边疆屯田,因而唐代边疆屯田规模空前,效果显

---

① 《新唐书》卷一一〇《黑齿常之传》,第 4122 页。
② 《新唐书》卷一二二《郭元振传》,第 4362 页。
③ 和守阳墓志,见周绍良主编《唐代墓志汇编》,上海古籍出版社,1992 年,第 1580 页。
④ 《唐六典》卷七"屯田郎中员外郎职掌"条,第 223 页。
⑤ 《唐六典》卷七"屯田郎中员外郎职掌"条,第 222—223 页。
⑥ 《新唐书》卷一〇八《娄师德传》,第 4092 页。
⑦ 《旧唐书》卷九三《娄师德传》,第 2975 页。
⑧ 《旧唐书》卷九三《娄师德传》,第 2976 页。
⑨ 熊飞校注《张九龄集校注》卷一〇《敕安西四镇节度副大使王斛斯等书》,中华书局,2008 年,第 603 页。
⑩ 《张九龄集校注》卷一〇《敕安西四镇节度副大使王斛斯及将士已下书》,第 606 页。

著,屯田也成为唐前期经营边疆之策的重要组成部分。

中国古代边疆地区大规模屯田,有效解决了当地驻军的军食,并为丝绸之路上行旅提供了粮食供给。边疆发展屯田时,从中原地区输入了种子、农具、耕牛和先进耕作技术,提高了边疆的农业生产水平,加强了边疆与中原地区的经济文化联系。边疆屯田,对推进边疆经济社会进步,巩固国防,都发挥了积极作用。

五、农牧兼营

边疆地区的畜牧业多早于农业。秦汉以来,边疆地区游牧民族逐水草而居,以畜牧业为生,形成了相当高水平的畜牧经济。

汉代开发西北边疆,大力推行农业经济,但仍保留了边疆地区畜牧业的优势。如凉州地区"水草宜畜牧",凉州之畜,"为天下饶",因而"保边塞,二千石治之,咸以兵马为务"。① 魏晋南北朝时期,西北地区畜牧业更为发达,北魏"以河西水草善,乃以为牧地",结果"畜产滋息",马 200 余万匹,"橐驼将半之,牛羊则无数"。②

唐边疆地区汉族、少数民族杂居。如北庭地区存在三种身份的人——"北庭将士、部落及百姓",③可见北庭周围有羁縻州府部落。④ 实际上,北庭都护府和安西四镇,"统任西夏五十七蕃、十姓部落"。⑤ 这些蕃州部落人口众多。史载"北庭都护府城下,有夷落万帐,则降胡也",⑥他们为游牧部落,"随地治畜牧",是北庭畜牧业的支柱。

东北、北方边疆,多有归附蕃族部落,唐将其安置在边州城傍,他们与农耕民族不同,保留了部落生活方式,河西、陇右地区也有城傍。总章(668—670)年间,唐"议徙吐谷浑部于凉州旁南山"。⑦ 而因突厥强大,回纥与铁勒九姓中的契苾、思结和浑三部也"度碛徙甘、凉间"。⑧ 唐安置这些部落的原则是"皆置边郡,将遂畜牧之性"。⑨

---

① 《汉书》卷二八下《地理志》,第 1645 页。
② 《魏书》卷一一〇《食货志》,第 2857 页。
③ 《张九龄集校注》卷八《敕北庭将士百姓等书》,中华书局,2008 年,第 533 页。
④ 详见拙著《唐代庭州地区的人口和营田》,《文史知识》2010 年第 2 期,第 31—37 页。
⑤ 《唐会要》卷七三《安西都护府》"建中二年七月"条,中华书局,1955 年,第 1329 页。
⑥ 《太平广记》卷一四七《定数·裴仙先》,中华书局,1961 年,第 1059 页。
⑦ 《新唐书》卷二一六上《吐蕃传》,第 6075 页。
⑧ 《新唐书》卷二一七《回鹘传》,第 6114 页。
⑨ 《唐大诏令集》卷一二八《遣牛仙客往关内诸州安辑六州胡敕》,商务印书馆,1959 年,第 690 页。

边疆地区地理环境适合畜牧,凉州"牛羊被野";①而"丰草美水,皆在北庭"。② 即使是西域农业基地的西州,也有不少畜牧业,开元二十二年(734),西州高昌县修理新兴谷内堤堰和城南草泽堤堰,"当县群牧"参加了修塞,③表明高昌县畜牧经济也相当发达。居住在边疆地区的蕃族以畜牧业为主,"胡地苜蓿美,轮台征马肥"。④ 贞观二十二年(648),庭州人米巡职带着奴婢和"驼一头黄铁勒敦捌岁,羊拾伍口",到"西州市易",⑤可见庭州设置之初,胡人已进行较大规模的畜牧贸易。而边军的屯田中,也是农业、畜牧业并重,苜蓿成为诸屯种植的主要作物之一。因此,边疆将士、部落与百姓共同发展了当地经济,使边疆地区农业、畜牧业、商业并重,在唐代呈现出繁荣发展的态势。

边疆地区是天然马场,自汉以来,国家马牧集中在河陇地区。唐代在秦、兰、原、渭等四州置监牧,有八使,"设四十八监以掌之"。养马至70多万匹,地狭马多,"更析八监,布于河曲丰旷之野"。唐马之盛,"秦汉之盛,未始闻也",⑥可为边疆地区畜牧业发达之一证。

农业、畜牧业带动了边疆经济发展,保证了边疆的巩固与稳定。

中国古代西北边疆地区与中原自然条件不同,农业生产比较滞后。历代王朝都把开发边疆作为第一要务,以开发来发展经济,推动社会进步,维护边疆稳定,巩固国防。通过开发边疆,中原与边疆地区商贸联系建立起来,促进了经济的繁荣,加强了边疆与中原的联系,逐步实现边疆与内地经济一体化。西北边疆地区农业开发和畜牧业发展,使不毛之地变成农牧业基地,为开拓丝绸之路提供了坚实的物质基础。

(作者单位:中国社会科学院历史研究所)

---

① 《新唐书》卷一二二《郭元振传》,第4362页。
② 《张九龄集校注》卷九《敕伊吾军使张楚宾书》,第528页。
③ "唐开元二十二年西州高昌县申西州都督府牒为差人夫修堤堰事"文书,载《吐鲁番出土文书》第9册,文物出版社,1990年,第107—109页。
④ 《岑参集校注》卷二《北庭西郊候封大夫受降回军献上》,第179页。
⑤ "唐贞观廿二年庭州人米巡职辞为请给公验事"文书,载《吐鲁番出土文书》第7册,文物出版社,1986年,第8—9页。
⑥ 熊飞校注《张说集校注》卷一二《大唐开元十三年陇右监牧颂德碑》,中华书局,2013年,第622页。

新见中古鱼氏的几方新材料
——兼论鱼氏族群的起源*

邓 盼

摘 要：中古时期，国内各民族和域外民族在经历大动乱、大融合之后，已经很难划出清晰的界限，但对这一时期的个别族群的研究依然很有必要。鱼氏族群就是其中的一个小分支，但囿于资料的限制，历来对其关注度并不高。自隋代虞弘墓被发掘之后，《虞弘墓志》中关于"鱼国"的记载，使国内外学界对鱼国关注度日益增加，但对于传世资料中鱼氏族群迁徙和发展的关注依然不多。鱼氏究竟是汉姓还是胡姓？鱼氏族群来自哪里？其发展变迁经历了怎样的轨迹？这些都是值得探讨的问题。笔者将近年新见到的几方有关鱼氏的造像记和墓志资料刊布出来，并在文末提出了自己的看法，认为传世资料中鱼氏族群或许和川西的白狼夷有关。

近年来，中古时期的墓志大量出土的同时，许多散落在民间的石刻资料陆续被发现。笔者在整理近年新发现的北朝造像题记时，注意到一份关涉中古时期鱼氏家族资料的造像题记。该造像记的题名中有 8 位是鱼姓人物，且造像颇具特色。鱼氏族群是中华文明的一部分，还是出自西域或其他地方？面对这些问题，我们不能期望毕其功于一役，但是在探索这些问题的道路上对有关资料的整理和刊布是很有必要的。有鉴于此，笔者将近年新出土的数方鱼氏族人墓志及新发现的有关石刻造像资料进行整理和初步释证，并提出一点个人的粗浅看法。若有讹谬之处，还望前辈学人批评指正。

一、《杨昌恒等合邑造像记》和《鱼务本造像记》

1.《杨昌恒等合邑造像记》

虽无明确纪年，但从书法风格判断，此造像记当为北朝时期造像题记。造像人物形象独特,且题记中有多位鱼氏族人,因首行题记中有"□仪同三司■令兖州高平■□□粟□县开国男杨长恒"一句,故暂将该题记命名为《杨长恒等合邑造像记》。

该造像共有四面,其中一面为图像,三面为邑子题记。图像部分为两个人物和一朵颇为夸张的莲花骨朵形象,人物着窄袖服并饰以飘带,其中鼻子和眼睛的刻画尤为突出,头戴宝冠,一手抚胸,一手向前伸出,两人成左右对称状态,非汉地人物形象无疑。中间未开放的莲花骨朵尤为突出,周围饰以荷叶,这一艺术造型在佛教造像中较为常见,不过在不同时期的具体形象略有差别。拓片黑色部分尺寸分别为:两面长31厘米,宽17.5厘米;另外两面长34厘米,宽18.5厘米。该造像中未见修造该题记原因的文字,所以目前见到的造像记可能仅是整体的一部分。

据藏家介绍,《杨昌恒等合邑造像记》是在洛阳城南龙门附近一农家院内发现的。造像题记文字部分有残泐,部分文字囿于笔者浅薄的见识尚不可辨认,即使辨认出的也不敢妄称确论,故将图片附于文中,以供专家学者审读和辨疑。此处仅将可辨识的文字列之如次(文字顺序自右至左):

第一面(见图一):

图一 《杨昌恒等合邑造像记》第一面

造像右侧:
　　□□□□邑子鱼红罗
造像左侧:
　　邑子刘□□□邑子韦孤□

第二面：

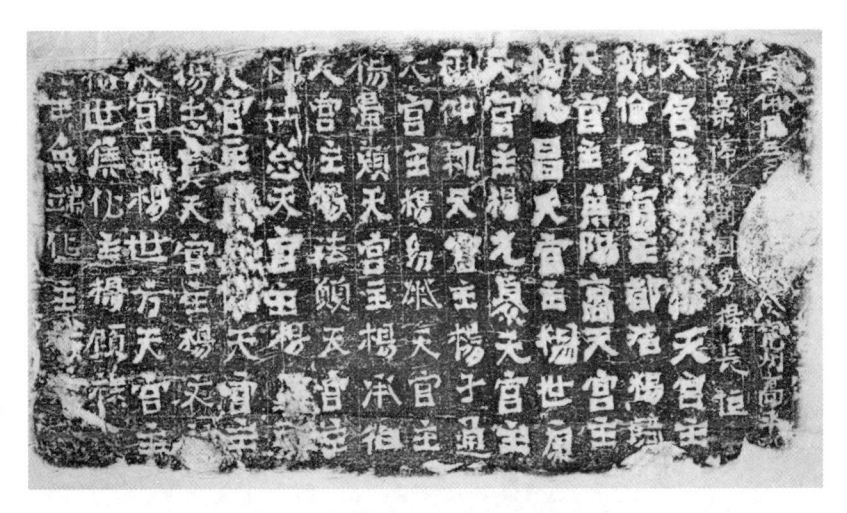

图二 《杨昌恒等合邑造像记》第二面

■仪同三司■令兖州高平■①

□□粟□县开国男杨长恒

天官主□□□天官主

□伦天官主都督杨骑

天官主鱼阳高天官主

杨□昌天官主杨世康

天官主杨元纂天官主

杨仲凯天官主杨子通

天官主杨幼粲天官主

杨晕颜天官主杨承伯

天官主杨法愿天官主

杨□总天官主杨□□

天官主□□□天官主

杨志□天官主杨文□

天官主杨世方天官主

---

① □表示无法确认或缺失的单个字，■表示无法确定残缺的字数。

杨世焦化主杨顾㧑
㧑主鱼端化主□□□

第三面：

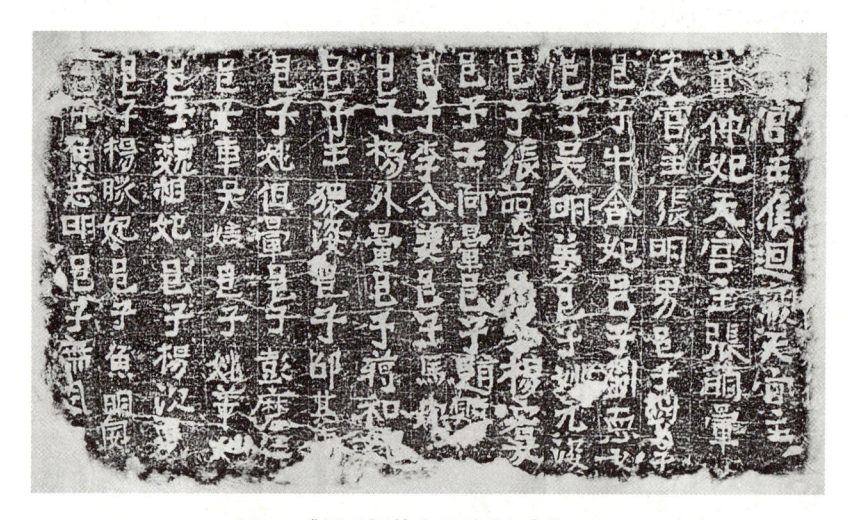

图三 《杨昌恒等合邑造像记》第三面

㤗宫主侯回亲 天宫主
董仲妃 天宫主张明晕
天宫主张明男 邑子刘□子
邑子牛舍妃 邑子刘恶女
邑子吴明姜 邑子姚元姿
邑子张□王 邑子杨客女
邑子王阿晕 邑子赵□
邑子李令姜 邑子马□
邑子杨外晕 邑子蒋和妃
邑子王猥姿 邑子邵其□
邑子姚徂晕 邑子彭磨□
邑子车□媛 邑子姚华□
邑子魏相妃 邑子杨次□
邑子杨胜妃 邑子鱼明威
邑子鱼志明 邑子□□□

第四面：

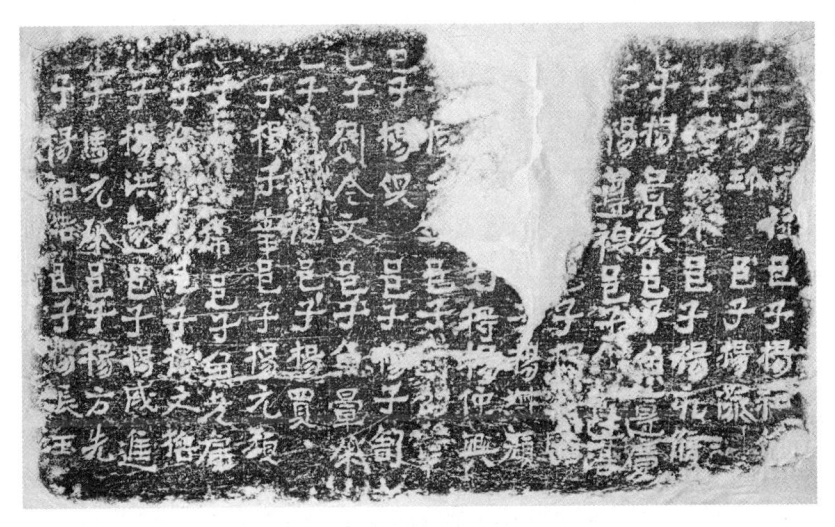

图四 《杨昌恒等合邑造像记》第四面

邑子 杨□□ 邑子杨和□
邑子杨珍　邑子杨 聚
邑子□□□ 邑子杨□□
邑子杨景□ 邑子鱼遵庆
邑子杨遵穆 邑子□□湛
□□□□ 邑子杨□□
□□□□ 邑子杨淑颜
□□□□ 别将杨仲兴
□□□□ 邑子□□□
邑子杨儿　邑子杨子 舒
邑子刘令文 邑子鱼晕粲
邑子□□□ 邑子杨买
邑子杨子 业 邑子杨元 预
邑子□□虎 邑子鱼老虎
邑子□□□ 邑子杨文哲
邑子杨洪远 邑子杨成进
邑子马元粲 邑子杨方先

邑子杨伯浩 邑子杨长汪

根据笔者的统计,《杨长恒等合邑造像记》合计93人,其中可识读的人名77人,共有19个姓氏,其中杨氏族人有43人,鱼氏族人有8人,不可辨识的姓氏有16处,其他姓氏人数较少(详见下表)。题记中人名大多都是符合汉文化的名字,如杨长恒、杨景庆等,个别如刘恶女、王猥姿等则是带有特定含义的世俗名字。其中8位鱼姓人物分别是:鱼红罗、鱼阳高、鱼端、鱼明威、鱼志明、鱼遵庆、鱼晕粲、鱼老虎。

姓	杨	鱼	刘	张	姚	王	马	韦	侯	董	牛	吴	赵	李	蒋	邵	彭	车	魏	不辨
人数	43	8	4	3	3	2	2	1	1	1	1	1	1	1	1	1	1	1	1	16

题记部分共有天宫主24人,化主3人,邑子57人,别将1人,只有一人有官爵。洛阳出土的《翟兴祖造像记》中也记载有多位"天宫主"。① 从字面意思来看,天宫主当是指天宫的主人。关于天宫问题的研究有张总的《天宫造像探析》,他认为"铭文中能反映出天宫含义的,几乎全部与塔有关……天宫造像实际上是具有中国宫殿建筑特点的佛塔……天宫像的来源或与弥勒菩萨在天宫说法有一定的关系,但天宫中的造像绝不只与弥勒像相关,其范围已扩大至常见的各种佛像"。② 刘昭瑞在《说天宫与寇谦之的"静轮天宫"》一文中除了认为天宫与佛塔有关之外,进一步推论"这种'屋殿建筑'式的天宫就是指佛教寺院",文中通过对《翟兴祖造像》的阐述,进一步指出"(天宫)主则应为施主之省"。③ 通过两位先生的论述,这一题记中的24位天宫主当为集体出资建造这样一种佛像,或是佛教宝塔的施主。

关于"化主"一词,刘红玉在《〈唐大和上东征传〉札记》中认为化主为教化之主,是佛教的用语,但除了佛教之外,道教中也使用"化主"一词。④ "邑子"常见于北朝的各类造像题记中,同时也是古人常用的词汇之一,颜师古在《汉书·尹翁归传》中注曰:"邑子,同邑人之子也。"⑤题记中除了天宫主之外,最多的就是邑子了,邑子也是参与修造佛像或佛塔的重要群体。

他们在一起敬造佛塔或是佛像究竟为了何种原因?关于这一点,孟宪实先生在《敦

---

① 李献奇《北魏正光四年翟兴祖等人造像碑》,载《中原文物》1985年第2期,第21—25页。
② 张总《天宫造像探析》,载《艺术史研究》第1辑,中山大学出版社,2009年,第228页。
③ 刘昭瑞《说天宫与寇谦之的"静轮天宫"》,载《世界宗教研究》2004年第3期,第58页。
④ 刘红玉《〈唐大和上东征传〉札记》,载《重庆工商大学学报》2007年第4期,第115—117页。
⑤ 《汉书》卷七六,中华书局,2009年,第3207页。

煌民间结社研究》一书中指出,民间结社有"集体礼仪和共同消费……在礼拜社主的同时,社人集会共同消费,也是强化内部团结的重要活动。敬佛活动也具有同样的功能"。① 此说甚是,但关于这篇造像题记,有部分人名被凿去,根据笔者的判断,凿去的这些人名不是当代人所为,更像是当时人的行为,所以笔者更倾向于"强化内部团结"这一功能。

2.《鱼务本造像记》

图五 《鱼务本造像记》右侧题名

造像右侧题名：

　　弟子鱼务本供养

　　本长息护军□□供养

　　本第二息上护军仁则供养

　　□□息延年□□

　　□□息延庆供养

　　则第二息□□供养

造像左侧题记：

　　夫大一□真至,道阕息言之妙。
中千运
　　劫浇,风惊有爱之尘。既而骏发
天师,坐
　　花台而匠物。清澄智海,舣宝栰
以航津。
　　转十景于中天,觉万灵于首旦。
自鹤林

图六 《鱼务本造像记》左侧题记

---

① 孟宪实《敦煌民间结社研究》,北京大学出版社,2009 年,第 98 页。

□之龙树,紬规象设。将百亿均区贝典,
　　□大千俱运。清信弟子鱼务本,粹捡霜
　　□□□□演虑四禅之境。赋想三空
　　□□□□于广□惠之揆于绵隅仰
　　□□□□界,敬造阿弥陀像一区,千佛
　　□□□□然则将□□□□缛思□
　　□□□□□刊睟□□□□
　　□□□□□□金■。

这一残存造像记中只有鱼氏,由右侧题记中"清信弟子鱼务本"及左侧题记部分来看,属于鱼务本祖孙三代人阖家造像记,所以笔者将其命名为《鱼务本阖家造像记》。题记后半部分残缺,但从书法风格判断,当是唐代遗物。题记中出现的鱼务本、鱼仁则、鱼延年、鱼延庆均不见于史传,但其中有护军、上护军这样的勋官。虽然题记中并没有其他信息,但根据《新唐书·百官志》所载"十转为上护军,视正三品。九转为护军,视从三品"来看,[1]鱼务本的两个儿子当是因在战争中立有军功而被授予勋官。

二、近年见到的四方鱼氏墓志

近年新出土的鱼氏墓志共有5方。《鱼政墓志》属于唐修隋志,原石现藏于洛阳师范学院河洛石刻艺术中心,志文收录于《新中国出土墓志·洛阳师范学院卷》(尚未出版)。唐代《鱼本墓志》仅刊布有图版,[2]未有录文刊布。《鱼辩江墓志》和《鱼荣墓志》等仅刊布有目录信息,并无图版和录文资料,因《鱼荣墓志》尚未见到图版,本文没有录入。《鱼涉墓志》收录于《洛阳流散唐代墓志汇编》一书,只是对内容进行了简单考证,没有重复收入录文。在这一部分,已经刊布过录文的就不重复刊布,没有刊布过或只刊布过图版的录文于此。

1. 鱼政[3]

隋故上党郡中正鱼府君墓志铭并序
　　君讳政,字卿,上党壶关人也。自玄乙贻祯,启封商之大业;
　　白狼锡瑞,开景亳之崇基。宋国大夫,鉴危机于去就;晋朝
　　常侍,洞幽赜于缣缃。辉映古今,芳华靡歇。祖遵,齐瀛州大

---

[1] 《新唐书》卷四六,中华书局,2006年,第1189页。
[2] 赵文成、赵君平主编《秦晋豫新出墓志蒐佚续编》,国家图书馆出版社,2015年,第368页。
[3] 《新中国出土墓志·洛阳师范学院卷》一书收录,该书将于2018年出版。

图七 《鱼政墓志》

中正。父景,齐并州主薄。兹雅道孤融,雄材杰出。声华许郭,业纂金张。君汉曲分辉,稽山擢干。贞操含松栢,逸气冠烟霞。用能望重珪璋,誉流乡曲,既而雌黄是属,推择攸归,僚府虚怀,辟为中正。遽而有隋失道,大宝将移,泄地成其祸元,射天纵其凶德。于是栖身木雁,卷迹朝廷。俄而交臂难留,藏舟易谢。彼苍不吊,奄及生涯,以武德五年十月十六日卒于家馆,春秋六十有五。夫人卫氏,河东人也。灵姿婉顺,淑性端凝。方演庆于小年,忽沉辉于大夜。以贞观九年十一月廿五日终于家寝,春秋七十有二。粤以大唐仪凤三年五月廿九日,合葬于州城西南七里之原,礼也。有孙文可,荀龙表异,刘骥驰芳,命也何之,俄从物故？佳城郁郁,悲月下之孤魂；虚怅寥寥,怆灯前之只影。冥婚贾氏,合窆幽堂。陵谷遽徙,海田交丧。玄石斯刊,清音永畅。其词曰:

宋臣启业,晋相延光。瑶华递映,兰桂连芳。积庆流祉,克构
崇堂。粤钟明德,清芬载杨(其一)。黄中振美,素履凝规。堂堂德
行,晔晔风仪。销声南郭,采菊东蓠。彼苍不吊,有志无时(其二)。
照乘沦辉,冲星委锷。草焚芝蕙,人倾许郭。凄惨薤歌,飘浮
蚁幕。勒千年之茂轨,悲九原之不作(其三)。

鱼政,字卿,上党壶关人,任上党郡中正。祖父鱼遵,北齐瀛州大中正。父亲鱼景,北齐并州主簿。鱼政殁于武德五年(622),终年六十五,约生于北齐文宣帝天保九年(558)。夫人河东卫氏,殁于贞观九年(635),终年七十二,约生于北齐武成帝河清三年(564),小鱼政6岁。志文中还提到其孙鱼文可,因未婚而终,家人为他举行了冥婚。据志文知,鱼政在乡曲中颇有名望,又能虚怀若谷,所以被征辟为上党郡中正。隋末动乱,因而遁迹不仕,直至终年,夫人死后于唐仪凤三年(678)五月二十九日合葬于潞州城西南七里之原。

2. 鱼本①

图八 《鱼本墓志》

---

① 笔者自藏拓本。

唐故处士鱼君墓志铭并序

君讳本,字僧惠,其先京兆栎阳人也。昔天命玄鸟,瑶筐降□圣之符。□归白狼,金钩肇兴王之运。暨乎胤商疏胄,微子膺三恪之尊。启宋承家,左师冠六卿之首。因王父以命氏,声蔼麟经。传翼子以侼荣,芳腾凤篆。备诸家谍,可略言欤。祖弘,周朝散大夫。父囩,隋立信尉。积仁基义,纬武经文。宝算传晖,金籯叠映。君少微降秀,天爵充符。凤轻轩冕,少屏尘杂。草玄杨宅,门无卿相之舆。齐物庄园,书有鹍鹏之致。太初明月,独映清襟。叔夜松风,自芬兰质。不矫性以循古,不力行以偶时。空有两忘,语默双谢。升堂罕窥其奥,瞻海莫际其澜。虽徐生杰出之姿,孟氏浩然之气,以君比焉,诚蔑如也。宜享兹介福,永保遐龄。岂谓梦轸赠瑰,俄闻属纩。悲缠怀木,倏睹殲良。粤以上元三年二月十七日遘疾终于私第,春秋六十六。悲夫,修短有命,福善徒言。报施在天,与人无验。即以其年龙集景子四月戊戌朔廿三日庚申迁窆于洛阳县清风乡和仁里,礼也。青乌筮兆,滕公之隧遽开。白鹤占坟,卫侯之铭行闼。君生平素意,重公理之林泉。畴昔襟期,想孤竹之余烈。所以牛亭引窆,斜邻仲氏之园。马鬣新封,俯对叔齐之庙。有子二人等,孝感浮珍,哀缠集蓼。俯寒泉而永慕,叩地无追。仰风树而兴哀,终天罔极。将恐舟移阗壑,豫章迷絮酒之宾;水变桑田,延陵无挂剑之所。式刊贞琬,缉美泉扃。其词曰:

封商辅帝,灭夏兴王。天纵英哲,神归会昌。氏源中代,族茂前缃。曰祖曰父,为龙为光(其一)。星象秀气,岳渎英灵。惟君载诞,歧嶷凤成。容止可则,喜愠不形。德为时表,孝实天经(其二)。依仁虚室,销声帝里。仲子前林,潘生后市。玄心独秀,雄情孤峙。澄陂靡测,高山仰止(其三)。与仁徒语,忌乌呈灾。巫阳虽召,魂兮不来。易箦俄及,拊剑兴哀。孀帷掩箧,雨泗循陔(其四)。问兆朋龟,占坟惊鹤。却邻邙阜,前临温洛。地号天心,田偶负郭。式遵先远,此焉攸托(其五)。周箫哀而夜舟逝,楚挽愤而朝露晞。晦愁云于丹旐,咽悲风于素骐。感百龄之先囚,痛九原之未归。庶穹壤以相毕,播金石以传徽(其六)。

鱼本，字僧惠，其先京兆栎阳人。祖父鱼弘，北周朝散大夫。父亲鱼闰，隋朝立信尉。鱼本殁于上元三年（675），终年六十六，约生于隋炀帝大业十年（614），死后葬于洛阳清风乡和仁里。鱼本的志文中并没有什么特殊的事迹，但墓志尺寸大，制作精良，可看出其家庭经济优越，很可能是当时的一位富商大贾。

3. 鱼涉①

大唐故赠游击将军右武卫翊府左郎将冯翊鱼公墓志铭

鱼涉，字德源，冯翊栎阳人也。曾祖父鱼殖，隋朝官至丹方二州诸军事、二州刺史，爵为下邳（邽）郡开国公。祖父鱼叔瓒，唐代历任卫尉将作等丞、阆州西水县令。父亲鱼承曕，历任邢州司法参军、比部员外郎、度支郎中、洛阳河南二县令、大理司农二少卿。

鱼涉殁于开元十六年（728），终年52岁，约生于武则天仪凤二年（677）。志文称他"始以外氏皇家懿戚，承恩授执戟，历司戈、中候、司阶，凡四任"，任此数职超过20年，才被授予义阳府右果毅都尉。志文称"属尘惊澣（瀚）海，烽入甘泉，凿门出师，授钺以讨……初，两军交锋，一鼓作气，戈酣日落，见流血之成川，兵尽矢穷，张空奉而冒刃。虏惮其勇，众骑引还。贼潜为谋，会兵复战，戊辰岁八月辛卯于祁连阵间毙公于锋镝矣，时年五十有二。皇上悼焉，赠以郎将，递柩还里，加礼葬之"。通过这段记载，我们知道他被授予义阳府右果毅都尉之后，就奉命出征，后于战阵中中箭身亡。《资治通鉴》卷二一三记载开元十六年八月"辛卯，左金吾将军杜宾客破吐蕃于祁连城下。时吐蕃复入寇，萧嵩遣宾客将强弩四千击之。战自辰至暮，吐蕃大溃，获其大将一人，虏散走投山，哭声四合"。②志文中记载的戊辰岁即开元十六年（728），所以鱼涉当死于唐蕃之祁连战阵中。开元十八年（730）十月四日，志主之子鱼惟让奉柩归葬于龙门原之茔。

4. 鱼辩江③

唐故云麾将军试太常卿冯翊县开国伯上柱国食

邑七百户鱼府君墓志铭并序

公讳辩江，字□，太原宜阳人也。曾祖新，祖绪。惟郁郁

本枝，森森宗盖。作趾惟固，福流后焉。势避争雄，故高道不

---

① 毛阳光、余扶危主编《洛阳流散唐代墓志汇编》，国家图书馆出版社，2013年，第238页。
② 《资治通鉴》卷二一三，中华书局，2011年，第6902页。
③ 笔者自藏拓本，《北京大学图书馆藏历代墓志拓片目录》中有著录，但无该墓志图版。另外，《鱼荣墓志铭》也收录于前引书，但因无拓本可参看，故不能详述其内容。

图九　《鱼辩江墓志》

仕。父皙，山河气□，宗范羽仪，秋霜早零，皇吏部常选。公则
公之贤季息也。□惟英杰，材乃挺生。天资贤豪，神纵其逸。幼
有聪惠，令考□□必贤。长而规模，朋侪许其超达。公弱冠，文□
足用，武可当□。□传而家不贫，酣饮而神不乱。结托声援，□
游宦途。承资□□，擢名羽林军，奏武部常选。解褐汾州介休府别将，
赐绯鱼袋。次补左武卫郎将，赐紫金鱼袋，试少府监扈从正将，云麾将军，
试太常卿，敕河阳三城防御所十将，兼同德军使。总戎津要，扼据冲
途。抚人以宽，临事惟简。辑我士马，宁我邦家。　天子锡之以珪首，
王侯赠之以不拜。其涣汗之殊常也，其偲烈之如此也。以二月十五日
寝疾终于河阳之私第，春秋五十有三。实谓阆角之崩焉，桢
干之折焉，武臣之少焉。以四月十一日权殡于温之西卅里故城北
平原，礼也。嗣子朝云等，血流于眦，号叫于旻。歌薤露之三章，
作幽冥之□懿。日为悲色，风为凄声。唯铭可贞，载以
词刊，其铭曰：

巨壤无际,浩川无涯。阆峰崩角,

桂杪摧华(其二)。

惟彼声干,惟天挺生。地不惟长,

霜封其荣。

大历十一年四月十一日刻

鱼辩江,字□,太原宜阳人。曾祖鱼新,祖鱼绪,高道不仕。父鱼晢,①吏部常选。志主终于大历十一年(775)二月十五日,终年53岁,则约生于唐玄宗开元十二年(724)。志文记载有一子,名朝云。从志主的家系来看,并非出自望族,祖辈的"高道不仕"说明家族并没有显赫的仕宦背景,因此父亲终其一生也没有具体的官职。鱼辩江解褐汾州介休府别将,赐绯鱼袋。后补左武卫郎将,赐紫金鱼袋,试少府监扈从正将,云麾将军,试太常卿,敕河阳三城防御所十将,兼同德军使。通过他的经历来看,是靠建立军功之后逐渐步入宦途,但依然是中下层武官。

三、关于鱼氏族群来源的一点看法

关于鱼氏的姓氏来源,《元和姓纂》卷二"鱼氏"条下记载:"《风俗通》,宋桓公子目夷,字子鱼,子孙以王父字为氏。汉有长安人鱼翁俶也。"鱼氏的郡望,则仅有"冯翊下邳(当为"邽"之误)"一说。②《隋书》卷六四《鱼俱罗传》称"鱼俱罗,冯翊下邽人也"。③而目前出土的几方鱼氏墓志都是属籍"冯翊栎阳人"。要之,他们的属籍不出冯翊。《晋书》卷一一二《苻生载记》称:"初,生梦大鱼食蒲,又长安谣曰:'东海大鱼化为龙,男便为王女为公。问在何所洛门东。'东海,苻坚封也,时为龙骧将军,第在洛门之东。生不知是坚,以谣梦之故,诛其侍中、太师、录尚书事鱼遵及其七子、十孙。"④《元和姓纂》"冯翊下邳(邽)"条下有"苻秦有鱼遵,元孙经,后魏吏部尚书,生徽、俊、代略"。北朝后期鱼氏以冯翊为属籍或与此事有关。

前述四方墓志中,关于他们的姓氏来源与族属问题,有极为相似的记载。如《鱼政墓志》称"自玄乙贻祯,启封商之大业;白狼锡瑞,开景亳之崇基";《鱼本墓志》称"□归白狼,金钩肇兴王之运……胤商疏胄,微子膺三恪之尊";《鱼涉墓志》称"其先出自有

---

① 墓志书法属于俗体,并不规范,"晢"字也可能是"哲"字。
② (唐)林宝《元和姓纂》卷二,中华书局,1994年,第195页。
③ 《隋书》卷六四,中华书局,2014年,第1517页。
④ 《晋书》卷一一二,中华书局,2014年,第2878页。

殷,仁称微子,让属子鱼";《鱼辩江墓志》中没有关于族属的叙述。综合以上信息,我们可以看出鱼政与鱼本墓志中都提到了"白狼锡瑞"和"□归白狼",虽然鱼涉墓志中没有提到这一点,但是关于鱼姓出于殷商的记载确是相同的;鱼辩江和鱼涉的共同点是勇猛善战,这也符合胡(夷)人能征善战的特点。目前,国内学者多认为志文中出现的远追三代的事迹多不可信。虽然笔者无意打破这一陈说,但中古时期尤其是谱学兴盛的时代,具体情况不能因今天的观念而臆断,所以笔者认为不能将这些信息资料置若罔闻。

关于"白狼"所指,刘尧汉和陈久金两位先生在《汉代"白狼夷"的族属新探》一文中指出:"白狼的含义是养蚕者或丝织者'布朗''不刺'的译音,它是川、滇西番人(包括普米族)的通名。"① 任新建先生在《白狼、白兰考辨》一文中指出,白狼/白兰系羌族,风俗同党项,地望为汶山以西(偏南/偏北)附国以南/北部地区;白狼始出年代为东汉永平年,消失于唐代,白兰始出为东汉建武年,消失于唐代高宗显庆至龙朔年间。同时,他还进一步指出白狼一名可释为"河谷里的羌人"。② 两文都认为"白狼"是指生活在川西一带的夷人。

吴怡《试析巴蜀青铜器上的鸟、鱼、龟、虫(蚕)纹饰》一文认为,巴蜀地区出土的青铜器物上的鱼形图案是一种图腾崇拜,并指出这些以鱼形为图腾崇拜的人就是古代的蜀人;又结合《山海经·海内南经》和《淮南子·坠形篇》进一步指出"其为人人面而鱼身,无足"的氐人国就在川西平原。吴文还提到了"郭沫若先生根据商周青铜器'鱼形彭卣'断定,古代曾有鱼族和鱼国"。③ 文中引用郭沫若先生的文字显然是具有指向性的,即鱼国或鱼族可能在巴蜀地区,但此处的鱼国有必要和《虞弘墓志》中提到的"鱼国"区别对待。近年关于三星堆的研究中,学者们关于三星堆文化分期与中原文化序列的对应年代看法大体是一致的,即"三星堆文化(三星堆二期、三期)相当于二里头至殷墟二期阶段(即夏商时代),十二桥文化则相当于商末周初阶段"。④ 这一点与墓志中记载的鱼氏族源的"自玄乙贻祯,启封商之大业"、"胤商疏胄,微子膺三恪之尊"和"其先出自有殷,仁称微子,让属子鱼"等在时代上也是颇为相符的。另外,笔者将三星堆文化、鱼国和鱼氏联系在一起,还有一点原因,即《杨昌恒等合邑造像记》中的人物形象

---

① 刘尧汉、陈久金《汉代"白狼夷"的族属新探》,载《西南师范学院学报》1985年第4期,第59—60页。
② 任新建《白狼、白兰考辨》,载《社会科学研究》1995年第2期,第119—124页。
③ 吴怡《试析巴蜀青铜器上的鸟、鱼、龟、虫(蚕)纹饰》,载《四川文物》1989年第5期,第27页。因没有见到郭沫若先生关于"鱼国"观点的著作,所以没有直接引用郭氏原作。
④ 文玉《三星堆文化与殷商文明研究的新观点和争论问题——殷商文明暨纪念三星堆遗址发现七十周年国际学术研讨会述评》,载《中华文化论坛》2000年第4期,第19—21页。

和三星堆出土人物形象极为相似，都有突出眼睛、鼻子和嘴巴的特点，所以结合志文中的远祖资料，将中古时期的鱼氏族群与川西的夷人结合在一起。

造像中人物形象　　　　　三星堆人物形象

四、结　语

本文将近年新见到的两方关涉鱼氏族群的造像记及四方鱼氏墓志刊布出来，通过鱼氏族群造像记中的人物形象以及鱼氏墓志资料，认为鱼氏族群来源于川西的白狼夷。传世资料中记载的鱼氏著籍地"冯翊下邽（邦）"是后期因宦而形成的著籍地，而非族群起源所在地。

（作者单位：千唐志斋博物馆）

安史之乱后唐北庭归朝官孙杲墓志研究*

陈 玮

摘 要：《唐孙杲墓志》主要记载了志主孙杲在安史之乱、河陇陷蕃后，于西州、北庭的仕宦经历，对孙杲于建中三年归朝后在中央和地方的仕履及其出使回鹘也多有描述。从墓志蕴含的丰富信息中，不仅可以窥探河陇陷蕃后的西域形势，还可以了解唐中央在安史之乱后对于北庭的政治态度以及对北庭归朝官的安置政策。墓志所述不仅与唐史典籍所记孙杲出使回鹘相互印证，还充分反映了唐代宗至唐德宗初年西州及北庭政治秩序较为稳定，北庭在建中二年恢复与唐廷联系后积极与中央联络，同时也纠正了史籍所载河陇陷蕃后西域与中原交通阻绝之时间。

《唐孙杲墓志》于20世纪出土于山西省临猗县，原志现收藏单位不明，但墓志拓片藏于国家图书馆。墓志拓片长65厘米，宽66厘米，志文正书。拓片图版收录于《北京图书馆藏中国历代石刻拓本汇编》、[①]《隋唐五代墓志汇编·北京卷》，[②]拓片的录文则见于《唐代墓志汇编》、[③]《全唐文补遗》第4辑、[④]《刺史行事录》，[⑤]其中《全唐文补遗》第4辑之录文比《唐代墓志汇编》录文多出36字。该方墓志记载了安史之乱后北庭归朝官孙杲的生平事迹，对河陇陷蕃后西域形势及唐与回鹘之使聘多有反映，堪称目前存世的唯一一方安史之乱后北庭归朝官墓志，具有极高的史料价值。但该方墓志尚未引

---

* 本文系国家社科基金重大项目"敦煌西夏石窟研究"（项目编号：16ZDA116）、教育部人文社会科学研究青年基金项目"西夏王朝正统性的政治塑造研究"（项目编号：17XJC850001）阶段性成果。
① 北京图书馆金石组编《北京图书馆藏中国历代石刻拓本汇编》第29册，中州古籍出版社，1989年，第46页。
② 张宁、傅洋、赵超、吴树平主编《隋唐五代墓志汇编·北京卷附辽宁卷》第2册，天津古籍出版社，1991年，第37页。
③ 周绍良主编《唐代墓志汇编》，上海古籍出版社，1992年，第1969—1970页。
④ 吴钢主编《全唐文补遗》第4辑，三秦出版社，1997年，第90—91页。
⑤ 洛阳文物事业管理局、洛阳市文物工作队编《刺史行事录》，北京图书馆出版社，2006年，第249—250页。

起学界广泛注意,目前仅见郁贤皓先生、戴伟华先生分别在其大著《唐刺史考全编》、①《唐方镇文职僚佐考》②中予以引用,而对于该墓志的系统考释及对其史料价值的具体分析,学界尚付阙如。笔者不避揣陋,拟在参考《北京图书馆藏中国历代拓片汇编》所收录该墓志拓片的基础上,将《全唐文补遗》第4辑之录文迻录并考释如下:

唐故蕲州刺史兼御史中丞孙府君墓志铭并序

将仕郎前守常州义兴县主簿□□□撰

府君讳杲,字□,富阳人也。曾祖应,皇朝博州清平县令。烈祖矩,皇朝瀛州河间县尉。烈考澄江,皇朝甘州张掖县令。惟朕楚也,克播于嘉名;惟登权也,实振其英迈。代继贤哲,间生良材。公性植谦冲,秉节孤直,游心剑术,发迹词林,赋擅掷金之声,器推断犀之利;怀报国杀身之节,展忘家立身之勤。永泰中,杖信北庭,献书军府。陈犬戎之利害,叶军旅之机要。本道奏闻,敕授伊州参军。秩满,授西州交河天山县尉、前庭县丞、天山县令、北庭大都护府司马,寻改中大夫,试将作监兼北庭大都护府长史。久处虏庭,长怀魏阙。既至京邑,果沐圣慈。改试太子詹事,仍封北海县开国男,食邑三百户,依前充都护府长史,寻加正议大夫兼侍御史,充伊西庭节度行军司马,赐紫金鱼袋,食封如故。初,公誓志伊西,策名沙漠。深副边疆之望,不辞州县之劳。建中三年,奉使入朝,途经狁狁。属□围四合,河北兴师,单车而来,一身归国。冒艰历险,方达镐京。德宗朝嘉乃臣节,烈于汉官。实王府有光,司武称当。惟新宠命,再卜嘉姻。惧贻尸禄之讥,表请理人之职。志安涧瀍,庶复流庸。帝俞时选,加检校太仆少卿,兼吉州别驾。既而居半刺,佐庐陵。联帅器其良能,郡守□其方术。惠洽黎庶,化感行商。五年在任,四知州事。累书上考,首出众寮。时偶旁求之诏,雅符廉问之□。再居王府,步武鹓行。属顺宗升遐,天下震悼。今上嗣位,率土称庆,宜申兴亡之运,俾竭梯航之诚。率由此道,爰命杰俊。公有和众之德,应对之才。固当杖旄节之雄,告存殁之役。历砂碛,履坚冰。展以忠贞,深入遐阻。恭宣汉诏,深怆蕃情。初结葬衣之悲,旋切来朝之恋。昔年汉使,因或拘留。既悦甘言,悉还京阙。罢羊马之入,杜缣缯之求。安彼虏庭,存我国用,不辱君命,美哉使乎。及旋师塞门,对扬休命。特承优诏,累荷宠光。简在帝心,咨于列岳。分圣忧以抚俗,杖庙算以静难。蕲春丕变,期月政成。征税既均,逋逃毕

---

① 郁贤皓《唐刺史考全编》,安徽大学出版社,2000年,第1796页。
② 戴伟华《唐方镇文职僚佐考》(修订本),广西师范大学出版社,2007年,第446页。

复。悍鳏之党,仰公之德,犹旱苗之沐膏雨然;负贩之类,慕公之化,若渴者之获礼泉然。将期耆而艾,曷而炽;岂意玉斯缺,兰斯焚。未展血诚,俄伤薙露。元和己丑岁闰三月二十四日,薨于官舍,享年六十有八。茫茫楚塞,渺渺河汾。□德感于遗庶,旅梓伤于行路。呜呼!梁木斯坏,今斯见矣。日月有时,龟筮叶吉,归葬于河中之临晋原,礼也。历官凡十有二政,经考凡廿有四。参其军事,再尉交河。□副贰之班,为百里之长。司武擅美,题舆表能。再历月卿,两居王府。职雄独坐,位重专城。惜其所未至者,御大患、静边陲而已。夫人河内常氏,乃故灵武节度、检校工部尚书谦先之孙,故坊州刺史巽之第二女也。早闻诗礼,素蕴贤明。兆叶凤凰,□齐瑟瑟。志存偕老之操,遽深同穴之悲。嗣子炼,饶州余干尉。次子镇、锜,并乡贡明经。有女三人,长才初笄,将适郗氏。次皆幼稚,望望皇皇。皆柴毁茹荼,孺慕泣血。伤隙驹之不驻,嗟朝露之已晞。惧岁月之推移,陵谷变迁,非凭瀚墨,曷记平生。嗣子以予还往分深,见托为志,爰征茂实,用刊贞石。铭曰:

太华雄雄,中条崇崇。河山孕灵,间生我公。我公谦冲,英明内融。北庭筮仕,西州理戎。理戎伊何,允文允武。武能定祸,文足匡主。克叶蕃丑,戴安土宇。执宪乌台,锵金王府。志安黎庶,位列百城。下车未几,阃境澄清。遽逃已归,疮痍仅平,蕲人失庇,大厦俄倾。万姓哀恸,如丧考妣。里巷辍舂,工商罢市。寂寂虚馆,冥冥蒿里。长夜莫辰,风枝不止。黄河之曲,临晋之阳。生怀□□,□还故乡。情□古柏,□□白杨。忆□斯□,子孙其昌。

一、墓志所见安史之乱后北庭官员归朝

志文开篇云孙昊为富阳人,《元和姓纂》记富阳为孙姓一郡望,富阳孙乃"孙武之后,世居富阳"。① 但孙昊殁后葬于河中,没有归葬富阳,颇与当时从祖葬风气不同,其或为河中人,富阳仅为其郡望。孙昊曾祖孙应为河北道博州清平县令,清平县为上县,官从六品上;祖父孙矩为河北道瀛州河间县尉,河间为望县;父孙澄江为陇右道甘州张掖县令,张掖为上县,官从六品上。可见孙昊出身于唐代中基层文官之家,世代官宦。

从志文来看,孙昊在唐代宗永泰年间凭靠信义闻名北庭,其向北庭都护府献策,纵论吐蕃对于西域的威胁,颇涉军事机要。孙昊在北庭献策应与其父为甘州张掖县令有

---

① (唐)林宝撰,岑仲勉校记《元和姓纂》卷四,中华书局,1994年,第467页。

关。安史之乱后,吐蕃逐渐蚕食河陇,至唐代宗即位后,吐蕃大举侵攻河陇,史载"吐蕃入大震关,陷兰、廓、河、鄯、洮、岷、秦、成、渭等州,尽取河西、陇右之地"。① "数年间,西北数十州相继沦没,自凤翔以西,邠州以北,皆为左衽矣"。②《旧唐书·地理志》亦云:"上元元年,其河西军镇多为吐蕃所陷。"③在河西走廊,吐蕃首先进攻河西节度使驻地凉州。在仆固怀恩之乱中,河西节度使杨志烈以河西精锐入援朝廷,损失惨重,战后又不抚慰战士,因而士卒不为所用,凉州于广德二年(764)失陷。杨志烈在凉州失陷前出奔甘州,《新唐书·吐蕃传》云:"虏围凉州,河西节度使杨志烈不能守,跳保甘州,而凉州亡。"④《资治通鉴》则记"吐蕃围凉州,士卒不为用;志烈奔甘州,为沙陀所杀,凉州遂陷"。杨志烈率残军走保甘州,使甘州成为河西走廊抵抗吐蕃进攻的前沿堡垒。据学界对敦煌遗书 P.2942《唐永泰年代(765—766)河西巡抚使判集》的研究,时任河已西副帅、河西兼伊西庭节度使的杨志烈抵达甘州后因兵力不足,亲自率卫队前往北庭征兵,结果为出于地方利益并和仆固怀恩勾结之伊西庭留后周逸逼迫自杀。⑤

杨志烈死后,周逸矫诏自称河已西副元帅。甘州方面群龙无首,甘州刺史张环自邀旌节诈称己为河西节度使,《唐永泰年代(765—766)河西巡抚使判集》称其"潜构异端,公然纵逆。伪立符敕,矫授旄麾。动摇军州,结托戎狄。恣行险勃,妄有觊觎"。⑥张环政令甚至行至肃州,《判集》中录有《肃州刺史王崇正错用官张环伪官衔》。仆固怀恩之乱平定后,郭子仪上奏,以"河西节度使杨志烈既死,请遣使巡抚河西及置凉、甘、肃、瓜、沙等州长史"。⑦唐廷随后任命杨休明为河西节度使。杨休明赴任后,铲平张环势力,但由于吐蕃紧逼,甘州的防御不容乐观,形势十分严峻。《判集》中存有《肃州请闭粜,不许甘州交易》《甘州送粮五千石,又请称不足》《甘州兵健冬装,肃州及瓜州并诉无物支给》《甘州地税勾征,耆寿诉称纳不济》《甘州请肃州使司贮粮》《甘州欠年

---

① 《资治通鉴》卷二二三"唐代宗广德元年七月"条,中华书局,1956年,第7146页。
② 《资治通鉴》卷二二三"唐代宗广德元年七月"条,第7146—7147页。
③ 《旧唐书》卷四〇《地理志三》,中华书局,1975年,第1647页。
④ 《新唐书》卷二一六上《吐蕃传上》,中华书局,1975年,第6088页。
⑤ 陈国灿《安史乱后的唐二庭四镇》,载《敦煌学史事新证》,甘肃教育出版社,2002年,第455—456页。王小甫《唐、吐蕃、大食政治关系史》,中国人民大学出版社,2009年,第185页。薛宗正《安西与北庭——唐代西陲边政研究》,黑龙江教育出版社,1998年,第289页。
⑥ 唐耕耦、陆宏基编《敦煌社会经济文献真迹释录》第2辑,全国图书馆文献缩微复制中心,1990年,第629页。
⑦ 《资治通鉴》卷二二四"唐代宗永泰元年闰十月乙巳"条,第7185页。

支粮及少冬装》《甘州请专使催粮》,从这些条目可知甘州守军后勤物资及军粮均十分匮乏,依靠本州难以抵挡吐蕃进攻,多仰赖肃州、瓜州支援,或直接向节度使申请。杨休明为此批示"甘州切须撙节,不可专恃亲邻",①"自须樽节支给,岂得相次申陈","任自圆融取济"。②让甘州自行筹备军资粮草,但甘州百姓已极困顿,《判集》云:"彼州户人,颇闻辛苦。"③此时沙陀又趁火打劫,《判集》云甘州下辖的建康军"军物被突厥打将","建康所损又广"。④据《元和郡县图志》,甘州终因防御力量力所不支,于永泰二年(766)失陷。

甘州失陷后,守军及官员多随杨休明迁往沙州。《资治通鉴》云766年"夏五月,河西节度使杨休明徙镇沙州"。⑤敦煌遗书P.4640《吴僧统碑》记有时任甘州建康军使的吴绪芝"属大漠风烟,杨(阳)关路阻,元戎率武,远守敦煌"。⑥随杨休明退往沙州。在甘州失陷前,杨休明曾遣官往安西四镇征调援军,"差郑支使往四镇索救援河西兵马一万人"。⑦孙杲前往北庭都护府献策即在此背景下,其或因为才兼文武,且为甘州张掖县令之子,亲历前线,洞晓河西军事形势而被派往北庭征兵。

根据志文,孙杲在北庭献策后被北庭都护府上奏朝廷,朝廷敕授其为伊州参军。《旧唐书·郭昕传》云建中二年安西、北庭遣使赴朝之前,"自关、陇陷蕃,为虏所隔,其四镇、北庭使额,李嗣业、荔非元礼皆遥领之。昕阻隔十五年"。⑧从建中二年(781)上溯15年即永泰二年(766,本年十一月改元大历)。志文云孙杲在永泰年间献策,而北庭都护府向朝廷奏报孙杲献策,需派遣使者赴京,朝廷任命孙杲的敕书也应由使者带回北庭,可见此时西域与长安仍保持着交通往来。大历四年(769),北庭都护曹令忠尚遣使入朝,《喻安西北庭诸将制》云:"每有使至,说令忠等忧国勤王,诚彻骨髓;朝庭闻之,莫不酸鼻流泪。"⑨北庭与长安的交通往来一直持续至唐代宗大历七年(772),《旧唐书》记本年"八月庚戌,赐北庭都护曹令忠姓名曰李元忠"。⑩从孙杲被敕授伊州刺史和

---

① 唐耕耦、陆宏基编《敦煌社会经济文献真迹释录》第2辑,第620页。
② 唐耕耦、陆宏基编《敦煌社会经济文献真迹释录》第2辑,第621页。
③ 唐耕耦、陆宏基编《敦煌社会经济文献真迹释录》第2辑,第623页。
④ 唐耕耦、陆宏基编《敦煌社会经济文献真迹释录》第2辑,第621页。
⑤ 《资治通鉴》卷二二四唐代宗大历元年五月,第7191页。
⑥ 郑炳林《敦煌碑铭赞辑释》,甘肃教育出版社,1992年,第63页。
⑦ 唐耕耦、陆宏基编《敦煌社会经济文献真迹释录》第2辑,第631页。
⑧ 《旧唐书》卷一二〇,第3474页。
⑨ (宋)宋敏求编《唐大诏令集》卷一一六《政事·慰抚中》,学林出版社,1992年,第555页。
⑩ 《旧唐书》卷一一《代宗纪》,第300页。

曹令忠遣使及被赐名可知《旧唐书》所记郭昕被阻隔15年有误。

孙昊任官之伊州为下州,据《唐六典》,下州参军设二员,官从九品下。唐代州府参军一般为士人释褐之官,"掌直侍督守,无常职,有事则出使"。①此时伊州经历了被吐蕃攻陷的战乱,《旧唐书·袁光庭传》云袁光庭为"河西戍将,天宝末为伊州刺史。禄山之乱,西北边戍兵入赴难,河、陇郡邑,皆为吐蕃所拔。唯光庭守伊州累年,外救不至。虏百端诱说,终不之屈,部下如一。及矢石既尽,粮储并竭,城将陷没,光庭手杀其妻子,自焚而死"。②陈国灿先生考证伊州在大历二年(767)被吐蕃攻陷,③而志文云孙昊在伊州参军任上任满才转任他官,可见孙昊应没有在伊州城陷前在伊州任官,其应在伊州被唐军收复后才赴任伊州,因此才能在伊州平静地任满。建中二年(781),唐德宗下诏奖慰二庭四镇长官,其中谈到"伊西、北庭节度观察使李元忠可北庭大都护"。④"伊西"指伊州与西州,可见其时伊州已被唐军牢牢掌控。

志文云孙昊在伊州任满后历任西州交河县县尉、前庭县丞、天山县令、北庭大都护府司马。据《元和郡县图志》与《新唐书·地理志》,交河县为中下县,唐制中下县县尉设一人,官从九品下。前庭县即高昌县,《新唐书·地理志》云前庭县"本高昌,宝应元年更名"。⑤《元和郡县图志》记高昌县为上县,但《新唐书·地理志》则记其为下县,李方先生考证高昌县在唐初贞观十四年(640)为下县,在龙朔至永淳年间又升为上县,在开元二十年(734)又降为下县。⑥唐制,下县县丞为正九品下,在县官中县丞仅次于县令,《唐六典》云:"县丞为之贰。"⑦据《元和郡县图志》,天山县为上县,《新唐书·地理志》则记其为下县,李方先生考证其为下县。⑧唐制,下县县令为从七品下,《唐六典》规定"京畿及天下诸县令之职,皆掌导扬风化,抚字黎氓,敦四人之业,崇五土之利,养鳏寡,恤孤穷,审察冤屈,躬亲狱讼,务知百姓之疾苦"。⑨

孙昊在任西州天山县令后,又升为北庭大都护府司马。薛宗正先生指出"北庭道实即北庭伊西节度府统领地区的总名,乃是总管伊、西、庭三州及天山北麓的军政合一

---

① (唐)杜佑《通典》卷三三《职官一五·州郡下》,中华书局,1988年,第914页。
② 《旧唐书》卷一八七下《忠义传下》,第4904页。
③ 陈国灿《安史乱后的唐二庭四镇》,载《敦煌学史事新证》,第453页。
④ 《旧唐书》卷一二《德宗纪上》,第329页。
⑤ 《新唐书》卷四〇《地理志四》,第1046页。
⑥ 李方《唐西州官僚政治制度研究》,黑龙江教育出版社,2008年,第47页。
⑦ (唐)李林甫等《唐六典》卷三三,中华书局,1992年,第753页。
⑧ 李方《唐西州官僚政治制度研究》,第26页。
⑨ (唐)李林甫等《唐六典》卷三三,第753页。

组织。北庭伊西节度使又多兼领北庭大都护或北庭都护"。① 正因为西州为北庭伊西节度使辖地,所以孙杲才能至北庭大都护府任官。时任北庭大都护的为李元忠,据《旧唐书》,唐代宗大历七年(772)李元忠仅为北庭都护,至建中二年(781),唐德宗才下诏升其为大都护。孙杲升为北庭大都护府司马应在建中二年,其不久又升为中大夫、试将作监、兼北庭大都护府长史。按《唐六典》,大都护府设司马一人,官正五品下。长史一人,官正五品上。大都护府司马、长史为大都护副官,《唐六典》云:"都护、副都护之职,掌抚慰诸蕃,辑宁外寇,觇候奸诱,征讨携离;长史、司马贰焉。"② 从孙杲在西州的仕宦履历来看,其基本没有守选,由于当时交通阻绝,其也未参加吏部铨选,除其释褐官伊州刺史为朝廷敕授外,其所任西州交河县县尉、前庭县丞、天山县令均应由西州刺史辟署,获伊西北庭节度使认可。《唐会要》即云在阻绝期间,北庭四镇"自主其任"。③

孙杲在永泰二年(766)至建中二年(781)短短的15年间,由从九品下的参军升为正五品上的大都护府长史,其升迁速度之快,令人叹为观止。建中二年,伊西北庭节度使李元忠与四镇留后郭昕遣使从回鹘路绕道抵达长安,终于与朝廷恢复了中断9年的联系,唐德宗为此特地嘉奖北庭四镇将士,"加元忠北庭大都护,赐爵宁塞郡王;以昕为安西大都护、四镇节度使,赐爵武威郡王;将士皆迁七资"。④《旧唐书》亦云:"上嘉之。其伊西、北庭将士叙官,仍超七资。"⑤ 孙杲由从九品下的参军升为正五品上的大都护府长史正是史籍所谓"超七资",其文散官从四品下中大夫及试官从三品将作监均应为朝廷拜授。

唐德宗即位伊始,对孤悬于外的北庭四镇较为重视,其即位大赦诏中谈到"内外将相及方面连帅……并加官及勋封等",⑥在诏书中受赏的方面大员名单中,即有北庭节度使李元忠与四镇留后郭昕。建中二年(781)北庭四镇使者抵达长安之前,北庭四镇曾"数遣使奉表,皆不达"。⑦ 这种阻绝使朝廷叹息:"哀我士庶,忽如异域,控告无所,归

---

① 薛宗正《北庭历史文化研究——伊、西、庭三州及唐属西突厥左厢部落》,上海古籍出版社,2010年,第426页。
② (唐)李林甫等《唐六典》卷三三,第755页。
③ (宋)王溥《唐会要》卷七二,上海古籍出版社,2006年,第1575页。
④ 《资治通鉴》卷二二七"唐德宗建中二年七月戊午朔"条,第7303页。
⑤ 《旧唐书》卷一二《德宗纪上》,第329页。
⑥ (宋)王钦若等编纂,周勋初等校订《册府元龟》(校订本)卷八九《帝王部·赦宥第八》,凤凰出版社,2006年,第980页。
⑦ 《资治通鉴》卷二二七《唐纪四三》"德宗建中二年六月"条,中华书局,1956年,第7303页。

还莫从。"①"北庭去此遥远,信使难通,于西蕃既非便宜,在国家又绝来往。永念士庶,隔在殊方,归路无因,亲戚永决。"②建中二年北庭四镇遣使从回鹘路方达京师,《旧唐书》云:"至是遣使历回纥诸蕃入奏,方知音信。"③《资治通鉴》亦载"至是,遣使间道历诸胡自回纥中来"。④ 从孙杲官升七级来看,北庭四镇使者在完成使命后,应由长安返回了西域,随身携带有唐德宗嘉奖北庭四镇将士之敕书。

志文云孙杲"誓志伊西,策名沙漠。深副边疆之望,不辞州县之劳"。其志在守边御国,勤于职任,这种为国尽忠之精神普遍存于北庭将士心中。正如《慰问四镇北庭将吏敕书》所云:"卿等咸蕴忠诚,誓死不屈,或早从征镇,白首军中;或生在戎行,长身塞外。克奉正朔,坚保封疆,援绝势孤,以寡敌众,昼夜劳苦,不得休息,岁时捍御,不解甲胄。勋高百战,义叶一心,介然孤城,独守臣节。"⑤建中三年(782),身为北庭大都护府高官的孙杲奉大都护李元忠之命踏上入朝之路,志文云其从回鹘路历尽艰险方抵达长安。

关于从北庭入回鹘之路,《通典》云庭州"东北到回纥界一千七百里",⑥《元和郡县图志》则记庭州"东北至回鹘衙帐三千里"。⑦ "郝遮镇,在蒲类东北四十里。当回鹘路"。"盐泉镇,在蒲类县东北二百里。当回鹘路"。"特罗堡子,在蒲类县东北二百余里。四面有碛,置堡子处,周回约二千里,有好水草,即往回鹘之东路"。⑧ 据严耕望先生研究,此路"即北庭东行经蒲类镇至蒲类县,去州盖一百八十里。又东北四十里至郝遮镇,又东北一百六十里至盐泉镇,又东北数十里至特罗堡子。约其地当在今北塔山脉南井许、野马泉地带"。⑨ "由特罗堡又东微北约一千二百里至回纥国界,盖即与唐之伊、瓜、肃诸州北境接壤地带,其地约在阿尔泰山脉之东南段,今盖尔、格尔泊南之吉奇吉奈山脉。又东北一千三百里至回纥衙帐"。⑩ 从回鹘至长安必经河套地区,严耕望先生指出,从河套地区抵长安一由丰州南至灵州,再至长安;一沿黄河而下,由胜州南经麟

---

① (唐)陆贽撰,王素点校《陆贽集》卷一〇《慰问四镇北庭将吏敕书》,中华书局,2006年,第296页。
② (唐)陆贽撰,王素点校《陆贽集》卷一〇《慰问四镇北庭将吏敕书》,第298页。
③ 《旧唐书》卷一二《德宗纪上》,第329页。
④ 《资治通鉴》卷二二七"唐德宗建中二年七月戊午朔"条,第7303页。
⑤ (唐)陆贽撰,王素点校《陆贽集》卷一〇,第296—297页。
⑥ (唐)杜佑《通典》卷七四《州郡四》,第4559页。
⑦ (唐)李吉甫撰,贺次君点校《元和郡县图志》卷四〇《陇右道下》,中华书局,1983年,第1033页。
⑧ (唐)李吉甫撰,贺次君点校《元和郡县图志》卷四〇《陇右道下》,第1034页。
⑨ 严耕望《唐代交通图考》第二卷《河陇碛西区》,上海古籍出版社,2007年,第630页。
⑩ 严耕望《唐代交通图考》第二卷《河陇碛西区》,第631页。

银绶延至长安;一由天德军直往南取经略军及夏州,亦至延州,南达长安。① 其中第三条路最为便捷,孙杲等北庭四镇使节或取此路。

从志文来看,孙杲是孤身归朝,而一年之前北庭使者是与四镇使者共同入朝,《旧唐书·郭昕传》云郭昕"与伊西北庭节度使李元忠俱遣使于朝,德宗嘉之"。② 因此孙杲此行困难重重。其时朝廷正用兵河北,对田悦等河朔藩镇实行削藩战争,烽烟四起。孙杲代表忠顺于国的北庭官民入朝,正与悖逆的河朔藩镇形成鲜明对比,因此志文称"德宗朝嘉乃臣节,烈于汉官。实王府有光,司武称当"。孙杲抵达长安后,因孤身入朝之功,被朝廷在其本官的基础上加授试官试太子詹事,赐封爵北海县开国男,食邑三百户。太子詹事为正三品清望官,试太子詹事为荣誉加官,非实职。开国县男为从五品上。不久孙杲又被授予正四品上文散官正议大夫及宪官从六品下侍御史,从北庭大都护府长史转任伊西庭节度行军司马。行军司马为藩镇使府军事色彩浓厚的文职僚佐,每镇设"一人,申习法令"。③ 职在"弼戎政,掌武事。居常习搜狩之礼,有役申战阵之法。凡军之攻,战之备,列于器械者,辨其贤良。凡军之材,食之用,颁于卒乘者,均其赐予。合其军书契之要,比其军符籍之伍,赏罚得议,号令得闻,三军以之,声气行之哉"。④ 孙杲又被赐紫金鱼袋。着紫服、佩金鱼袋为唐代官员章服最高一级,一般为三品及以上官员才能享有,孙杲以北庭归朝官享有此待遇可以说非常荣耀。

志文又云孙杲"惟新宠命,再卜嘉姻",很可能被朝廷赐婚。志文云其妻常氏"乃故灵武节度、检校工部尚书谦先之孙,故坊州刺史巽之第二女也"。常谦先,《旧唐书》作"常谦光"。据常氏墓志,其"祖光辅,赠兵部尚书。父巽,赠坊州刺史"。⑤ 两人生有三子三女。由于北庭与朝廷阻绝,孙杲所任伊西庭节度行军司马一职,在朝中有尸位素餐之嫌,因此孙杲上表请求担任他官,被唐德宗批准,授予检校太仆少卿兼吉州别驾一官。孙杲所任伊西庭节度行军司马有尸位素餐之嫌,缘于河陇陷蕃后唐廷对于滞留于京师的北庭、安西奏事官的处置。《资治通鉴》云:"初,河、陇既没于吐蕃,自天宝以来,安西、北庭奏事及西域使人在长安者,归路既绝,人马皆仰给于鸿胪。礼宾委府、县供之,

---

① 严耕望《唐代交通图考》第一卷《京都关内区》,第229页。
② 《旧唐书》卷一二〇,第3474页。
③ (唐)杜佑《通典》卷三三《职官一四·州郡上》,第895页。
④ (唐)李翰《淮南节度行军司马厅壁记》,载《全唐文》卷四三,中华书局,1983年,第4380—4381页。
⑤ (唐)郗弘度《唐孙府君夫人河内常氏墓志》,载《全唐文补遗》第7辑,三秦出版社,2005年,第85页。

于度支受直。"①《新唐书·王锷传》亦云:"先是,天宝末,西域朝贡酋长及安西、北庭校吏岁集京师者数千人,陇右既陷,不得归,皆仰廪鸿胪礼宾。"②可见当时滞留于京师的北庭、安西奏事官大都坐食官府,未任实职。孙杲因而上表请求担任实职。在孙杲之后的北庭、安西奏事官大多返回西域,如撰于唐德宗贞元年间的《与回纥可汗书》云:"安西、北庭使人入奏,今并却归本道。"③在孙杲之前的北庭、安西奏事官也大都如此。虽然在河陇阻绝前的唐肃宗统治时期,就有安西奏事官请求留于中原,其时卫尉卿许某之子为镇西"节度使差奏军事,会臣待罪替轂,重与相见"。许某为其子"伏乞圣慈回鉴,许为父子如初。便留效节东军",④但毕竟是少数。《新唐书》《资治通鉴》所记仰仗于鸿胪寺的安西、北庭奏事官多为滞留而非留任。这些奏事官品阶大都较低,如贞元五年(789)西行求法僧悟空在北庭时,与"本道奏事官、节度押衙牛昕,安西道奏事官程锷等,随使入朝"。⑤ 其时北庭奏事官牛昕仅为一节度押衙,而孙杲代表北庭入朝时为正五品上大都督府长史,因此其才为朝廷注目,得以留任。

二、墓志所见唐与回鹘之使聘

　　孙杲以检校太仆少卿而外任吉州别驾。检校太仆少卿为检校官,太仆少卿为从四品上。吉州为上州,唐制上州设别驾一人,从四品下。别驾为唐府州上佐。从志文来看,孙杲在吉州任官五年,其在吉州别驾任上为江西观察使及吉州刺史所器重。据《唐方镇年表》及《唐刺史考全编》,其时任江西观察使者为曹王李皋和李兼,任吉州刺史者为张应。志文又云孙杲曾四度代理州事,严耕望先生指出唐代府州"都督、刺史暂阙,上佐即为法定之代行人也"。⑥ 孙杲在吉州任官五年,以建中四年(783)出任而言,应至贞元四年(788)任满。郁贤皓先生考订谢良弼在建中元年至三年为吉州刺史,张应在贞元二年至四年为吉州刺史,⑦则建中四年至贞元元年(783—785)吉州刺史空阙,孙杲或在此时代理州事。根据志文,孙杲在吉州时考课成绩优异,冠于同僚。时逢朝廷下诏征选良官,孙杲为本道观察使举荐,再次回到京师任官。

---

① 《资治通鉴》卷二三二"唐德宗贞元三年七月"条,第7492—7493页。
② 《新唐书》卷四〇《地理志四》,第1046页。
③ (唐)陆贽撰,王素点校《陆贽集》卷一〇,第303页。
④ (唐)于劭《为卫尉许卿请留男表》,《文苑英华》卷六〇八,中华书局,1966年,第3151页。
⑤ 《悟空入竺记》,陈尚君辑校《全唐文补编》上册,中华书局,2005年,第681页。
⑥ 严耕望《唐代府州僚佐考》,《严耕望史学论文集》上册,上海古籍出版社,2009年,第343页。
⑦ 郁贤皓《唐刺史考全编》,第2344页。

孙杲回到京师后不久,唐顺宗驾崩,唐宪宗即位。此后不久回鹘怀信可汗也逝世,回鹘遣使来告。朝廷于是精选使臣前往回鹘吊祭并册立新可汗。据佟磊先生研究,唐廷在选派前往边疆民族地区的吊册类使者时,需考虑其家世背景、政治素养,其本人也应具备较高的文化修养、相当的口辩能力并且熟悉周边民族事务。[①] 而孙杲正具有"和众之德,应对之才",并因长期在北庭任官而熟悉民族事务,且曾经回鹘路归朝,对唐入回鹘之交通较为熟悉,因此被任命为吊祭册立使,出使回鹘。而在孙杲之前,出使回鹘的多为朝中能臣,如大历四年(768)出使回鹘的吊祭使萧昕面对回鹘,敏于抗辩,使"回纥惭退,加礼以归"。[②] 代宗时期的册立回鹘可汗使王翊"力行近乎仁,率性之谓道,学以博物,文能变风"。[③] 贞元十一年(795)前往回鹘的吊祭册立使张荐,"三使绝域,皆兼宪职。以博洽多能,敏于占对被选"。[④]

关于孙杲出使回鹘,《新唐书》《资治通鉴》《唐会要》均有记载,《新唐书·回鹘传上》云:"永贞元年,可汗死,诏鸿胪少卿孙杲临吊,册所嗣为滕里野合俱录毗伽可汗。"[⑤]《资治通鉴》云:"回鹘怀信可汗卒,遣鸿胪少卿孙杲临吊,册其嗣为腾里野合俱录毗伽可汗。"[⑥]《唐会要》则记为"永贞元年,怀信可汗卒,使来告丧。十一月,奉册命可汗为爱登里逻羽德密施俱录毗伽可汗。未详爱登里逻与怀信何亲,史并不载。以鸿胪少卿、兼御史中丞孙杲持节充吊祭册立使"。[⑦] 从上述记载可知,孙杲出使回鹘时官衔为鸿胪少卿兼御史中丞。鸿胪少卿为唐代专门外交机构鸿胪寺副贰长官,官从四品上。唐制鸿胪寺"若诸蕃人酋渠有封礼命,则受册而往其国"。[⑧] 御史中丞则为孙杲宪衔,为其出使时所加。贞元年间,唐廷多以鸿胪寺官员担任赴回鹘吊祭册立使,如贞元六年(790)"遣鸿胪卿郭锋册命其子为登里罗没密施俱禄忠贞毗伽可汗"。[⑨] 贞元七年(791)"二月,癸卯,遣鸿胪少卿庾铤册回鹘奉诚可汗"。[⑩] 在吊祭册立使赴回鹘前加其

---

① 佟磊《唐朝派往边疆民族地区的吊册类使者研究》,首都师范大学硕士学位论文,2008年,第21页。
② 《旧唐书》卷一四六《萧昕传》,第3962页。
③ (唐)常衮《授王翊刑部侍郎制》,《全唐文》卷四一一,第4214页。
④ 《旧唐书》卷一四九《张荐传》,第4025页。
⑤ 《新唐书》卷二一七上,第6126页。
⑥ 《资治通鉴》卷二三六"唐顺宗永贞元年十一月"条,第7623页。
⑦ (宋)王溥《唐会要》卷九八,第2072页。
⑧ 《旧唐书》卷四四《职官志三》,第1885页。
⑨ 《资治通鉴》卷二三三"唐德宗贞元五年十二月戊寅"条,第7520页。
⑩ 《资治通鉴》卷二三三《唐纪四九》"德宗贞元七年二月癸卯"条,第7523页。

宪衔为唐廷惯例。如《旧唐书》云："以鸿胪卿郭锋兼御史大夫,充册回纥忠贞可汗使。"①《旧唐书》又记"会差使册回纥毗伽怀信可汗及吊祭,乃命荐兼御史中丞,入回纥"。② 为使臣加宪衔是为了"假威宪职,兼命邑丞。足示优荣"。③ "宜假宪秩,仍加命服。以示兼宠"。④

唐制吊祭册立回鹘可汗使为朝廷"授册与节,临轩遣之"。⑤《旧唐书》即云长庆四年唐廷于"正衙册回鹘君长为登罗羽录密施句主录毗伽可汗,以少府监裴通为检校左散骑常侍、兼御史大夫,持节册立、兼吊祭使"。⑥ 正衙即大明宫宣政殿。吊祭册立回鹘可汗使除持有册书、旌节外,还携带祭文,抵达回鹘牙帐后要宣读册书和祭文,其使命即代表唐廷册立新任回鹘可汗,同时"往将国命。展吊奠之礼,申哀荣之恩"。⑦ 顾非熊《送于中丞入回鹘》亦云："去展中华礼,将安外国情。"⑧吊祭册立回鹘可汗使从长安出发时还有副使、判官等随行官员,亦有卫队保护。其队伍严整为描述为"旌旌翩翩拥汉官,君行常得远人欢"。⑨ 实际上由于回鹘对唐使颇不礼待,加之路途艰险,入使回鹘被许多士人视为畏途,如郑权被敕命为回鹘告哀使后即"惮远役,辞以宿有废痼之疾,不能驰马"。⑩ 勇于出使回鹘者,"朝之大夫莫不出钱"。⑪ 韩愈曾为赴使回鹘的殷侑祖饯,《送殷员外序》记有"酒半,右庶子韩愈执盏",⑫祝言于殷侑,叹服其勇迈。为使臣饯行的士大夫又都在饯席上赋诗以赠,如权德舆即为张荐作有《送张阁老中丞持节吊回鹘》。

孙杲赴使回鹘时已是永贞元年十一月,时值冬日,使团踏冰而行,因此志文云："历

---

① 《旧唐书》卷一九五《回纥传》,第5208页。
② 《旧唐书》卷一四九《张荐传》,第4024页。
③ (唐)白居易著,朱金城笺校《白居易集笺校》卷五二《中书制诰五·前谷熟县令李季立授奉天丞兼监察御史充回鹘使判官制》,上海古籍出版社,1988年,第3034页。
④ (唐)白居易著,朱金城笺校《白居易集笺校》卷五一《中书制诰四·入回鹘副使授兼御史中丞赐紫金鱼袋制》,第3018页。
⑤ (唐)白居易著,朱金城笺校《白居易集笺校》卷五二《中书制诰三·裴通除检校左散骑常侍兼御史大夫充回鹘吊祭册立使制》,第2953页。
⑥ 《旧唐书》卷一九五《回纥传》,第5211页。
⑦ (唐)白居易著,朱金城笺校《白居易集笺校》卷五一《中书制诰四·祭回鹘可汗文》,第3029页。
⑧ (清)彭定求《全唐诗》卷五〇九,中华书局,1960年,第5787页。
⑨ (唐)权德舆《送张阁老中丞持节吊回鹘》,《权德舆诗文集》卷四,上海古籍出版社,2008年,第63页。
⑩ (宋)王钦若等编纂,周勋初等校订《册府元龟》(校订本)卷六五三《奉使部·称旨》,第7535—7536页。
⑪ (唐)韩愈撰,马其昶校注《韩昌黎文集校注》卷四《序·送殷员外序》,上海古籍出版社,1986年,第273页。
⑫ (唐)韩愈撰,马其昶校注《韩昌黎文集校注》卷四,第273页。

砂碛,履坚冰。"路途艰险,需穿越大漠。《唐董文萼墓志》即云董文萼于贞元"廿一年奉敕充回鹘告哀宜慰使。跋涉沙碛,靡盐不遑"。① 使团先自长安至中受降城,再进至回鹘牙帐。其行进道路即《新唐书》所云之"中受降城入回鹘道"。②《新唐书》云:"中受降城正北如东八十里,有呼延谷,谷南口有呼延栅,谷北口有归唐栅,车道也,入回鹘使所经。又五百里至鹏鹈泉,又十里入碛,经麚鹿山、鹿耳山、错甲山,八百里至山燕子井。又西北经密粟山、达旦泊、野马泊、可汗泉、横岭、绵泉、镜泊,七百里至回鹘衙帐。又别道自鹏鹈泉北经公主城、眉间城、怛罗思山、赤崖、盐泊、浑义河、炉门山、木烛岭,千五百里亦至回鹘衙帐。"③《新唐书·黠戛斯传》又云:"使者道出天德右二百里许抵西受降城,北三百里许至鹏鹈泉,泉西北至回鹘牙千五百里许,而有东、西二道,泉之北,东道也。"④ 严耕望先生指出此道为"唐入回纥之主道。以中受降城为起点,先东北行八十里出呼延谷,又西北行五百里至鹏鹈泉,由此分东西两道至回纥衙帐。西道由泉西北行经达旦泊,为主道;东道由泉北行经怛罗思山,为别道;计程皆为一千五百里"。⑤ 由志文所记孙杲等"及旋师塞门,对扬休命",可知使团应由中受降城南下夏州,自夏州返回长安。杜甫《塞芦子》诗题小注即云:"芦子关属夏州,北去塞门镇一十八里。"⑥

从志文来看,孙杲在回鹘时以"甘言"促使回鹘解除对往年来回鹘的唐使的羁押,使之返回唐廷;又促使回鹘在与唐的绢马贸易中让步,减少对唐的羊马出口。回鹘因在安史之乱中助唐平叛有功,在中原多行骄纵不法之事,对来到漠北高原的唐使也颇不礼待,在孙杲之前出使回鹘的如李叔明"乾元后为司勋员外郎,副汉中王瑀使回纥,回纥接礼稍倨"。⑦ 源休为"入回纥使,休几为虏所杀"。⑧ 宦官刘清潭被唐代宗派往回鹘征兵时,为回鹘"大辱"。⑨ 宦官梁文秀在唐德宗即位后"告哀于回纥,且修旧好,可汗移地健不为礼"。⑩ 从志文可知在唐德宗贞元末年有一些唐使被回鹘羁押,而在此之前的贞

---

① 周绍良、赵超主编《唐代墓志汇编续集》,上海古籍出版社,2001年,第845页。
② 《新唐书》卷四三下《地理志七下》,第1146页。
③ 《新唐书》卷四三下《地理志七下》,第1148页。
④ 《新唐书》卷二一七下《黠戛斯传》,第6148页。
⑤ 严耕望《唐代交通图考》第二卷《河陇碛西区》,第608页。
⑥ (清)彭定求《全唐诗》卷二一七,中华书局,1960年,第2274页。
⑦ 《旧唐书》卷一二二《李叔明传》,第3506页。
⑧ 《旧唐书》卷一一八《杨炎传》,第3424页。
⑨ 《旧唐书》卷一九五《回纥传》,第5202页。
⑩ 《旧唐书》卷一九五《回纥传》,第5207—5208页。

元六年(790),前往回鹘的册立忠贞可汗使郭锋就曾被回鹘羁留,史载回鹘"留锋数月而回"。①

安史之乱以后,唐与回鹘的绢马贸易不仅成为双方的经济热点,还成为唐朝朝野上下的舆论热点。据学者研究,唐与回鹘的绢马贸易既是中唐以后唐国家马牧业衰微的表现,也使唐得以与回鹘保持联盟,外抗吐蕃,内制强藩。② 另有学者指出,唐朝虽然在绢马贸易中经济代价沉重,但获得了丰厚的政治利益,不仅能使唐朝保持对回鹘的羁縻统治,还能利于边防安全和内部稳定。③ 但绢马贸易确实对唐政府财政形成了巨大压力,《李公墓志铭》即称唐德宗兴元年间"时有北虏入觐,将以戎马充献,数盈累万。国朝故事,每一马皆酬以数十缣帛,拒之即立为边患,受之即王府空竭"。④ 陆贽在唐德宗时上疏谈到对吐蕃的赂币和对回鹘的绢马贸易:"使伤耗遗氓,竭力蚕织,西输贿币,北偿马资,尚不足塞其烦言,满其骄志。"⑤《旧唐书》亦云:"蕃得帛无厌,我得马无用,朝廷甚苦之。"⑥由于"马价出于租赋",⑦唐廷每年均欠回鹘大额绢款,《新唐书》即云:"而中国财力屈竭,岁负马价。"⑧连郭子仪都曾上奏"请自纳一年俸物充回纥马价"。⑨ 回鹘对唐朝绢帛极感兴趣,永泰元年冬,由于郭子仪率回鹘兵大破吐蕃,唐代宗"诏税百官钱;市绢十万匹以赏回纥"。⑩ 对于绢马贸易所获之绢,回鹘更是极为在意,大历初年萧昕任吊祭回鹘可汗使时,在回鹘汗庭被回鹘责难,被其质问:"禄山、思明之乱,非我无以平定,唐国奈何市马而失信,不时归价?"⑪源休出使回鹘时,回鹘可汗令使者传言与源休:"为我言有司,所负马直一百八十万,可速偿我。"⑫

志文云:"罢羊马之入,杜缣缯之求。安彼虏庭,存我国用,不辱君命,美哉使乎。"对孙杲在回鹘的经济斡旋大加称赞,可见经济斡旋为孙杲出使回鹘的重要使命。据《旧唐书·回纥传》,唐德宗贞元六年、八年,唐廷均曾赐予回鹘使臣马价绢。《册府元

---

① 《旧唐书》卷一九五《回纥传》,第5209页。
② 马俊民《唐与回纥的绢马贸易——唐代马价绢新探》,载《中国史研究》1984年第1期。
③ 刘正江《回鹘与唐的马绢贸易及其实质》,载《黑龙江民族丛刊》2011年第2期。
④ (清)董诰等《全唐文》卷七一七,第7374页。
⑤ 《旧唐书》卷一三九《陆贽传》,第3806页。
⑥ 《旧唐书》卷一九五《回纥传》,第5207页。
⑦ 《旧唐书》卷一九五《回纥传》,第5207页。
⑧ 《新唐书》卷五一《食货志一》,第1348页。
⑨ (宋)王钦若等编纂,周勋初等校订《册府元龟》(校订本)卷四八五《邦计部·输财》,第5504页。
⑩ (宋)王钦若等编纂,周勋初等校订《册府元龟》(校订本)卷四八四《邦计部·经费》,第5488页。
⑪ 《旧唐书》卷一四六《萧昕传》,第3962页。
⑫ 《新唐书》卷二一七上《回鹘传上》,第6122页。

龟》还云贞元三年唐德宗将咸安公主许婚与回鹘可汗,"且令赍公主画图就示可汗,以马价绢五万还之,许互市而去"。① 此后直至唐宪宗元和十年八月,唐廷才又"以绢十万匹偿回纥之马直"。② 可见在元和初年,唐廷的经济压力至为减轻,孙杲的回鹘之旅实不虚此行,功莫大焉。因此在使团返回,使臣廷对后,孙杲被唐宪宗下诏褒奖,官升蕲州刺史。蕲州属淮南道,为上州,唐制,上州刺史从三品。此前出使回鹘者,如圆满完成使命亦被升官,如萧昕以从三品下国子祭酒任吊祭回鹘可敦使,返回朝廷后被升为正三品下散骑常侍。孙杲任蕲州刺史仅三个月即逝于官舍,其妻常氏墓志云:"府君出牧于蕲,才逾三月,蕲人不幸,府君即世。"③经占卜葬于"河中临晋原",即墓志出土地。墓志撰写者常州义兴县主簿某由于与孙杲长子饶州余干县尉孙炼情谊笃深,为其邀请撰写墓志,叹息孙杲官未至节度使而先逝。

三、结　语

综上所释,孙杲墓志作为目前已发现的唯一一方北庭归朝官墓志,极其珍贵,为我们研究中唐河陇阻绝以后的西域形势及唐与回鹘的通使往来提供了第一手史料。从志文来看,孙杲由于其父为甘州张掖县令而对吐蕃大举进攻之下的河西军情较为了解,其在甘州被吐蕃攻陷后来到北庭,向北庭都护府纵论对吐蕃之攻守对策,获得北庭官员的赏识,被都护府奏荐为伊州参军。孙杲能被朝廷敕书授任,说明唐代宗初年西域与长安之间的政情交通仍较为顺利。孙杲在伊州被唐军收复之后赴任,其后一直在北庭管下的西州任县尉、县丞、县令等官。从其升迁来看守选极少,其所任县尉、县丞、县令等官均应由西州刺史辟署,获准于伊西北庭节度使,这也是大历七年河陇阻绝以后的特殊形势使然,同时说明,即使在与中央政情不通的情况下,伊西北庭的官员升迁等政治运作依然秩序井然。建中二年,由于北庭四镇使者取回鹘路抵达长安,北庭四镇恢复了与唐廷中断长达九年之联系。唐德宗大喜之下诏奖北庭四镇将士连升七级,孙杲因而由西州天山县令升为北庭大都护府司马、长史。建中三年,孙杲作为北庭高官入朝,亦取回鹘路得达长安。其孤身归朝之壮举,史籍阙载,但从中可见建中二年之后北庭与唐廷之

---

① （宋）王钦若等编纂,周勋初等校订《册府元龟》（校订本）卷979《外臣部（二十四）·和亲第二》,第11册,第11336页。
② （宋）王钦若等编纂,周勋初等校订《册府元龟》（校订本）卷999《外臣部（四十四）·互市》,第11册,第11563页。
③ （唐）郗弘度《唐孙府君夫人河内常氏墓志》,载《全唐文补遗》第7辑,第85页。

间联系紧密。唐廷赐孙杲试官、封爵、文散官、宪衔,将其由北庭大都护府长史转为军事色彩较浓的伊西庭节度使行军司马,又对其赐婚。由于孙杲为北庭高官,因此得以留在长安,不久以吉州别驾外任。德宗末年,孙杲以考课优异而被本道观察使举荐返回京师任官。唐宪宗即位后,以孙杲有应对之才及对回鹘交通熟悉,委任其为吊祭册立回鹘可汗使,在孙杲在出发前又升其宪衔以示品位优重。孙杲率使团踏冰而行,穿越大漠抵达回鹘汗庭后宣读唐廷祭文、册文,又以其出色的外交才能,促使回鹘释放此前羁押的唐使,又使回鹘减少了对唐朝的绢马贸易之出口量,减轻了唐廷财政压力。在经夏州返回长安后,孙杲以其圆满地完成了外交使命而被升任为上州刺史。总之,我们可以从志文对孙杲出使回鹘的描述,了解到唐廷委派使臣出使回鹘的相关制度及交通路线,以及德宗末年宪宗初年唐与回鹘的外交形势、唐与回鹘的绢马贸易对唐财政造成的沉重压力。

(作者单位:陕西师范大学历史文化学院)

敦煌写卷"落蕃诗"创作年代再探

杨富学　盖佳择

摘　要：敦煌出土 P. 2555 写卷正面与背面"落蕃人"所作的 71 首诗，历来是敦煌学界争论的焦点之一。通过对前人关于正面 59 首诗作者身份与时代的各种说法之逐一评析，进而细析诗意，结合传世与出土文献，可以看到诗中的"退浑国"一称始见于晚唐，"唐家"一词多数情况下出现在唐后与蕃国语中，唐代诗人反多自称"汉家"；诗中的"乡国"一语指向敦煌，说明敦煌兼具乡与国（都）身份；诗中出现的"殿下"，实指金山国天子张承奉。可以认为，正面 59 首"落蕃诗"的作者为金山国前往南蕃求援而被扣押的使臣。背面 12 首诗则以唐与吐蕃时诗为主，创作与抄写时间明显要早于正面的落蕃诗。

敦煌写卷 P. 2555《敦煌唐人诗集残卷》，又称《落蕃诗》或《唐诗文丛钞》，是敦煌学界最负盛名，也是研究成果最多的敦煌文学写卷。其独特价值在于保存了大量唐代逸诗、逸文，可补传世文献之缺。全卷共收罗诗 190 首，文 2 篇（据徐俊，合俄藏 Дх. 3871，则可得诗 210 首），其中仅有 17 篇见诸《全唐诗》与《全唐文》。

诗集中有两组佚名氏《落蕃诗》，第一组 59 首，[①]第二组 12 首，[②]可以说是本写卷中得到研究最为充分、诸家最众说纷纭的。几十年间有很多学者为之做了详细的录文和考订，校录本不少，举其荦荦大端者有：

王重民辑录，刘修业整理《〈补全唐诗〉拾遗》，《中华文史论丛》1981 年第 4 期（第

---

* 教育部人文社会科学重点研究基地重大项目"敦煌民族史研究"（编号 14JJD770006）。

① 一种意见言为 60 首，乃加《毛押牙诗》一首，兹不取。

② 主流意见言为 13 首，乃加马云奇《怀素师草书歌》一首，很多学者以为马云奇为 13 首的共同作者。据潘重规《敦煌唐人落蕃诗集残卷作者的新探测》，马云奇与盛唐书法家怀素当为忘年交，其年长于怀素，至中唐年已花甲，而落蕃诗作者至多中年。按后 13 首并非同一时代作者所为，非马云奇一人。马云奇后 12 首落蕃诗与前面 59 首落蕃诗的共同特点是不署作者，故马云奇《怀素师草书歌》一诗当非落蕃诗。

20辑),第159—198页;

舒学《敦煌唐人诗集残卷》,《文物资料丛刊》第1辑,文物出版社,1977年,第48—53页;

高嵩《敦煌唐人诗集残卷考释》,宁夏人民出版社,1982年;

潘重规《敦煌唐人陷蕃诗集残卷研究》,《敦煌学》第13辑,台北:新文丰出版公司,1988年,第79—111页;

徐俊《敦煌诗集残卷辑考》,中华书局,2000年,第686—757页。本文所论的"落蕃诗"皆依该书第705—719、752—757页之录文。

张锡厚主编《全敦煌诗》第8册,作家出版社,2006年,第3328—3376页。

上述诸作在考定佚名创作者身份、名字、创作者人数及创作年代等方面,咸有所贡献,又各有所不足,其中最突出的一点莫过于对诗歌创作年代的定位和对诗人身份的认知。前贤所推测的年代都徘徊于盛唐与中唐之间,一般将佚名诗人当作不慎落蕃的百姓、官员或战俘。陈国灿早年亦持是说,[①]而1994年其在敦煌学国际讨论会上发表《敦煌五十九首佚名氏诗新探》提出一种新说,谓《落蕃诗》59首之作者为奉命出使吐蕃请兵抵御回鹘的金山国人,其官方身份或是僧人,这次出使或与敦煌写本P.3633《辛未年(911)七月沙州耆寿百姓等一万人状上回鹘可汗》中提到的罗通达赴南蕃之行有着密切关系。[②] 该说颇具新意,而且立论有据,可谓得其端的。但反复研读陈先生大作后,觉得其对《落蕃诗》的创作年代分析仍有进一步充实的空间。有鉴于此,笔者不避狗尾续貂,略述管见,以求教于陈先生及诸位方家。

一、"退浑"与"唐家"辨证

(一)吐谷浑(退浑)与吐蕃的关系

正面诗歌的写作时期,笔者认同陈国灿金山国说,落蕃人正于此阶段出使吐蕃。若细读诸诗,不难从59首诗的字里行间发现更多有助于推定落蕃诗人时代背景之蛛丝马迹。

---

① 陈国灿《武周瓜、沙地区的吐谷浑归朝事迹——对吐鲁番墓葬新出敦煌军事文书的探讨》,载《1983年全国敦煌学术讨论会文集(文史·遗书编)》,甘肃人民出版社,1987年,第13页。在收入个人论文集《敦煌学史事新证》(甘肃教育出版社,2002年,第181页)时,改"吐蕃俘虏、押解南行"之语为"沙州金山国时期奉命出使吐蕃"。

② 陈国灿《敦煌五十九首佚名诗历史背景新探》,载《敦煌吐鲁番研究》第2卷,北京大学出版社,1997年,第87页。

落蕃诗开篇第一首为《冬出敦煌郡入退浑国朝发马圈之作》,诗题中的退浑国即吐谷浑。赵宗福及汤君金引此"入退浑国"之语,以为此诗作于肃代之间,作者为出使吐谷浑的使者,指其意图在于分化吐谷浑与吐蕃的联盟,结果被依附吐蕃的吐谷浑移交与吐蕃。① 与之不同,陈国灿以此诗作为落蕃诗整体创作于归义军时期的证据,并将之与《新唐书·西域传》之相关内容互证。《唐书》记高宗时吐蕃灭吐谷浑,有其地:

> 王师败于大非川,举吐谷浑地皆陷,诺曷钵与亲近数千帐才免。三年,乃徙浩亹水南,诺曷钵以吐蕃盛,势不抗,而鄯州地狭,又徙灵州,帝为置安乐州,即拜刺史……(其孙)宣超立,圣历三年,拜左豹韬员外大将军,袭故可汗号,余部诣凉、甘、肃、瓜、沙等州降……吐蕃复取安乐州,而残部徙朔方、河东,语谬为"退浑"。②

吐蕃复取安乐州的时间在广德二年(764),次年唐收回,至767年再次陷入吐蕃,至于大中年间。③ 而早在安史之乱爆发前之唐龙朔三年(663),吐谷浑国即已为吐蕃所灭。似已无实土,自不能称之为国。吐谷浑灭国后,遗民移居河东、河西诸地,被称作退浑、吐浑。按陈说是也。司马光《资治通鉴》胡三省注引宋白云:"吐谷浑谓之退浑,盖语急而然。圣历后,吐蕃陷安乐州,其众东徙,散在朔方。赫连铎以开成元年将本部三千帐来投丰州,文宗命振武节度使刘沔以善地处之。及沔移镇河东,遂散居川界,音讹谓之退浑。"④可知其发生讹音已是在文宗以后,即中晚唐,肃代之间则尚未有之。赵、汤之说自然不成立。

而吐谷浑虽已于663年失国,大部分种落已迁徙入唐,不过仍有少数部落长期活动于青海及周边地区即吐谷浑原属地。敦煌发现的《吐谷浑(阿柴)纪年残卷》反映,⑤唐蕃大非川之战(唐总章三年,670)前后,沙州南、莫贺延碛北附近吐浑国旧地即今阿尔金山附近及柴达木盆地周围,尚有一支较大的吐浑余部,首领号莫贺吐浑可汗或阿柴小王,为吐蕃之甥,作为其附庸而一直存在,有时亦称"吐谷浑国"。⑥ 这个"阿柴—吐谷浑

---

① 赵宗福《唐代敦煌佚名氏诗散论〈敦煌唐人诗集残卷〉研究之一》,载《青海社会科学》1983年第6期,第71—78页;汤君《敦煌唐人诗集残卷作者考辨》,载《西南民族学院学报》1999年第6期,第242—247页。
② (宋)欧阳修、宋祁《新唐书》卷二二一《西域传》,中华书局,1975年,第6227—6228页。
③ 郭声波《中国行政区划通史·唐代卷》下,复旦大学出版社,2012年,第1074—1075页。
④ (宋)司马光《资治通鉴》卷二八二,胡三省注引宋白,中华书局,2013年,第7695页。
⑤ 周伟洲、杨铭《关于敦煌藏文写本〈吐谷浑(阿柴)纪年〉卷的研究》,载《中亚学刊》第3辑,中华书局,1990年,第95—108页。
⑥ 邓慧君《试论吐蕃与唐争夺吐谷浑获得成功的原因》,载《青海社会科学》1993年第6期,第99—102页。

国"就是诗中的退浑国吗？看上去似乎很有可能。在吐谷浑灭国之后，河南地尚有莫贺延等吐谷浑部落，各有其长官，似乎也确实有一位总的可汗统辖吐谷浑各部，并沿用故吐谷浑的冬夏宫。但其实这个所谓的"吐谷浑国"并不是真正意义上的藩属国，它与吐蕃兼并的苏毗、象雄等部落国家相类，只是吐蕃有效控制下的半独立属国。这个所谓的"国家"虽与吐蕃为甥舅之国，实际上除了有一个名义上的统治者外，与瓜沙等吐蕃节度地区并无区别，《吐蕃历史文书》和藏地各种史籍中出现的所谓吐蕃控制下的吐谷浑更多像一个历史或地理名词而不是一个政治实体。

P.T.1288《敦煌吐蕃历史文书》之《吐蕃大事纪年》中多次提及吐谷浑与吐蕃上层的密切关系，择其较有代表性之数条列于下：

35. 及至猴年(684)，赞普驻于辗噶尔，大论赞聂于伍茹雪之热干木集会议盟。麹·都赞、埃·启玛日、吐谷浑阿豺三者前来申诉是非。①

47. 及至猴年(696)，赞普驻于悉立河谷。大论钦陵于吐谷浑之西古井之倭高儿征吐谷浑大料集。②

78. 及至兔年(727)，赞普以政务巡临吐谷浑，途次，韦·松波支被控。攻陷唐之瓜州晋昌……冬，赞普牙帐驻于交工纳，任命外甥吐谷浑小王、尚·本登葱、韦·达札恭禄三人为大论。吐谷浑诸部之大部均颁与赏赐。蕃地本部之冬季会盟于畿·耒岗园。③

108. 及至猪年(759)……论绮力卜藏、尚·东赞二人赴吐谷浑。冬，赞普牙帐驻于辗噶尔。冬季会盟由论思结卜藏希诺囊于道尔地方召集之。多思麻之冬季会盟于若达马氏川，由论绮力思札召集之。论绮力卜藏、尚·东赞、尚·赞哇三人攻陷小宗喀。④

上述四例，其一反映了吐谷浑小王需要参加吐蕃赞普召集的会盟，向其述职；其三反映了赞普随时可以巡视吐谷浑地，赞普及其外派大臣对其地重大事务有监督权和受理权，吐谷浑小王不仅有"藩王"的身份，更有由赞普亲自任命的大论身份，即兼为吐蕃与吐谷浑官长；而"蕃地本部"当为吐蕃王畿地区，与苏波、吐谷浑、瓜沙等藩属或节度驻地区分，"本部"与"外围"地区当是一个有机的整体；其二与下文托马斯编号敦煌藏

---

① 王尧、陈践《敦煌本吐蕃历史文书（增订本）》，民族出版社，1992年，第147页。
② 王尧、陈践《敦煌本吐蕃历史文书（增订本）》，第148页。
③ 王尧、陈践《敦煌本吐蕃历史文书（增订本）》，第152页。
④ 王尧、陈践《敦煌本吐蕃历史文书（增订本）》，第155页。

文文书说明吐谷浑各部的赋税皆由吐蕃官方直接征收,"吐谷浑小王"并无支配权;而第四例则说明吐谷浑地区为吐蕃边防要地,与唐朝征战的前沿阵地。

散见于吐蕃简牍与其他藏文文献资料中亦有吐谷浑部完全臣属吐蕃的记载,托马斯编号1-12,Fr.66(Vol.54,fol.18)书信云:

> 尊贵的论·祖热和论·勒蔡:……论·贪热已经命令,将吐谷浑路(Va zha)农夫拖欠的三十驮粮食,加上论.勒蔡大人从其驻地奉献的那一部分粮食一起交到沙州。沙州会计官事先已免除了殷卡镇和曹成镇的欠粮,吐谷浑路的农夫已交过赋税,账单已送来。①

托马斯编号1-14,ch.87(Vol.53, fol.5):

> 十分荣幸,尊贵的王曾经赐予我们命令。随即我们准备动身。在上部地方,我们接到前述的命令,于是来到……尚论等人议论去向时,我提出了两个地方,吐谷浑国和瓜州节度衙。②

托马斯编号1-15(Vol.56,fol.72):

> 我们兄弟是勒孔家族的人,能力也不低。新卡莱城的官吏都很贤明,他们在夏至日曾来这里。他们中一些判断力很强的人曾应我们父亲马可赞的恳请,送上了一份求职申请。我等是勒孔家族之人,能力很强,奉上过珍贵物品,都有资格担任此职。无论上司任命我等中的哪一人,他都会有能力胜任此职。此事十分好办:垒阿柴王及其论知道我等都是有能力的人,他们同意任命我等,并做了善意的推荐。根据上述条件,阿柴王和论曾提名我们作千户官员,请授予我等千户长之职。③

托马斯编号4-5,麻扎塔格出土写卷:

> 在突厥啜尔、吐谷浑……仙千户。④

米兰出土简牍,王尧编号61号:

> 吐谷浑上部万人部落,凡属唐所辖者,每户征收五升(青稞):万人部落田赋以六成计所征,征青稞混合堆置一处,一部分(青稞)如以羊驮运不完,可派牛运。⑤

---

① E. W. Thomas, *Tibetan Literary Texts and Documents concerning Chinese Turkestan*, Ⅱ, London: the Royal Asiatic Society, 1935, pp. 16 - 19.
② E. W. Thomas, *Tibetan Literary Texts and Documents concerning Chinese Turkestan*, Ⅱ, pp. 21 - 22.
③ E. W. Thomas, *Tibetan Literary Texts and Documents concerning Chinese Turkestan*, Ⅱ, pp. 22 - 29.
④ E. W. Thomas, *Tibetan Literary Texts and Documents concerning Chinese Turkestan*, Ⅱ, pp. 174 - 175.
⑤ 王尧、陈践编著《吐蕃简牍综录》,文物出版社1986年,第38页。

托马斯编号 1-12 文书中提到"吐谷浑路",这或当是对"吐谷浑国"的另一种称谓,字面意思看,应该与转运相关,吐谷浑各部需转运粮食至沙州会计,则知其自主权甚或不如瓜沙节度衙。而从托马斯编号 1-15 文书可知,吐谷浑小王阿柴王虽贵为赞普外甥,但对其国内官员却只有推荐权而无任命权,任命权则归于"上司",即"德论会议"。可见在吐谷浑故地权力大于阿柴王的尚不止于赞普。从吐蕃简牍与拉露文章则可知,吐蕃将吐谷浑与突厥(即突厥州)等部落抚服后编入军旅,组成万人部落,有权任命其指挥官(万人将)的只有赞普。根据《资治通鉴》记载,8 世纪吐谷浑的每一次军事活动都是在吐蕃的主导下进行的,如卷二二三唐代宗广德元年九月壬戌,"吐蕃帅吐谷浑、党项、氐、羌二十余万众弥漫数十里,已自司竹园度渭、循山而东"。① 此类事例还有很多。

综上,或可对吐蕃控制下的吐谷浑部落形态下以下结论:吐谷浑—阿柴国当真实存在,名义上由吐谷浑小王治理,实际上"小王"对其国各部并没有征税、调兵、任官的权力,以上皆归吐蕃高层所有,而其有限的权力亦为赞普所赋予,其妻子吐蕃公主的地位要远远高于他,故知"吐谷浑国"实不过是吐蕃的附庸,远称不上真正意义上的国家。

学界亦有根本上否定"吐谷浑国"存在的说法。如藏族学者阿顿·华多太在《论都兰古墓的民族属性》一文中即对多数学者将 Va zha(阿柴或阿夏)一词等同于吐谷浑提出质疑,试图从历史沿革、地理位置、风俗习惯等方面证明 Va zha 实是指大夏,而所谓的吐蕃治下的"吐谷浑邦国"则纯属学界虚构。② 此说或过极端,今不取。

从史书可知,唐朝一直扶持吐谷浑诺曷钵一系,汉地史籍未见有对吐蕃附庸"阿柴国"的记载,足见官方不予承认。落蕃诗人若为唐代外交使节,如何会在诗中犯"退浑国"这样的政治错误?反之,在张氏归义军时期,吐谷浑势力强大,归义军往来文书普遍称其首领为王,称其部为退浑国,落蕃诗人如生活于此时期,写出这样的诗也就不足为奇了。

(二)论"唐家"为一中性称法,不称于当朝。

《晚秋羁情》有诗云鄯州临蕃城"屋宇摧残无个存,犹是唐家旧踪迹"。前贤多以这里的"唐家"而推定落蕃诗为唐人之作,其实非也。

---

① 《资治通鉴》卷二二三,第 5982 页。
② 阿顿·华多太《论都兰古墓的民族属性》,载《中国藏学》2012 年第 4 期,第 117—136 页。

检《全唐诗》，"唐家"一词很少见，仅出现三次，其一为元稹《人道短》："唐家天子封作文宣王。老君留得五千字，子孙万万称圣唐。"①元稹为中唐人；其二见于吕岩《赠刘方处士》："唐家旧国尽荒芜，汉室诸陵空白草。"②吕岩即吕洞宾，乃晚唐人，近于五代。二位虽为唐人，但所述内容均为对前朝帝事的追述，非记当朝事。另一处见于刘得仁《送新罗人归本国》："到彼星霜换，唐家语却生。"③此处"唐家语"，系应对外夷而称本国名。可见，诗中的"唐家"为一中性称法，鲜称于当朝。

在《全唐文》中，"唐家"一词9见，多为诏敕用语，如李显《答敬晖请削武氏王爵表敕》："卿等表云：天授之际，武家封建，唐家藩屏。"④苏安恒《请复位皇太子第二疏》："惟陛下思之。将何圣颜以见唐家宗庙？将何诰命以谒大帝坟陵？"⑤胡交《修洛阳宫记》："益隆唐家兴王之气矣。"⑥岑羲《为敬晖等论武氏宜削去王爵表》中则数次提到唐家、唐室、唐业。⑦ 上四处"唐家"字样悉是用以针对武周伪朝；白居易《谏诏吐突承璀率师出讨王承宗疏》："唐家制度，每征伐，专委将帅责成功。"⑧此叙本朝制度；李德裕《论仪凤以后大臣褒赠状故右卫将军李安靖》："安靖谓曰：以我是唐家老臣。"⑨吴武陵《遗吴元济书》载昔仆之师裴道明尝言："唐家二百载，有中兴主。"⑩此乃时人话语，不需忌讳本朝字眼；李奚《蔡袭传》："兼匈奴新创振武，还兵劳瘁，又以唐家招徕，不设备，若夺公主，必宜乘时疾往。"⑪此亦针对外夷称本朝，同于刘得仁前诗也。而钱镠《真圣观碑》所见"则老君自是大道之至真，非唐家之枝派"之谓，⑫则显系五代人之追语了。

以上这些说明，"唐家"二字多数情况下用于客称，较少用于时人话语。那么，唐代诗人通常情况下是如何自称的？《全唐诗》提供了最可信的用例，多以"汉家"称之。在900卷诗中，多达155卷有"汉家"之谓，如李隆基《送李邕之任滑台》："汉家重东郡，宛

---

① （唐）元稹《人道短》，载（清）曹寅、彭定求《全唐诗》卷四一八，中华书局，1983年，第4620页。
② 《全唐诗》卷八五九，第9768页。
③ 《全唐诗》卷五四四，第6344页。
④ （唐）李显《答敬晖请削武氏王爵表敕》，载（清）董诰等编《全唐文》卷一七，中华书局，1983年，第204页。
⑤ 《全唐文》卷二三七，第2392页。
⑥ 《全唐文》卷三五二，第3564页。
⑦ 《全唐文》卷二六七，第2711页。
⑧ 《全唐文》卷六六六，第6776页。
⑨ 《全唐文》卷七〇三，第7219页。
⑩ 《全唐文》卷七一八，第7385页。
⑪ 《全唐文》卷八〇三，第8447页。
⑫ 《全唐文》卷一三〇，第1307页。

彼白马津。"①张籍《陇头》:"汉家处处格斗死,一朝尽没陇西地。"②杨师道《阙题》:"汉家伊洛九重城。"③苏颋《奉和送金城公主适西蕃应制》:"旋知偃兵革,长是汉家亲。"④乔知之《从军行》:"汉家已得地,君去将何事。"⑤杜甫《兵车行》:"汉家山东二百州"。所议皆本朝事也。诸如此类,不胜枚举,足见以汉代唐乃其时惯例。故而《晚秋羁情》如为唐朝人所写,正当做"犹是汉家旧踪迹"才更有历史沧桑感和美感。按据一三五不论的律诗规则,写作"汉家"完全不会破律。尤有进者,于公异《代李令公乞朝觐南郊表》:"吐蕃……自安戎貊之边,敢犯汉家之塞!"⑥阙名《定蕃汉两界碑》:"汉家军领,亦不得兵马相侵。"⑦书唐边事,而以"汉"与吐蕃对应。盖因汉不仅指汉朝,亦为汉人也。

　　如陈国灿所云,唐朝诗人即便称唐,亦多喜云"我唐""皇唐""圣唐"或"巨唐"。当朝则常称圣朝,多见于赠序之中。例如《大秦景教流行中国碑颂》:"巨唐道光,景风东扇";⑧杜甫《九成宫》诗:"荒哉隋家帝,制此今颓朽。向使国不亡,焉为巨唐有。"⑨等。"落蕃诗"作者在此客称"唐家"而不称"国朝""大唐""皇唐""巨唐",必定是隔世之后对前朝踪迹的追思感叹,很符合唐亡后金山国人的情感和语气。⑩

　　概览敦煌文献,中唐之前的文献称"唐"较少,反倒是吐蕃和归义军时期的文献频频用到"唐"字。陈祚龙谓:"大凡制于吐蕃统治沙州之铭赞碑记,对于曾任唐官者,每当序其品职,假若不称'前唐',即作'唐朝'。"⑪事实上,"唐家"字眼每每见于四夷之辞令与碑刻。突厥的贵族暾欲谷曾云:"吐蕃狗种,唐国与之为婚,奚及契丹旧是突厥之奴,亦尚唐家公主。"⑫突厥卢尼文《阙特勤碑》东侧第4行、《毗伽可汗碑》东侧第5、35

---

① 《全唐诗》卷三,第27页。
② 《全唐诗》卷一八,第180页。
③ 《全唐诗》卷三四,第460页。
④ 《全唐诗》卷七三,第799页。
⑤ 《全唐诗》卷八一,第872页。
⑥ 《全唐文》卷五一三,第5213页。
⑦ 《全唐文》卷九九〇,第10251页。
⑧ 翁绍军校勘并注释《汉语景教文典诠释》,生活·读书·新知三联书店,1996年,第55页。
⑨ 《全唐诗》卷二一七,第2279页。
⑩ 陈国灿《敦煌五十九首佚名诗历史背景新探》,载《敦煌吐鲁番研究》第2卷,北京大学出版社,1997年,第92页。
⑪ 陈祚龙《敦煌写本〈右军卫十将使孔公浮图功德铭并序〉之我见》,载《大陆杂志》第20卷第5期,1960年,第15页;收入氏著《敦煌资料琐屑》上册,台湾商务印书馆,1979年,第3页。
⑫ 《旧唐书》卷一九四上《突厥传》,中华书局,1975年,第5175页。

行及《暾欲谷碑》南侧第4、5行均出现有Tabɣač"唐家子/桃花石"①一词,用以指代唐朝,以至于后世"唐家子(桃花石)"成了西域语境下中原的代名词。

"唐家"现于四夷文献的频率远高于唐代中国文献,堪当深思。

归义军文书含"唐"字的则可以如下几篇为代表:P.3633《辛未年(911)七月沙州耆寿百姓等一万人状上回鹘可汗》云:"太保功成事遂,仗节归唐,累拜高官,出入殿庭,承恩至重。"②称"归朝"为"归唐";S.4276《管内三军百姓奏请表》:"臣本归义军节度使张某乙,自大中之载,伏静河湟,虏逐戎蕃,归于逻娑。伏承圣朝鸿泽,陇右再晏尧年;玄德流晖,姑臧会同舜日。遂乃束身归阙,宠袳统军;不在臣言,事标唐史。"③虽口称"圣朝",然直称本朝之历史为"唐史";S.6234+P.2005《酒泉》:"直为唐朝明主圣,感恩多处贺□□。"④《西州》:"大道归唐国,三年路不赊。"⑤《燉煌》:"万顷平田四畔沙,汉朝城垒属蕃家。歌谣再复归唐国,道舞春风杨柳花。"⑥皆呼自己之所在为"唐朝""唐国"。这是归义军时期文书所惯见的,而为同时代中原文献所罕有。究其原因,敦煌河西陷蕃而与唐朝隔绝近百年,虽然欢喜于张太保收复河西归唐,然而生疏百年,真正隔世,故对唐政权并非特别亲近,不以为自身一直是大唐子民。归义军政权作为新建立的一个边远藩镇,俨然独立王国,其子民虽有赤心,亦多不过视大唐为宗主之国,与唐朝间外表亲密而暗中相互防备罢了。而唐皇帝与官僚们更多半以外夷视之,封张议潮为归义军节度使而非河西节度使就很能说明问题。"归义"一号,自汉以来每多赐予归化的胡酋,唐武宗会昌年间就有一支归唐的回鹘残部同样被赐予"归义军"之号;又如《唐故邠宁节度使司空河东裴公墓志铭》中云"天子以河西新收,西凉府以归,帅张议潮欲强盛边事,择其人",⑦表明唐廷对张氏的担忧与提防。职是之故,敦煌官民多亦沿袭了吐蕃时期对唐政权的称谓,但称其国号而不唤作"我唐""我朝""皇唐",至于唐朝已亡之金山国时期,就更不会以此类语呼之了。而归义军时期的怀古、纪实诗,还能看出有汉唐并用的迹象,如上引《敦煌》诗"汉朝城垒属蕃家。歌谣再复归唐国",如本首之"犹是

---

① Talat Tekin, *A Grammar of Orkhon Turkic*, Indiana University Publications, Mouton and Co., 1968, pp. 232, 243-244,250;耿世民《古代突厥文碑铭研究》,中央民族大学出版社,2005年,第121、150、162、95页。
② 池田温《中国古代籍帐研究》,东京大学东洋文化研究所,1979年,第613—614页;唐耕耦、陆宏基《敦煌社会经济文书真迹释录》第4辑,全国图书馆文献缩微复制中心,1990年,第395—396页。
③ 唐耕耦、陆宏基《敦煌社会经济文书真迹释录》第4辑,第386页。
④ 徐俊纂辑《敦煌诗集残卷辑考》,中华书局,2000年,第654页。
⑤ 徐俊纂辑《敦煌诗集残卷辑考》,第654页。
⑥ 徐俊纂辑《敦煌诗集残卷辑考》,第655页。
⑦ 中国文物研究所等编《新中国出土墓志·河南》(壹),文物出版社,1994年,第328页。

唐家旧踪迹"与同组《晚次白水古戍见白骨之作》:"汉家封垒徒千所,失守时更历几春。"此乃将汉并唐皆视作往代也,特别前者称唐家而冠一"旧"字,愈觉煌煌大唐已是陈年往事,时过境迁了。细微处见真章,此处仅用"唐""旧"二字,已使人了知是乃隔代之语矣。

二、从河湟的废墟化看诗作的年代

《晚次白水古戍见白骨之作》《晚秋至临蕃被禁之作》两首诗将吐蕃占领敦煌时期一度为东道大使驻地①西邻的鄯州、临蕃一带描写成了"万户萧疏鬼唱歌"的恐怖无人区,虽然存在一定的艺术夸张,然而不可能是向壁虚造。

《晚次白水古戍见白骨之作》诗如下:

  深山古戍寂无人,崩壁荒丘接鬼邻。
  意气丹诚□□□,唯余白骨变灰尘。
  ……

《晚秋至临蕃被禁之作》诗如下:

  一到荒城恨转深,数朝长叹意难任。
  昔日三军雄镇地,今时百草遍城阴。
  隤墉穷巷无人迹,独树孤坟有鸟吟。
  ……

河湟一带一直是唐蕃争竞之地,为军事之雄镇,唐时为陇右节度使所驻,吐蕃据陇右时,以河州为东道大使驻地而屯重兵于河、湟、鄯,而此时竟一片荒凉,无人戍守。事实上直到穆宗长庆年间(821—825),这里还是唐蕃往来的必经之地,按《吐蕃传》的记载,唐使元鼎至吐蕃会盟即途经此:"至龙支城,耆老千人拜且泣。"②龙支城在鄯州东,这里还有上千唐朝遗黎,并不荒凉:"元鼎逾湟水,至龙泉谷,西北望杀胡川,哥舒翰故壁多在。"③唐戍暂时还未变成"崩壁荒丘"的"古戍"。而文宗开成年(836—841)后就完全不同了:"开成四年……自是国中地震裂,水泉涌,岷山崩,洮水逆流三日,鼠食稼,人饥疫,死者相枕藉。鄯廓间夜闻鼙鼓响,人相惊。"④经历了朗达玛灭佛,吐蕃帝国本

---

① 见陈国灿《敦煌五十九首佚名氏诗新探》,载《敦煌吐鲁番研究》第 2 卷,1997 年,第 96 页。
② 《新唐书》卷二一六下《吐蕃传下》,第 6102 页。
③ 《新唐书》卷二一六下《吐蕃传下》,第 6104 页。
④ 《新唐书》卷二一六下《吐蕃传下》,第 6105 页。

已四分五裂,各保一方,河湟又发生如此灾疫,无怪乎衰落如此。"鄯廓间夜闻鼙鼓响,人相惊",这与上面两首诗的颓唐语境何等相似!洮水逆流冲击河水、湟水,鼠患蜂起之后,河湟变得寂然少有人烟,况大中年间又经受尚恐热的大肆剽掠,积尸狼藉,十不存一,肥美富饶的河湟谷地成了人间炼狱,至作者出使的后梁、金山国时期,很多地方几乎人烟寂绝,或沦为看押犯人的场所也实属正常了。《吐蕃传》中的后一条史料完美地解释了《落蕃诗》中出现的荒丘废垒现象,也有力地将《落蕃诗》的写作时间推至中唐以后。

三、乡、国(都)一体指向敦煌归义军说

为什么说诗人是被敦煌小朝廷而非唐天子或者河西节度使差遣去吐蕃的呢?唐代奉命出使吐蕃、吐谷浑的人很多,被扣押的人同样很多。如广德元年李之芳、崔伦等使吐蕃,即被"留而不遣"。① 为何诗人不是这其中的一位呢?因为我们看到诗人是从敦煌南寿昌的马圈口出发,而马圈口是归义军时期敦煌写卷频繁提到的地点,是敦煌与周边政权使节往来的重要交通孔道。敦研001＋敦研369＋P.2629《年代不明(964年?)归义军衙府酒破历》记载"[六月]廿二日,使出马圈口,酒壹瓮"。② P.2641《丁未年(947)六月都头知宴设使宋国清等诸色破用历状并判凭》亦载:"廿一日,马圈口迎于阗使用,细供叁拾分"③等,马圈口在归义军政权的外事活动中有着举足轻重的地位,而在沙州归义军政权建立之前却鲜见提及。诗人正是从这里而非甘州凉州抑或长安出发,诗中没有出现沙州之外的河西地名,更没出现皇都的名字。可见作者并不是被朝廷或凉州、甘州的河西节度使差遣出,经沙州入蕃公干的。

从具体诗句看,诗人无疑是寄籍敦煌之人,其诗中多处表现出了对于敦煌的无限瞻恋和不舍。如《朝发马圈口》"迢迢惟梦还";《至墨离海奉怀敦煌知己》"回瞻云岭外";《青海望敦煌之作》"西北指流沙";《首秋闻雁怀敦煌知己》"空知西北泣云烟";《秋中霖雨》"西瞻瀚海肠欲断,东望咸秦思转盈";《望敦煌》"数度回瞻敦煌道"等。岭外、流沙、西北、瀚海无疑皆是指代敦煌。《秋中霖雨》一首因其"咸秦"字眼曾被用以分析诗

---

① 柴剑虹《〈敦煌唐人诗集残卷(伯2555)〉初探》,载《新疆师范大学学报》1982年第2期,第72页。标题中的残卷,原误印作"卷残",径改,下不另注。
② 唐耕耦、陆宏基编《敦煌社会经济文书真迹释录》第3辑,全国图书馆文献缩微复制中心,1990年,第273页。
③ 唐耕耦、陆宏基编《敦煌社会经济文书真迹释录》第3辑,第612页。

人是为唐朝所驱使。然此处"肠堪断"与"思转盈"却是互文,云诗人东瞻西望,肝肠寸断,思恋入骨,不应偏重下句,以为东望大唐(实际已是后梁,代指中原),才让诗人思念转深。况 59 首诗中,"西望"俯拾皆是,"东望"却只此一语。又如下面两首则以敦煌之独有景物指代其家乡:《春日羁情》"乡山离海岸……地接龙堆北"、《晚秋》"雁塞龙堆万里疆"。龙堆应是罗布泊白龙堆或敦煌西北魔鬼城,皆为沙州统辖之地,龙堆、龙沙多次出现在归义军时期的文书中。如 P.3681 僧悟真诗"姑臧重别到龙堆",《张淮深变文》"卿作镇龙沙"等。

既然诗人为敦煌人,那么诗歌是否可能创作于永泰二年凉州、甘州已相继失陷,杨休明率河西节度退保沙州之际?按照诗意,诗人出行是为了求援或者议和。如果定其时间于敦煌陷落前,那么从沙州出发大规模向外求援只有大历二年(767)杨休明欲征调安西四镇与河西残部兵马一次,而也没征成,观察使周鼎紧急发布《差郑支使往四镇索救援河西兵马一万人》,遭遇阻挠,同样没有求成。亦未见记载有请兵于吐谷浑者,抑或远赴吐蕃王庭与之乞和之事——况且这时候沙州大门外就是吐蕃诸部的兵营,乍出被重重围困的敦煌,就只能如宋衡一般被立即俘获。而我们看到诗人竟而一路悠然行到青海边,生了场病,登一回山才被吐蕃人发现并羁押,这实在是有违建中至贞元年间的实际情况。

我们另当注意的一个词语是"乡国",诗人的乡国应该是在敦煌。下面几首诗都提到了它:《登山奉怀知己》"黯然乡国处";《夏日忽见飞雪之作》"唯余乡国意";《秋中雨雪》"乡国只今迷所在,音书纵有遣谁传";《晚秋登城之作》"乡国云山遮不见""乡国未知何所在";《阙题》"乡国阻隔万重山",又上《秋中霖雨》诗"山遥塞阔阻乡国",当对应下文"西瞻瀚海肠堪断",一想到敦煌的乡国,就肠断、虑多。这五十九首诗里,乡国字眼频频出现,凡有七次之多,词典释古人之乡国为故乡或祖国(故国)之别称,观诗语境,我认为其暗示诗人的乡与国(都)是一体,而它们悉向西指向敦煌。正如上文所指,落蕃诗人如果生活在唐代,其诗作独以"塞上""敦煌"为思恋咏歌之对象无疑是极不合情理的。从诗作中看,诗人对陇山以东似乎毫无概念,故只能认为敦煌已成为诗人心中的家乡与国家共同之所在,这种情况只会出现在归义军时期,甚至只会出现在金山国时期。

四、诗中"殿下"为张承奉说

59 首诗中有《梦到沙州奉怀殿下》一诗,其核心词汇就是"殿下",诗中又有"人主"

一词,也极为关键,对于解读"殿下"的背景十分有帮助。"殿下"与"人主"二词对诗歌断代颇有意义,兹录全诗如下:

> 一从沦陷自天涯,数度凄惶怨别家。
> 将谓飘零长失路,谁知运合至流沙。
> 流沙有幸逢人主,惟恨无才遇尚赊。
> 日夕恩波沾雨露,纵横顾盼益光华。
> 光华远近谁不羡,常思刷羽抟风便。
> 忽使三冬告别离,山河万里城难见。
> 昨来魂梦傍阳关,省到敦煌奉玉颜。
> 舞席歌楼似登陟,绮筵花柳记跻攀。
> 总缘宿昔承言笑,此夜论心岂蹔闲。
> 睡里不知回早晚,觉时只觉泪斑斑。

颜廷亮云,在唐五代的边关,能称殿下的人很多,不局限于金山国,如疑为高适所作P.3812《奉饯梁大郎辅佐殿下赴东牙》一诗,就记载了一位殿下,此人在陇右和幽燕都建有战功。由是以观,则此人既可能是巡按陇右、安北大都护靖恭太子李琬,也可能是在河西陇右拓边千里的信安郡王李祎。唐代明确见载出阁而非遥领边职的郡王仅有此二人,而这两位殿下封地并不在敦煌,不可能在敦煌开设幕府,而其时又当盛唐,与落蕃诗无干。柴剑虹以为是指敦煌郡王李承宷。① 但这位郡王除了封号以外,并未见其与沙州有他关联,该王一生中最重要的事情是出使回纥,纳回纥公主为妃,不久亡故。而纵观全诗,诗人为这位殿下三次谨空(人主、恩波、玉颜),可见与殿下的感情非同一般,也可见殿下在敦煌极有威望。敦煌本地的人物有资格享受谨空待遇者恐只有归义军节度使,很难想象一位不在敦煌长期活动的唐室皇子会结交地位并不高的敦煌当地人士,并获其特别的敬重。诗中提到的"人主"亦非皇子郡王可以享用之词。高嵩《敦煌唐人诗集残卷考释》以为作于建中四年秋,时作者所怀某郡王还在敦煌,蕃军陷沙州,该王未徙它境,或同时被俘。② 此说并无史料支撑,断难取信。

阎文儒以为当时敦煌并无身份为诸王、贵族的统领,因而殿下应当是敦煌守将周鼎、阎朝。他认为吐蕃困沙州期间二人为河西军政首领,官衔似乎也可以如曹氏归义军

---

① 柴剑虹《〈敦煌唐人诗集残卷(伯2555)〉初探》,载《新疆师范大学学报》1982年第2期,第72页。
② 高嵩《敦煌唐人诗集残卷考释》,宁夏人民出版社,1982年,第14页。

统领一样称为王，而作者身为属下，自可称二位为殿下。① 薛宗正进而指出，由于阎朝杀周鼎自领州事并未得到唐廷的承认，故而很可能已自立为王，故佚名诗之殿下，当即阎朝。② 此说与情理相左。从常理推断，唐朝天子尚在，虽然在清水会盟中做了出卖河西的举措，但沙州百姓仍是一心向唐。若此时阎朝称王，也就成为唐王朝叛臣，断不会被唐人作为守城英雄而加以颂扬。薛宗正指吐蕃遣返宋衡的目的在于晓示唐朝河西主将已亡，避免其册命阎朝。可若阎朝擅自称王，唐朝怎会予以册命？此举正合吐蕃欲分化瓦解唐与河西的心意，既如此，沙州城陷后，阎朝何以遇害？敦煌出土吐蕃占领初期文书 P.3774《丑年十二月沙州僧龙藏牒》云："至阎开府上，大番兵马下，身被捉将，经三个月，却走来，在家中潜藏六个月。"③ 仍称为阎开府而非阎大王，更印证了"殿下"定非阎朝。

　　既然唐代前期实无一位殿下其经历可与本诗中的这位相吻合，那么它只能是晚唐以后归义军时期的殿下。柴剑虹以为张议潮可以被称作殿下，但是敦煌文献中对他的称谓只有尚书、仆射、司空、司徒、太保等，从未见使用王号。④ 张淮深倒是因与甘州回鹘交恶战，曾经与旧敌吐蕃及原吐蕃的属部嗢末，乃至亲吐蕃的退浑相交援，联合反对甘州回鹘。⑤ S.389 文书记录了吐蕃、退浑等张淮深借来的兵马与甘州的纠葛。从同涉及出使退浑、吐蕃求援等看，落蕃诗人有为张淮深时代文人的可能。但是张淮深迟迟未得到旌节，归义军内部亦颇有与之离心离德者，如 S.1156《光启三年沙州进奏院上本使状》、P.2568《南阳张延绶别传》中张文彻等人对张淮深求节颇有不满情绪。所以张淮深恐不能自大到让人称他为殿下的地步，敦煌卷子中对他也只有太保、尚书、阿郎等称号。归义军张氏唯一称王（称帝）的是张承奉，他曾立有太子，父子皆可称殿下。《白雀歌》(P.2594、P.2864v)中即称张承奉为"金山天子殿下"。曹氏诸节度使中称王的则很多，有曹议金、曹元忠、曹延禄、曹宗寿、曹贤顺等，皆可呼为殿下，其子多称太子，亦可称殿下。而曹元忠时期更有于阗三位太子常驻敦煌，亦可为殿下，如此可知此组落蕃诗写作时间当在金山国至曹氏归义军时间范围内。那么殿下究竟是何人呢？

---

① 阎文儒《敦煌两个落蕃人残诗集校释》，载《向达先生纪念论文集》，新疆人民出版社，1986 年，第 180 页。
② 薛宗正《安西与北庭——唐代西陲边政研究》，黑龙江教育出版社，1995 年，第 304 页。
③ 唐耕耦、陆宏基《敦煌社会经济文献真迹释录》第 2 辑，全国图书馆文献缩微复制中心，1990 年，第 283 页。
④ 荣新江《沙州归义军历任节度使称号研究》，载《敦煌吐鲁番学研究论文集》，汉语大词典出版社，1990 年，第 770—778、810 页。修订稿载《敦煌学》第 19 辑，1992 年，第 16—25、55 页。
⑤ 钱伯泉《回鹘在敦煌的历史》，载《敦煌学辑刊》1989 年第 1 期，第 63 页。

先说张承奉，虽称帝，但如前《白雀歌》仍称"金山天子殿下"而非陛下，故而落蕃诗之"殿下"很可能就是张承奉，诚如陈国灿所言。孙其芳以为殿下为张承奉的太子。① 据文献，张承奉确曾立有太子，史书记载他绝嗣，或是代任节度使曹议金的谎言，或是太子已被曹议金杀害。P. 3405《金山国诸杂斋文范》之《二月八日》有"东宫太子，乘历运于玉阶"，《僧俗逆修稿》卷末又有"太子、宰相，文中总有"之语，② P. 2594 + P. 2864《白雀歌》亦云："太子福近（延）千万叶，王妃长降五香车。"③ 足证张承奉建国时，立太子以承王位是一项重要的政治举措。有人进一步指出太子名晅，如卢向前云：

  斯九八〇《金光明最胜王经》卷第二、伯三六六八《金光明最胜王经》卷第九之题记：辛未年二月四日，弟子皇太子晅为男……发愿写此《金光明最胜王经》云云。皇太子晅亦即《白雀歌》中之太子。④

荣新江以为明显有误，因为北图致字28号与藏字48号有同样的《金光明最胜王经》题记："弟子李晅敬写此《金光明经》一部十卷，从乙丑年（905）已前。"与斯伯卷子笔迹相同，则知此太子姓李不姓张。⑤ 此李姓太子是否为失国的李唐太子，或为李氏于阗诸王太子呢？前者可能性不大——归义军虽然忠于唐室，却未闻有携太子以抗后梁的举措。则李晅多半为于阗太子。于阗太子多在敦煌活动并有自己的太子庄，或被呼为殿下等，他是落蕃诗人所奉怀的那一位么？显然也不是。落蕃诗的作者明显是汉人而非于阗人，其所奉怀的人物一定不会是一位于阗殿下：故这位"太子"李晅不论是李唐抑或于阗太子，皆当非"落蕃诗"中的"殿下"。而本诗中的殿下，又是与"人主"相对应的。人主，在位之王者也，当非太子可当。故而孙氏以为是金山王太子的观点同样不能成立。

殿下同样不可能指曹氏诸王或其后人（男太子、府主太子）。虽曹氏首领如议金、元忠、延禄、宗寿等都称王，但多被直呼为大王。如P. 2943《宋开宝四年五月一日内亲从都头知瓜州衙推氾愿长等状》："上告王庭，比欲合城百姓奔赴上州，今者申状号告大王紫羊角壹双献上大王。"⑥ 至今未找到一例称殿下者。曹氏王子称太子或男太子见例

---

① 孙其芳《大漠遗歌——敦煌诗歌选评》，甘肃人民出版社，2000年，第21页。
② 上海古籍出版社、法国国家图书馆编《法藏敦煌西域文献》第24册，上海古籍出版社，2002年，第121页。参见颜廷亮《敦煌西汉金山国文学考述》，甘肃人民出版社，2009年，第175—176页。
③ 徐俊纂辑《敦煌诗集残卷辑考》，第772页。
④ 卢向前《金山国立国之我所见》，载《敦煌学辑刊》1990年第2期，第16页。
⑤ 荣新江《金山国史辨证》，载《中华文史论丛》第50辑，上海古籍出版社，1992年，第72—85页。
⑥ 唐耕耦、陆宏基《敦煌社会经济文书真迹释录》第5辑，全国图书馆文献缩微复制中心，1990年，第25页。

很多,或许私下曾被呼为殿下。但如果指此沙州殿下为曹氏太子,则与落蕃诗反映出的时代相去太远,曹氏归义军时代文书中基本不见吐蕃之名。

综上所见诸位"殿下",其身份、地位与时代背景,能够吻合这一组落蕃诗的,独张承奉一人。不过,纵观整首诗,其所赞美的"人主"似应当包括张氏归义军历任节度使在内。

本诗追忆了敦煌陷蕃至金山国建立的这一段历史(786—908)。"一从沦陷自天涯,数度凄惶怨别家",诗人这里叙述的可能为其先祖的经历——汪泛舟误以为是诗人的亲身经历,①则至金山国时其不止百岁矣。诗人父祖数代家于敦煌,在吐蕃进击河西陇右之时,家乡终究陷落,惶惶若丧家之犬;"将谓飘零长失路,谁知运合至流沙",本以为世代将为吐蕃奴隶,不想竟有光复之日;"流沙有幸逢人主",太保张议潮起兵收复了敦煌,收复了河西一道;"惟恨无才遇尚赊",诗人因张氏而得重为汉人,且食张氏之禄,极受宠遇,对敦煌之人主张氏深怀感恩之情;"忽使三冬告别离,山河万里城难见",而金山国建立前后,诗人特受"殿下"张承奉礼遇,故而在金山国遇到危急之时,甘愿冒着被拘系的危险出使吐蕃残部求救兵;而"舞席歌楼似登陟,绮筵花柳记跻攀"二句诗则正写诗人与殿下张承奉的亲密关系。

《梦到沙州奉怀殿下》一诗时间跨度很大,记叙了从敦煌初陷蕃到金山国建立,父祖与自身亲历的历史,过去学者简单将此诗歌咏的主角比附于一位唐朝殿下,或局限于张承奉一人,似乎均有片面之嫌。

五、金山国建国之年与落蕃诗人的出使年月

落蕃诗人出使吐蕃的时间,很有可能是在金山国与回鹘第一次与第二次交战之间隙。

关于金山国成立之年份,学界有不同说法,这里取王冀青之说,即梁开平二年(908)。王冀青考证认为:"沙州梁开平中有节度使张奉自号金山白衣天子。"开平为梁太祖年号,共五年(907—911),谓开平中,可以指开平二年、三年和四年中的某一年,而定在开平二年(908)似乎比较妥当。首先,正史上这条记载可能是得自乾化元年(911)回鹘可汗仁美遣往梁廷朝贡的使者,而回鹘和张承奉在这以前已进行了数年的战争,对敌手的情况应该是相当了解的,尤其是张承奉自立为天子这样的大事,回鹘贡使所报告

---

① 汪泛舟《敦煌诗解读》,世界图书出版有限公司,2015年,第60—61页。

张自立为天子在梁开平中绝不会是无稽之谈（故905年说难取信）；其次，河西归义军终唐之世都忠于唐室，奉唐正朔，将张承奉自立为天子定在唐亡后的开平二年（908），似乎更合乎情理。唐哀宗天祐二年（905）二月，便有群臣劝进，张承奉心有所动，"筑坛待拜"，就像歌中所反映的那样，但并未称帝，或仍沿用之前金山王的称号。因为朱温虽然劫持了唐朝皇帝，但唐祚尚未终。天祐四年（907）朱温篡位，唐祚终。次年，朱温篡唐的消息肯定已经传到了河西，张承奉此前已做好登基的舆论准备（之前已称王，只差一件黄袍），此时再不会有任何事情能够阻挡张氏称帝了。①

纵观历史，河西的政权每每在中原王朝易主一年前后正式割据，如西晋愍帝于316年被俘，而作为凉州刺史的张寔于次年初得到消息并正式割据；大秦天王苻坚在淝水战败被杀后一年，吕光在河西正式称王，建立后凉。

一心效忠的大唐既亡，后梁继立，以前蜀与晋为代表的各节度多不承认其正统地位而自行称王，一时间十国并起。金山国要员中即有三楚渔人张永进，被怀疑与前蜀有关系。张氏一直没有使用后梁的年号，足见其同样不认可后梁政权的合法性。故而他似乎没有理由拖到910年才正式称帝。况且按邵雍《皇极经世书》记载："己巳（909），梁自汴徙都洛阳，交祀天地……张奉以沙州乱。"②则似乎至晚此年张氏已建国。于此例证，对金山国建国之年持不同观点的学者们皆给予了契其前说的阐释。持906年建国说的杨秀清以为："张（承）奉以沙州乱的消息，很可能是开平三年三月至五月间来自甘州或朔方……梁廷得到的消息，已是沙州乱成为事实之后的迟到的消息。"③持910年建国说的颜廷亮则认为沙州乱实际是张承奉立国前的准备活动泄露，梁朝以为属于乱举。④ 杨宝玉、吴丽娱则据以为是年实金山国建立之始，原因有三：其一，邵雍《皇极经世书》对于五代十国其他诸侯建国时间系年精准，足证云909年沙州乱（建国）有一定可靠性；其二，据推测，908年张保山入贡，次年回国，告之中原信息，方使张承奉下决心建国；其三，《龙泉神剑歌》所谓"一从登祚十三年"，如从张承奉亲政的896年起算至909年恰好十三年。⑤ 笔者以

---

① 王冀青《有关金山国史的几个问题》，载《敦煌学辑刊》总第3期，1982年，第46页。
② （宋）邵雍《皇极经世书》卷六下，《文渊阁四库全书》子部术数类第803册，上海古籍出版社，2003年，第738页。
③ 杨秀清《金山国立国年代补证》，载《敦煌研究》1997年第4期，第136页；《敦煌西汉金山国史》，甘肃人民出版社，1999年，第68页。
④ 颜廷亮《敦煌西汉金山国文学考述》，第12页。
⑤ 杨宝玉、吴丽娱《归义军政权与中央关系研究——以入奏活动为中心》，中国社会科学出版社，2015年，第53页。

为909年实乃梁廷得知金山建国消息之年,其从迢远河西经一年,方传至汴洛,而896—908年按古代一般计年方法,正是十三年。

张氏金山国与效忠朱梁政权的甘州回鹘先后进行了至少三场战争。颜廷亮以为大的战事只有"狄银领军,又到管内"这一次,怕是低估了张承奉之穷兵黩武,亦低估了金山国的战斗力。其中第二次战争应定于登基的本年或稍后,这是根据P.3633《龙泉神剑歌》"一从登极未逾年……今年回鹘数侵疆"①之句得出的结论。而从P.3633《辛未年(911)七月沙州百姓一万人上甘州回鹘天可汗状》所谓"罗通达所入南蕃……天子所勾南蕃"②等语可知,金山国确曾派出使者到吐蕃请兵对抗甘州。请兵的使臣或许不止罗通达这一次。孙其芳在《晚秋羁情》诗下解说中怀疑作者或是罗通达本人。此与诗歌展现的人物风貌不合,罗氏乃一勇将、能臣,非为"童年方剃削,弱冠导群迷"的释子。③

将作为宰相和军队统帅的金山国文武第一人在战时轻易派出与遥远的南蕃进行谈判,无疑是要冒极大风险的,金山国第三次抗击回鹘战争之失败,要因之一恐即罗通达的缺席,而落蕃诗只字不提罗公,也说明他们不是一同出使。所以笔者认为罗氏当是作为底牌在第三次战争爆发前才被派出使的。然则,即可推想落蕃诗人或为派出的第一批使臣之一,当时吐蕃对归义军仍有戒心,因此羁押了诗人。之后金山国皇帝多次派使臣与吐蕃商谈出兵事宜,或是未谈妥,或是复被羁押。《非所寄王都护姨夫》诗云"敦煌数度访来人"就反映了这个情况。这里的"都护"一词,自从中唐节度使一职盛行后,已经成了地位不高的一般边境武官的尊称,④《敦煌唐人诗集残卷考释》也以为是敦煌武官,非安西、安北之大都护。薛逢《凉州词》云:"沙州都护破凉州。"⑤张议潮拥沙州之地而可称都护,后唐同光二年册命曹议金为归义军节度瓜沙等使,据《册府元龟》记载:"瓜沙与吐蕃杂居,自帝行郊礼,义金间道贡方物,乞受西边都护,故有是命。"⑥拥一州二州之地亦即可受命都护。故而王都护或许亦不过是甘、瓜、肃、凉某州刺史、某镇镇将

---

① 徐俊纂辑《敦煌诗集残卷辑考》,第808页。
② 池田温《中国古代籍帐研究》,第613—614页;唐耕耦、陆宏基《敦煌社会经济文书真迹释录》第4辑,第395—396页。
③ 孙其芳《大漠遗歌——敦煌诗歌选评》,第38页。
④ 陈国灿《敦煌五十九首佚名诗历史背景新探》,载《敦煌吐鲁番研究》第2卷,1997年,第98页。
⑤ 《全唐诗》卷二七,第381页。
⑥ 《册府元龟》卷一七〇《帝王部·来远》,中华书局,1960年,第2057页。

抑或兵马使之流。①

陈国灿又指出,诗人三冬告别离,可能是金山国与甘州回鹘金秋之战后的庚午年(910)十二月,即张承奉登基为白衣天子称殿下后大约半年。诗人入戎乡以后半年杳无音信,沙州又面临甘州的频频西侵,故而在次年七月前派出地位更高的都押衙罗通达再度入南蕃求援。陈先生的思路无疑是正确的,但据前所断,金山国实立国于908年,则或当依王冀青之推断,将第一次抗回鹘战争的时间提早两年。如此则在立国当年908年秋金山国与回鹘一次战罢,十二月诗人被遣出使,入吐蕃求援,遭到其猜疑而被扣留。直到911年罗通达再使吐蕃,仍未借到兵,但是将羁押三年的诗人带回了敦煌。按:如诗人确为沦陷的金山国僧使,以金山国同南蕃的盟友关系,罗通达一行将之带回国的可能性是很大的,而911年底,罗氏无论如何应该返回了,从908年至911年,正合诗人囚蕃"星岁已三周"也。过去有学者以为诗人或故于囚禁地,恐是无据。

六、张承奉再收河湟的壮志与落蕃诗人的出使

在系列诗中尚有《困中登山》《晚秋(其一)》《得倍酬回》等,似也可为其时代背景的判定提供佐证。《困中登山》"西北望君处"句,人多指为友人和知己,但笔者以为或可解为国君。而青海西北方向的国君,只能是金山国皇帝。正如《得倍酬回》诗云"忆君思转盈",这里的君,既可以指上一首中来相问的故人,更当指有权赎回诗人的皇帝。《晚秋(其一)》云"夜夜魂随西月流",月为白色,西即西方、西山,都应是指敦煌政权,魂随西月流,即是说,夜夜梦回"殿下"的西汉金山国,反映了诗人对国家(沙州小朝廷)的赤胆忠心。

将正面五十九首诗的创作时间推定为归义军时期,柴剑虹认为其中存在一个似难解的矛盾:诗人被俘、被蕃人押解到原鄯州地区,而这一地区早已被归义军收复。② 按据史料记载,张议潮在收复河西十一州的时候确曾将鄯州纳入归义军版图内,鄯州也一度归唐凉州节度使有效管理过。敦煌文书S.4276《管内三军百姓奏请表》有"大中之载,伏静河湟,廓逐戎蕃③"之语;P.4638《瓜州牒状》亦载:"太保……介开疆域,遐拓河

---

① 按据427窟题记,归义军曹元忠时期王姓兵马使至少有五人以上,可知张承奉时期当亦不少。见敦煌研究院编《敦煌莫高窟供养人题记》,文物出版社,1986年,第156页。
② 柴剑虹《〈敦煌唐人诗集残卷(伯2555)〉初探》,载《新疆师范大学学报》1982年第2期,第72页。
③ 唐耕耦、陆宏基《敦煌社会经济文献真迹释录》第4辑,第386页。

源(河源即河源军,驻今西宁)";①P. 4660《敦煌名人名僧邈真赞》之《令狐公邈真赞》赞美太保"收河陇",②同卷咸通八年《敦煌唱导法将兼毗尼藏主广平宋律伯彩真赞》前署"鄯州龙支县圣明福德寺"。③而 P. 4640《住三窟禅师伯沙门法心赞》之赞主禅伯法心,咸通年间曾跟随太保张议潮平神乌,复河湟,之后在湟源即鄯城舍俗出家,期年方还沙州。④《资治通鉴》记载咸通七年(866)十月,"拓拔怀光以五百骑入廓州,生擒论恐热,先刖其足,数而斩之,传首京师。其部众东奔秦州,尚延心邀击,破之,悉奏迁于岭南。吐蕃自是衰绝"。⑤此后鄯、廓等州就一直归拓拔怀光等管辖。这场战争,归义军政权的王景翼、李明振也曾参与。特别是鄯州城使张季颙,与拓跋怀光并肩作战。但张议潮入朝后,这些地区就渐渐变成河湟吐蕃部落(这些部落系张季颙、拓拔怀光等部众繁衍的后代)活动的地域了。⑥正如《新唐书》云:"后中原多故,王命不及,甘州为回鹘所并,归义诸城多没。"⑦而当一直与沙州政权保持密切来往。后来到了张承奉金山国时期,敦煌遭到甘州回鹘的进攻,先后派遣罗通达、落蕃诗人等赴活动在原唐朝鄯州一带地区的南蕃求救,也是情理中事。这些吐蕃部落为该地区的重要政治势力,具有举足轻重的地位,其与归义军政权的关系,或与仆固天王的西州回鹘类同。

　　金山国时期的 P. 3633《龙泉神剑歌》有云:"东取河兰广武城……万里横行河湟清。"⑧金山国皇帝雄心勃勃,一心想要重新取得东、西失地,不惜多次与回鹘发生战争,意在打通河西一道,重现张议潮时代西包伊吾、东尽灵武的广袤疆域。鄯州亦即河湟,早已被这位小皇帝圈入了未来的势力范围。就此,我们甚至可以大胆推测这位落蕃诗人肩负着双重使命——入南蕃,恐怕不只是求其发兵助讨回鹘,而是刺探鄯州南蕃之军情,以图光复大计。后来入蕃的罗通达一行大约也有这个目的。吐蕃人把他拘起来的原因据一般人解说是怀疑他有间谍行径,这个可能并未冤枉他。刺探军情非为光彩事,在落蕃诗中没有正面反映亦是合乎情理。

---

① 唐耕耦、陆宏基《敦煌社会经济文书真迹释录》第5辑,第214页。
② 郑炳林《敦煌碑铭赞辑释》,甘肃教育出版社1992年,第144页;姜伯勤、项楚、荣新江《敦煌邈真赞校录并研究》,台北新文丰出版公司,1994年,第185页。
③ 郑炳林《敦煌碑铭赞辑释》,第185页;姜伯勤、项楚、荣新江《敦煌邈真赞校录并研究》,第156页。
④ 郑炳林《敦煌碑铭赞辑释》,第80页;姜伯勤、项楚、荣新江《敦煌邈真赞校录并研究》,第204页。
⑤ 《资治通鉴》卷二五〇,第8115页。
⑥ 陆离、陆庆夫《张议潮史迹新探》,载《中国边疆史地研究》2011年第1期,第103页。
⑦ 《新唐书》卷二一六《吐蕃传下》,中华书局,1975年,第6108页。按《中国行政区划通史·唐代卷》第993页列鄯州存在于版图的时间为861—880年。
⑧ 徐俊纂辑《敦煌诗集残卷辑考》,第808页。

正面卷子中的落蕃诗人出使被俘到回归路线较清晰,不过略有些顺序颠倒,恰如孙其芳所云。诗歌风格也较类似,唯格律运用上小有变化,如前两首实属半古风,后面则多格律谨严。差不多可判定为同一人所作。

七、写卷背后黏附的归义军时期文书与杂写

P.2555写卷之最终形成年代应在归义军时期,日本学者赤木崇敏在卷背翻检出了多份黏附其上的归义军时代的文书与杂写,很有价值。最典型者如P.2555(P1)"书信"有言:

<blockquote>谨上叔端公：侄归义军兵马留后佳（鼎）书至甘州凉州已来送上。①</blockquote>

此为张淮鼎时期的文书,其中的"端公"据考乃指李明振。② 该书信或为入蕃使臣所有,粘贴于长纸后面。P.2555(P2)《肃州长史检校国子祭酒兼御史中丞上柱国周弘直状》上呈"长史留后",状中提及"圣眷恩限"及"所守未由",时间为九月二十三日。据推断,张淮鼎逝后曾被呼为"故留后大郎",而张承奉在淮鼎时一直担任长史之职,故而"长史留后"是张淮鼎初逝时上下对张承奉的称呼。③ 而P.2555(P3)《赛神会贴》又提到一位"常侍大夫"在沙州主持赛神会,祈赛三百六十神,其中不乏敦煌文献中常出现的"安城将军""斗战将军"和"行路将军"等。常侍大夫即散骑常侍、御史大夫,沦陷前的敦煌恐极少有人能拥有这样高的加官和宪衔,可能者只有阎朝、周鼎。阎朝的散官所知有开府仪同三司,是否曾挂常侍大夫之衔？史传、敦煌文书中皆不见,故不能妄断。文书中明确记载提衔为"常侍大夫"的只有归义军时期人物。据荣新江考证,④张淮深曾自署"左散骑常侍兼御史大夫",据S.515v《敕归义军节度使牒》,张淮鼎有"检校左散骑常侍兼御史大夫张"和"检校工部尚书兼御史大夫张"的称号,⑤据莫高窟第九窟题记,⑥索勋有"检校右散骑常侍兼御史大夫"的称号,李弘谏也有"检校左散骑常侍御史大夫"的称号。至光化三年张承奉亦得到检校左散骑常侍兼沙州刺史、御史大夫的提

---

① 〔日〕赤木崇敏《河西帰義軍節度使張淮鼎——敦煌文献P.2555 pièce 1の検討を通じて——》,载《内陸アジア言語の研究》XX,2005年,第7页。
② 〔日〕赤木崇敏《河西帰義軍節度使張淮鼎——敦煌文献P.2555 pièce 1の検討を通じて——》,载《内陸アジア言語の研究》XX,2005年,第15—19页。
③ 李军《晚唐中央政府对河陇地区的经营》,兰州大学博士学位论文,2008年,第163—164页。
④ 荣新江《沙州归义军历任节度使称号研究》,载《敦煌吐鲁番学研究论文集》,第782页。
⑤ 唐耕耦、陆宏基《敦煌社会经济文献真迹释录》第4辑,第63页;郝春文主编《英藏敦煌社会历史文献释录》第1卷,社会科学文献出版社,2001年,第463、465页。
⑥ 敦煌研究院编《敦煌莫高窟供养人题记》,第6页。

衔,而曹氏诸节度使官衔则多半远高于"常侍大夫"了。故此件文书多半是张氏归义军时期的产物。

另,P.2555(P6)贴片(未经揭裱的此卷,《白云歌》中间有一残纸覆盖其上,当是此卷有机组成部分。今编为 P.5026b)被补于《白云歌》上,云:"处处农田,羊马成万盈千,皆是府主仆射威福……上义弟道真处……法师道林书。"①文书作者身份与"童年剃削"的诗人同为僧人。仆射是张议潮和张淮深在管内的自称,此贴片亦当为一件书信,怀疑与佚名诗人相关,很可能诗人即是道真、道林其中之一。此信携于行囊中,诗人在书写《白云歌》(详下)时,或卷面出现破损,遂将此书信裁片贴于其上。

以上数件文书多作于张氏归义军后期淮鼎、承奉时期,被顺手拈来粘贴在纸背,足见诗人当与之时代紧邻,而从其能获得《书信》《周弘直状》这种节度使往来的私密文书看,其与几位节度关系断不一般,文书的拥有人很可能就是那位曾经多次与金山殿下出入于歌舞筵席的落蕃人。

八、写卷背后十二首诗创作年代一窥

卷背马云奇之后 12 首诗,写作背景比较复杂模糊,诗歌风格不尽一致,也没有像正面 59 首一样详细记录作者行程。笔者认为这些诗大约是两三个时期的作品,抄写时间恐也不一。

第一首《白云歌》是全卷落蕃诗中水平最高的,不亚于《白雀歌》《龙泉神剑歌》之类长篇古风,三者创作时间或亦相当。本篇富有浓厚的道教和佛教意味,同时还具有一定的祥瑞色彩。② 其长安、帝乡之语似让人推想作者是长安人士,至少应是长期生活于京畿之人,综观全诗,其与敦煌的联系似更紧密,将这一套语系于张承奉金山国似乎更合适。诗中浓厚的佛道色彩与金山国时期文献风格相合,诗歌又多用"白"字,按白色祥瑞在敦煌及河西流行已久,西方属金,白色正为西方所属。《沙州都督府图经》记载西凉李暠庚子年即 400 年,白雀翔于其治所敦煌靖恭堂,次年李暠登基。③ 温大雅《大唐创业起居注》载:"开皇初,太原童谣云:'法律存,道德在,白旗天子出东海。'亦云白衣天子。"④此李渊登基建唐之兆,李氏籍贯正在陇西。长期流行于河西五州的 P.2632

---

① 徐俊纂辑《敦煌诗集残卷辑考》,第 754 页。
② 王志鹏《敦煌写卷 P.2555 白云歌再探》,载《敦煌研究》2004 年第 6 期,第 81 页。
③ 郑炳林《敦煌地理文书汇辑校注》,甘肃教育出版社,1989 年,第 5—20 页。
④ (唐)温大雅《大唐创业起居注》,上海古籍出版社,1983 年,第 11 页。

《西秦五星占》手诀亦屡屡有"白衣自立为人主"的记载,而敦煌壁画中亦多见白衣佛的身影,例如莫高窟北魏第254窟西壁中央所绘之白衣佛①。曹氏归义军时期亦常常出现白色祥瑞,如恭维曹议金的S.1655《白鹰诗》云:"尚书德备三边静,八方四海尽归从。白鹰异俊今来现,雪羽新成力更雄。"②而张承奉的西汉金山国,尤以白色祥瑞为立国之本——白云的意象在张永进《白雀歌》里亦有出现:"王向东楼拥白云。"而"帝乡""长安"在金山国时期亦被作为敦煌的代称。《白雀歌》有"鼓翅翻身入帝城""白雀无因宿帝廷",大宰相江东吏部尚书《龙泉神剑歌》有"不独汉朝今亦有""天符下降来龙沙""急要名声入帝乡""始号沙州作京畿"③等,皆用"帝乡""帝廷""京畿"来指代国都敦煌,当时的敦煌人多将金山国视为上天册命、秉承汉唐的国家,紧随其后的曹议金时代P.5026阙题诗亦云:"敦煌四裔是临边,四塞清平扫朗(狼)烟。令公加节拾万年,沙府圆境小长安。"④同将敦煌比作长安。故以《白云歌》里"殊方节物异长安""应亦有时还帝乡"等语皆是以长安喻指敦煌,恐亦并无不妥。而且《白云歌》副题明确注明诗人被蕃军拘系,而其首句"遥望白云出海湾"之海湾亦唯能指青海湖而言,则与正面五十九首诗撰写时间、地点相近,而其诗字体大小、风格亦与五十九首落蕃诗如出一辙,因而,《白云歌》或亦是出自金山国落蕃诗人之手。

第二首《送游大德赴甘州口号——此便代书,寄呈将军》诗云:"支公张掖去何如?异俗多嫌不寄书。数人四海为兄弟,为报殷勤好在无。"其主基调是积极的,诗人可能同样是落蕃者,身处殊俗,此诗乃托游大德寄呈与之有旧的大唐甘州将军,遣使将诗人带回。汤君以为将军为河西节度使杨志烈,⑤可从。孙其芳以为诗为金山国落蕃诗人作,其托游大德去甘州向访问甘州回鹘的敦煌将军求援。⑥按金山国诗人落蕃时敦煌正与回鹘交战,不可能有高级将领访之。笔者亦曾疑其诗与《沙州百姓一万人上回鹘天可汗状》中所记述的公元911年七月末金山国与甘州回鹘的城下之盟相关,而游大德正为出使甘州议和的"大德僧人"之一。然落蕃诗人很大可能是被罗通达一行带回敦煌的,罗公参与了《龙泉神剑歌》中的前几次战斗,而七月之战前罗氏当已"所勾南蕃",

---

① 王惠民《白衣佛小考》,载《敦煌研究》2001年第4期,第66—69页;〔日〕滨田瑞美《关于敦煌莫高窟的白衣佛》,载《敦煌研究》2004年第4期,第7—14页。
② 郝春文主编《英藏敦煌社会历史文献释录》第7卷,社会科学文献出版社,2010年,第437页。
③ 徐俊纂辑《敦煌诗集残卷辑考》,第808页。
④ 徐俊纂辑《敦煌诗集残卷辑考》,第839页。
⑤ 汤君《敦煌唐人诗集残卷作者考辨》,载《西南民族学院学报》1999年第6期,第244页。
⑥ 孙其芳《大漠遗歌——敦煌诗歌选评》,第79页。

似乎缺席了金山国与回鹘的决战。而《上回鹘天可汗状》中提到让金山国的"宰相、僧中大德、敦煌贵族耆寿"入甘州,似乎也不包括宿将罗公在内,故而七月战罢罗公或尚未归,落蕃诗人自然亦不能归来,故而似乎不会在这个时候给一位使于甘州回鹘的大德寄书。而观写卷字迹,《送游大德赴甘州》诗与后一首《九日同诸公观殊俗之作》墨迹相同,当为同时所书,据其后诗之年,当在敦煌沦陷前后作。当然,如果有新的资料证明罗通达早在求和甘州之前即已回归,则此诗当重新系年。

第三首《九日同诸公观殊俗之作》之诸公似不尽是使臣,多半是河西陷蕃时被迫事敌的破落官,如欲将诗人身份定为金山国使臣,则此诸公或是咸通之后在拓跋怀光控制下的鄯州汉族官员,其可能性不大,本首与紧接的下一首诗展现的吐蕃形象也与正面五十九首诗似不相同,或为未败之吐蕃。值得注意的是,第八首《怀诸公破落官番中制作》之诸公当即《九日观殊俗》中诸公,作者当与第三首为同一人。用一"怀"字可见诗人已离开诸公远行。

第四首《俯吐蕃禁门观田判官赠向将军真言口号》则应当是河西陷吐蕃时期所作。诗前两句云"怪来偏得君王怜,料取分明在眼前"。这里的君王,孙其芳以为是金山国皇帝,不从,当为唐朝皇帝。汤君以为向(日)将军即上篇托游大德送文书的杨志烈:甘州陷落,杨志烈遇害,诗人行至甘州,见此文字,不免有物是人非之感,①恐是。其末句"看心且爱直如弦"尤为赞赏田判官和杨志烈的不屈品节。

第五首《题周奉御》有"百万人中独一人"之语,可推定为唐人诗。诗很大气,非偏居一隅者所可为也,而周奉御又明显是一位京官。故诗最晚应作于中唐前,当非落蕃诗。

《赠邓郎将四弟》二首年代不详,邵文实以为是落蕃诗,却没有其他诗篇那样浓重的感伤情绪,似乎是寻常的赠友诗,提到的节操、趋世等字眼或是与官场而非异族相关,但落蕃诗也有"儒节"之类词语,疑不能明。

《途中忆儿女之作》二首,有"辞国"字样,或为如正面诗人一般为使节,或为随军出征,当为落蕃前作,"淡河"属安西都护,其意象与敦煌无关。

《被蕃军中拘系之作》有"战苦不成功"之句,诗人当是征战吐蕃,战败被俘,与上两首作者或为一人,是河西没蕃前后的诗。

---

① 孙其芳《大漠遗歌——敦煌诗歌选评》,第79页;汤君《敦煌唐人诗集残卷作者考辨》,载《西南民族学院学报》1999年第6期,第244页。

最后一首《赠乐使君》当是唐人普通的赠友诗,亦无关落蕃。

综上,笔者认为背面的诗中《白云歌》很大可能是59首落蕃诗的作者所撰,《送游大德赴甘州口号》《九日同诸公观殊俗之作》《诸公破落官蕃中制作》《俯吐蕃禁门观田判官赠向将军真言口号》《被蕃军中拘系之作》《途中忆儿女之作》数首当为河西没吐蕃时作,最晚年代不至超过敦煌、安西等处最终落入吐蕃的时间。邓郎将诗二首为存疑落蕃诗,其余两首《题周奉御》与《赠乐使君》则无疑皆是唐前期人士所作,与边事无关。

九、正背面落蕃诗歌间的联系

正面五十九首"落蕃诗"作于金山国时期,背面的十二首则以唐与吐蕃时诗为主,故背面的大部分诗歌创作与抄写的时间明显要早于正面的落蕃诗。P.2555写卷的拥有者无疑就是落蕃诗人,他利用了唐诗抄本另一面的空白写下落蕃诗,并忆写下一些契合其当下悲凉心境的旧诗如《白头老翁》《胡笳十八拍》等,而因纸面破损等种种原因将一些随身携带的沙州文书补粘其上,从而形成了现在的面貌。

尤有进者,两面诗歌间存在着微妙的联系。如正面诗《晚秋》其六、其七二首与背面诗《途中忆儿女》《至淡河同前》二首用韵一致,句子也颇相似。《晚秋》其六:"日月千回数,君名万遍呼。睡时应入梦,知我断肠无?"《途中忆儿女》末二句:"尔曹应有梦,知我断肠无?"《晚秋》其七:"白日欢情少,黄昏愁转多。不知君意里,还解忆人摩?"《至淡河同前》末二句:"到来河更阔,应为涕流多。"这几首诗,邵文实以为是唱和诗,孙其芳以为是同人作,皆难以服人。究其实,这几首诗应属异时异地的唱和。《途中忆儿女》二首作者当为唐时吐蕃战俘,所作无疑在前,《晚秋》作者为金山国使臣,当较上件作者晚一个世纪左右。前件诗人的诗或早已流传河西,金山国落蕃诗人因为陷于相似的处境,有感而发,乃和其韵作出如此篇章。而《忽有故人相问以诗代书答知己两首》其二"亦恐猜嫌不寄书"与《送游大德赴甘州口号》"异俗多嫌不寄书"两句亦同,后者当为中唐诗,前者为落蕃诗人的模仿之作。《青海卧疾之作》其一颈联"旋知命与浮云合"二句则与《白云歌》全篇所咏之意相合,或为一人所作,或为同时出使之他人所作。上已经考订,《白云歌》很可能也出于金山国使臣之手,诗下已注"余时落殊俗随蕃军望之感此而作",而《青海卧疾》诗中有"百方投药力将微"句,时作者显然仍是自由身——如果已经被吐蕃扣留,谁竟会为一个罪人百方投药?故而《白云歌》所反映的时间段或当晚于《青海卧疾》。

写卷正面诗歌无疑是按照诗人的行进顺序依次排列的,真实反映了诗人从出使到被拘系,再辗转各地,直至被放归的全过程。诗歌按照行格抄写,井然有序(唯反映回归的《逢故人之作》与《题故人所居》误植于了《非所夜闻笛》等之前)。背面诗歌则显得杂乱无章,斗大的字纵横交错,唯《白云歌》是同正面一样的小字。诗人入南蕃执行公务,或会每日纪程,后来落蕃,诗人在临蕃久被囚系,闲极无聊,亦当有纪诗存史之意,追忆自己出使以来至今经历,写下这五十九首凄婉缠绵的落蕃诗,并在背面空白纸上写下了在蕃军中拘系偌久的人生体悟,即《白云歌》。911年罗通达入南蕃,回国时将诗人一同带回,诗人与故人相见,感旧情而写下《题故人所居》。

(作者单位:敦煌研究院民族宗教文化研究所)

悬泉镇与榆林窟

陈菊霞

摘　要： 在距离今瓜州县锁阳城镇西北二十里的地方有一座故城遗址，俗称"破城子"。该故城是汉代的广至县址；在唐代，称作"悬泉堡"，为悬泉守捉驻地；到了归义军时期，是"悬泉镇"镇址所在地。榆林窟在悬泉镇南70里。在归义军时期，属悬泉镇境地。因为二者相距较近，且有统属关系，因此，可以说悬泉镇的各级官吏和百姓对榆林窟的营建事业作出了积极贡献。榆林窟第20窟始建于唐。在雍熙五年（988），身为悬泉镇副监使的荆幸昌和家人对该窟进行了整体重修。榆林窟第35窟在端拱元年（988）至咸平五年（1002）间也被整体重修，其重修功德人主要是悬泉镇的武氏家族。悬泉镇的二个社邑组织还分别对榆林窟第34窟和第36窟进行重修，如第34窟的社人有悬泉镇兵马使、悬泉镇乡官、悬泉镇观音庵比丘尼和悬泉镇长史夫人等；第36窟的社人有悬泉镇乡官等。本文通过研究，一方面，相对明确了"破城子"故城的历史沿革；另一方面，揭示了悬泉镇人对榆林窟营建事业所做的积极贡献。同时，也纠正了一些学者误将榆林窟34、35、36窟视为"曹家窟"之论断。

曹氏归义军时期，上迄节度使，下至老百姓，无不狂热佞佛，可谓"君臣缔构而兴隆，道俗镌妆而信仰"。[①] 受此影响，莫高窟和榆林窟迎来了新一轮的营建高潮。以往，因为榆林窟一些洞窟的甬道绘有归义军节度使及其家眷的画像，所以，一些学者将这些洞窟称之为"曹家窟"。其实，这并非事实，像本文即将讨论的榆林窟第20、34、35、36窟，实际上则是由悬泉镇人参与营建或重修的。

悬泉镇是唐宋时期瓜州境内的一个镇，其城址即今瓜州县锁阳城镇西北之破城子。

---

① S.3929v《节度押衙知画行都料董保德等建造兰若功德记》，载《英藏敦煌文献》第5卷，四川人民出版社，1992年，第214页。

榆林窟在悬泉镇南70里。唐宋时期,榆林窟属悬泉镇境地。因为二者相距较近,因此,可以说悬泉镇的各级官吏、社邑和百姓对榆林窟的营建事业作出了积极贡献。

一 悬泉镇的设立

镇是一种军事建制,源于前秦、后秦和北魏。① 如《魏书》云:"缘边皆置镇都大将,统兵备御,与刺史同。城隍、仓库皆镇将主之,但不治。故为重于刺史。"② 唐代沿袭这一镇制,《大唐六典·尚书兵部》云:"凡镇皆有使一人,副使一人。万人已上置司马、仓曹、兵曹参军各一人;五千人已下减司马。"③

在盛唐时期,瓜州设有悬泉镇(守捉)。如吐鲁番阿斯塔那509号墓出土的《唐开元二十年(732)瓜州都督府给西州百姓游击将军石染典过所》云:

11　三月十九日悬泉守捉官高宾勘西过
12　三月十九日常乐守捉官果毅孟进勘西过
13　三月廿日苦水守捉押官年五用勘西过
14　三月廿一日盐池戍守捉押官健儿吕楚珪勘过④

悬泉守捉也即悬泉镇。因为《新唐书·兵志》云:"唐初,兵之戍边者,大曰军,小曰守捉,曰城,曰镇……"⑤ 可见,守捉、城、镇是相同规格的军事建制。《唐天宝七载过所案记残卷》⑥云:"六月五日悬泉勘过,守捉官镇将靳崇信。"⑦ 既然勘验过所的是悬泉的镇将,那么,悬泉守捉也可称悬泉镇。唐章怀太子李贤注《后汉书·盖勋传》云:"广至,县名,故城在今常乐县东,今谓之悬泉堡是也。"陈国灿先生总结说:"汉代的广至县城,到了唐代,称为悬泉堡,为悬泉守捉驻地。"⑧ 向达先生又指出,过十工山(即三危山),去榆林窟途中的破城子,就是汉之广至。⑨ 以此推之,今瓜州县锁阳城镇西北的破城子即

---

① 冯培红《归义军镇制考》,载《敦煌学与五凉史论稿》,浙江大学出版社,2017年,第111页。
② (北齐)魏收《魏书》卷一一三《官氏志》,中华书局,1974年,第2976页。
③ 《大唐六典》卷五《尚书兵部》,广池学园事业部,第121页。
④ 《吐鲁番出土文书》第9册,文物出版社,1990年,第40—42页。又见陈国灿《唐瓜沙途程与悬泉镇》,载《敦煌学史事新证》,甘肃教育出版社,2002年,第390页。
⑤ (宋)欧阳修、宋祁《新唐书》卷五〇《兵志》,第5册,中华书局,第1328页。
⑥ 此件文书是1965年敦煌文物研究所考古组(今敦煌研究院考古研究所前身)在清理发掘莫高窟第122窟窟前殿堂遗址时发现的。
⑦ 敦煌文物研究所《莫高窟发现的唐代丝织物及其他》,载《文物》1972年第12期,第58页。
⑧ 陈国灿《唐瓜沙途程与悬泉镇》,第416页。
⑨ 向达《莫高、榆林二窟杂考——瓜沙谈往之三》,载《唐代长安与西域文明》,生活·读书·新知三联书店,1979年,第399页。

唐宋时期的悬泉镇所在地。

明确悬泉镇的镇址后,我们再来看一下悬泉镇在瓜沙军镇中的重要性。

大中二年(848),张议潮率沙州民众起义,一举推翻吐蕃统治,建立归义军政权。因归义军奉唐为正朔,所以废除了吐蕃时期的部落——将制,恢复了唐代的乡里制度。瓜、沙六镇建制也应在这一时期得到恢复。

盛唐时期的瓜、沙六镇是西关、龙勒、紫亭、悬泉、雍归、新乡,这六镇大多分布在瓜、沙二州的南境,以防范南山、吐谷浑和吐蕃的侵扰。① 但到了归义军时期,随着甘州回鹘势力的不断扩张,归义军不得不调整军镇布局,以强化东部防务。据 P.4640《唐己未到辛酉年归义军衙内破用布、纸历》记载,在 898 年至 901 年间,瓜、沙六镇已变为新城、邕归、寿昌、紫亭、玉门、悬泉。②

至曹氏归义军时期,虽然曹氏家族通过与甘州回鹘世代联姻等形式缓和了先前的紧张关系,但双方仍有不少摩擦和冲突。如 P.2482v《八月二日常乐副使田员宗启》和 P.2155v《曹元忠状上回鹘可汗书》等文书都反映了 10 世纪中期前后瓜、沙与甘州回鹘间的紧张局势。显德二年(955)前后,归义军节度使曹元忠根据防务需要,又在东部新设新乡和会稽二镇。③ 这样,瓜、沙二州就由原来的六镇增扩至八镇,并一直保持至北宋咸平五年(1002)曹宗寿发动政变时。

然而,关于这八镇之名称,学界有不同看法。黄盛璋先生认为是子亭、雍归、悬泉、新城、寿昌、常乐、会稽、玉门。④ 陈国灿与土肥义和两位先生的看法相同,认为是紫亭、邕归、悬泉、新城、玉门、寿昌、会稽、新乡。⑤ 冯培红先生则认为是紫亭、寿昌、悬泉、雍归、常乐、新城、新乡、会稽。⑥

即使瓜、沙二州的军镇会因局势变化而进行务实调整,但有一点值得注意,就是在盛唐和归义军时期,悬泉镇都一直保留不变,这无疑说明了悬泉镇的重要性。陈国灿先生分析说,悬泉镇位于常乐县与晋昌县之中心,在今榆林窟北 70 里,当榆林窟北下要

---

① 陈国灿《唐五代瓜沙归义军军镇的演变》,载《敦煌学史事新证》,第 390 页。
② 陈国灿《唐五代瓜沙归义军军镇的演变》,第 393 页。
③ 陈国灿《唐五代瓜沙归义军军镇的演变》,第 389 页。
④ 黄盛璋《沙州曹氏二州六镇与八镇考》,敦煌文物研究所编《1983 年全国敦煌学术讨论会文集·文史遗书编》(上),甘肃人民出版社,1987 年,第 269—281 页。
⑤ 〔日〕土肥义和《归义军(唐后期·五代·宋初)时代》,榎一雄编《敦煌讲座 2·敦煌的历史》,大东出版社,1980 年,第 244—246 页;陈国灿《唐五代瓜沙归义军军镇的演变》,载《敦煌吐鲁番文书初探二编》,武汉大学出版社,1990 年,第 555—580 页。
⑥ 冯培红《归义军镇制考》,第 139 页。

路,为晋昌郡门户。①

归义军时期的军镇略有发展,诸军镇设有镇遏使,简称镇使、镇将、镇主。镇使的僚佐除了副使、仓曹和兵曹参军及其佐、史、录事、仓督等外,还设有监使、长史、都知兵马使、兵马使、都游奕使、游奕使、押衙、判官等职。②

在敦煌文献中,有一些与悬泉镇有直接关系或对悬泉镇有所提及的文书。如P.3899v《马社文书》、P.3841v《沙州会计历》、③P.2814《都头知悬泉镇遏使安进通状》、P.2482《常乐副使田员宗启》、S.0619《悬泉镇遏使行玉门军使曹子盈状》、P.2155背《曹元忠状二通》等。此外,榆林窟也有一些关于悬泉镇人的供养人题记和游记。这些文书和题记为我们深入了解悬泉镇的有关情况提供了第一手资料。

二 悬泉镇副监使窟(榆林窟第20窟)

榆林窟第20窟始建于唐。但在988年,一位"副监使"与家人又对其进行过整体重修(图一)。④ 如榆林窟第20窟前室西壁南侧有墨书题记曰:"雍熙五年岁次戊子三月十五日,沙州押衙令狐延住下手画副监使窟。至五月三十日四人画此窟周□愿君王万岁,世界清平,田蚕善熟,家□□□,□孙莫绝,值主窟岩,长发大愿,莫断善心,坐处雍护,行□通达,莫遇灾难,见此窟岩纪也。"⑤雍熙乃宋太宗的年号,实际只有4年,雍熙五年当为端拱元年,即988年。

这位"副监使"究竟是何人呢? 榆林窟第20窟主室西壁门北下方和北壁西侧下方的供养人题名为我们提供了一些信息。

主室西壁门北下方南起第二至四身女供养人题名分别是:

姊……大乘优……⑥

女清信佛弟子大乘优婆姨……一心供养

---

① 陈国灿《唐五代瓜沙归义军军镇的演变》,第390、389页。
② 冯培红《敦煌归义军职官制度——唐五代藩镇官制个案研究》,兰州大学博士学位论文,2004年,第257页。
③ 李并成先生指出,悬泉府设在悬泉堡(镇)。参见李并成《汉敦煌郡广至县城及其有关问题考》,载《敦煌研究》1991年第4期,第84页。
④ 参见敦煌研究院编《敦煌石窟内容总录》,文物出版社,1996年,第211页;霍熙亮《榆林窟、西千佛洞内容总录》,载《中国石窟·安西榆林窟》,文物出版社,1997年,第258页;陈菊霞《榆林窟第20窟是一水陆道场》,载《唐研究》第20卷,2014年,第491页。
⑤ 施萍婷《敦煌学杂谈之二——向达〈莫高、榆林二窟杂考〉榆林窟题记校正》,载敦煌研究院编《2004年石窟研究国际学术会议文集》(下),上海古籍出版社,2006年,第740页。
⑥ 在考察榆林窟第20窟时,笔者隐约能识读此字为"姊"。

图一　榆林窟第 20 窟主室全景

女清信佛弟子荆氏出适沙州 性 (姓) 翟……①

主室北壁西侧下方西起第二至四身的供养人题名分别是：

新妇清信弟子□ 氏 ②□泰一心供养

□妇沙州张……

新妇清信弟子汜氏……③

从上列供养人之"姊""女""新妇"等题名来看，她们应都是"副监使"的家人。而且西壁门北下方南起第四身女供养人"女清信佛弟子荆氏出适沙州 性 (姓) 翟……"之题名又说明这位"副监使"姓荆。S.9452v 为一件小残片，其上题写"（前残）衙知悬泉副使荆幸昌启"。④ 笔者认为这位荆幸昌很可能就是榆林窟第 20 窟的功德主。

---

① 张伯元《安西榆林窟》，四川教育出版社，1995 年，第 220 页。西壁门北的女供养人像题名均在每位供养人像前方，但张先生误认为在供养人像之后，所以他在释录五身供养人题名时，均将她们的位置错移一位。

② 此"氏"字为笔者辨识。

③ 张伯元《安西榆林窟》，第 220—221 页。

④ 《英藏敦煌文献》第 12 卷，四川人民出版社，1995 年，第 239 页。

关于荆幸昌,董希文旧藏(现藏敦煌研究院第0369号)+敦煌研究院藏卷001号+P.2629《归义军衙内酒破历》有记载,文曰:"(七月)十四日,支荆幸昌酒贰斗。"①本件《酒破历》写于乾德二年(964)前后,②而此时荆幸昌名字前没有题写官职,或许这说明他当时还年轻且官位不显赫。另外,P.3440《丙申年三月十六日见纳贺天子物色历》云:"荆镇使白绫子壹疋。"③冯培红认为这位荆镇使当为荆幸昌。④笔者同意此看法。因为P.3440《丙申年三月十六日见纳贺天子物色历》中的"丙申年"为996年,⑤荆幸昌当在此时升为镇使。

由此可见,榆林窟第20窟现存的表层壁画均是悬泉镇副监使荆幸昌和家人于宋端拱元年(988)重修的。

三 悬泉镇武氏家族窟(榆林窟第35窟)

第35窟位于榆林窟西崖,由前甬道、前室、后甬道和主室组成。据《敦煌石窟内容总录》记载,该窟始建于唐,⑥但后来整体得到重修。关于重修的年代,笔者从后甬道南壁曹延禄和曹延瑞的供养人题名,以及后甬道北壁于阗公主和阴氏夫人画像的排列顺序等入手展开分析,认为第35窟的重修年代大致在端拱元年(988)至咸平五年(1002)之间。⑦

第35窟的前甬道、前室、后甬道和主室都绘制有供养人,我们重点来看主室的供养人画像。主室的供养人以甬道为中轴线,大体分为南、北两区,南区画男供养人,北区画女供养人。南区从东壁门南画起,一直延伸到南壁东端,共绘十二身。北区从东壁门北画起,一直延伸到北壁东端,共绘十四身。

现将南区的男供养人题名列表如下:

---

① 唐耕耦、陆宏基编《敦煌社会经济文献真迹释录》第3辑,全国图书馆文献缩微复制中心,1990年,第274页。
② 施萍婷《本所藏〈酒帐〉研究》,载《敦煌研究》(创刊号),1983年,第14—21页。
③ 《法藏敦煌西域文献》第24册,上海古籍出版社,2002年,第211页。
④ 冯培红《归义军镇制考》,第160页。
⑤ 唐耕耦、陆宏基编《敦煌社会经济文献真迹释录》第4辑,全国图书馆文献缩微复制中心,1990年,第17页。
⑥ 敦煌研究院编《敦煌石窟内容总录》,第217页。
⑦ 陈菊霞《榆林窟第35窟营建年代与功德主辨析》,载《敦煌研究》2016年第3期,第46—51页。

位　　置	供 养 人 题 名①
东壁门南自北 第一身	施主悬泉广化寺顿悟大乘贤者节度押衙银青光禄大夫检校太子宾客武海一心供养
第二身	□主沙州工匠都勾当知画院使归义军节度押衙银青光禄大夫检校太子宾客武保一心供养
第三身	悬泉②节度押衙知画手银青光禄大夫检校太子宾客武保琳一心供养
第四身	悬泉节度押衙银青光禄大夫检校太子宾客武保会③一心□□
第五身	沙州④节度押衙银青光禄大夫检校太子宾客……
第六身	清信弟子武保⑤奴一心供养
第七身	清信弟子武……一心供养
第八身	……度押衙□□□禄大夫检校太子宾客武进供养
南壁自东 第二身	男本镇押衙银青光禄大夫检校太子宾客□达……
第三身	男清信弟子……心供养

　　上列十身供养人题名,除东壁门南第一身题名保存完整外,其他九位的都或多或少有残缺。从他们的题名来看,留存姓氏的有六位,分别是东壁门南的第一、三、四、六、七、八身,且都为"武"姓。而另四位缺失姓氏的供养人中,有两位,即南壁第二身和第三身供养人题名前都称"男",显然,他们为"武"姓的可能性很大。另外,东壁门南第二身供养人的姓氏虽残,但其名为"保",又从东壁门南第三身武保琳和第四身武保会都以"保"字排辈来看,第二身供养人也应为"武"氏。由此可见,南区的这些男供养人应同属武氏家族。

　　此外,在上列十身供养人中,能看到任职地点的有六位,其中两位,即东壁门南第二身和第五身供养人在"沙州"任职,而其余的四位都在悬泉镇,如东壁门南第一身为"悬泉广化寺",第三、四身为"悬泉节度押衙",南壁第二身为"本镇押衙",此处的"本镇"当指悬泉镇。可见,武氏家族的大本营应在悬泉镇。

---

① 上列题名参见张伯元《安西榆林窟》,第253页。
② 系笔者识录。
③ 系笔者识录。
④ 系笔者识录。
⑤ 系笔者识录。

上表所列的东壁门南第一身和第二身供养人题名前写明是"施主",显然,他俩应是武氏家族的核心人物。另外,第35窟前室东壁南侧有一身男供养人,其题名曰:"施主节度押衙□□□银青光禄大夫检校太子宾客兼□□武海山一心供养。"① 这位男供养人即属武姓,又称"施主",他与主室的武氏当系同一家族。

北区的女供养人之题名保存相对完整,现列表如下:

位　　置	供　养　人　题　名②
东壁门北自南第二身	故婆圣光寺尼众法律宝真一心供养
第三身	□□圣光寺比丘尼长胜一心供养
第四身	清信弟子大乘优婆姨菩提□一心供养
第五身	清信弟子施主三界寺辛婆祐……
第六身	清信□□优婆姨不□(蕅)娘子一心供养
第七身	清信弟子大乘优婆姨支彩……
第八身	清信弟子大乘优婆姨定子一心供养
第九身	清信弟子大乘优婆姨意胜一心供养
第十身	清信弟子新妇住泰一心供养
北壁自东第一身	……娘子汤□一心供养
第二身	新妇隐定娘一心供养
第三身	清信弟子新妇愿泰供养
第四身	清信弟子新妇长祐一心供养
第五身	清信弟子长祐一心供养

这些女供养人题名中有称"故婆"的,有称"新妇"的,可见,她们应属武氏家族。另外,这些北区的女供养人也与南区的男供养人形成对应关系,如南壁东端的男供养人多称"男",北壁东端的女供养人多称"新妇",他们应该是夫妻对应关系。

通过以上分析可知,悬泉镇的武氏家族在端拱元年(988)至咸平五年(1002)间又重修了榆林窟第35窟。(图二)

---

① 张伯元《安西榆林窟》,第250页。
② 所列题名主要依据张伯元先生的录文,其中有差异者,乃笔者在洞窟核查所致,特此说明。参见张伯元《安西榆林窟》,第251—252页。

图二　榆林窟第35窟主室东壁、南壁

四　悬泉镇社邑窟（榆林窟第34、36窟）

1. 榆林窟第34窟

第34窟与第35窟相邻，也始建于唐，[①]后来同样被整体重修。关于重修的年代，学界有不同看法。有学者倾向于五代，[②]也有学者认为是宋代。[③] 现就第34窟重修的年代问题展开讨论。

第34窟甬道南壁绘有节度使曹元忠的供养人像（图三），其题名曰："推诚奉国保塞功臣敕归义军节度使特进检校太师兼中书令谯郡开国公食邑一千……"[④]我们知道，曹元忠历任瓜州刺史、沙州刺史、节度使。官衔先后称尚书、仆射、司徒、太保、太傅、司空。在天福十四年底或乾祐三年（950）初，又以司空为基点，级别一步步上升，先后称太保、令公、太傅、太师令公、大王。荣新江先生依据《宋会要·蕃夷五》等记载，[⑤]认为

---

① 敦煌研究院编《敦煌石窟内容总录》，第217页。
② 李浴《榆林窟佛教艺术内容调查》，敦煌研究院编《榆林窟研究论文集》（上册），上海辞书出版社，2011年，第24页。李浴先生依照的是张大千先生的洞窟编号，将此窟编为第24窟。
③ 谢稚柳《敦煌艺术叙录》，上海古籍出版社，1996年，第481页。
④ 李浴《榆林窟佛教艺术内容调查》，第24页。
⑤ 《宋会要·蕃夷五》记载："建隆三年正月，制推诚奉义保塞功臣归义军节度瓜沙等州观察处置管勾（内）营田押藩（蕃）落等使特进检校太傅同中书门下平章事沙州刺史上柱国谯郡公食邑一千五百户曹元忠，可依前检校太傅兼中书令使持节沙州诸军事行沙州刺史，充归义军节度使瓜沙等州观察处置管勾（内）营田押藩（蕃）落等使，加食邑五百户、实封二伯户，散官勋如故。"参见《宋会要》，《永乐大典》卷五七七〇，中华书局，1986年第3册，第2538—2539页。

大概在建隆三年(962)至乾德二年(964)之间的某时，曹元忠的加官才真正进到太师令公。而又从曹元忠自964年起号称大王来考虑，曹元忠在榆林窟第19、25、34窟①中的供养人题名年代只能在962年至964年间。②

既然甬道南壁的曹元忠供养像绘制于建隆三年(962)至乾德二年(964)之间，而前室和主室的表层壁画又与甬道的供养人画像为同一时代作品，那么，由此可推定出，第34窟重修于建隆三年(962)至乾德二年(964)之间。

虽然我们初步推定出了第34窟的重修年代，但究竟是谁组织了这次重修呢？罗寄梅、阎文儒和苏莹辉三位先生都认为是曹元忠。③ 他们的主要依据是榆林窟第34窟甬道南、北壁绘有曹元忠夫妇的供养人画像。然而，这种看法还是略显偏颇，因为该窟主室东壁门南和门北还绘有供养人，下面就尝试对这些供养人展开重点考察。

图三　榆林窟第34窟后甬道南壁

东壁门北自南起画女尼二身、女供养人八身。（图四）其中四身供养人的题名已完全漫漶，现残存一身比丘尼和五身女供养人的题名，其文云：

图四　榆林窟第34窟主室东壁门北

---

① 荣新江先生所列的3个窟号为张大千编号，分别是第12、17和24窟。
② 荣新江《归义军史研究》，上海古籍出版社，1996年，第120—121页。
③ 罗寄梅《安西榆林窟的壁画》，载敦煌研究院编《榆林窟研究论文集》（上），上海辞书出版社，2011年，第96页；阎文儒《安西榆林窟调查报告》，载敦煌研究院编《榆林窟研究论文集》（上），第34页；苏莹辉《从莫高、榆林二窟供养者像看瓜、沙曹氏的联姻外族》，载《敦煌文史艺术论丛》，新文丰出版公司，1987年，第34页。

位　置	供　养　人　题　名
第二身	……法师兼悬泉镇观音庵保惠
第六身	……定嫁与悬泉镇长史一心供养
第七身	修窟施主清信佛弟子引邹子田氏嫁与朱家一心供养
第八身	清信女弟子郭氏明(名)福定嫁与赵一心供养
第九身	清信女弟子新氏一心供养
第十身	清信女弟子张氏嫁与悬泉镇荆一心供养

从上列供养人题名可看出，除悬泉镇观音庵的保惠为比丘尼外，其余5位都是世俗妇女。而这5位世俗妇女中，有4位是注明夫姓的，其中的2位还具体标注出了丈夫的所在地，如第六身和第十身女供养人，她们的丈夫都与悬泉镇有关，而且第六位供养人的丈夫还是悬泉镇长史。从以上分析来看，第34窟东壁门南的这些妇女，应该都是居住和生活在悬泉镇的比丘尼、长官夫人和世俗妇女。

东壁门南画男供养人六身、侍从一身。（图五）其中残存四身供养人题名，自北向南分别是：

图五　榆林窟第34窟主室东壁门南

位　置	供　养　人　题　名
第一身	……检校太子宾客……
第二身	社长押衙知金银行都料银青光禄大夫检校太子宾客郁迟宝令一心供养
第三身	社老镇兵马使兼弓行都料赵安定一心供养
第五身	社子衙前正兵马使兼本镇乡官张正道一心供养

上列六身供养人的服饰较为类同，均头戴展脚幞头，身穿圆领缺胯长袍，腰束革带。但就细节而言，第一身男供养人仍显得有些特别，主要表现在两个方面：一、他站在一

块独立的方垫上,而其余五人则站在同一块长方形垫上。二、他手持曲柄香炉,显示其地位较高,而其他五人,除第二身双手托花盘外,都手持花供。可惜的是,第一身男供养人的题名大多已漫漶,我们尚不清楚他的官衔和姓名。

第二、三、五身男供养人的题名前都标注有"社长""社老"和"社子"等,显然,他们同属一个社邑组织。此外,需要注意的是,第三身和第五身男供养人题名中有"镇兵马使""兼本镇乡官"。如果结合前述主室女供养人中有一人为悬泉镇观音庵比丘尼,另两人分别嫁给了悬泉镇长史和荆某等现象考虑,第三身和第五身男供养人题名中的"镇"应指悬泉镇。

依据以上分析,主室东壁门南的男供养人同属悬泉镇某一社邑组织,而分布在对面的女供养人,也居住和生活在悬泉镇,她们很可能也是这个社邑组织的成员。另外,东壁门北第七身女供养人题记中还有"修窟施主"之记载。这都说明,在建隆三年(962)至乾德二年(964)间,重修榆林窟第34窟的功德主并非曹元忠夫妇,而是悬泉镇的一个社邑组织。当然,这些施主将曹元忠夫妇的画像画在他们的功德窟中,也意在表达他们对地方最高长官的敬重。

2. 榆林窟第36窟

第36窟亦位于榆林窟西崖,由前甬道、前室、后甬道、主室组成。与第34、35窟一样,该窟也始建于唐,①但后来亦被整体重修。关于重修的年代,李浴和罗寄梅先生认为是五代,②张伯元先生认为是宋初。③下面就该窟的重修年代先做一考察。

该窟后甬道南壁有节度使曹元忠的画像(图六),其题名曰:"推诚奉国保塞功臣敕归义军节度使特进检校太师兼中书令谯郡开国公食邑一千五百户实封七百户曹元忠一心供养。"④该题名与前揭文所说的榆林窟第34窟中曹元忠的

图六 榆林窟第36窟后甬道南壁

---

① 敦煌研究院编《敦煌石窟内容总录》,第218页。
② 李浴《安西万佛峡(榆林窟)石窟志》,载敦煌研究院编《榆林窟研究论文集》(上),第13页;罗寄梅《安西榆林窟的壁画》,第100页。
③ 张伯元《安西榆林窟》,第255页。
④ 张伯元《安西榆林窟》,第255页。

题名相同,都应题写于建隆三年(962)至乾德二年(964)之间。而第36窟前甬道、前室、后甬道和主室的表层壁画大体属同一时代,由此判断,第36窟的重修时间大体在建隆三年(962)至乾德二年(964)之间。

关于第36窟重修的功德主,阎文儒和罗寄梅先生都认为是曹氏。[①] 但笔者以为不然,因为第36窟的供养人布局与第35窟有着惊人的一致性。我们先将这两窟后甬道南北壁和前室西壁门南的供养人题名列表对比如下:

位　　置	第36窟供养人	第35窟供养人
后甬道南壁西起第一身	节度使曹元忠	节度使曹延禄
后甬道南壁西起第二身	男曹延禄	节度副使守瓜州团练使曹延瑞
后甬道北壁西起第一身	曹元忠夫人翟氏	曹延禄夫人于阗公主
后甬道北壁西起第二身	长女延鼐	曹延恭夫人慕容氏
后甬道北壁西起第三身		曹延禄夫人阴氏
前室西壁南侧男供养人	悬泉镇遏使邓义延	悬泉镇遏使宋清儿

关于第35窟的供养人布局,笔者在前揭文中已做过分析,认为第35窟的真正功德主是悬泉镇的武氏家族,而后甬道南北壁和前室西壁南侧的供养人则主要是出于政治因素考虑而绘制的。因为曹延禄是归义军最高长官,曹延瑞是瓜州的最高长官,宋清儿则是悬泉镇的最高长官。(图七)无独有偶,第36窟后甬道南北壁绘归义军最

图七　榆林窟第35窟前室西壁门南

图八　榆林窟第36窟前室西壁门南

[①] 阎文儒《安西榆林窟调查报告》,第36页;罗寄梅《安西榆林窟的壁画》,第100页。

高长官曹元忠夫妇及家人供养人像,前室西壁南侧也画有悬泉镇最高长官邓义延。(图八)由此,我们还需重点考察主室里面的供养人情况。

主室东壁门南画九身男供养人,东壁门北画十三身女供养人。(图九)相比较而言,男供养人的题名要保存得好一些,女供养人的则几近漫漶。现将残存的供养人题名列表如下:

图九　榆林窟第 36 窟主室东壁门南

位　　置		供　养　人　题　名①
东壁门南	第二身	社□□节度押衙银青光禄大夫检校太子宾客兼太 守 曹延 惠 一心供养
	第三身	社子兵马使知游奕使张真通一心供养
	第四身	社子节度押衙银青光禄大夫检校太子宾客□□□一心供养
	第五身	社子节度押衙银青光禄大夫检校太子宾客荆主子 一心 供养
	第六身	社子节度押衙银青光禄大夫检校太子宾客荆通子一心供养
	第七身	社子兵马使知本镇乡官赵黑子一心供养
	第八身	社子节度押衙银青光禄大夫检校太子宾田元 言 一心供养
	第九身	社子赵幸子一心供养
东壁门北	第三身	社子马……

---

① 所列题名主要依据张伯元先生的录文,其中有差异者,乃笔者在洞窟核查所致,特此说明。参见张伯元《安西榆林窟》,第 256 页。

这些供养人的题名前都有"社子"一词,显然,他们同属一个社邑组织。而东壁门南的第七身供养人题名中的"本镇"二字又告诉了我们这个社邑组织的属地。当然,我们还需对"本镇"作进一步的细考。

经核查榆林窟所有的供养人题名,发现有"本镇"之记录的还有二处,分别是:

> 第34窟主室东壁门南自北起第五身供养人题名曰:"社子衙前正兵马使兼本镇乡官张正道一心供养。"

> 第35窟主室南壁自东起第二身供养人题名曰:"男本镇押衙银青光禄大夫检校太子宾客□达……"

而我们在前文中已辨明,第34、35窟都是由悬泉镇人营建的洞窟。其供养人题名中的"本镇"即指悬泉镇。如此看来,第36窟赵黑子题名中的"本镇"也当指悬泉镇。

另外,我们在上文已指出,第35窟后甬道和前室西壁门南的供养人身份与第36窟一致。而就第35窟来说,因为它的功德主是悬泉镇的武氏家族,所以他们将本镇的最高长官画在了前室西壁门南。而在第36窟,其前室西壁门南也绘制了悬泉镇遏使邓义延的供养像,显然,其东壁门南第七身供养人题名中的"本镇"指悬泉镇无疑。

通过以上比对和推定,笔者认为第36窟也是由悬泉镇的一个社邑组织重修的。

五 悬泉镇僚佐巡礼榆林窟

榆林窟第25窟前室东壁南侧天王像下方有唐光化三年题名,文云:

> 光化三年十二月廿二日,悬泉长史齐乞达、宁虞候、齐萨女磨、都知兵马使冯钵略,兵马使王佛奴,游奕使斋钵罗赞,兵马使杨佛奴,随从唐镇使巡礼圣迹,因为后记。[1]

光化三年即900年。这里的"唐镇使",陈国灿先生作唐代镇使之理解,认为是悬泉镇使曹子盈,[2]但冯培红指出,"此处之'唐'并非朝代之名,而应是镇使之姓"。[3] 笔者同意冯培红的看法。

P.4640《唐己未—辛酉年(899—901)归义军衙内破用布、纸历》是戊午年(898)三月至辛酉年(901)五月间的归义衙内破用纸布历。其中记载:戊午年(898)五月廿三

---

[1] 施萍婷《敦煌学杂谈之二——向达〈莫高、榆林二窟杂考〉榆林窟题记校正》,载敦煌研究院编《2004年石窟研究国际学术会议文集》(下),第743—744页。
[2] 陈国灿《唐五代瓜沙归义军军镇的演变》,第401页。
[3] 冯培红《归义军镇制考》,第133页。

曰:"又支与悬泉镇使曹子盈粗布壹疋。"①可见,在898年时,悬泉镇使是曹子盈。光化三年(900)的这位"唐镇使"应是曹子盈的继任者。他这次巡礼榆林窟,陪同的人有悬泉镇长史、都知兵马使、兵马使、游奕使等,可谓各级高官倾镇出动。这很可能是他升任悬泉镇使后第一次巡礼榆林窟,又从其巡礼的规格之高可看出,榆林窟应是当时重要的佛教名胜之地。

六 结 语

距离今瓜州县锁阳城镇西北二十里的故城遗址——"破城子",是归义军时期"悬泉镇"的镇址所在地。榆林窟在悬泉镇南70里。在归义军时期,属悬泉镇境地。因为二者相距较近,且有统属关系,所以,悬泉镇的各级官吏和百姓对榆林窟的营建事业作出了积极贡献。

榆林窟第20窟始建于唐。在雍熙五年(988),身为悬泉镇副监使的荆幸昌和家人对该窟进行了整体重修。榆林窟第35窟在端拱元年(988)至咸平五年(1002)之间也被整体重修,其重修功德人主要是悬泉镇的武氏家族。悬泉镇的两个社邑组织还分别对榆林窟第34窟和第36窟进行重修,如第34窟的社人有悬泉镇兵马使、悬泉镇乡官、悬泉镇观音庵比丘尼和悬泉镇长史夫人等;第36窟的社人有悬泉镇乡官等。

榆林窟第25窟前室东壁南侧天王像下方有唐光化三年(900)的题记,记载了悬泉镇各级长官随从唐镇使巡礼榆林窟圣迹之事。光化三年的这位"唐镇使"应是继曹子盈之后的悬泉镇使。在他上任之际就率领各级高官巡礼榆林窟,这无疑说明了悬泉镇地方长官们对榆林窟的重视。

通过本文研究,一方面相对明确了"破城子"故城的历史沿革;另一方面,揭示了悬泉镇人对榆林窟营建事业所做的积极贡献。同时,也纠正了一些学者误将榆林窟34、35、36窟视为"曹家窟"之论断。

附记:本文图片均由敦煌研究院文物数字化研究所提供,特此感谢。

(作者单位:敦煌研究院文献研究所)

---

① 《敦煌社会经济文献真迹释录》第2辑,第253—270页;〔日〕池田温著,龚泽铣译《中国古代籍帐研究》,中华书局,2007年,第461页。

印度"Kauśāmbī 法灭故事"在中国的传播与影响

刘 屹

摘 要：Kauśāmbī 是佛陀时代印度十六国之一跋蹉国的都城。印度佛经中不止一次地以佛陀之口预言说：在佛灭后的若干年，佛教正法将在 Kauśāmbī 经历一场浩劫后消亡。这就是印度佛教的"Kauśāmbī 法灭故事"。中国佛教从西晋到唐代，一共翻译了七部明确记载"Kauśāmbī 法灭故事"的佛经。如果按照它们各自成书和被汉译的先后顺序来看，明显可以看出：原本在印度佛教传统中并无明确的"法灭"年代，后来逐渐认为是在佛灭后一千年左右，将会发生"Kauśāmbī 法灭"；到大乘佛经时，"法灭"的时间明确是在佛灭后一千五百年左右。

但是，中国佛教并不是完全照搬印度佛教的传统。5 世纪末、6 世纪初出现了《法灭尽经》为首的一批"法灭尽经类"佛经，体现了中国佛教对"法灭思想"的把握和改造。中国佛教的"法灭思想"，不仅不以印度的"Kauśāmbī 法灭"作为佛教历史的终结，反而是大胆地将中国佛教的未来，置于"Kauśāmbī 法灭"之后的历史延长线上。这与于阗和吐蕃佛教对待印度佛教"法灭"传统的态度形成了鲜明的对比。

一 引 言

梵语 Kauśāmbī，巴利语作 Kosambī，汉译名作"憍赏弥"、"拘舍弥"、"拘睒弥"、"具史罗"等。是公元前 7—4 世纪印度十六国之一的跋蹉国（Vatsa）都城，[①]遗址位于今印度北方邦 Alahābād 西南 60 公里、亚穆纳河北岸的科桑村（Kosam Khiraj）。在佛陀的时代，此城是交通枢纽，也是重要的商业城市之一。佛陀生前曾多次到访此地，佛经中也留下了大

[①] 关于古印度的十六国，参见崔连仲《从阿育王到佛陀》，辽宁大学出版社，1991 年，第 25—54 页。宫坂宥胜《佛教興起の時代と社會の背景—十六大國考—》、《十六大國再考》，载氏著《インド學密教學論考》，京都：法藏館，1995 年，第 22—34、35—50 页。

量有关佛陀在此说法的记录,最著名的是佛陀教化跋蹉国王优填王皈依佛教的故事。

本文所要讨论的,则是佛陀对其涅槃后,此地将会发生一场"法灭"浩劫的预言故事。此预言的梗概是:佛灭若干年后,世间出现了三位(或四位)破坏佛教的恶王,Kauśāmbī 的国王消灭了这些恶王,想大兴佛教,邀请僧众来此国。不料僧众内部产生了争斗,能够传续佛法的僧伽领袖人物死亡殆尽,佛教由此在世间灭绝。这就是"Kauśāmbī 法灭故事"。对此预言故事,那体慧(Jan Nattier)通过比较多种汉、藏、于阗语版本的佛经中关于 Kauśāmbī 法灭故事的异同,已做出了非常出色的专门研究。[1] 本文的关注点与她不同。我想探究的是这样一个印度佛教的"法灭故事"是如何传入中国的?并对中国佛教产生了怎样的影响?

具体而言,"Kauśāmbī 法灭故事"在早期汉译佛经中是怎样体现的?这个故事传入中国后,发展和最终的归宿如何?对于印度佛教"法灭思想"在中国佛教中的传播,起到了怎样的作用?中国佛教又是如何在印度佛教"法灭思想"基础上,发展出自己的"法灭思想"的?本文考虑的这些问题,也是我近来考察印度佛教的"法灭思想"与中国佛教的"末法思想"之间关联与变异的系列研究中的重要环节之一。

二、Kauśāmbī 法灭故事的几个汉译版本

根据那体慧的研究,在汉译佛经中出现"Kauśāmbī 法灭故事"的主要有 7 部佛经,她按照以下的顺序依次讨论:(1)《阿毗达磨大毗婆沙论》,(2)《阿育王传》和(3)《杂阿含经》卷二十五;(4)《佛使迦旃延说法没尽偈百二十章》和(5)《迦丁比丘说当来变经》;(6)《摩诃摩耶经》;(7)《大方等大集经·月藏分》。但那体慧的讨论似乎并没有突出这些汉译本的时间线索。这些佛经都有两个时间点:第一是在印度佛教中成书时间,第二是被汉译的时间。一般而言,前一个时间只能有大概的推测,后一个时间则能相对准确一些。

诚如那体慧所言,现存所有经本中最古老的"Kauśāmbī 法灭故事",应该是见于《佛使迦旃延说法没尽偈百二十章》。迦旃延是佛陀十大弟子之一,号称"论议第一"。所谓"百二十章",应该是按照汉译本所依据的印度原本,大体上四句偈颂为一章。这种章数整齐的偈颂体,暗示了此经最初是便于背诵口传的一部经。汉译《迦旃延说法没

---

[1] Jan Nattier, *Once Upon a Future Time: Studies in a Buddhist Prophecy of Decline*, Berkley, California: Asian Humanities Press, 1991, pp.143 - 295.

尽偈》,最早见于释道安的《综理众经目录》,被释僧祐转载于《出三藏记集》卷三《新集安公失译经录》:

> 《迦旃偈经》,一卷。《旧录》云:《比丘迦旃说法没偈经》,或云《迦旃延说法没尽偈百二十章》。右九十二部,今并有其经。①

既然是道安已著录过,且僧祐还见到经本,显然此经应出于《综理众经目录》成书的公元374年前。然《开元释教录》的著录,称"僧祐《录》云安公失译,今附《西秦录》。单本"。② 一般认为"西秦"应为"西晋"之误,故此经现在附于《西晋录》。③ 亦即说,此经应该是西晋时的译本,但译者已佚。这部偈颂体的《迦旃延说法没尽偈》,没有正式提及 Kauśāmbī,但出现了三恶王破坏佛法,由"中国君"攻灭三王,邀请阎浮提内所有比丘来"中国"兴复佛教,结果僧团内部发生斗讼,最终佛法消灭。因 Kauśāmbī 地处佛陀时代的印度十六国中部,可以认为这里的"中国"就是指 Kauśāmbī,也符合"Kauśāmbī 法灭故事"的基本情节。在"Kauśāmbī 法灭故事"之前,《迦旃延说法没尽偈》还出现了"正法"和"像法"的概念。经云:

> 能仁大圣人,泥洹灭度后,诸地水火风,不能毁佛法……正法在于世,终不自没尽。因有像法故,正法则灭尽。譬如海中船,贪重故沉没。佛法斯亦然,利养故灭尽。

意即地水火风都不会使佛教正法消亡,但当佛教内部出现了贪重利养的"像法",佛教正法就会消亡。这样的说法,令人想起了《杂阿含经》卷三二所言:

> 如来正法欲灭之时,有相似像法生;相似像法出世间已,正法则灭。譬如大海中,船载多珍宝,则顿沉没;如来正法,则不如是,渐渐消灭。如来正法,不为地界所坏,不为水、火、风界所坏,乃至恶众生出世,乐行诸恶,欲行诸恶,成就诸恶,非法言法,法言非法,非律言律,律言非律。以相似法,句味炽然。如来正法,于此则没。④

《杂阿含经》是求那跋陀罗在443年译出,卷三二内容属于《杂阿含经》也没有任何疑义。这是目前所知最早提到"像法"一词的早期佛教文献。这样的关联性,提示我们《迦旃延说法没尽偈》或许与阿含经系统比较接近。阿含经被认为是最接近佛陀时代的原始佛经,但阿含经中是否有直接表述"法灭"的内容?目前还是一个有争议的问

---

① 此据苏晋仁、萧炼子点校《出三藏记集》卷三,中华书局,1995年,第105页。
② 《开元释教录》卷一三,《大正藏》第55册,第622页下栏。
③ 《大正藏》第49册,第9—12页。释道世《法苑珠林》卷九八《讹替部》收有此经的一个节略本,见周叔迦、苏晋仁校注《法苑珠林校注》,中华书局,2003年,第2828—2830页。
④ 《大正藏》第2册,第226页下栏。

题,详见下文。至少在阿含经中,"法灭思想"并未形成统一的口径。阿含经有的篇章说佛灭之后,佛法也会消亡;有的篇章则说佛法将会传之永久。像《迦旃延偈》这样坚信佛法终会消亡的小经,很可能稍晚于阿含经。

如果以《迦旃延说法没尽偈》为模板来分析,可以看到印度反映"法灭思想"的早期佛经,包含两个"法灭"的情景板块:A.佛陀预言自己涅槃后,比丘僧团出现各种不守戒律的状况,互相争讼,违背经戒,交通世俗权贵,诋毁虔诚信徒。也就是"像法"时代的各种僧团乱象。B.在僧伽不守佛陀正法的背景下,又会出现恶王破坏佛教。"中国之君"攻灭恶王,本意要兴复佛教,结果佛教仍然不免于内部倾轧和斗争,佛法最终消亡。

同样的模式也见于《迦丁比丘说当来变经》。《开元释教录》云:"《迦丁比丘说当来变经》,一卷。僧祐录中失译经,今附《宋录》。"①亦即说此经历来被认作是刘宋时期译出,译者也已不知。迦丁比丘是佛灭之后的一位阿罗汉,其名在汉译佛经中也仅此一见。此经借迦丁比丘之口,以散文体呈现与《迦旃延说法没尽偈》几乎相同的"法灭故事",也是分为 A、B 两个板块。在 A 板块部分,先说迦丁比丘所言就代表佛说。佛预言自己涅槃后,会有"恶比丘出,破坏佛法",他们虽然身穿僧衣,却贪财好利,口是心非,畜养奴婢,互相争斗。并且也出现了"由是之故,正法转没。用不敬奉,令法没尽。譬如大船,多所负载,重则沉没"这样的比喻,也与《杂阿含经》卷三二相近,只是这里并没有出现"像法"一词。而在 B 板块,"中国天子"在攻灭三个恶王后,在"拘睒弥国",召集阎浮提内的比丘参加"末后"之会,结果比丘内部互相攻杀,佛法尽灭。迦丁比丘在经的末尾所说,现在还是"正法"行世阶段,大家要勤行精进;"法灭"的预言是将来才会发生的,如果现在修行精勤,将来还是可以免却"法灭"所带来的诸苦。看来,"法灭"固然是必定会发生,但关键是眼下的精进修行,可以避免将来"法灭"时所遭受之苦。《迦旃延说法没尽偈》和《迦丁比丘经》都把 Kauśāmbī 作为"中国",也显示此两经译出的时间应该较早,符合印度佛经"中国"一词的用法。②

---

① 《开元释教录》卷一三,《大正藏》第 55 册,第 624 页上栏。《出三藏记集》著录竺法护曾译出一部《当来变经》,一卷",此经现存,全名是《佛说当来变经》,也是讲未来世比丘种种不遵戒律的"法欲灭"景象。但与《迦丁比丘说当来变经》并非同一经本。

② 印度佛经里的"中国",通常是指以舍卫国为中心的五天竺,此外皆为"边地"。这种观念大约到 7、8 世纪,才随着佛教在中国的兴盛与在印度的衰落而发生改变。详见陈金华《东亚佛教中的"边地情结":论圣地及族谱的建构》,2012 年初刊,此据氏著《佛教与中外交流》,中西书局,2016 年,第 1—26 页,特别是第 3—15 页。另参周伯戡《从边国到中土:佛教中心由印度到中国转移的一种解释》,载沈丹森、孙英刚编《中印关系研究的视野与前景》,复旦大学出版社,2016 年,第 43—64 页。宁梵夫《重估"边地情节":汉传佛教中对印度的逐渐容受》,载《中印关系研究的视野与前景》,第 65—76 页。

接下去与《迦旃延说法没尽偈》和《迦丁比丘经》Kauśāmbī 法灭故事最接近的,应该是《阿育王传》和《杂阿含经》卷二五的相关内容。《杂阿含经》的成书应该早于《阿育王传》。《杂阿含经》卷二五中"法灭故事"的大意是,佛陀告诉阿难、帝释天和四天王:"过千年后,我教法灭。时当有非法,出于世间。"会有四位恶王破坏塔寺,杀害比丘。四方比丘都跑到"拘睒弥国"避难。此国国王名"难当",击败恶王,统一阎浮提,开始供养布施僧众。比丘贪重利养,背离佛法。最终出现内部的争斗,导致佛法灭尽。

《大正藏》所收的《阿育王传》卷六至卷七,原本是连接在一起的"拘舍弥国法灭故事",现在被人为地分裂在两卷之中。《阿育王传》与《杂阿含经》相同之处是:"法灭"的时间都是在佛灭千年之后;都没有 A 板块的部分,几乎是直接进入 B 板块部分。但两者也有明显不同,如《杂阿含经》说有东南西北四方各有一位恶王,《阿育王传》则说只有南北西三方有恶王,东天竺则是如来的肉髻和佛牙所到之处。而拘舍弥国的"难看"王攻灭恶王之后,供养布施僧众,僧团内部互相争斗攻杀,导致法灭。这些内容大体相同,只是具体的人物译名,《阿育王传》与《杂阿含经》不同。因此,《阿育王传》和《杂阿含经》卷二五的"法灭故事"虽然情节相同,但细节之处多有不同,不能确认相互间存在文本对应关系。两者之间的文本关系非常复杂,留待下节再具体讨论。不过,佛灭后千年,会发生"Kauśāmbī 法灭",这样有具体年数的预言,在最初的《迦旃延偈》和《迦丁比丘经》中,都还没有提及。或许是从汉译《杂阿含经》卷二五与《阿育王传》才开始明确的一个时间观念。

此后应是《阿毗达磨大毗婆沙论》。此论书虽是玄奘在显庆四年(659)译出,但其在印度的成书应在公元 2 世纪左右,一般认为是小乘说一切有部的论书。《大毗婆沙论》卷一八三以问答的形式讲述了"如来正法"在"憍赏弥国"消亡的经过,情节上基本符合"法灭"的 B 板块。其中有云:

> 或有诸佛,未般涅槃,正法便灭。或有诸佛,般涅槃后,经于七日,正法便灭。然我世尊释迦牟尼,般涅槃后,乃至千岁,正法方灭。①

可见,《大毗婆沙论》遵循的是佛灭后一千年,佛教正法就会消亡的说法。而且也是没有出现 A 板块的一个版本。这两点都与汉译《杂阿含经》和《阿育王传》相同。这一千

---

① 《阿毗达磨大毗婆沙论》卷一八三,《大正藏》第 27 册,第 919 页上栏。

年之数是怎么来的？是正法五百年和像法五百年之和？看来并非如此。①

《摩诃摩耶经》是由释昙景在479—502年间译出的一部大乘佛经,其中提到了马鸣和龙树这两位公元2、3世纪的印度大乘佛教论师,因而成书时间肯定相对较晚。经中讲述佛母摩耶夫人,在佛涅槃后,赶赴如来的金棺,由阿难转告佛陀入灭前的遗言和预言。从佛灭后一百年起,一直预言到佛灭后一千五百年。阿难云：

> 佛涅槃后,摩诃迦叶共阿难,结集法藏。事悉毕已,摩诃迦叶于狼迹山中,入灭尽定。我亦当得果证次第,随后入般涅槃。当以正法,付优婆掬多,一一善说法要,如富楼那,一一广说度人。又复劝化阿输迦王,令于佛法,得坚固正信。以佛舍利,广起八万四千诸塔。二百岁已,尸罗难陀比丘,善说法要,于阎浮提,度十二亿人。三百岁已,青莲花眼比丘,善说法要,度半亿人。四百岁已,牛口比丘,善说法要,度一万人。五百岁已,宝天比丘,善说法要,度二万人,八部众生,发阿耨多罗三藐三菩提心,正法于此,便就灭尽。
>
> 六百岁已,九十六种诸外道等,邪见竞兴,破灭佛法。有一比丘,名曰马鸣,善说法要,降伏一切诸外道辈。七百岁已,有一比丘,名曰龙树,善说法要,灭邪见幢,然正法炬。八百岁后,诸比丘等,乐好衣服,纵逸嬉戏,百千人中,或有一两得道果者。九百岁已,奴为比丘,婢为比丘尼。一千岁已,诸比丘等,闻不净观、阿那波那,瞋恚不欲,无量比丘,若一、若两,思惟正受。
>
> 千一百岁已,诸比丘等,如世俗人嫁娶行媒,于大众中毁谤毗尼。千二百岁已,是诸比丘及比丘尼,作非梵行。若有子息,男为比丘,女为比丘尼。千三百岁已,袈裟变白,不受染色。千四百岁已,时诸四众,犹如猎师,好乐杀生,卖三宝物。千五百岁,俱睒弥国,有三藏比丘,善说法要,徒众五百；又一罗汉比丘,善持戒行,徒众五百。于十五日布萨之时,罗汉比丘升于高座,说清净法,云此所应作、此不应作。彼三藏比丘弟子,答罗汉言：汝今身、口自不清净,云何而反说是粗言？罗汉答言：我久清净身、口、意业,无诸过恶。三藏弟子闻此语已,倍更恚怨,即于座上杀彼罗汉。时罗汉弟子而作是言：我师所说合于法理,云何汝等害我和上？即以利刀杀彼三藏。天龙八部,莫不忧恼,恶魔波旬,及外道众,踊跃欢喜,竞破塔寺,杀害比

---

① 佛灭后千年法灭的观念,参见那体慧前揭书,第42—48页。大体可以认为,印度佛教大约在佛灭之后不久提出,因允许女人出家,佛陀正法只可传五百年。但到公元1世纪左右,佛灭已达五百年之久,佛教面对"法灭"之期已到的尴尬局面,不能自认佛法就真的该消亡了,于是将"法灭"的时间延长到佛灭一千年以后。"像法"最初也并没有确定是千年之久,当出现千年之数后,正法五百年、像法一千年之说才逐渐奠定。

丘。一切经藏,皆悉流移至鸠尸那竭国,阿耨达龙王悉持入海,于是佛法而灭尽也。①

这里的"阿输迦王"即阿育王。本来在佛灭五百岁时,"正法于此,便就灭尽",这是延续因女人出家而正法只传五百年之说。但又得马鸣和龙树两人先后振兴佛教,使得正法得以重兴。随后几百年,僧伽内部腐败堕落,直到千五百年时,经历了"俱睒弥"的法灭浩劫,佛教在佛灭后一千五百年时,将正式消亡。看来,此经遵循的是"正法五百年,像法一千年"的"正像二时说"。② 从佛灭后八百至一千四百年间,可以认为就是法灭故事 A 板块的内容;千五百年在俱睒弥的法灭,则是 B 板块的传统。至此,大乘经中正式出现了佛灭后一千五百年"法灭"的说法。而在这一千五百年的系年中,阿育王是在佛灭后一百年出世的。

以上诸经中,成书时代最晚的应该是《大方等大集经·月藏分》。《大方等大集经》在印度的编纂,是从公元 3—5 世纪之间逐步编纂汇集起来的。公元 566 年,那连提耶舍在北齐都城邺城译出了《月藏分》的部分,共 12 卷。现被收入六十卷本的《大集经》的卷四六至卷五六。"Kauśāmbī 法灭故事"见《大集经》卷五六的《法灭尽品》。经文也是遵照"法灭"情节 A、B 两个板块来展开,因为相对晚出,在情节上自然也是最丰富的版本。《月藏分》不仅说在"拘睒弥国"发生了"法灭",也有诸如"过去诸如来,依寿而灭度,彼于七日后,正法皆隐没。今我涅槃后,正法五百年,住在于世间⋯⋯像法住于世,限满一千年"的描述。③ 显然,《月藏分》也是遵循了"正像二时"共一千五百年之说。

从以上的梳理可以看到,"法灭"的预言虽然很早就有,而且"Kauśāmbī 法灭故事"的基本情节也历经近千年(公元前 4—3 世纪至公元 6 世纪)而不曾改变,但佛灭多少年后才会发生"法灭",在印度佛经中明显有个从一开始并不明确,到确认在佛灭一千年后,再到佛灭一千五百年后的演变过程。而这样的时限变化,正是了解印度佛教"法灭思想"的重要时间线索之一。

三、《杂阿含经》卷二五与《阿育王传》的问题

大藏经中现有两部专题为阿育王故事的佛书,一部是七卷本的《阿育王传》,另一

---

① 《摩诃摩耶经》卷下,《大正藏》第 12 册,第 1013 页中栏至第 1014 页上栏。
② 佛灭后一千五百年法灭的观念,参见那体慧前揭书,第 48—51 页。
③ 《大集经》卷五六《月藏分·法灭尽品》,《大正藏》第 13 册,第 379 页。

部是十卷本的《阿育王经》。前者现在归于西晋安法钦译名之下,其中的卷六至卷七的部分,也有"Kauśāmbī 法灭故事"。而十卷本的《阿育王经》则没有这个"法灭"故事。为何同样是阿育王故事的译经,两种译本会出现这样的差异?另外,《杂阿含经》卷二五也有"Kauśāmbī 法灭故事",而且还被僧祐转录到自己编的《释迦谱》中。[①] 由此能否认为阿含经其实原本是有"法灭"故事的呢?

《阿育王传》,历代著录本作五卷,现分作七卷。最早著录此经的《历代三宝纪》云:

> 《阿育王传》,五卷。天监年第二译,与魏世出者小异。
>
> 右一十一部,合三十八卷,正观寺扶南沙门僧伽婆罗,梁言僧养,亦云僧铠。……为求那跋陀弟子。复从跋陀研精方等,博涉多通……值齐氏季末,道教陵夷。婆罗洁静身心,外绝交故。大梁御寓,搜访术能。以天监五年,被敕征召。于扬都寿光殿,及正观寺、占云馆三处,译上件经。其本并是曼陀罗从扶南国赍来献上。陀终没后,罗专事翻译。敕令沙门宝唱、慧超、僧智、法云,及袁昙允等笔受……并《宝唱录》及《名僧传》载。[②]

这里的《阿育王传》,实际上指的是僧伽婆罗译的《阿育王经》,说明《经》和《传》之名在古代经录中是常被混淆的。费长房还明确指出这《阿育王传》五卷,是僧伽婆罗于天监十一年(512)在扬州译出的。[③] 婆罗是求那跋陀(罗)的弟子,其译本来自扶南国,应属南传佛教一系。费长房说婆罗所译已是"第二译",此经在"魏世"曾有"第一译"。似乎安法钦的《阿育王传》七卷应该在前,而僧伽婆罗的《阿育王经》十卷在后,是否这就是"第一译"和"第二译"的区别所在?如果安法钦的"第一译"原本是有"Kauśāmbī 法灭故事"的,为何到婆罗的"第二译",却又没有了这个"法灭故事"?

释僧祐《出三藏记集》卷四著录云:"《阿育王作小儿时经》,一卷。《小阿育王经》,一卷。"并说这两经是"详校群录,名数已定。并未见其本,今阙此经"。[④] 而在卷五的"新集安公疑经录",则著录"《大阿育王经》,一卷。云佛在波罗奈者"。[⑤] 所谓"《阿育王作小儿时经》",应是指佛与阿难在王舍城路遇两小儿,佛告诉阿难,其中一个小儿将在佛灭后百年成为一统阎浮提的转轮圣王四分之一,亦即阿育王。《小阿育王经》的内

---

① 《杂阿含经》卷二五,见《大正藏》第 2 册,第 177—180 页;《释迦谱》卷五,见《大正藏》第 52 册,第 82—83 页。
② 《历代三宝纪》卷一一,《大正藏》第 49 册,第 98 页中栏至下栏。
③ 《历代三宝纪》卷三,《大正藏》第 49 册,第 45 页上栏。
④ 《出三藏记集》,第 191、211 页。
⑤ 《出三藏记集》,第 223 页。

容很难得知。《大阿育王经》因为僧祐提示了有"佛在波罗奈者",又被定为疑经,所以现存记载阿育王故事的佛经中,几乎未见有佛在波罗奈者。① 但所谓大、小之分,在僧祐的时代应该还不是指大、小乘之分。

此外,《出三藏记集》卷二著录:"《王子法益坏目因缘经》,一卷。或云《阿育王息坏目因缘经》……晋孝武帝时,凉州沙门竺佛念,以苻坚时,于关中译出。"②"王子法益"即阿育王的儿子,音译为驹那罗,意译为法益。此经在《历代三宝纪》中著录作:"《阿育王太子坏目因缘经》,一卷。亦云《王子法益坏目因缘经》。建初二年二月八日,于安定城,为尚书令姚旻出。见《二秦录》……晋孝武帝世,兜佉勒国三藏法师昙摩难提,秦言法喜,以建元初至长安,诵《四阿含》梵本口授,竺佛念写为梵文。到二十年,为苻主译。"③此经也是关于阿育王儿子驹那罗故事的一卷本译经。

《出三藏记集》卷四还著录:

　　《阿育王获果报经》,一卷。抄《杂阿含》。

　　《阿育王于佛所生大敬信经》,一卷。抄《杂阿含》。

　　《阿育王供养道场树经》,一卷。抄《杂阿含》。

　　《阿育王施半阿摩勒果经》,一卷。抄《杂阿含》。④

这些所谓"王息坏目"、"半阿摩勒果"等故事,都是一个个独立的阿育王故事,而上述《阿育王息坏目因缘经》的译出时间则相对明确,说明直到5世纪初,有关阿育王的汉译经本,还没有出现将各种阿育王传说集合在一起的多卷本出现。到僧祐的时代,他所看到传世的阿育王经典,还是一个个独立故事单本流行的状态。而现在被归名在安法钦名下的《阿育王传》七卷,不仅从未被道安和僧祐提及,而且已是将以上各种阿育王故事统编在一起的状态。因此就特别值得怀疑。其实,最早将《阿育王经》与安法钦联系起来的,正是令人疑窦丛生的费长房。他在《历代三宝纪》卷六《译经西晋》云:"《大阿育王经》,五卷。光熙年(306)出,见竺道祖《晋世杂录》……右五部,合一十二卷。惠

---

① "《大阿育王经》",见引于释僧祐《释迦谱》卷五《阿育王造八万四千塔记》,但并非"佛在波罗奈者"。见《大正藏》第50册,第78页下栏。同样的内容分别被宝唱《经律异相》和道世《法苑珠林》转引。

② 《出三藏记集》,第48页。

③ 《历代三宝纪》卷八,《大正藏》第49册,第75页下栏。

④ 《出三藏记集》,第143页。实际上,《大藏经》中还有三部与阿育王有关的小经,也是从《杂阿含经》这两卷中抄出的。详见水野弘元《〈杂阿含经〉的研究与出版》,1988年初刊,此据许洋主译《水野弘元著作选集》(一)《佛教文献研究》,台北:法鼓文化,2003年,第449—450页。

帝世,安息国沙门安法钦,太康年于雒阳译。"①光熙是西晋惠帝的年号,如果安法钦就是《阿育王经》的"第一译",怎么又说他是"魏世出者"?且所谓"《大阿育王经》",明明已被僧祐列入了"疑经",怎么到费长房这里又成了安法钦的译经?所以,我认为历代经录中所谓《阿育王传》出自安法钦所译的说法,主要是来自费长房的记录,而费氏的记录恰恰是不可靠的。

抛开费长房不谈,从僧祐开始,《阿育王传》的确就已经与《杂阿含经》扯上了关系。僧祐除了看到《阿育王作小儿时经》《小阿育王经》和《阿育王息坏目因缘经》这样比较可靠的、单篇流传的阿育王故事佛经,还特意著录了阿育王《获果报经》《于佛所生大敬信经》《供养道场树经》《施半阿摩勒果经》等四种从《杂阿含》中摘抄出来的经本。不仅如此,僧祐的《释迦谱》卷五《阿育王造八万四千塔记》和《释迦法灭尽缘记》,也都注明"出《杂阿含经》"。② 通过核对文字,可以确证僧祐这样的标注是严谨可靠的。

但问题是,阿育王的故事怎会出现在《杂阿含经》之中?大体而言,《杂阿含经》被认为是在佛灭一百年内,最先通过背诵和口传承续下来的经典,也是与佛陀时代的说法最接近的佛教原典。这批经典在南传佛教巴利语藏经中,被称为尼柯耶(Nikāya),其中的《相应部》(Saṃyutta Nikāya)与汉译《杂阿含经》基本可以对应。亦即说,《相应部》和《杂阿含经》应该是同一个源头。阿育王则是在佛灭之后二百年左右才出现的历史人物。③ 因此,阿育王故事绝不会是佛陀时代直接留存下来的佛经所应该具有的内容。今本《杂阿含经》与阿育王直接相关的故事主要见于卷二三和卷二五。20世纪初以来,学者们就认定《杂阿含经》的这两卷一定不属于《杂阿含经》的原本。在根据《相应部》来复原《杂阿含经》的原貌时,也通常将这两卷直接剔除。④ 但关于这两卷内容究竟怎

---

① 《历代三宝纪》卷六,《大正藏》第49册,第65页上栏。
② 《大正藏》第50册,第76页中栏至第82页中栏、第82页下栏至第83页下栏。
③ 不可否认,北传和汉译佛教文献中,阿育王通常被认为是在佛灭后百年左右出世的,如前引《摩诃摩耶经》那样。南传佛教则认为是佛灭后二百年左右。现在学界公认阿育王是公元前260—230年在位,即公元前3世纪。如果按照以往被相对广泛接受的所谓"修正了的长系年",即佛灭在公元前480年说,则应在佛灭后二百年才到阿育王时代。然而,通过1988年哥廷根会议的讨论,似乎越来越多的国外佛教学者,转而倾向于接受"短系年"说,即佛灭在公元前400—380年。其中一个重要的理据就是北传佛经中阿育王在佛灭后一百年左右出世的说法。参见 L. S. Cousins, The Dating of the Historical Buddha: A Review Article, *Journal of Royal Asiatic Society*, Third Series, Vol. 6, No. 1, 1996, pp.57-63. 纪赟《佛灭系年的考察——回顾与展望》,载《佛学研究》第20期,2011年,第181—200页。"法灭思想"对佛教历史的预言,为佛灭年代的选择提供了新的思考路径,但在此不展开讨论。
④ Masaharu Anesaki(姉崎正治), *The Four Buddhist Āgamas in Chinese: A Concordance of their Parts and of the Corresponding Counterparts in the Pāli Nikāyas*. Yokohama: Kelly & Walsh, 1908, pp.68-138. 吕澂《杂阿含经刊定记》,1924年初刊,此据《吕澂佛学论著选集》,齐鲁书社,1991年,第1—29页等。

么糅进了汉译《杂阿含经》？因材料的缺乏，目前只有各种不同的推测。

一种意见认为，《杂阿含经》的译者求那跋陀罗，自己也译出了《无忧王经》一卷。当《杂阿含经》出现缺佚时，求那跋陀罗或他之后的人，就用《无忧王经》做了填补。① 但《无忧王经》已经佚失不存，无法得知其具体内容。求那跋陀罗译出《杂阿含经》的时间要早于《无忧王经》的译出时间。换言之，在求那跋陀罗翻译《杂阿含经》时，他还没有《无忧王经》可以参考。他不可能在翻译《杂阿含经》时，遇到了两卷之缺，就直接用《无忧王经》来填补。如果在译完之后，《杂阿含经》才出现缺卷，理论上是有可能用《无忧王经》来填补的，但《杂阿含经》中从不以"无忧王"来译称阿育王。前述在僧祐时期所见的多种阿育王经，都还是一个个独立的故事，要以一卷本的《无忧王经》来填补《杂阿含经》两卷之缺，再从中抄出《半阿摩勒果经》等四种，甚至是七种一卷本的阿育王故事，我觉得这种可能性非常小。另一种意见认为，汉译《杂阿含经》这两卷在译出以后缺失，后人用安法钦的《阿育王传》和僧伽婆罗的《阿育王经》补入了两卷阿育王的故事。② 但是只要比较一下现存的《阿育王传》和《阿育王经》，在文字上明显不能和《杂阿含经》这两卷直接对应。虽然都是阿育王这几个故事，但专有名词的译法和故事情节陈述的方式，都不能认为是直接从《阿育王传》和《阿育王经》中移植到《杂阿含经》这两卷当中。

求那跋陀罗在443年译出《杂阿含经》，译出时的原貌如何，现在已经很难得知。但有两个情况使我怀疑汉译《杂阿含经》是否曾经缺佚两卷后再补。一是求那跋陀罗译《杂阿含经》时，当时四部阿含的其他三部都已译出，故佛教界对《杂阿含经》的译出可以说是翘首以盼，因而对求那跋陀罗译《杂阿含经》格外重视和期待。③ 在这种情况下，《杂阿含经》怎会出现两卷佚失，再被人悄悄地用其他《阿育王经》来补上？二是求那跋陀罗在468年才去世，如果在其去世以前，他译出的《杂阿含经》出现了两卷阙文，他既有可能找译经所依据的原本来补译，也有可能拿其他现成的、自己译出的经本来做补缺，但都应该留下一些说明。然而，关于这方面的任何记录都没有留下。僧祐的《出三藏记集》最终成书于518年僧祐去世之前，僧祐显然没有来得及记录512年由僧伽婆罗译出的《阿育王经》。从僧祐的著录和他自己编著的引用情况看，在僧伽婆罗译出多

---

① 如前揭吕澂《杂阿含经刊定记》，第7页。花山勝道《雜阿含經の現在形成立年代について》，载《印度學佛教學研究》第3卷1号，1954年，第314—317页。同氏《雜阿含經の阿育王譬喻 Asokavadana について》，载《大倉山學院紀要》第1輯，1954年，第42—54页。

② 如上海古籍出版社1995年印碛砂藏版《杂阿含经》的《出版说明》，第2页。

③ 屈大成《〈杂阿含经〉传译再考》，载《宗教学研究》2016年3期，第99—100页。

卷本的《阿育王经》之前，阿育王诸经一直都是一篇篇独立故事的小经；而且僧祐非常相信这几部阿育王的小经都是从《杂阿含经》中抄出的。他丝毫不怀疑阿育王故事怎么会出现在《杂阿含经》中。如果在468—518年的50年间，汉译《杂阿含经》曾出现缺失后再补的情况，对于僧祐来说，他不应该丝毫没有察觉。

我认为，现有的证据不足以支持那些认为《杂阿含经》出现缺佚后，才用阿育王故事去补足的种种假想。因而也就不能完全排除另一种可能性：汉译《杂阿含经》从求那跋陀罗译出的一开始，就应该是收有阿育王故事这两卷的。但明明不该属于《杂阿含经》的阿育王故事，又怎会出现在汉译《杂阿含经》中？是因为求那跋陀罗所依据的原本如此？还是他本人对阿育王故事有某种特殊的偏好所致？或是在其译经时，某种特殊的机缘让他把阿育王故事加入到《杂阿含经》中？这些问题的解决，的确还有待今后更多的证据。

至于512年译出的《阿育王经》，虽然有关阿育王的故事，大部分与《阿育王传》和《杂阿含经》卷二三、卷二五相同，但却明显没有"Kauśāmbī法灭故事"。僧伽婆罗所依据的是从扶南国带来的经本，这说明"Kauśāmbī法灭故事"原本也不该包含在南传佛教的阿育王故事当中。"Kauśāmbī法灭故事"中的"难看王"，一定程度上有阿育王的影子。从最初的"中国之君"到有阿育王影子的"难看王"，应该是在阿育王故事进入佛经之后所做的一种改变。这样看来，所谓安法钦译《阿育王传》，难道是在僧伽婆罗译《阿育王经》之后，受到《杂阿含经》卷二十五把阿育王与"Kauśāmbī法灭故事"关联在一起的启发，而汇集各种阿育王小经的结果？这个七卷本的《阿育王传》，越发难以让人相信是西晋时的译本。

不过，无论汉译《杂阿含经》是否真的自译出时就有阿育王故事和"Kauśāmbī法灭故事"，至少在6世纪初时，僧祐都相信《杂阿含经》确实如此。因此，可以将《杂阿含经》卷二十五的阿育王和"Kauśāmbī法灭故事"，看作是中国佛教在5世纪中后期至6世纪初信而不疑的一种固定文本和观念。这与前文梳理各种"Kauśāmbī法灭故事"的汉译版本，并无时间和逻辑上的冲突。

四、《法灭尽经》对印度"法灭"传统的改造

如前所述，释僧祐《释迦谱》卷五的《释迦法灭尽缘记第三十三》，就是转录了《杂阿含经》卷二五的"Kauśāmbī法灭故事"。紧接着是《释迦法灭尽相第三十四》，摘录了《法灭尽经》。[①]《出三藏记集》中也有对《法灭尽经》的正式著录，因此可以认为，《法灭

---

① 《大正藏》第50册，第83页下栏至84页中栏。

尽经》的成书时间下限,就在6世纪初僧祐编著《出三藏记集》和《释迦谱》之时。

关于《法灭尽经》,目前可以看到大藏经中有一部《佛说法灭尽经》,敦煌 S.2109.4 有一部《佛说小法灭尽经》残卷。尽管在历代经录上,两者分别被视作大乘经和小乘经,但实际上这两个文本的文字只有非常小的差异,可以看作是一部经。因为对此经的研究已有很多,[①]包括我也在多篇相关的文章中从不同角度做了讨论。在此只想通过经文来比较一下《法灭尽经》与前述七种汉译的"Kauśāmbī 法灭故事"有何异同。经文不长,转录于下:

闻如是:一时佛在拘夷那竭国,如来三月当般泥洹。与诸比丘及诸尊菩萨,无央数众,来诣佛所,稽首于地。眷属围绕,渴仰闻法。世尊寂然,默无所说,光明不亮。贤者阿难,长跪叉手白佛言:"前后说法,威光独显,今大众会,明更不现,何故如此?此必有异。愿闻其意。"佛默不应,如是至三。

佛告贤者阿难:"吾般泥洹后,法欲灭时,五逆浊世,魔道兴盛。魔作比丘,坏乱吾道。着俗衣裳,乐好袈裟,五色之服。饮酒炙肉,杀生贪味。无有慈心,更相憎嫉。时有菩萨、辟支、罗汉、比丘,精进修德。一切敬待,人所宗尚。教化平等,怜贫念老,救育穷厄。恒以经像,令人奉事。作诸功德,志性温善,不伤害人。捐身济物,不自惜己。设有是人,众魔比丘,咸共嫉之。诽谤扬恶,摈黜驱遣,不令得住。

"自共于后,不修道德。寺庙空荒,不复修理,转就毁坏。但贪财物,积聚不散,不作功德。贩卖奴婢,耕田种植。焚烧山林,伤害众生,无有慈愍。奴为比丘,婢为比丘尼。无有道德,淫妷浊乱,男女不别。令道薄贱,皆由此辈。或避县官,依倚吾道,求作沙门。不修戒律,月半月尽。虽名讲戒,厌倦懈怠。不欲听闻,抄略前后,不肯尽说,经不诵读。设有读者,不识字句,为强言是,不咨明者。贡高求名,虚

---

① 矢吹庆辉《三阶教之研究》,东京:岩波书店,1927年,231页。汤用彤《汉魏两晋南北朝佛教史》,1938年初版,此据中华书局,2016年第2版,第429—430页。抚尾正信《法滅盡經について》,载《龍谷論叢》创刊号,1954年,第23—47页。藤堂恭俊《シナ佛教における危機觀—特に隋・唐時代以前における諸問題—》,载《佛教大學研究紀要》第40号,1961年,第25—62页。Erik Zürcher, "Eschatology and Messianism in early Chinese Buddhism", W. L. Idema ed., *Leyden Studies in Sinology*, Leiden: Brill, 1981, pp.34 - 56. "Prince Moonlight: Messianism and Eschatology in Early Medieval Chinese Buddhism", *T'oung Pao*, Vol. 68, 1982, pp.1 - 75.这两篇论文都已收入 Jonathan A. Silk ed., *Buddhism in China: Collected Papers of Erik Zürcher*, Leiden: Brill, 2013, pp.165 - 185, 187 - 257. 瀧口宗紀《〈法滅盡經〉の成立とその影響》,载《佛教論叢》第42号,1998年,第58—65页。菊地章太《"あの世"の到來——〈法滅盡經〉とその周辺》,载田中純夫编《死後の世界——インド・中國・日本の冥界信仰》,东京:东洋书林,2000年,第115—146页。川口義照《中國佛教における經錄研究》,京都:法藏館,2000年,第253—266页。林雪玲《敦煌写本〈小法灭尽经〉非疑伪经考论》,载《普门学报》第17期,2003年,第1—11页。曹凌《中国佛教疑伪经综录》,上海古籍出版社,2011年,第154—163页。

天雅步,以为荣贵,望人供养。众魔比丘,寿终之后,精神当堕无泽地狱。五逆罪中,无不更历,恒过沙数,罪毕乃出。生在边国,无三宝处。

"法欲灭时。女人精勤,恒作功德。男子懈慢,不用法语。眼见沙门,如视粪土,无有信心。劫欲弥没,诸天泣泪。水旱不调,五谷不熟。疫气流行,死亡者众。人民勤苦,县官侵克。不修法理,皆思乐乱。恶人转多,如海中沙。劫欲尽故,日月短促。善者甚少,若一若二。人命短促,四十头白。男子淫佚,精尽夭命,年寿六十。女人寿命,七八九十,或至百岁。

"大水忽起,年至无期。世人不信,不问豪贱,没溺浮漂,鱼鳖噉食。菩萨、辟支、阿罗汉、比丘,众魔驱逐,不预众会。菩萨入山,福德之处,淡泊自守,以为忻快。寿命延长,诸天卫护。

"月光出世,得相遭值。共兴吾道,五十二岁。《首楞严经》《般舟三昧》,先灭化去。十二部经,寻复化灭,尽不复现。不见文字,沙门袈裟,自然变白。圣王去后,吾法灭尽。譬如油灯,临欲灭时,光更猛盛,于是便灭。吾法尽时,亦如灯灭。自此之后,难可纲纪。如是之后,数千万岁,弥勒当下世间作佛。天下太平,毒气消除,雨润和适,五谷滋茂,树木长大,人长八丈,皆寿八万四千岁。众生得度,不可称计。"

贤者阿难,作礼白佛:"当何名斯经?云何奉持?"佛言:"阿难!此经名为《法灭尽》,宣告一切宜令分别,功德无量不可称计。"四部弟子闻经,悲惨惆怅,皆发无上圣真道意,悉为佛作礼而去。①

尽管僧祐认为《法灭尽经》是在道安目录之后"新集所得"的失译杂经,②但可以肯定这不是一部译经,而是中国撰述的佛经。很显然,《法灭尽经》没有出现印度佛教"法灭"情节 B 的"Kauśāmbī 法灭故事",而只是有情节 A 部分,即描述佛灭以后僧团堕落的种种景象。这部分已被一些学者认为与《摩诃摩耶经》非常相近。③ 果如此,则《法灭尽经》的成书就该是在释昙景和释僧祐之间的 480—500 年了。

为何《法灭尽经》有意回避了"Kauśāmbī 法灭故事"? 是因为 Kauśāmbī 毕竟是印度

---

① 录文大部分依据敦煌写本 S.2109.4《佛说小法灭尽经》,见《英国国家图书馆藏敦煌遗书》,广西师范大学出版社,2014 年,第 48—50 页。敦煌写本自"月光出世,得相遭值,共兴吾道"以下残缺,据《大正藏》第 12 册所收《佛说法灭尽经》补。

② 《出三藏记集》卷四,第 163 页。

③ 许理和、Hubert Drut、菊地章太等都注意到《摩诃摩耶经》与《法灭尽经》的关联性,详见菊地氏前揭文,《死后の世界》,第 124、137 页。

的"中国"而非华夏之"中国"？但如果没有"Kauśāmbī法灭"这场浩劫，又怎么体现出佛陀对正法消亡的担忧？《法灭尽经》对印度"法灭思想"的一个重要改造，是将原本佛灭后一千年，或一千五百年，佛教正法将在印度本土消亡的预言，改造为在这一劫期快要结束时，整个世界都会面临大水灾，人民死亡，世界的毁灭伴随着佛法的消亡。但在数千万年之后，弥勒以未来佛的身份降世，世界重新进入一个新的生灭循环周期，那时佛法将会重生。而在印度佛教"法灭思想"传统中，即便是Kauśāmbī法灭发生，也并不是整个世界劫末的到来。或许可以认为，印度的"法灭思想"本来是一种对佛教未来走向的历史预言，佛教的历史就将终止在佛灭之后的一千五百年之期。而中国佛教却将其改造成在佛教宇宙论背景下的历史必然：一千五百年之期到来时，佛教暂时消亡，但最终还会随着弥勒的降世而重兴。这是一种对"法灭"后佛教历史的延长。

在《法灭尽经》中，还有一些明显只有中国佛教才具有的因素。如在法欲灭时，五浊恶世，恶比丘横行，但女人却修行精勤。对女人精勤的强调，与印度佛教的传统不符。还有在弥勒降世之前，有个月光童子降世，世间有五十二年短暂恢复佛法的时期。月光童子的这一形象，也与其在印度佛教中原有的形象大相径庭。[①] 总之，我认为这部《法灭尽经》，堪称是5世纪末至6世纪中期，在中国佛教中流行一时的"法灭尽经类佛经"之首，[②]也是印度佛教的"法灭思想"传到中国后，中国佛教将其进行"中国化"的典型作品。

五、结　　语

僧祐《出三藏记集》中除了著录《法灭尽经》外，还著录了西晋竺法护曾经译出的《法没尽经》和《小法没尽经》各一卷。[③] 僧祐曾亲见《法没尽经》的经本，认为《小法没尽经》当时已阙。到现在，《法没尽经》也已经佚失不存，只在一个隋代类书中留存一段佚文，在我看来还很可疑。[④] 在历代经录中，从费长房开始，常常把《法灭尽经》和《法没尽经》混同。但显然经本尚存的《法灭尽经》，并不能等同于已经佚失不存的竺法护译《法没尽经》。

"没"和"尽"，在汉语的语义中差别不大，都有消失、隐没之义。"法没尽"和"法灭尽"的梵语对译，虽然在不同的语境下用词不同，却也都可以写作antar-hita。所以"法

[①] 详参拙文《月光与弥勒——对中国佛教末世组合的固化与离散》，待刊。
[②] 关于"法灭尽经类佛经"，详见拙文《"法灭思想"与"法灭尽经类"佛经在中国流行的时代》，提交敦煌论坛论文，2017年8月。
[③] 《出三藏记集》卷二，第38、40页。
[④] 金文京《〈玉燭寶典〉所載〈法没盡經〉に見える老子・孔子・項橐三聖派遣説》，載《東方宗教》第117号，2011年，第1—17页。

没"和"法灭",可能只是翻译时代不同的习惯差异所致。通过以上的讨论,我认为竺法护译《法没尽经》,应该与《迦旃延说法没尽偈》比较接近,都属于较早传入中国的"Kauśāmbī 法灭故事"。当然,现在只能通过二者都有"法没"一词来寻找关联性。

值得注意的是,"Kauśāmbī 法灭故事"传到于阗后,大约在公元 8 世纪初,产生了于阗版本的"Kauśāmbī 法灭故事",见载于《赞巴斯塔书》(*The Book of Zambasta*);① 由此再产生了吐蕃译本。在多种于阗语和藏语的"Kauśāmbī 法灭故事"中,都是以 Kauśāmbī 的法灭故事为最终的结局。但在此结局之前,却加入了佛教在于阗和吐蕃经历的种种曲折,最终四方僧众还是从于阗和吐蕃出发,齐聚到 Kauśāmbī 来面对佛陀亲口预言的法灭浩劫。② 因为印度的"Kauśāmbī 法灭故事"原本没有顾及于阗和吐蕃佛教,所以于阗和吐蕃的佛教特意在此故事中加入了一些带有本地特色的故事,且这些故事都被安排在"Kauśāmbī 法灭"之前发生。可以认为,整体上,于阗和吐蕃佛教关于"法灭"的思想,仍然服从于印度佛教的"法灭"传统。

相对而言,中国佛教一方面自西晋至唐初,一直都在译介印度佛教的"Kauśāmbī 法灭故事",另一方面却在"法灭思想"上逐渐作出了脱离印度佛教传统的尝试。表现在以《法灭尽经》为代表一批佛经并不以"Kauśāmbī 法灭"作为中国佛教的最终归宿。不仅直接抛开了"Kauśāmbī 法灭故事",而且把千五百年法灭之期以后的佛教走向,也做了明确的预言。如此就将中国佛教置于印度"Kauśāmbī 法灭"之后的历史延长线上。这对于来自印度佛教的传统无疑是一次重要的改造。当然,这种改造在《法灭尽经》的时代还不能算彻底,因为毕竟还要尊重佛陀有关千五百年后法灭的预言。要到 6 世纪中期,中国佛教"末法思想"确立起来,才使中国佛教彻底摆脱了印度佛教关于佛灭千五百年后"法灭"预言的束缚。无论如何,对于印度、中亚、中国各种佛教传统之间,有关"法灭"的思想观念之细微差异,还值得进一步仔细去品味。

(作者单位:首都师范大学历史学院)

---

① *The Book of Zambasta*: *A Khotanese poem on Buddhism*, edited and translated by R. E. Emmerick, London: Oxford University Press, 1968, pp.369 – 423.

② 参见那体慧前揭书,第 170—207 页。并参寺本婉雅《于阗国史》,相马:丁子屋书店,1921 年。清水亮昇《釋迦牟尼如来像法滅盡之記について》,《密教論叢》第 11 号,1937 年,第 101—126 页。朱丽双《敦煌藏文文书 P.t.960 所记佛法尽之情形——〈于阗教法史〉译注之四》,载《敦煌吐鲁番研究》第 12 卷,上海古籍出版社,2011 年,第 123—135 页等。

摩尼教饮食规制考辨

芮传明

摘 要：摩尼教在向世界各地传播的过程中，为了更加顺利地生存和发展，往往按照不同的环境而对某些戒条作出相应的调整。其饮食规制的变化便是一个例证。当摩尼教盛行于游牧人的回纥汗国时，它允许为数众多的俗家信徒"听者"食肉，但是必须以饮水而非饮酒来解渴。数百年后摩尼教以"明教"之称流行于闽浙地区时，它则实施严格的素食规制，因为这种做法十分有利于它的发展。显然，善于应变是摩尼教的特色之一。

公元3世纪上半叶，摩尼教创建于西亚。缔造者摩尼从创教之初就声称，自己是继此前各大宗教之始创者佛陀、琐罗亚斯德、耶稣之后的"真理使者"。[①] 这似乎表明，摩尼教在形成之初就包含了遍布于欧亚大陆各大文明的文化因素，后世的学者对此大多持有共识。人们还认为，由于摩尼教的传播范围极广，且又尽可能融合当地文化而布教，故其教义在经过相当的时空间隔后，往往颇有演变，呈现出新的异质文化因素。本文将以摩尼教的饮食规制为例，探讨它在东传过程中的演变情况。[②]

[①] 摩尼在呈献给波斯国王沙普尔一世的《沙卜拉干》中说道："智慧和善举，始终不时地通过尊神的使者们带给人类。于是，在某个时代，它们由称为佛陀（Buddha）的使者带到印度；在另一个时代，由琐罗杜什特（Zarādusht）带到波斯；在又一个时代，则由耶稣（Jesus）带到西方。如今，启示已经降临了，在这最后时代的预言是通过我，摩尼，真理之神的使者带到巴比伦。"语出阿拉伯史家比鲁尼成于11世纪的《古族编年》的引文，见 C.Edward Sachau (tr. & ed.), *Al-Biruni, The Chronology of Ancient Nations*, William H. Allen and Co., London, 1879, p.190.

[②] 本文所言摩尼教在东方的传播过程，是将它理解成历史发展的实际影响，而非具体的传承。易言之，尽管就文字记载而言，摩尼教当是首先传入中土，然后再传入回纥。但是鉴于真正积极推动摩尼教在中央欧亚和中国兴盛发展的是回纥人，故我们将传播过程理解成西亚→中亚绿洲地区→中央欧亚的回纥汗国据地→中原地区→中国东南的闽浙地区。

一、回纥摩尼教"敬水而茹荤不饮乳酪"之辨

众所周知,摩尼教在波斯虽然有过一段"黄金时期",但是在其最大的庇护者沙普尔一世(Shapur I)去世(270/272 年)后不久,它便遭到了朝廷的严厉镇压,教主摩尼被处死,大批教徒则被迫逃往境外避难。前往东方的教徒在中亚站稳脚跟以后,继续向东发展,遂在中央欧亚的游牧人政权回纥汗国中争取到大量信众,乃至最终获得最高统治者牟羽可汗的支持,使得摩尼教成为回纥的"国教"。

回纥与唐王朝关系密切,且牟羽可汗又是帮助唐廷收复一度陷于安史叛军的两京的"大功臣",因此回纥的摩尼教信徒频繁往来于中土,汉文史籍对他们的记载也为数颇多。其中,唐代李肇的《唐国史补》记回纥(回鹘)之摩尼教徒饮食戒律道:"回鹘常与摩尼议政,故京师为之立寺,其法曰:'晚乃食,敬水而茹荤,不饮乳酪。'"①若按该标点,则可将回纥摩尼教的饮食规制理解为:日落后再就餐;尊崇水,敬之若神;可以吃肉食等荤品;但是禁饮乳酪。

然而,人们的普遍认识是摩尼教信徒是吃素的。例如,回纥第九位可汗保义可汗在位期间(808—821)设立的《九姓回鹘可汗碑》描述回纥推行摩尼教后的盛况道:"祈神拜鬼,并摒斥而受明教。熏血异俗,化为蔬饭之乡;宰杀邦家,变为劝善之国。"②又如成于唐代的摩尼教汉语文书《摩尼光佛教法仪略》在谈及摩尼寺的寺规时说道:"每日斋食,俨然徒施,若无施者,乞丐以充。唯使听人,勿畜奴婢及六畜等非法之具。"③显而易见,无论是所谓的"蔬饭"还是"斋食",都是指吃素或者戒荤,因此,摩尼教在饮食方面的一般规制为素食,应该是没有疑问的。

于是,随之而来的一个问题是,上引《唐国史补》的"敬水而茹荤不饮乳酪"句应该作何解释?特别是"茹荤"一词,真的应该理解为"吃肉食"吗?事实上,对于此语的解释和理解,历来颇有分歧。例如,陈垣在其《摩尼教入中国考》中引述《唐国史补》此语后,曾评论道:"摩尼斋食,不茹荤。曰茹荤者,非讹字,即脱字。"④在此,作者虽然指出了"茹荤"的说法是因脱字或讹字所致,但是并未解释究竟脱了何字,或者哪个字出现

---

① 见(唐)李肇撰,曹中孚校点《唐国史补》卷下,载《唐五代笔记小说大观》,上海古籍出版社,2000 年,第 201 页。
② 见碑文第 7—8 行,录自程溯洛《释汉文〈九姓回鹘毗伽可汗碑〉中有关回鹘和唐朝的关系》,载程溯洛《唐宋回鹘史论集》,人民出版社,1993 年,第 104 页。
③ 文书第 88—90 行,录自芮传明《摩尼教敦煌吐鲁番文书译释与研究》,兰州大学出版社,2014 年,第 52 页。
④ 见陈垣《摩尼教入中国考》,载《陈垣学术论文集》第一集,中华书局,1980 年,第 340 页。

了舛讹。

然而，王见川对陈垣此说提出了异议，他认为，《新唐书·回鹘传》《资治通鉴》《唐国史补》以及《九姓回鹘可汗碑》四种文献都作"茹荤"说，故很难想像它们都因为出自同一文献源而造成了与"吃素"说相矛盾的说法，所以，更可能的情况倒是陈垣的看法有错误。于是，王见川表述了他认为应该是正确的观点：

> 我们知道摩尼教僧侣要遵守"三戒"中，有一戒是不许吃肉，这是一般人认为摩尼教斋食的原因。其实，不吃肉当然包括斋食或素食，但是在中国佛教词汇中的斋食（或素食）的意涵是把五"荤"即蒜、葱、韭等五种辛臭的菜排除在外的。然而摩尼教僧的不肉食意指不要吃肉即可，他可以吃任何植物或菜类维持生存，包括荤菜在内。因而，我们主张摩尼教"其法茹荤"并没有违反摩尼教戒律，反倒是凸显陈垣受中国佛教词汇的误导而不自知的情形。依此，我们认为文献记载摩尼教"其法茹荤"并没有伪①字或脱字。②

实际上，将这里的"茹荤"说成是食用强烈辛味的蔬菜，并非出于王见川的首创，因为元代胡三省在注释《资治通鉴》有关回纥摩尼教之饮食规制时就提出了这样的说法："荤，许云翻，辛臭菜也。"③此外，百余年前法国汉学家沙畹与伯希和在其研究古代中国摩尼教的文章中，也很明确地数次将"荤"说成"烈辛之菜"。他们将《新唐书·回鹘传》《唐国史补》等汉文古籍提及的"茹荤"都翻译成法文"de manger des légumes forts"，意即"食用具有强烈气味的蔬菜"。④

鉴于前人的这些看法，对于"敬水而茹荤不饮乳酪"一语的理解方式，至少可以分成两大类：一是"脱讹说"，认为原语存在脱字或讹字，当修正后才能反映其真实含义；一是"非讹说"，认为原语并不存在舛讹，只要正确解释诸词的涵义，就能反映出整句的真实意思。

首先，让我们按照"脱讹说"的思路推测，看看将会获得哪些结果。第一，不妨推想句中的"茹荤不"系"不茹荤"的笔误，那么整句可作"敬水而不茹荤、饮乳酪"。水是摩尼教的"光明五要素"气、风、光、水、火之一，被视为神圣本原的一部分，故被崇拜和敬

---

① 陈垣原文作"非譌字，即脱字"；而繁体字"譌"即今简体字"讹"。王见川转引时，却数度将"譌（讹）"录作"僞（伪）"，遂令原义变更。在此虽仍照录王氏之"僞（伪）"，但作注说明，以免读者误解。
② 王见川《从摩尼教到明教》，台北：新文丰出版公司，1992年，第177页。
③ 见《资治通鉴》卷二三七《唐纪》五三"宪宗元和元年"条，中华书局校点本，1956年，第7638页。
④ M. É. Chavannes & P. Pelliot, "Traité Manichéen Retrouvé en Chine, Traduit et Annoté", *Journal Asiatique*, Mars-Avril, 1913, pp.265、266、268.

奉，当在情理之中；则"敬水"是可以理解的。又，如上文所言，素食是世所公认的摩尼教的饮食戒条，因此，在此作"不茹荤"也是合情合理的。至于"茹荤"之前置"不"，其后再加顿号，则可用一个"不"字连续否定"茹荤"、"饮乳酪"两种举止。于是，此句可以理解为：摩尼教信徒在饮食方面的规制是不吃荤，不喝乳酪。这是"脱讹说"的一种推测。另一种推测是，整句作"敬水而不茹荤，饮乳酪"，即在句逗方面将顿号改成逗号。于是，其意思便变成"不吃荤，但是可饮乳酪"。

由此看来，两种推测都可以把这条记载的含义解释为"不吃荤"（禁食肉类），从而符合通常认为的摩尼教的饮食戒律。但是，这也产生了另一个疑问：禁止或者允许饮用乳酪，与摩尼教的饮食戒律有什么关系？对于这点，下文的辨析将会做出解释。

接着，再按照"非讹说"的思路探讨一下这条记载。当然，前引"荤即烈辛菜"的说法已经提供了一种不无道理的解释，然而我认为，另有一种解释似乎更接近事实真相。为便于分析，先将上文提及的有关此语的四种记载具体罗列于此。李肇《唐国史补》叙述回纥摩尼教信徒的饮食规制云："晚乃食，敬水而茹荤，不饮乳酪。"①设立于9世纪初（814年）的《九姓回鹘毗伽可汗碑》记载摩尼教在回纥境内的布教业绩道："开正教于回鹘，以茹荤屏湩酪为法，立大功绩。"②《新唐书·回鹘传》记回纥摩尼教信徒的情况道："元和初，再朝献，始以摩尼至。其法日晏食，饮水茹荤，屏湩酪，可汗常与共国者也。"③《资治通鉴》的记载与之类似："是岁，回鹘入贡，始以摩尼偕来，于中国置寺处之。其法日晏乃食，食荤而不食湩酪。回鹘信奉之，可汗或与议国事。"④

以上所列的四条史料，两条出自唐代，两条出自宋代。显而易见，文字形成的时间是在回纥摩尼教兴盛的当代，或者与之相距很近的时代，至少并不遥远。那么，若将这四条史料都视作录自同一谬误之源，显然不太具有说服力；我们即使不认为这四条史料出自四种独立来源，也当认为，其中至少存在两种独立来源（如上引王见川所言）的观点恐怕更为接近事实。既然如此，那么"当代的和官方的不同记载不约而同地出现重大误记"的可能性便微乎其微了。鉴于此，剩下的问题便在于如何合理地解释"敬水而茹荤不饮乳酪"的涵义了。

---

① （唐）李肇撰，曹中孚校点《唐国史补》卷下，载《唐五代笔记小说大观》，上海古籍出版社，2000年，第201页。
② 碑文第6行，录自程溯洛《释汉文〈九姓回鹘毗伽可汗碑〉中有关回鹘和唐朝的关系》，载程溯洛《唐宋回鹘史论集》，人民出版社，1993年，第104页。
③ 《新唐书·回鹘传下》，中华书局校点本，1975年，第6126页。
④ 《资治通鉴》卷二三七《唐纪》五三"宪宗元和元年"条，中华书局校点本，1956年，第7638页。

1. "荤"字意指肉食

摩尼教的信众分成两大类——"选民"和"听者",每一类都包括男女性别。大体而言,"选民"相当于专职修道者,他们必须遵奉的戒律十分严格,但是因此也更容易"得救",即其"灵魂"回归明界乐土;"听者"则相当于俗家信徒,所应遵奉的戒律稍微宽松,却也因此较难"得救",于是,摩尼教制订了分别适用于"选民"和"听者"的戒条。在此所举的一例见于一份中古波斯语的摩尼教"本教文献":"(听者)应该具有仁慈之心,这样,就不会像邪恶者那样杀死它们了。然而,他们可以食用任何已死动物的肉,无论这些动物是自然死亡的还是被宰杀的;也不管他们是通过贸易,还是营生或礼品方式获得这些肉,他们都可以食用,这对他们来说已经足够。这即是听者必须遵奉的第一条规则。"①由此可知,摩尼教的"肉食戒规"对于世俗信徒来说,是"网开一面"的。

这份中古波斯语文书见于中国的吐鲁番地区,亦即是说,它成于摩尼教东迁,并在中央欧亚站稳脚跟之后,时代稍晚。不过,摩尼教在较早时期对于"听者"似乎也有这类允许肉食的规制。例如,在4世纪下半叶曾当过9年摩尼教信徒("听者")的基督教神学家奥古斯丁(Aurelius Augustinus, 354 – 430)曾这样谈到摩尼教听者的戒律:"他们之中称为'听者'的人可以吃肉和耕种土地,②并且只要他们愿意,还可以娶妻。但是那些称为'选民'的人则根本不能干这些事。"③

由此二例可以清楚地看到,摩尼教从创教之始,就并非绝对禁止信徒食肉,相反,其教规明文允许俗家信徒吃肉,只要这些动物并非他亲手宰杀即可,略似于佛教所谓的"净肉"。④ 鉴于此,如果《唐国史补》中的"茹荤"是将摩尼教的"听者"戒律误解成其全

---

① 原文的文书编号为 T II D 126 II = M 5794 II。其英译文见 Jes Peter Asmussen, *Manichaean Literature: Representative Texts Chiefly from Middle Persian and Parthian Writings*, New York, 1975, p.27.

② 按摩尼教的教义,"光明分子"(为大明尊的一部分,亦即"灵魂")无所不在,存在于万物之中。故为了避免"伤害"光明分子,修道者要尽可能不损坏诸物,特别是饱含光明要素的物质,其中包括水、土、植物等,于是,专职的修道者"选民"就不得从事耕地、种植庄稼、煮烧食物等维持生计的必需活动,而只能由低一级的世俗修道者"听者"代劳。故摩尼教的戒律中有是否允许"耕地"之说。

③ 转引自 Iain Gardner & Samuel N. C. Lieu (ed.), *Manichaean Texts from the Roman Empire*, Cambridge University Press, 2004, p.244.

④ 佛教有三种净肉、五种净肉及九种净肉诸说。例如,"(佛)告诸比丘:'有三种肉不得食:若见、若闻、若疑。见者,自见为己杀;闻者,从可信人闻为己杀;疑者,疑为己杀。若不见、不闻、不疑,是为净肉,听随意食。'"语见(南朝宋)佛陀什、竺道生等译《弥沙塞部和醯五分律》卷22,《大正新修大藏经》第22册,第1421号,大正一切经刊行会,大正十五年四月,第149页下。至于五种、九种净肉,则是在三种净肉的基础上再添加"自死"(诸鸟兽命尽自死者)、"鸟残"(鹰、鹫等食它鸟兽所余之肉)等名目。

体信众的饮食规制,则也不无可能。

此外,稍后宋代的同类记载称:"陈州末尼聚众反,立毋乙为天子。朝廷发兵,擒毋乙,斩之。其徒以不茹荤饮酒。"①"末尼"即是"摩尼",都是摩尼教教主称号 Mani 的汉文异译名。故这条资料说的是摩尼教之事,当无疑问。而它声称摩尼教教徒"不茹荤饮酒",则是明白无误地道出了摩尼教通常的饮食规制——禁止肉食和饮酒;亦即是说,在此的"茹荤"应该指的是"食肉",而不是强调"吃烈辛之菜"。又如,《佛祖统纪》引良渚之语,谓信奉"二宗",拥有《大小明王出世经》等经典的"魔教"(无疑是指摩尼教)的戒律是"不茹荤、饮酒"。② 显然,此"茹荤"也是意谓"吃肉",而不是吃葱、韭之类。

所以,我们不妨这样考虑:《唐国史补》和《佛祖统纪》同样谈及摩尼教的"茹荤"一词,是都意为"吃肉",还是都意为"吃辛菜",抑或一指"吃辛菜",一指"吃肉"呢? 我认为,第三种解释过于随心所欲,没有固定的原则,故不足取。第二种解释将摩尼教的饮食特色集中到是否"吃辛菜"上,几乎是毫无根据地生造了一条摩尼教饮食规制,也不足取。唯有第一种解释,既有摩尼教教义依据,又合乎行文逻辑,因此,这类资料所谓的"茹荤"最可能意为"吃肉"。既然如此,便可认为"敬水而茹荤不饮乳酪"句几无脱讹。

2. "乳酪"指的是乳酒

接着辨析另一个问题:如何解释句中的"不饮乳酪"? 中古波斯语文书 M2 记载了摩尼的骨干弟子之一末冒(Mār Ammō)首次赴东方传教的一个故事,姑不论其事迹是否全部属实,但它至少揭示了摩尼教的若干基本教义:末冒一行人来到中亚贵霜帝国的边界时,镇守边界的"女性精灵"最初并未允许他们入境,他们便斋戒两天,向太阳祈祷,念诵摩尼教经典,于是边界精灵再次出现。末冒以自述的口吻记道:"(精灵)对我说道:'你为什么不回到你的故乡去?'我答道:'我为了宗教远行而来。'精灵问:'你传播的宗教是怎样的?'我答道:'我们不吃肉,不饮酒,也不近女色。'她立即说道:'在我们国内也有许多人像你一样。'我背诵了《净命宝藏经》中的《收藏诸门》章,她便对我表示了尊崇,说道:'你是位清净的正直者。从今以后,我将不再称你为信教者,而改称为宗教的真正传播者,因为你超过了其他所有人。'"③不难看出,不吃肉,不饮酒,不近女

---

① (宋)志磐《佛祖统纪》卷 42,载《大正新修大藏经》第 49 册,第 2035 号,大正一切经刊行会,1927 年 8 月,第 391 页上。
② 《佛祖统纪》卷 39,载《大正藏》第 49 册,第 2035 号,第 370 页上。
③ 中古波斯语文书 M 2,原文转写和若干注释见 Mary Boyce, *A Reader in Manichaean Middle Persian and Parthian*, Brill, Leiden, 1975, text h, pp.41-42;英译文见 Hans-Joachim Klimkeit, *Gnosis on the Silk Road: Gnostic texts from Central Asia*, New York, 1993, p.204.

色是摩尼教的基本教义。

又,成于10世纪的阿拉伯语《群书类述》记述摩尼宣称成为摩尼教信徒的标准道:"想信奉宗教的人必须先检查他的灵魂。如果他发现他能够抑制欲望和贪婪,克制自己不吃肉,不饮酒,以及不结婚,如果他还能够不伤害水、火、树木以及一切生灵,那么就可以让他入教。"① 显然,摩尼教的一般饮食戒律,似乎有两个重点,即除了不吃肉之外,还须不饮酒。于是,很可能因为酒是发酵酿造而成,故凡属发酵制品也都被列入禁食之列。

例如,由摩尼口述,弟子们笔录的《克弗来亚》记载摩尼宣讲的"第一正义"的涵义道:"其内容如次:首先,他能够信奉节欲和清净。其次,他还能够获得'手之宁静',从而使其手在光明十字架前保持宁静,不去伤害它。第三,保持嘴的洁净,从而使其嘴不吃一切肉和血,绝不品尝任何酒,包括发酵的饮料。"②

看了摩尼教的这一戒条,便很容易理解《唐国史补》"不饮乳酪"的说法了。盖因乳酪乃是发酵的奶制品(包括牛奶、羊奶等),它在古代中国的农耕地区虽然不很流行,但是在以畜牧业为主的回纥汗国则是一种常见食品。

不过,需要指出的是,古史在此所谓的"乳酪"一名,尽管按现代的通常理解,当是指一种半凝固、半液体的奶制品,类似于今之"酸奶";它并可制成软硬程度不同的品种,故既可称"食",也可称"饮"。然而,结合回纥人特定的生活环境(游牧生活)来看,我认为这一"乳酪"更可能是指用牲畜乳汁酿成的酒类饮品。

按古籍记载,西汉武帝时代的名将李陵(前134—前74)因战败而长年陷身匈奴之后,曾与同时代被匈奴所困的汉廷使臣苏武(前140—前60)有过数度书信往还,其中不乏有关游牧人生活情景的描绘,例如:"李陵重报书曰……自从初降,以至今日,身之困穷,独坐愁苦。终日无睹,但见异类。韦韝毳幪,以御风雨;膻肉酪浆,以充饥渴。举目言笑,谁与为欢? 凉秋九月,塞外草衰。夜不能寐,侧耳远听,胡笳互动,牧马悲鸣,吟啸成群,听之不觉泪下。"③

---

① Bayard Dodge (trans.), *The Fihrist of al-Nadīm——A Tenth-Century Survey of Muslim Culture*, Volume 1, Chapter IX, Section I, "Manichaeans", Columbia University Press, 1970, p.788.

② Iain Gardner (trans.), *The Kephalaia of the Teacher——The Edited Coptic Manichaean Texts in Translation with Commentary*, E.J.Brill, Leiden, 1995, Chapter 80, p.201.

③ 对于所谓的《李陵答苏武书》,古人早疑为伪作,故后世多持这种观点。至于所推测的伪作时间,则有诸说,跨度较大的为"汉末至晋初说"。此处引文录自(唐)欧阳询撰,汪绍楹校《艺文类聚》卷三〇《人部十四·别下》,上海古籍出版社,1965年,第532—533页。

不难看出,作者相当生动地描述了游牧人匈奴居地的自然环境、居住情况、饮食特色,以及作者本人的愁苦心情。其中,"羶肉酪浆,以充饥渴"一语最为明晰地道出了游牧人的饮食特点。羶肉,亦作膻肉,本义是指羊肉,在此则代表了各种牲畜的肉。酪浆,是指游牧人的特产"乳酒",亦即用马、牛、羊(尤其是马)的乳汁酿成的酒类饮料。它自古以来就闻名于以农耕为主的中土,却也曾被中原汉人蔑称为"虏酒"。① 而最为通常的称呼则是"马奶酒"②或"马奶子",③因为一般都以马奶而非牛奶、羊奶酿制。马奶所含糖分高于牛奶和羊奶,发酵之后的酒精含量亦较高,是不错的酒类饮料。它亦即中央欧亚地区各游牧民族自古迄今酿制的著名饮料"忽迷思"(原名 kumis、kumiss、kumiz、kymys、kymyz、kımız 等);其通常的定义是"发酵的马奶","发酵的马奶和致醉的酒类饮料"等。④

于是,我们从《李陵答苏武书》得知,牛羊肉和马奶酒是匈奴人解决其"饥"和"渴"的具有代表意义的食品和饮料。从上注所引《黑鞑事略》则可得知,马奶酒甚至还是蒙古人军粮的一部分。由此可见肉食和马奶酒对于古代游牧人的生活起着多么重要的作用。那么,当史籍作者谈及同样作为游牧人的回纥摩尼教信徒的饮食情况时,也从"肉食"和"酒类饮料"两大方面进行观察,便是顺理成章的现象了。结果是他们(当然,其实只是人数占比极大的"听者",而不包括少数"选民")可以吃肉,因为这是教规允许的,但是不得饮"乳酪",因为此即发酵的马奶,而教规则禁止信徒饮用任何类似酒的发酵饮料。

3. "饮水"比"敬水"更为达意

辨析至此,"敬水而茹荤不饮乳酪"语中的两个关键词"茹荤"和"不饮乳酪"已得到比较合理的解释,在此再对"敬水"一词略作考察。因为如上文指出的那样,史籍作者在此要描述的显然是回纥摩尼教信徒的饮食规制,而"敬水"之语虽可用"摩尼教尊奉水、火等光明元素"来解释,却与同句的饮食情况无关。更重要的是,《新唐书·回鹘

---

① 例见唐人高适的诗:"营州少年厌原野,狐裘蒙茸猎城下。虏酒千钟不醉人,胡儿十岁能骑马。"录自《全唐诗》卷二一四《高适四·营州歌》,中华书局点校本,1960 年,第 2242 页。

② "北方有葡萄酒、梨酒、枣酒、马奶酒,南方有蜜酒、树汁酒、椰浆酒,《酉阳杂俎》载有青田酒;此皆不用麴糵,自然而成者,亦能醉人,良可怪也。"引自(明)谢肇淛《五杂组》卷一一《物部三》,中华书局点校本,1959 年,第 308 页。

③ "其军粮,羊与沛马。马之初乳,日则听其驹之食,夜则聚之以沛,贮以革器,频洞数宿,味微酸始可饮。谓之马奶子。"语出(南宋)彭大雅《黑鞑事略》,录文见余太山主编,许全胜校注《黑鞑事略校注》41"其军粮",兰州大学出版社,2014 年,第 144—145 页。

④ 释见 Sir Gerard Clauson, *An Etymological Dictionary of Pre-Thirteenth-Century Turkish*, Oxford, 1972, p.629, kımız 条。

传》用了"饮水茹荤,屏湩酪"来记载同一现象。显然,在此的"饮水"、"茹荤"、"屏湩酪"三词涉及的都是饮食现象,就逻辑联系而言,远比"敬水"、"茹荤"、"不饮乳酪"强。由于胡三省注释《资治通鉴》时转引《唐史补》的文字为"饮水茹荤而不食乳酪",也很清楚地采用了"饮水"而非"敬水",因此我们似乎可以认为,这些史料原来想表达的本意,恐怕应该是"饮水"。

那么,如何确切地理解此语的意思呢？我认为,由于普通的回纥人完全可以吃"膻肉",饮"酪浆(乳酒)"来解决他们的"饥"和"渴",但是摩尼教的信众却因教规的制约而无法饮乳酒解渴,于是,他们只能代之以水,"饮水"便成了他们的饮食特色。若不作如此理解,则极为普通的"喝水"之事,何必大事张扬地列在教规中？所以,此句中的"饮水"有着特殊的含义:摩尼教信徒们不能像其他回纥人那样喝乳酒,而只能饮水解渴。这一"饮水"是针对"不能饮酒"而言的,并非指泛泛而谈的"喝水"。

所以,相比《唐国史补》使用的"敬水"一词,《新唐书·回鹘传》等使用的"饮水"更为贴切,更为达意。此外,严格地说,"敬水而茹荤不饮乳酪"一语也并非完全没有舛讹,因为"敬水"虽然也属摩尼教的教义,在此却缺少了关键的"饮水"之意。不管怎样,通过上文的逐一辨析,我们解开了表述颇为古怪的"敬(饮)水而茹荤不饮乳酪"一语的谜团,看到了回纥摩尼教信徒在并不违背教规的前提下,如何在新的,即游牧社会的环境中生存和发展的。

然而,必须强调的一点是,尽管"允许听者肉食"是摩尼教最初的饮食规制,但是它毕竟不提倡信众们食肉,尤其是大规模地肉食。因此,回纥摩尼教"听者"之"茹荤",应该只是教会在新环境中的无奈之举,是最大限度地兼顾"教规"和"生存"之法。他们在以肉类为主食的游牧社会中,通过大量"听者"的"茹荤",把极为有限的素食资源保留给了为数不多的专职修道者"选民",从而也就保存了本教继续发展的基础或核心。有鉴于此,《九姓回鹘可汗碑》"熏血异俗,化为蔬饭之乡"之语倒显得过于夸张,不切实际,或者一厢情愿了。总之,回纥摩尼教之"茹荤"规制,实际上可以视作摩尼教在迁移和发展过程中为适应社会环境而做出的某种演变。数百年后,这类演变更清楚地体现在中国东南沿海的摩尼教(明教)身上。

二、闽浙地区摩尼教的"食菜"特色

1. 盛行的"吃菜"信仰

对汉文古籍稍作检视,便不难发现,自宋代以降,中国——尤其是浙、闽等东南沿海地区——的民间信仰中，经常见到以"吃菜"（素食）为主要特色的宗教流派，以至于它们的通俗称呼中往往包含了"菜"字。

成于公元10世纪的《大宋僧史略》谈及五代时期的一则摩尼教叛乱事件道："梁贞明六年（920），陈州末尼党类立母乙为天子。发兵讨之，生擒母乙，余党械送阙下，斩于都市。初，陈州里俗喜习左道，依浮图之教，自立一宗，号上上乘。不食荤茹，诱化庸民，糅杂淫秽，宵集昼散。"①成于南宋的《佛祖统纪》对此事的记载大同小异："梁贞明六年，陈州末尼反，立母乙为天子。朝廷发兵禽斩之。其徒以不茹荤饮酒，夜聚淫秽。画魔王踞坐，佛为洗足。云：'佛止大乘，我乃上上乘。'"②显然，戒荤或素食是当时末尼（摩尼）信仰的重要特色之一。

当然，同样戒荤或"吃菜（素食）"的信仰远不止此，例如，《佛祖统纪》还列举了另外两个以"菜"为名的宗教流派。一谓"白云菜"："白云菜者，徽宗大观间，西京宝应寺僧孔清觉居杭之白云庵，立四果、十地，造论数篇。教于流俗，亦曰十地菜。觉海愚禅师辨之，有司流恩州。嘉泰二年，白云庵沈智元自称道民，进状乞额。臣寮言：'道民者，吃菜事魔，所谓奸民者也。既非僧道童行，自植党与，千百为群，挟持祅教，聋瞽愚俗。或以修桥砌路，敛率民财；创立私庵，为逋逃渊薮。乞将智元长流远地，拆除庵宇，以为传习魔法之戒。'奏可。"另一种则称"白莲菜"："白莲菜者，高宗绍兴初，吴郡延祥院僧弟子元，以仿天台，出《圆融四土图》《晨朝礼忏文》《偈歌四句》《佛念五声》。劝男女修净业戒，护生为尤勤，称为白莲。导师有以事魔论于有司者，流之江州。其徒展转相教，至今为盛。"③

《佛祖统纪》所引良渚的归纳，更清楚地指出了这些民间信仰的共同点——形式上假托佛教，规制上戒绝荤、酒："此三者④皆假名佛教，以诳愚俗，犹五行之有沴气也。今摩尼尚扇于三山，而白莲、白云，处处有习之者。大抵不事荤、酒，故易于裕足；而不杀物命，故近于为善。愚民无知，皆乐趋之，故其党不劝而自盛。甚至第宅姬妾，为魔女所诱，入其众中，以修忏念佛为名，而实通奸秽。有识士夫，宜加禁止。"⑤

---

① （宋）赞宁《大宋僧史略》卷下《大秦末尼》，载《大正藏》第54册，第2126号，昭和二年八月，第253页下。
② 《佛祖统纪》卷54《事魔邪党》，载《大正藏》第49册，第2035号，第474页下。
③ 同上引书，第474页下—475页上。
④ 在此所谓的"三者"，意指"白云菜"、"白莲菜"及"末尼"三类信仰，但是实际上作者颇有误解，即是将"末尼"（摩尼教）混同于"大秦"（景教）与"火祅"（祆教）。因此，即使就这段文字而言，所谓的"吃菜"信仰也不止三种。
⑤ 《佛祖统纪》卷54《事魔邪党》，载《大正藏》第49册，第2035号，第475页上。

南宋的陆游也曾谈及当时颇为流行的民间信仰,即他口中的"妖幻邪人",而这类信仰的共同特色之一,便是"食菌蕈",亦即"吃菜"(素食)。陆游在其《条对状》中说道:"惟是妖幻邪人,平时诳惑良民,结连素定,待时而发,则其为害,未易可测。伏缘此色人处处皆有,淮南谓之二禬子,两浙谓之牟尼教,江东谓之四果,江西谓之金刚禅,福建谓之明教、揭谛斋之类,名号不一。明教尤甚,至有秀才、吏人、军兵亦相传习,其神号曰明使,及有肉佛、骨佛、血佛等号。白衣乌帽,所在成社。伪经妖像,至于刻版流布,假借政和中道官程若清等为校勘,福州知州黄裳为监雕。以祭祖考为引鬼,永绝血食;以溺为法水,用以沐浴。其他妖滥,未易概举。烧乳香则乳香为之贵,食菌蕈则菌蕈为之贵。"①

陆游列举了"妖幻邪人"各流派的不同名号,计有二禬子、牟尼教、四果、金刚禅、明教、揭谛斋等。它们既然名号相异,其教义可能也有所不同,然而,焚香("烧乳香")和素食("食菌蕈")则是共同的规制。

似乎正是因为这类被官方视作"非正统"的形形色色的民间信仰具有严格素食的共同特点,故被冠以"吃菜事魔"的贬称。这一称号至少在南宋初期就流行于官方文书中了,例如,南宋初(绍兴三年,1133年),枢密院上书称:"宣和间,温、台村民多学妖法,号吃菜事魔。鼓惑众听,劫持州县。朝廷遣兵荡平之后,专立法禁,非不严切。访闻日近又有奸滑改易名称,结集社会,或名白衣礼佛会,及假天兵,号迎神会,千百成群,夜聚晓散,传习妖教。"②由此可知,名为"白衣礼佛会"的一个流派亦属"吃菜"信仰。

当时,纷杂众多的"吃菜"信仰如雨后春笋般地出现,尤其盛行于东南沿海地区,颇有脱离官府控制,引发社会不安的趋势,至少朝廷是这样认为的。于是,严禁这类信仰,甚至明令苛责素食者的法律条文频繁颁布,足见其时素食("吃菜")风气之盛。北宋末至南宋初的庄绰曾谈及浙闽地区严禁"吃菜事魔"信仰的情况:"事魔食菜,法禁甚严。有犯者,家人虽不知情,亦流于远方,以财产半给告人,余皆没官。而近时事者益众,云自福建流至温州,遂及二浙。睦州方腊之乱,其徒处处相煽而起。闻其法断荤酒,不事神佛、祖先,不会宾客。"③

官方对于"吃菜"信仰的惩罚,不仅罪及个人,还会祸延家属,乃至没收全部财

---

① (宋)陆游《渭南文集》卷五《条对状》,引自涂小马《渭南文集校注》一(钱仲联、马亚中主编《陆游全集校注》9),浙江教育出版社,2011年,第125页。
② (清)徐松辑《宋会要辑稿》第165册,卷21778《刑法二》之111,中华书局重印本,1957年,第6551页上。
③ (宋)庄绰撰,萧鲁阳点校《鸡肋编》卷上,载《唐宋史料笔记丛刊》,中华书局,1983年,第11页。

产,真正导致"家破人亡"。类似的处罚条例层出不穷,兹略举数例如次:"结集五愿,断绝饮酒为首人徒二年";"禁东南民吃菜。有妄立名称之人,罪赏并依事魔条法";"诸吃菜事魔或夜聚晓散,传习妖教者绞;从者配三千里,妇人千里";"许人捕至死,财产备赏,有余,没官";"禁师公劝人食素";"师公劝人食素,未有夜聚晓散之事,除为首师公立愿断酒依上条断罪追赏外,欲今后若有似此违犯,同时捕获之人,为首人从徒二年断罪。"①

这里所谓的"师公",当是指闽浙一带使用某些宗教仪式,为普通民众祈福、禳灾的男性术士。显然,在南宋初期,即使他们仅仅劝人吃素,也会被官方视作重罪。可见素食已经因为它的极度流行而引发了官方的猜疑与误解,作为"事魔"的象征而竟然成了一种罪名。

2. 东南摩尼教属于"吃菜"流派之一

"吃菜事魔"者以素食为最大特色,而摩尼教则也以标榜素食而著名,因此,世人往往将汉义史籍记载的"吃菜事魔"视同于原创于西亚的摩尼教,至少,在稍早时候基本如此。例如,王国维在其《摩尼教流行中国考》一文中,相继罗列《佛祖统纪》"吃菜事魔,三山尤炽"诸语、《泊宅编》"其流至今蔬食事魔,夜聚晓散"诸语、《建炎以来系年要录》"两浙州县有吃菜事魔之俗"诸语、《高峰先生文集》"今之吃菜事魔,传习妖教"诸语,以及《渭南文集》《老学庵笔记》《嘉定赤城志》《至正金陵新志》等相关段落后,最终归纳称:"右古书所记摩尼教事,其概如此。"②

显然,作者将古籍资料称为"吃菜事魔"的多种民间信仰都归入了摩尼教的范畴。其后,持类似观点的也不乏其人,例如:"摩尼教又称明教,亦称食菜事魔,其源于波斯人摩尼所创,其教杂佛教、基督教、袄教而成。"③当然,不久之后,多数学者都逐步认识到,古代所谓的"吃菜事魔"信仰并不等同于摩尼教,而只是包含了较多或部分摩尼教文化因素的宗教信仰。例如,陈高华认为:"说得具体一点,吃菜事魔是当时各种异端宗教的总称,摩尼教只是其中的一种。整体与局部的关系既不是对等的关系,也不是一分为二的关系。所以,说吃菜事魔就是摩尼教,当然不确;将吃菜事魔理解为不同于正

---

① 这些法令颁发于绍兴三年至二十年间(1133—1150),足见当时"吃菜"风气之盛。诸语摘自《宋会要辑稿》第165册,卷二一七七八《刑法二》之一一一至一一三,中华书局重印本,1957年,第6551页上—6552页上。
② 王国维《摩尼教流行中国考》,载《观堂别集》卷1,第28—34叶,载《王国维遗书》,上海古籍书店据商务印书馆1940年版影印,1983年。
③ 方庆瑛《白莲教的源流及其和摩尼教的关系》,载《历史教学问题》1959年第5期,34页。

统摩尼教的异端摩尼教,也是不很合适的。"①林悟殊的观点与之类似:"在宋代,吃菜事魔一词之专用于摩尼教(明教),看来只局限于一些佛教徒而已;而就统治者而言,始终都没有用该词来专指明教。因此,历史上被称为吃菜事魔的人,可能与摩尼教有关,亦可能无关。是故,以往国内外的一些学者在考察宋代的一些农民起义军或农民起义领袖时,仅仅因为被考察者曾被冠以吃菜事魔之号,就断言其为摩尼教徒,这是不够谨严的。"②

我的看法与之大同小异,③然而,在此要强调的是,在被古人冠以"吃菜事魔"之名的诸多民间信仰中,毕竟包含了不少可以真正称之为摩尼教或者"准摩尼教"的宗教流派,而我们则完全可以通过这些流派,看到摩尼教之饮食规制在中国东南地区的演变情况。

至少有两个标志可以判别"吃菜事魔"信仰中的摩尼教元素。首先,从名称上看,所谓的"明教"的主体应该仍属摩尼教。顾名思义,"明教"即是"光明之教",而光明则是摩尼教最为崇奉的本原,它与"黑暗"一起构成摩尼教二元论的两要素。又,"吃菜事魔"的另一流派"牟尼(末尼)教",显然与"摩尼教"是同名异译,故无疑也是指摩尼教。其次,从教义上看,"吃菜事魔"的许多要素相同或类似于摩尼教。例如,摩尼信仰等"事魔邪党""大抵不事荤酒……不杀物命";④"事魔者不肉食";⑤明教信徒有"听者"等名,经文有《证明经》《日光偈》《月光偈》等名,神像有《先意佛帧》《夷数佛帧》等名;⑥"吃菜事魔……称为明教会……其经名《二宗三际》"。⑦ 如此等等,不一而足。

吃菜事魔者的这些教义或特色,都与"正统"摩尼教无异,关于其素食和不杀生,上文早已明确指出。"听者"乃是摩尼教的俗家信众,与专职修道者"选民"共同构成摩尼教信徒的两大部分。摩尼教汉语文书《摩尼光佛教法仪略》所列摩尼的亲撰著述之一

---

① 陈高华《摩尼教与吃菜事魔——从王质〈论镇盗疏〉说起》,载《中国农民战争史论丛》第4辑,河南人民出版社,1982年,第98页。

② 林悟殊《摩尼教及其东渐》,中华书局,1987年,第142页。

③ "'吃菜事魔'信仰乃是融合摩尼教、佛教、道教、土著传统信仰等多种文化成分的一类大众信仰。它大体上以素食和聚众诵经为共同点,但是各支派又都有自己的特色,有的更像摩尼教,有的更像佛教,有的更像道教,如此等等。所以,我们既不能因为它们具有某一宗教的鲜明特色而遽然指称它为某宗教,但亦不能无视它们与这些宗教的密切渊源关系"。语见芮传明《论宋代江南之"吃菜事魔"信仰》,载《史林》1999年第3期,第12—13页。

④ 《佛祖统纪》卷五四《事魔邪党》,载《大正藏》第49册,第2035号,第475页上。

⑤ (宋)李心传《建炎以来系年要录》卷七六,中华书局(据商务印书馆1936年排印本重印),1956年,第1249页。

⑥ 《宋会要辑稿》第165册,卷二一七七八《刑法二》之七八,中华书局重印本,1957年,第6534页下。

⑦ 《佛祖统纪》卷四八,载《大正藏》第49册,第2035号,第431页上。

名为《钵迦摩提夜》,意译《证明过去教经》,这亦即明教的《证明经》。此外,摩尼教崇拜光明,颂扬日月,故《日光偈》《月光偈》为摩尼教对日月之赞美诗,当无疑问。在摩尼教创世神话中,"初人"(Primal Man)乃是早期神灵之一,汉语文书译作"先意";而另一重要神灵"耶稣"(Jesus)则被汉译成"夷数";二者为"真正的"摩尼教神灵,殆无疑义。至于摩尼教的最根本教义,则是主张明(善)、暗(恶)二宗永远对立;世界经历过去、现在、未来三个阶段(三际)。故诵读《二宗三际》经的,必属摩尼教信徒。

经过这番分析,我们当可认定,自宋代以降,逐步兴盛于东南沿海地区的诸"吃菜事魔"宗教流派中,包括了真正的摩尼教或者经过了若干演变的"准摩尼教"。因此,与唐代后期回纥地区的摩尼教相比,东南浙闽地区的摩尼教(或牟尼教、明教)在饮食规制方面的最大"异化"是极端严格的素食。在此,不但见不到哪怕只宽容"听者"的肉食规制,并且空前严格地强调素食之必需,乃至素食("吃菜")成为虔诚信奉其宗教("事魔[①]")的第一标志。另一方面,从官方对单纯的素食行为也满怀疑惧,从而严禁的做法(如上文所举之例:即使受人之劝吃素,却未参与其他宗教活动者,为首之人也得判二年徒刑)上可以看出来,当时"吃菜"之举和"事魔"的关系已达到非常密切的程度。

三、结　语

我们看到了摩尼教在向东传播的过程中,其饮食规制发生的明显演变:在西亚或摩尼教的早期发展阶段,摩尼教禁止肉食和饮酒(也包括类酒的酿造饮料)。虽然肉食禁忌对于俗家信徒"听者"有一定的宽容度,不过这恐怕只是停留在口头上,似乎未见真正付诸实施的例证。当公元8世纪摩尼教正式成为中央欧亚地区的游牧政权回纥之"国教"后,我们却发现,"吃荤"成了回纥摩尼教信徒之饮食规制的鲜明特征,它不再是"说说而已",而是以相当大的规模落实到了现实生活中。在数百年后的宋代,摩尼教以明教、牟尼教等的称号流行于中国东南的闽浙地区,此时它的最大特色是被视作"吃菜事魔"的信仰之一;亦即是说,闽浙地区摩尼教的素食规制达到了空前严格的程度,从而在饮食方面与回纥摩尼教形成了鲜明的对照。

同样是摩尼教,却出现了貌似迥然不同的饮食规制。究其原因,恐怕也不难理解。

---

① 或以为"吃菜事魔"之"魔"系"摩尼教"之"摩"的谐音和贬称;或以为此"魔"只是泛指"非正统"的诸邪派异端信仰。不管怎样,"魔"字系指某个宗教信仰则无疑义。因此,以"吃菜"与"事魔"并列,足见素食在这类信仰中举足轻重的地位。

就回纥摩尼教而言,如上文指出的那样,游牧人依赖畜牧业维持生计,故食品以肉类为主,与之相比,通过种植而收获的农产品则仅占极小的比例。所以,同样作为游牧人的回纥摩尼教信徒,尤其是人数众多的俗家信徒"听者",是不可能仅仅依靠素食而生存下去的。因此之故,他们援引前辈"允许听者有条件地吃肉"的规制,既维持了生存,又不违背戒律,是完全合乎情理的。以是观之,回纥摩尼教之"茹荤",是该教为适应不同的社会环境而做出的权变之举,并无不当,可以理解。

至于东南闽浙等地以"明教"或"牟尼教"等为号的摩尼教却严格"吃菜"的缘由,当也因具体的社会环境导致,只是可能不止一个因素而已。首先,世人往往将信徒热衷于"吃菜"的现象归因于经济拮据——素食比肉食更为省钱:"江浙山谷之民,平时食肉之日有数,所以易于食菜";"凡事魔者不肉食……盖不肉食者则费省,故易足。"①确实,史载的"吃菜事魔"者大多属于下层阶级,甚至多为最为贫苦的普通大众,因此,素食对于他们来说,本来就是一种"常态",毋需刻意追求的。另一方面,闽浙等地都以农业为主,有足够的谷物、蔬果赖以维生,完全不必如回纥人那样,不肉食就难以度日。这样的社会环境当然大大有利于素食规制的维持和推广。

其次,或以为比摩尼教更早六七百年入华的佛教也对"吃菜"现象发挥了积极的推动作用。盖因佛教戒杀,素食是其基本戒条之一;甚至,"不杀"是其最为重要的戒律,例如:"佛说,十不善道中,杀最在初,五戒中亦最在初。若人种种修诸福德而无不杀生戒,则无所益。……是故知诸余罪中,杀罪最重;诸功德中,不杀第一。"②尽管我曾经认为,唐宋以降闽浙等地诸多大众信仰的"吃菜"特色,更多的是源于摩尼教而非佛教的思想和理论,③但是同样主张素食的佛教对于"吃菜"规制的维持乃至盛行,仍然具有积极的"推波助澜"作用,而不是相反。

最后,对于宗教组织的素食问题,现代不乏研究者。有人认为,教团之所以提倡素食,乃至形成十分严格的"吃斋"规制,是旨在有效地笼络住各个信徒,"因为改变一个人的饮食,成为有别于一般人的吃斋,就等于改变了这个人的人际关系,也等于教首吸

---

① 分别见(宋)李心传《建炎以来系年要录》卷六三(中华书局,1956年,第1082—1083页)和卷七六(第1249页)。
② (后秦)鸠摩罗什译《大智度论》卷一三《释初品中·戒相义第二十二之一》,第1509号,载《大正藏》第25册,第155页中—下。
③ 可参看芮传明《论古代中国的"吃菜"信仰》,载《中华文史论丛》第63辑,上海古籍出版社,2000年,第1—33页。

纳了这个人,成为他信仰圈内的人。"①此语虽然是在归纳清代教团的吃斋情况之后而发,却不无普适性。倘若西亚的摩尼教辗转传播到中国的东南沿海地区后,教团自觉地意识到素食规制的重要性,从而顺应当地的具体环境,主动强化"吃菜"戒条。这样的推测似乎也不无道理。

总而言之,摩尼教在向世界各地传播的过程中,为了维持生存和继续发展,不时地适应不同的环境,做出或多或少的改变和演化。这便是摩尼教的特色之一。

(作者单位:上海社会科学院历史研究所)

---

① 语见林荣泽《吃斋与清代民间宗教的发展机制》,载《台湾师大历史学报》第33期,2005年,第135页。

摩合罗考

刘迎胜

摘　要：《元典章》在列举南宋向海外出口的物品中，提到"摩合罗"。既往研究在史料中捡出"摩合罗"、"魔合罗"、"魔侯罗"、"摩睺罗"、"摩侯罗儿"、"摩睺罗"、"摩孩罗"、"摩诃罗"与"磨喝乐"等，并依据史料的文字，释为七夕节的一种玩偶，但查核元代有关海外贸易的主要资料，如《岛夷志略》《真腊风土记》与大德《南海志》等，均未见中国输出品中有类似名称者。

至于其语源，旧有佛典中 Mahraga，译云"大有行龙"；"魔诃迦罗"（Mahukulu），即"大黑天"；梵语 makara 的音译，黄道十二宫之一等诸说，亦与《元典章》所记上下文不符。

笔者注意到，元代《居家必用事类全集》记北珠之上品即"顶青"，"谓之摩孩罗儿"，并考定此即《元典章》之"摩合罗"，并以此为切入点，详述由于宋时社会富裕阶层对北珠价值的高估，引起辽人强行向女真各部索取，激起反抗，使辽朝灭亡的历史。

作者进而提出，《元典章》所记南宋输出品"摩合罗"应为波斯语波斯语 مهره（muhra）"珠"、"弹子"、"小球"之宋元音译，并在王一丹有关唐人戴孚的《广异记》中所记波斯胡人传国宝珠"紫䏟羯"研究的基础上，考察中古安息语珍珠 mwrg'r'yd 应即《广异记》所记"紫䏟羯"中之"䏟羯"的语源，从而得出中古波斯语与新波斯语对珍珠的称谓，在唐元二代两度分别传入中国的结论。

元灭宋后，元政府不但接收了南宋东南沿海的官私海上力量，也注意到南宋的海外贸易。《元典章》提到：

> 在先亡宋时分，海里的百姓每船只做买卖来呵，他每根底客人一般敬重看呵，咱每这田地里无用的伞、摩合罗、磁器、家事、帘子这般与了，博换他每中用的物件来。①

---

① 陈高华、张帆、刘晓、党宝海点校《元典章》户部卷八，典章二二《市舶则法二十三条》，中华书局、天津古籍出版社，2011年，第874页。

这里提到宋亡后，元政府注意到对南宋的海外贸易，要求如宋时一样，不但对前来贾贩的番商待如贵客，而且打算向外输出国内大量生产、供应充分的货物，以交换海外的产品。《元典章》提到元朝可供出口的货品名单中，伞、磁器、家事、帘子皆为常见物品，唯有"摩合罗"，殊为奇异。本文拟就此展开讨论。

一、前人对摩合罗的解释——玩偶

当代几部有关宋元语言的字书中，多可见"摩合罗"、"魔合罗"、"魔侯罗"等词条，如龙潜庵编著的《宋元语言词典》"魔合罗"条：

（一）用泥、木、象牙或蜡等塑制的小偶人。多于七夕供养，或盛饰作为珍玩。《魔合罗》一折："每年家赶这七月七入城，卖一担~。"亦作"摩侯罗"、"摩睺罗"、"摩诃罗"、"摩孩罗"、"磨喝乐"。《京本通俗小说·碾玉观音》："这块玉上尖下圆，好做一个摩侯罗儿。"《武林旧事》卷三"乞巧"："七夕前，修内司例进摩睺罗十卓……或用象牙雕镂，或用龙涎佛手香制造，悉用镂金、珠翠。"杜仁杰《集贤宾·七夕》套："把几个摩诃罗儿摆起，齐拜礼，端的是塑得来可嬉。"赵师侠《鹊桥仙·丁巳七夕》词："摩孩罗荷叶伞儿轻，总排列，双双对对。"《东京梦华录》卷八"七夕"："皆卖磨喝乐，乃小塑土偶耳。悉以雕木彩装栏座，或用红砂碧笼，或饰以金珠牙翠，有一对直数千者。"（二）喻所喜爱的人物，如言宝贝。《任风子》四折："玉天仙孩儿你是你，将来~孩儿，知他谁是谁。"《铁拐李》二折："花朵般浑家不能勾恋，~孩儿不能勾见。"亦作"摩合罗"、"磨合罗"。《西游记》十九出："小鬼！对恁公主说：大唐三藏国师摩合罗俊徒弟孙悟空求见。"《调风月》一折："和哥哥外名，燕燕也记得真，唤作磨合罗小舍人。"按，魔合罗原为佛经中的神名，此借称。因梵语，故多异译。[①]

宋元时将类似今"洋娃娃"一类的玩偶称为魔合罗的习俗，可在文献中找到大量的例证，如吴自牧提到，每年七夕，"市井儿童手执新荷叶，效摩睺罗之状，此东都流传，至今不改"。[②] 宋末元初的周密除了提到"小儿女多衣荷叶，半臂手持荷叶，效颦摩睺罗，

[①] 龙潜庵编著《宋元语言词典》，上海辞书出版社，1985年，第1022页。原文标点符号有问题处，径改。引用时请核对原文。此外还有一些释文大致相同，但较略者，如袁世硕主编《元曲百科辞典》"魔合罗"条，山东教育出版社，1989年，第150页；卜键主编《元曲百科大辞典》"魔合罗"条，学苑出版社，1992年，第105—106页；李修生主编《元曲大辞典》（修订本），凤凰出版社，2003年，第167页。

[②] （宋）吴自牧《梦粱录》卷四，清学津讨原本。

大抵皆旧俗也"之外,还说宫修内司所进"摩睺罗""七夕前,修内司例进摩睺罗十卓,每桌三十枚,大者至高三尺,或用象牙雕镂,或用龙涎拂手香制造,悉用镂金、珠翠、衣帽、金钱、钗镯,佩环真珠头须,及手中所执戏具,皆七宝为之,各护以五色镂金,纱厨制阃。贵臣及京府等处,至有铸金为贡者"。① 而由此引申形容小儿可爱的用法,也多见于各种文献,如《今古奇观》记录了一个主人襄敏公丢失了自己五岁的孩子后,其"夫人道:'摩诃罗般一个孩子,怎生舍得失去了。'"不久这个孩子被人发现在轿中,"人闻得孩子声唤,推开帘子一看,见是个青头白脸摩诃罗般一个小孩子,心里欢喜,叫住了轿,抱将过来"。后来,这个孩子被皇帝赐给皇后"鞠养,以为得子之兆"。宫中"妃嫔闻得钦圣宫中御赐一个小儿,尽皆来到宫中,一来称贺娘娘,二来观看小儿。因小儿是宫中所不曾有的,实觉希罕。及至见了,又是一个眉清目秀、唇红齿白摩诃罗般一个能言能语、百问百答的,你道有不快活的么。妃嫔们要奉承娘娘,且喜欢孩子,争先将出宝玩、金钏镯等类来,做见面钱,多塞在他小袖子里"。②

可见将摩合罗释为"洋娃娃"确有依据。值得注意的是,前述《元典章》将"摩合罗"与伞、磁器、家事、帘子等物并列,均系中国输往海外诸番的商品。如果将"摩合罗"释作玩偶,在这里能解释得通吗?

我们发现,当时妇女、女儿在家中以手工制作,用于七夕乞巧、求子的玩偶,也作为商品售卖。前述《宋元语言词典》"魔合罗"条所引之剧本《魔合罗》一折就提到:"每年家赶这七月七入城,卖一担魔合罗。"剧中小贩高山挑着盛满玩偶的担子,进城出售。宋人吴自牧在《梦粱录》中记"七夕"时,亦记:

  内庭与贵宅,皆塑卖磨喝乐,又名摩睺罗孩儿,悉以土木雕塑,更以造彩装,襕座用碧纱罩笼,之下以桌面架之,用青绿销金桌衣围护,或以金玉珠翠装饰尤佳。③

抄自《永乐大典》的《西湖繁胜录》所记:"御街扑卖摩候罗,多着干红背心,系青纱裙儿,亦有着背儿、戴帽儿者。牛郎织女,扑卖盈市。"④也证明了这一点。因此,史料中常见提及摩合罗价值不菲的描述,如前述《宋元语言词典》"魔合罗"条所引之《东京梦华录》卷八"七夕":"皆卖磨喝乐,乃小塑土偶耳。悉以雕木彩装栏座,或用红纱碧笼,或饰以金珠牙翠,有一对直数千者。"宋人罗烨在记"七夕潘楼前卖乞巧物"时,说:"京师是日

---

① (宋)周密《武林旧事》卷三,民国景明宝颜堂秘笈本。
② 题(明)抱瓮老人辑《今古奇观》卷三六《十三郎五岁朝天》,清初刻本,北京图书馆藏。
③ (宋)吴自牧《梦粱录》卷四。
④ 西湖老人撰《西湖繁胜录》,明永乐大典本。

多(博)[搏]泥孩儿,端正细腻,京语谓之摩猴罗,小大甚不一,价亦不廉,或加饰以男女衣服,有及于华侈者,南人目为巧儿。"①周密也记:"七夕节,物多尚果食、茜鸡及泥孩儿,号摩睺罗,有极精巧,饰以金珠者,其直不赀。"②

"摩合罗"玩偶在宋元时代作为一种商品流通,是否意味着它也输往海外呢? 笔者查检元代有关海外贸易的主要资料,如《岛夷志略》《真腊风土记》与大德《南海志》,均未见提及。

二、语源追踪

那么,如果前述《元典章》中的提到的当时中国输出商品中的"摩合罗"不是如今"洋娃娃"一类的玩偶的话,又会是什么呢? 前引《宋元语言词典》的"魔合罗"条提及"魔合罗原为佛教神名,此借称。因梵语,故多异译"。关注过"魔合罗"词源问题的学者有不少,如徐宏图在其《元杂剧中的佛教语考》一文中,引述赵景深先生语,曰:"魔合罗当即佛典中牟呼洛迦(Mahraga)之转音与略语。唐玄应《一切经音义》云:魔睺勒,又作摩休勒,皆讹也。正言牟呼洛迦,此译云大有行龙也。据《慧琳音义》说,其形人身而蛇首。"③南开大学杨林先生对此作过较详细的研究,他归纳道:

> 在摩睺罗是哪个梵语词的音译上学者们见解分歧,提出过三种说法。一说是Mahākāla 的音译。如胡适主张:"'摩合罗'即是'吗噶喇',即'魔诃迦罗'(Mahukulu),即'大黑天'。"④法国汉学家雷未威安(André Lévy)曾将我国话本小说《京本通俗小说》译为法文(L'ante aux fantomes des collines de l'ouest, Paris, 1972),并对疑难词语作了注释。他在解释《碾玉观音》中的"摩候罗"时,也认为来自 Mahākāla。何满子《古代白话短篇小说选》(上海古籍出版社,1983 年)中,解释《碾玉观音》中的"摩候罗"时也认为是梵语 Mahākāla 的音译。
>
> 德国学者福赫伯(Herbert Franke)不同意摩侯罗来自 Mahākāla 的说法。他认为,七夕节是妇女们求夫与乞子的节日,而 Mahākāla 是密教的"施福神"(God of wealth),与七夕节的主旨不合。福氏认为,摩侯罗是梵语 makara 的音译,因为 makara 是黄道

---

① (宋)罗烨《醉翁谈录》卷四,清宛委别藏本。
② (宋)周密《武林旧事》卷三,民国景明宝颜堂秘笈本。
③ 载《中华戏曲》2002 年第 1 期,第 215 页。
④ 胡适《魔合罗》,原刊 1935 年 6 月 6 日天津《益世报·读书周刊》第 1 期,收入欧阳哲生编《胡适文集》第 10 册,北京大学出版社,1998 年。此据《胡适文集》,第 62 页,胡文的梵文转写有误。

十二宫之一,人们也用来指十二个月。在蒙古,所谓"month of the makara"是指七月,因此摩侯罗可能是作为佛教历法用语进入七夕习俗的(《评 André Lévy 共 René Goldman 译注〈京本通俗小说〉》,T'oungPao, Lx:1-3,1974)。

比较流行的说法是摩侯罗为 Mahogara 的音译。如傅芸子说:"'摩睺罗'即佛典中'摩睺罗迦'(Mahogara)的略语。"刘正埮等编《汉语外来语词典》(上海古籍出版社,1984年)"摩睺罗"条:"唐宋时流行的一种加服饰的小儿土(木、蜡)偶,七夕供养……源梵语 Mahogara。"①

"大黑天"为佛教密宗神祇,元代随吐蕃归入版图,元帝奉吐蕃僧为帝师、国师而传入中原,故而杨文所引胡适、何满子与法国学者雷未威安有关"摩合罗"即'吗噶喇',指"大黑天"的意见不足取。其文中其他有关"摩合罗"词源追溯研究,均是建立在前面提及的"摩合罗"指玩偶的基础之上的。笔者已经指出,《元典章》所提及的摩合罗的意义,应与玩偶无涉。因此进一步讨论也超出了本文的主旨。那么,这里摩合罗如果不是指玩偶的话,又指什么呢?

三、北珠之上品

笔者注意到,《居家必用事类全集》有一段记载,描述北珠:

> 北珠,圆如弹子,转身青披肩,色好甚分明,粉白油黄并骨色,节病多般,不尽论。凡看北珠颜色,须是看讫,闭目再闪看,颜色一同,方为验也。其珠青者,亦如暑末秋初,乍雨还晴,云绽处闪出青天带,白云中现出青天。此青系真色。第一,其青不用深青,只要白包青笼罩,乃嫩青色,其珠青只如在顶上盖者,不披青至顶下者,谓之摩孩罗儿,顶青也。其青若至腰下至窍眼,谓之转身青,为第一。腰上青者,谓之披肩青,为第二。若珠顶上只有一点青不能盖顶者,谓之鬼眼睛,不为奇也。②

---

① 杨林《化生与摩合罗的源流》,载《中国历史文物》2009年第2期,第26页。
② (元)佚名《居家必用事类全集》戊集,明刻本,《北京图书馆古籍珍本丛刊》第61册,书目文献出版社影印本,1989年。《格致镜原》中亦抄录了一段大致相同的文字:"《博物要览》:北珠,青色如暑末秋初,及晴云绽处,闪出青天带白云,此青系真色,第一。其青色只在顶上盖者,不披青至顶下,乃嫩青色,谓之摩孩罗儿,顶青上上者。其青若至腰下及窍眼,谓之转身青,为第一。腰上青者,谓之披肩青,为第二。若珠顶上只有一点青,不能盖顶者,谓之鬼眼睛,乃下等。如上尖下阔者,谓之宝装,亦名无笃珠子。如一头大一头小者,谓之鼓槌。中间一穴,两头圆者,谓之横钻,皆不佳也。凡看南、北、西珠,须要照看中无乌黑丝路,青白一匀,无斑点。如有黑纹者,名为砂蛀。珠心蛀空,外虽无伤,年久或为重物所压,必至粉碎。"(清)陈元龙辑《格致镜原》卷三二,清康熙五十六年刻,雍正十三年(1736)印本,南京图书馆藏。可见《居家必用事类全集》提到北珠中"其珠青只如在顶上盖者,不披青至顶下者,谓之摩孩罗儿",即"顶青"的说法流传甚广。

而这个"摩孩罗儿",应当就是"摩合罗"的另译,指北珠之上品。

对于北珠在时人眼中的价值,宋人洪迈书中有关大臣林积的记事,题《林积阴德》,其中提到:

> 林积,南剑人,少时入京师,至蔡州,息旅邸,觉床笫间物逆其背,揭席视之,见一布囊,中有锦囊,又其中则绵囊实以北珠数百颗。明日,询主人,曰:"前夕何人宿此?"主人以告:"乃巨商也。"林语之曰:"此吾故人。脱复至,幸令来上庠相访。"又揭其名于室,曰:某年某月日"剑浦林积假馆",遂行。商人至京师,取珠欲货,则无有。急沿故道,处处物色之。至蔡邸,见榜即还,访林于上庠。林具以告,曰:"元珠具在,然不可但取。可投牒府中,当悉以归。"商如教,林诣府,尽以珠授商。府尹使中分之,商曰:"固所愿。"林不受,曰:"使积欲之,前日已为己有矣。"秋毫无所取。商不能强,以数百千就佛寺作大斋,为林君祈福。林后登科至中大夫,生子又,字德新,为吏部侍郎。①

洪迈为南宋时人,其所记之林积,则为北宋人。叙事中所提"入京"、"至蔡州"等语,也说明所谓"京"指东京城,即开封,故所记为北宋时事。本则故事说北宋时林积年少时赴开封,途中经蔡州,在投宿旅馆时,发现床笫席下有此前客人所遗锦囊,内盛北珠数百,通过店主了解到曾有巨商宿此。他留下联系方式,通过官府见证方式向富商归还了这些北珠。断事官员曾决定要物主割取所失北珠之半给林积为报酬,遭林积拒绝。从富商失珠后的焦急心态,与林积拒绝收取酬谢后,他花费巨资入寺做佛事为林积祈福,可见北珠在北宋时被视为珍品。

青色是判断"北珠"质地的重要标准。《居家必用事类全集》几次提到鉴别北珠的方法,其中在"南北西湖珠式"条中提到:

> 北珠儿看青,要美披肩,青转身。青迭四五分者,价贯不廉。或鬼眼睛,一点青也。或粉白,或磁色,或腰勒,或骨色,或鼠头莲子身,搭膊儿,直钻,皆有褒弹。②

而在"看大珠身分颜色节病诀"条中,又记:

> 所看北珠身分,须是带圆,只用窍眼。其珠子身分须是青白色。绿色牵黄,磁白骨色,低样。如粉白色,尤得。如北珠身下有白搭膊,或面上有牵字落,及黄上青

---

① 《夷坚志·夷坚甲志》卷一二,清《十万卷楼丛书》本。此事为元胡炳文《纯正蒙求》卷下所录(明刻本,清丁丙跋,南京图书馆藏),但文字略有删节。

② (元)佚名《居家必用事类全集》戊集,明刻本,《北京图书馆古籍珍本丛刊》第61册,书目文献出版社影印本,1989年,第214页。

色者,不中。青上黄者,尤得。如直眼及窍眼,身分上损,破穴眼,并改钻三眼四眼者,亦不中也。且如买直钻,北珠只买肚儿高者,且得谓如窍眼上尖,乃黍头下阔者,谓之宝装,亦名无笃珠子也。如一头大一头小者,谓之鼓槌,中间一穴,两头圆者,谓之横钻,亦不中也。①

由此可知,被称为"摩孩罗儿"或"摩合罗"的"顶青",为北珠中之上品。而与北珠相对的是南珠与西珠。元人熊太古记:"广南珠,色红;西洋珠,色白,各随其方色。"②至于"南珠",前引《居家必用事类全集》说,"南珠儿看明亮,精神,捻圆,浅红色,粉白,不要油黄,其价低。"③在明人曹昭所辑之《格古要论》中,明人王佐专门增补了"南珠"条,称:

  南珠,出南蕃海蚌中。南蕃者好,广西者易黄。要身分圆及色白而精光者,价高。以大小粒数等分两定价。古云一粒圆,十粒钱。又云一圆二白。今广东廉州府合浦县海中出珠。④

那么,北珠为何要称为"摩孩罗儿"或"摩合罗"呢?"摩孩罗儿"或"摩合罗"的称谓出自何种语言呢?查波斯语 مهره (muhra)为"珠"、"弹子"、"小球",源自 مهر (muhr),意为(圆形)印记,可见非自他族语言中借入,当系波斯本族词汇。此 مهره (muhra)当为"摩孩罗儿"或"摩合罗"之语源。

四、牵动王朝兴衰的小珠

那么北珠产在何处?初平南宋的蒙古统治者又如何会知道北珠的价值呢?元人方回曾作五律《北珠怨》一首,曰:

  北方有奇蚌,产珠红晶荧。天鹅腹中物,万仞翔冥冥。
  此贪孰能致,俊鹰海东青。钩戟为爪喙,利刀以为翎。
  采之肃慎氏,扶桑隔沧溟。无厌耶律家,苛取不暂停。
  中夏得此珠,艳簕生芳馨。辽人贸此珠,易宝衔□耕。
  东夷此为恨,耻曡嗟罄瓶。渡兵鸭绿水,犁扫黄龙庭。
  夹山一以灭,河朔无锁扃。幽燕及淮江,赤地战血腥。

---

① (元)佚名《居家必用事类全集》戊集,明刻本,《北京图书馆古籍珍本丛刊》第61册,书目文献出版社影印本,1989年,第214页。
② (元)熊太古《冀越集记》卷下"珠"条,清乾隆四十七年吴翌凤抄本,清吴翌凤、黄丕烈校并跋。
③ 《居家必用事类全集》戊集,明刻本,第214页。
④ (明)曹昭辑,(明)王佐增补《新增格古要论》卷六,中国书店影印本,1987年。

　　　　徒以一珠故，百亿殃生灵。两国失宗社，万乘栖囚图。
　　　　旅獒戒异物，圣人存为经。徒以一珠故，天地生虫螟。
　　　　此事有本原，雍郎柄熙宁。力行商君法，诡勒燕然铭。
　　　　延致众奸鬼，坏败先朝廷。焉得致渠魁，辗裂具五刑。
　　　　钟山有遗瘗，漾之江中冷。我作《北珠怨》，哀歌谁忍听。①

诗中提到，北珠"采之肃慎氏，扶桑隔沧溟"，即出自女真以东，与"扶桑"即日本相望的大海之中，即指日本海。北珠为女真特产之事，至明清时仍广为人知。明末茅元仪提到"北珠即东珠，今出奴儿干。兵兴以来，亦不复入中国矣"。② 清傅恒亦记："北珠即东珠，出混同江。"③

元人方回所记获取这种珍珠的方式甚为奇特，方回称"天鹅腹中物，万仞翔冥冥。此贪孰能致，俊鹰海东青。钩戟为爪喙，利刀以为翎。"也就是说，天鹅捕食蕴含北珠的"奇蚌"，而一种称为海东青的鹰则捕杀天鹅，最终猎手取得北珠。④ 宋人陈均记完颜阿骨打起兵时也提到，契丹"至虐女真，捕海东青以求珠"。⑤

上述方回诗中"无厌耶律家，苛取不暂停。中夏得此珠，艳餙生芳馨。辽人贸此珠，易宝衔□軿"几句所述的是北珠因深受宋人喜爱，契丹统治者不断责求于女真各部。而诗中所提及之"夹山"，即辽末天祚帝所败亡之处。

宋人视北珠为珍品之事，有数则史料可资证实。蔡绦提到：

　　太上（按，宋徽宗）受命，享万乘至尊之奉，而一时诸福之物毕至，加好奇喜异（别本"喜"并作"赏"），故天下瑰殊，举入尚方，皆萃于宣和殿小库。宣和殿小库者，天子之私藏也。顷闻之，以宠妃之侍从者，颁首饰，上喜而赐之，命内侍取北珠筐来，上开筐，御手亲掬而酌之，凡五七酌以赉焉，初不计其数也，且又不知其几筐。北珠在宣和间，围寸者价至三二百万。⑥

除北宋皇室之外，北珠亦为士人和商贾，甚至盗贼所珍。洪迈留下了两则有关记载：

---

① （元）方回《桐江续集》卷九，《四库》本。
② （明）茅元仪《三戌丛谭》卷九，明崇祯刻本，北京图书馆。
③ （清）傅恒《通鉴辑览》卷八〇，《四库》本。
④ 笔者初不解方回所记取珠过程中，天鹅与海东青之间的关系。在2013年10月天津宋元明史研讨会上承南开大学王晓欣教授赐教。
⑤ （宋）陈均《皇朝编年备要》（又称《宋九朝编年备要》）卷二七，宋绍定刻本，清钱大昕跋，上海图书馆藏。《宋史》卷二八五《梁适传》亦记：契丹"虐女真捕海东青以求珠"。
⑥ （宋）蔡绦撰，冯惠民、沈锡麟点校《铁围山丛谈》卷六，中华书局，1983年，第105页。

> 衢人留怗彦,强年二十余,进士及第,调官归乡,常独处一室。其地滨水,水次皆芰荷,景趣奇迥,忽若有所遇,家人莫得而知也,第怪其入室即扃户,非温清与宾客至辄不出,人窃疑之而不可问。后因易衣浣濯,家人得珠囊于带间,皆北珠结成,而极圆莹粲洁,非世能有。所串银线,柔软光好,不可名状。

> "复州谢黥":荆湖两路大抵皆黥卒,率皆凶盗贷命者,每一郡兵士居土人十之七八。皋之侄签书复州判官,其阍人曰:谢四凡三以盗败,幸而不死,黥文满面,亦颇知悔前过,犹藏大北珠三颗,各可值千缗,乃劫得之巨室者,至是不敢出售。①

值得注意的是,北宋社会上下对北珠的价值高估,成为辽政府制定利用北珠贸易,消耗制约宋国力政策的依据。宋人陈均提到"以梁子美为户部尚书",子美"用三百万缗市北珠以进。北珠者,皆自虏中来。虏人始欲禁绝,或曰:中国倾府库以事无用之物,此为我利,而中国可困矣,因听之。"②但辽之北珠却是强取之女真。为制约宋而过度向女真责求,从根本上动摇了契丹与女真之间的关系。上引方回"东夷此为恨,耻罍嗟罄瓶"的诗句,说明直至元代,南方人民尚知女真各部对契丹的愤怒。在陈均记天祚帝朝之前,辽统治者压迫女真人的记述中,亦有反映:

> 先是州(按,宁江州)有榷场,女真以北珠、生金、人参、松实、白附子、密蜡、麻布之类为市,州人低其直,且拘辱之,谓之打女真。③

女真各部的愤怒终于引发了完颜部首领阿骨打起兵。陈均说:"虏酋后益骄","女真不胜其求,遂叛。"④前引《宋史·梁适传》也称"两国之祸盖基于此"。⑤

女真兴起后,中国北方政局大变,"河朔无锁扃。幽燕及淮江,赤地战血腥。徒以一珠故,百亿殃生灵。两国失宗社,万乘栖囚囹"。女真人不但一举灭辽,而且继而铁蹄席卷中原,祸及辽、宋两个王朝。

在前引《元典章》中提及用于出口的物品中,与摩合罗相并列的伞、磁器、家事、帘子等,均为日常用品,而北珠却为贵重奢侈品,似不合情理。因此笔者考虑,此处摩合罗或指以高岭土烧制成的珠,即烧珠,这种物品常见于元代输出产品目录之中。

---

① 《夷坚志·夷坚丁志》卷一九,《十万卷楼丛书》本;《夷坚支志》壬卷九,清景宋抄本。
② (宋)陈均《皇朝编年备要》(又称《宋九朝编年备要》)卷二七,宋绍定刻本,清钱大昕跋,上海图书馆藏。
③ (宋)陈均《皇朝编年备要》卷二八,宋绍定刻本,清钱大昕跋,上海图书馆藏。
④ (宋)陈均《皇朝编年备要》卷二七。
⑤ 《宋史》卷二八五《梁适传》。

五、历 史 追 溯

近读王一丹教授所撰《波斯胡人传国宝珠——唐人小说的描述》,①注意到文中提到《太平广记》中所录唐人戴孚《广异记》中的一段有关"紫䇲羯"记载:

> 乾元中(758—760),国家以克复二京,粮饷不给,监察御史康云间为江淮度支,率诸江淮商旅、百姓五分之一以补时用。洪州,江淮之间一都会也。云间令录事参军李惟燕典其事。有波斯胡人者,率一万五千贯,腋小瓶,大如合拳,问其所实,诡不实对,请率百万。惟燕以所纳给,众难违其言,诈惊曰:"上人安得此物?必货此,当不违价。"僧试求五千而去。胡人至扬州,长史邓景山知其事,以问胡。胡云:"瓶中是紫䇲羯,人得之者,为鬼神所护,入火不烧,涉水不溺,有其物而无其价,非明珠杂货宝所能及也。"又率胡人一万贯,胡乐输其财而不为恨。瓶中有珠十二颗。出《广异记》。②

"羯"通常解为"胡羊",亦为"鞨"的异写,但在此均说不通,因为文末说明"瓶中有珠十二颗",故当指珍珠,而其前之"紫"为形容词。查"䇲"通"襪",明母月韵,中古音可拟为 miwat;"羯",见母月韵,中古音可拟为 kiat。故而"䇲羯"的中古音应为 miwat-kiat。那么珍珠在中古波斯语中是哪个字呢? 再查吐鲁番中古安息语(Middle Parthian of Turfan),珍珠为 mwrg'r'yd。③

唐代常以带-t 尾音的入声字音译他族语言以-r 结尾的音,如以汉字啜(tsuet)译写突厥官号čör;以"纥"、"鹘"(ghuet)译写 Uyghur 的第二音节;以"密"(miet)译写粟特语 mir(日、太阳)等。④ 因此,可以确定"䇲羯"(miwat-kiat/ miwar-kiar)应为中古安息语珍珠 mwrg'r'yd 的音译。换而言之,《广异记》所提到的售卖"紫䇲羯"的波斯商人可能是一位操安息语的贾胡。

中古安息语 mwrg'r'yd,即为本文所讨论的摩合罗的词源,唐时音译为"䇲羯",可证明中古波斯语与新波斯语对珍珠的称谓,在唐、元二代两度分别传入中国。

(作者单位:清华大学国学院)

---

① 刊于《内陆欧亚历史语言论集——徐文勘先生古稀纪念》(《欧亚历史文化文库》),兰州大学出版社,2014年,第 324—325 页。
② (宋)李昉《太平广记》卷四〇三《宝四》民国景明嘉靖谈恺刻本。
③ 〔英〕H.W. Bailey, *Dictionary of Khotan Saka*, Cambridge University Press, Cambridge, London, New York, Melbourne, 1979, p.341: M. Parth. T. mwrg'r'yd.
④ 说见笔者拙文《亦必儿与失必儿》,原刊于《历史地理》第 4 辑,1986 年,收入拙著《蒙元帝国与 13—15 世纪的世界》,生活·读书·新知三联书店,2013 年。

丝绸之路视阈下移民群体的身份与认同
——以9—14世纪东南沿海地区穆斯林为中心的考察*

马 娟

摘 要：张骞凿空后，开辟出丝绸之路绿洲道，沿此道路来华的各国商旅、使节、宗教人士不绝如缕。651年，阿拉伯帝国——阿拔斯王朝与唐朝正式建立外交关系，伊斯兰教由此传入中国。此后，穆斯林自丝绸之路陆路与海路不断东来，在广州开始出现穆斯林聚居区。两宋时期，中国与阿拉伯世界往来不断，尤其南宋一代，海上丝绸之路尤其发达，来华穆斯林比前代更多，尤以泉州为突出，甚至出现了"蕃人巷"的叫法。蒙古人崛起后，通过征战，无此疆彼界的限制，因而出现了丝绸之路上的又一波移民浪潮。随着窝阔台籍户政策的颁布，穆斯林的身份发生了重要的变化，从唐宋时期的"侨民"转变为蒙古皇帝统治下的"臣民"。综观9—14世纪，穆斯林不断东来，充实壮大着原有的穆斯林群体，使其保持着高度的可辨识度，从而从外部加强了其族群认同感。故此，丝绸之路不仅是贩卖商品的道路，也不仅是交流文化的道路，同时，它还是一条创造多彩民族文化景观之路。

张骞凿空后，来往于丝绸之路的各国各族商旅不绝于路。其中最著名的恐怕要数北朝隋唐时期的粟特人。他们充当了那个时代信息传达、贸易通商的中间人，对中西文化交流做出了相当重要的贡献。沿丝绸之路来华的这批粟特人由于种种原因而留居于中原地区，形成自己的聚居区，有的甚至形成郡望。① 至唐代，随着航海技术的发展，海上丝绸之路亦较前代有所拓展。在这种背景下，穆斯林从陆路、海路东来中国，不过明确记载来华穆斯林的中外文献大都集中于9世纪，故本文以此时间节点为关注的起点。

---

* 本文得到浙江大学双一流学科建设经费资助。
① 冯培红《北朝至唐初的河西走廊与粟特民族》，载《丝路文明》第1辑，上海古籍出版社，2016年。

及至两宋时期,中国与阿拉伯世界海上贸易更加密切,汉文史料相对丰富。而 13—14 世纪的蒙元时代是中国历史上继唐代之后又一个文化交流的高潮时期,多元文化并存,族群种类繁多,是这一时期非常突出的现象。继隋唐时期对中国产生过重要影响的粟特人之后,穆斯林则充当了 13—14 世纪"粟特人"的角色,在沟通中西、贸易往来方面留下了浓重的一笔。这批无论是从陆路,还是海路来到中原地区的外来移民如何面对不同的异质文化,如何在远离故国的异国他乡生存下去,以及如何构建自己的身份与认同,都是值得思考的问题。

姚大力先生在 2004 年发表《"回回祖国"与回族认同的历史变迁》一文,旁征博引,梳理了"回回"一词在不同时代的确切含义,探讨了明清一直到民国时期,回回作为一个民族共同体形成的历史轨迹以及认同意识的发展变迁过程。[①] 2006 年,美国学者 John Chaffee 著文探讨了宋元时期沿海穆斯林社区的历史发展,分析了这一时期穆斯林的身份问题。[②] 2011 年,Marc S. Abramson 在其博士论文 *Deep Eyes and High Noses: Constructing Ethnicity in Tang China* (618 - 907)[③]的基础上出版 *Ethnic Identity in Tang China*[④] 一书,以历史学、人类学、语言学跨学科的研究方法与视野检讨了唐代汉人族群认同的构建过程。本文就是在这些研究成果的启发下所做的探讨,以求教于方家。

一

伊斯兰教创立于 7 世纪,之后不久,原本一盘散沙的阿拉伯半岛就在伊斯兰教的旗帜下统一,阿拉伯帝国诞生。与此同时,大唐帝国国力强盛,文化昌明,经济繁荣,对外界有着强烈的吸引力。因此阿拉伯帝国第三任哈里发奥斯曼向唐朝派遣使者,于公元 651 年到达长安,与唐朝建立外交关系。[⑤] 这是阿拉伯帝国与中国正式建交的开始,通常也被看作是伊斯兰教传入中国的开始。[⑥] 随着两国的正式建交,阿拉伯使节、商人、

---

① 姚大力《"回回祖国"与回族认同的历史变迁》,载《中国学术》第 1 辑,商务印书馆,2004 年。
② John Chaffee, "Diasporic Identity in the Historical Development of the Maritime Muslim Communities of Song-Yuan China", *Journal of the Economic and Social History of the Orient*, vol. 49, No. 4, Maritime Diasporas in the Indian Ocean and East and Southeast Asia (960 - 1775), 2006.
③ Ph. D. dissertation, Princeton University, 2001.
④ Published by University of Pennsylvania Press, 2011. 该书有耿协锋中译本,人民出版社,2016 年。
⑤ 《旧唐书》卷一九八《西戎·大食传》,中华书局,1975 年,第 5315 页。
⑥ 关于伊斯兰教传入中国的时间有不同的观点,永徽二年(651)说影响最大。

宗教人士陆续来到中国。①

除都城长安外,唐代外国人聚集之地为扬州与广州,《旧唐书·田神功传》载其至扬州,"商胡波斯被杀者数千人"。②广州作为唐代最大的对外贸易港口城市,在中外史料中都有所反映。贾耽《皇华四达记》记载了从广州出发到达阿拉伯半岛的地理航线,阿拉伯著名地理学家伊本·胡尔达兹比赫在《道里邦国志》中记载了从西方到达广州的航线,③日本僧人淡海三船在《唐大和上东征传》中记载了广州港所泊各种外国商船。④中外史家的记载正反映了唐代中外海上交通与贸易的繁荣。

8世纪初,唐政府在广州设立市舶使管理海外贸易,这一制度为后来的宋元所承继。唐代汉文史料中将外国人聚居区称为"蕃坊",设有蕃长,对内管理外国侨民的宗教、民事事务,对外负责招商,充当蕃坊与地方政府之间的沟通桥梁。《唐国史补》《岭表录异》《投荒录》中对蕃坊都有所描述。9世纪中叶来华的阿拉伯商人苏莱曼见证了广州的繁荣,并留下了关于广州蕃坊内各种活动,包括宗教活动、商业活动等方面的记载,均可补汉文史料之不足。这些穆斯林使节、商人、宗教人士因种种原因留居中国,成为唐代留居中国人数较多的外国人群体之一。从《中国印度见闻录》中关于广州蕃坊的记载来看,唐代留居中国的穆斯林与故国联系密切,他们有着明确的"国别意识",所以在礼拜时为"本国苏丹"祈祷。⑤唐代穆斯林基本上是聚居一处,有着清晰的"母国记忆",并具有独特的文化背景,这些都是他们与汉人群体的界限。

唐代留居中国的外国人人数多,种类不一,有波斯人、阿拉伯人、新罗人以及东南亚各国人。根据唐朝法律,这些外国人被看作是"化外之人",同类相犯,以本俗法处置,异类相犯,以唐朝国家法律裁断。这就从法律上界定了来华外国人的身份——化外之人,即侨民。显然,穆斯林亦属于这一类人。由粟特人安禄山、史思明发动的安史之乱引起了汉人对非汉人忠诚度的怀疑,从而促使汉人士大夫开始思考"汉人"与"非汉人"的界线问题,进而引发了9世纪后半叶的"华夷之辨"。其中最有代表性的是陈黯撰写

---

① (明)何乔远《闽书》卷七《方域·灵山》中有"唐武德中,一贤传教于广州,二贤传教于扬州,三贤、四贤传教于泉州"的记载,明崇祯二年刻本,第21页。虽然学界关于此段记载的时间有争论,但当时有宗教人士东来应是无可怀疑的。

② 《旧唐书》卷一二四《田神功传》,第3533页。

③ 〔阿拉伯〕伊本·胡尔达兹比赫著,宋岘译注《道里邦国志》,中华书局,1991年,第64—72页;另参张国刚、吴莉苇《中西文化关系史》,高等教育出版社,2006年,第65—66页。

④ 〔日〕真人元开著,汪向荣校注《唐大和上东征传》,中华书局,1979年,第74页。

⑤ 穆根来、汶江、黄倬汉译《中国印度见闻录》,《中外关系史名著译丛》,中华书局,2001年,第7页。

的《华心》与程晏的《内夷檄》。尤可注意的是,陈黯在《华心》中特别举李彦昇之例,云:

> 大中初年,大梁连帅范阳公得大食国人李彦昇,荐于阙下。天子诏春司考其才。二年以进士第,名显然,常所宾贡者不得拟。或曰:"梁大都也,帅硕贤也。受命于华君,仰禄于华民。其荐人也,则求于夷。岂华不足称也耶?夷人独可用也耶?吾终有惑于帅也。"
>
> 曰:帅真荐才而不私其人也。苟以地言之,则有华夷也。以教言,亦有华夷乎?夫华夷者,辨在乎心,辨心在察其趣向。有生于中州而行戾乎礼义,是形华而心夷也;生于夷域而行合乎礼义,是形夷而心华也。若卢绾少卿之叛亡,其夷人乎?金日磾之忠赤,其华人乎?繇是观之,皆任其趣向耳。今彦昇也,来从海外,能以道祈知于帅,帅故异而荐之,以激夫戎狄,俾日月所烛,皆归于文明之化。盖华其心而不以其地也。而又夷焉?作《华心》。①

事实上,陈黯在这里提出的是如何界定"华"与"夷"的标准问题,即以地域为标准还是以文化为标准的问题。从上引史料可看出,作者倾向于以文化——儒家文化为标准来判断是"华"还是"夷",体现了汉人士大夫以儒家文化化"夷人"的传统观念。李彦昇作为一个异域之人——大食人,因熟知儒家文化而通过科举,在汉人士大夫看来,无疑是夷人被化的绝好案例。这也从另一方面反映出唐代穆斯林不同于汉人的身份与认同,而这种认同是由汉人士大夫制造出来的,即李彦昇属于"他者"的身份。

二

唐朝灭亡后,中国历史进入五代十国的分裂割据时期。尽管政治上处于分裂状态,但十国中的一些政权,如南唐、闽、吴越等,为了巩固统治,加强自身实力,都十分重视海外贸易。有学者认为,伊斯兰教就是在这一时期传入吴越国都城杭州的。②

北宋建立后,在唐朝以及十国中的东南政权海上贸易的基础之上,与阿拉伯地区、东南亚国家继续保持交往。北宋先后在广州、泉州、杭州、明州、密州等地设立市舶司,③开展海外贸易。及至南宋,由于统治偏于一隅,更加重视海外贸易,国税收入中的

---

① 《全唐文》卷七六七《陈黯·〈华心〉》,第 8 册,中华书局,1983 年,第 7986 页下。按,陈黯字希孺,"颍川人。举进士,计偕十八上而不第,隐居同安",见同卷第 7983 页上。
② 杨新平《杭州真教寺创始、重建年代考》,载《杭州师范学院学报》1987 年第 3 期。
③ 《萍洲可谈》中明确记载北宋在广州、泉州、宁波、杭州设立市舶司之事,详见(宋)朱彧撰,李伟国点校《萍洲可谈》,中华书局,2007 年,第 132 页。

二十分之一来自市舶贸易。① 两宋政府招徕阿拉伯商人前来贸易,并给予一些荣誉性称号,如保顺郎、承信郎等,以此鼓励海外贸易。在这种政策下,阿拉伯贡使、商人来华人数大大超过前代。

这一时期,汉文文献对来华穆斯林聚居区的记载逐渐多了起来,并且十分详细生动,尤以北宋朱彧《萍洲可谈》和南宋岳珂《桯史》为代表,从中可以了解两宋时期穆斯林留居东南沿海的状况。这些穆斯林在华购买地产,娶妻生子,居留不归,故在宋代文献中出现了"五世蕃客"、"土生蕃客"这样的名词。在傅自得任职泉州期间,发生了当地居民状告穆斯林之事:"有贾胡建层楼于郡庠之前,士子以为病,言之郡。贾赀巨万,上下俱受赂,莫肯谁何。乃群诉于部,使者请以属公。使者为下其书,公曰:'是化外人,法不当城居。'立戒兵官,即日撤之,而后以当撤报。使者亦不悦,然以公理直,不敢问也。"② 可见,即使在中国生活五代以上,甚至即使出生在中国,这些穆斯林后裔仍被冠以"蕃"的称呼,仍被视作是"化外人"。

两宋政府与阿拉伯地区关系密切,双方之间的商人往来不断,据《萍洲可谈》载:"北人过海外,是岁不还者,谓之'住蕃';诸国人到广州,是岁不归者,谓之'住唐'。"③ 因之,阿拉伯商人来华贸易基本贯穿两宋时期。换句话说,穆斯林的来华在两宋时期基本上没有间断,这不断充实壮大着原来留居东南沿海的穆斯林群体。留居的穆斯林与其故国之间的联系也是很紧密的,如淳化四年(993)来华的大食商人蒲希密(Abu Hamid)④ 这样说:"昨在本国,曾得广州蕃长寄书招谕,令入京贡奉,盛称皇帝盛德,布宽大之泽,诏下广南,宠绥蕃商,阜通远物。"⑤ 由史料可知,蒲希密是应广州蕃长之请而来的,表明广州穆斯林与其故国之间的联系,从侧面反映出他们同唐代穆斯林一样,有着明确的"母国意识"。《宋史》中的这条史料反映的是大食人蒲希密的"国家观",属于"自我认知"的范畴。下面这条史料反映的则是宋人眼中的穆斯林:

> 负南海征蕃舶之州三,泉其一也。泉之征舶通互市于海外者,其国以十数,三佛齐其一也。三佛齐之海贾以富豪宅,生于泉者,其人以十数,试郍围其一也。试郍围之在泉轻财急义,有以庇护其畴者,其事以十数族,蕃商墓其一也。蕃商之墓,

---

① 张国刚、吴莉苇《中西文化关系史》,第232页。
② (宋)朱熹《晦庵集》卷九八《傅公行状》,《四库全书》第1146册,第355页。
③ 《萍洲可谈》卷二,第134页。
④ 〔日〕田坂兴道《中國における回教の傳來その弘通》,东洋文库刊行,1964年,第496页。
⑤ 《宋史》卷四九〇《外国六·大食传》,第14119页。

建发于其畴蒲霞辛,而试郍围之力能以成就封殖之……试郍围于是举也,能使其椎髻卉服之伍生无所忧,死者无所恨矣。持斯术以往,是将大有益乎互市而无一愧于怀远者也。余固喜其能然,遂为之记,以信其传于海外之岛夷云。①

这条史料反映出以下几点史实:

（一）南宋设立三处市舶司,即广州、杭州、泉州,"泉其之一也"即指此事。

（二）泉州市舶司管辖下与南宋互市的海外国家有数十个,三佛齐为其中之一。三佛齐位于东西方航线要冲,以其优越的地理位置在东西方贸易中占有一席之地,来往于东西方贸易的商人往往要在此地中转。朱彧就说中国商人西去大食必经三佛齐修整,故三佛齐"号称最盛"。②

（三）泉州有来自三佛齐的富商,他们在当地建豪宅以居,出生于泉州的三佛齐后裔有数十族,林之奇所作这篇"记"中的主人公试郍围即是其中之一。

（四）试郍围为人热忱,轻财仗义,对居于泉州的"同族"颇为眷顾,修建"蕃商墓"就是这种眷顾的表现。

（五）修建公共墓地的建议来自试郍围的"同族"蒲霞辛,试郍围具体操作实施,促成墓地的修建完成。

（六）林之奇评论试郍围修建"蕃商墓"之举。

关于试郍围,赵汝适云其为"大食人"。③方豪先生认为,施那帏即撒那威,为波斯湾名港 Siraf 之译音,④Hugh R. Clark 亦认为施那围是波斯湾一个重要的海港城市,也是西亚穆斯林商人从事大范围商业活动的中心。⑤杨博文更明确指出:"施那帏原系地名而作人名,犹言尸罗围籍之商人,伊斯兰教国习俗,往往以居住地为其人名之称也。"⑥由此可见,试郍围应来自波斯。

上引史料最后部分是关于作者之所以作记原因与目的的说明。林之奇明确表示,试郍围修建公共墓地可免去来泉州贸易的"蕃商"的后顾之忧,对于泉州的海外贸易大

---

① （宋）林之奇《拙斋文集》卷一五《泉州东坂葬蕃商记》,《四库全书》第 1140 册,第 490 页。
② 《萍洲可谈》卷二,第 135 页。
③ "有番商曰施那帏,大食人也,侨寓泉南,轻财乐施,有西土气习,作丛塚于城外之东南隅,以掩胡贾之遗骸。提举林之奇记其实。"详（宋）赵汝适撰,杨博文校释《诸蕃志》卷上《志国·大食国》,中华书局,1996 年,第 91 页。
④ 方豪《中西交通史》(上),上海人民出版社,2015 年,第 367 页。
⑤ Hugh R. Clark, "Muslims and Hindus in the Culture and Morphology of Quanzhou from the Tenth to the Thirteenth Century", *Journal of World History* 6, 1, 1995, pp.59–60.
⑥ 《诸蕃志》卷上《志国·大食国》,第 97 页注 36。

有益处,而且宋政府这种允许修建墓地的做法经"蕃商"之口传播到海外,体现出南宋中国统治者的"优怀远人"的政治策略,从而吸引更多的"蕃商"前来贸易。

在林之奇看来,试䣙围、蒲霞辛为"同类",这从他所说的"其畴蒲霞辛"可得到明确的指认,这种认知属于"他者认知"的范畴,即林之奇将试䣙围、蒲霞辛等穆斯林视为不同于己的"另一类"。在林之奇这位南宋官员眼中,穆斯林与那些"椎髻卉服"之类一样,都属于未开化之人,由此可见宋时汉人之华夷观。

另外需要注意的是,两宋时期还出现了"蕃商杂处民间"的现象。① 朱彧曾云:"广州蕃坊,海外诸国人聚居",②而"蕃商杂处民间"现象的出现表明,穆斯林居住区域的界限已被打破,他们开始走出原先聚居的蕃坊,与当地人开始混居。与汉人混居的模式对穆斯林的族群认同必然会产生影响,只不过囿于史料之限,我们很难对此做出进一步描述。但是无论如何,这一时期穆斯林依然保留着对故国的清晰记忆,依然保留着自己的文化传统,这在两宋时期的汉文文献中有明确的反映。也就是说,他们依然保留着自己的族群认同,而他们在中国的身份依然与唐代相同,属于侨民之列,这种身份经过法律条文的规定而更加固定化、明确化。《唐律疏议》对穆斯林侨民的规定,《萍洲可谈》中穆斯林娶宗室女被发现后,政府遂禁止通婚。这又进一步从法律上区分了穆斯林与汉人的不同,在另一方面加强了穆斯林侨民的族群认同。

三

12世纪末蒙古兴起,成吉思汗率领大军东征西战,创立大蒙古国。随后,成吉思汗及其子孙先后发动了三次震惊世界的西征。经过第一次、第二次西征后,蒙古灭掉了中亚强国花剌子模、西亚阿拔斯帝国,将伊斯兰世界纳入蒙古帝国版图。正是在这两次西征过程中,大批穆斯林东来入华。

与唐宋时期相比,13—14世纪的中原地区所发生的最显著的变化就是统治者由汉人变为非汉人。魏晋南北朝时期虽然也有非汉人建立政权,但统治范围只限于局部地区。蒙古人结束了中原地区长期分裂的局面,重新统一全国,首次在辽阳设行省,并首次将吐蕃、云南纳入帝国版图,以非汉人的身份入主中原,建立大一统王朝。历史证明,

---

① 如1067年《重修海南庙碑》:"先时此民与海中蕃夷,四方之商贾杂居焉。"见《广东通志》卷二〇六《金石略》;南宋楼钥在给他的舅父汪大猷的行状中称:"蕃商杂处民间",《攻媿集》卷八八《赠特进汪公行状》,《四库全书》第1153册,第363页。
② 《萍洲可谈》卷二,第134页。

这一变化在许多领域产生了重要影响。

蒙元时代入华的穆斯林在汉文文献中被称为"回回人"。当然回回人的含义在有元一代也是不断发展变化的。早期回回人可以指代来自西域尤其是中亚、西亚的各类人群,在这个层面上我们可以说,西域人等同于回回人,如将犹太人称为"术忽回回",康里人称为"康里回回",还有诸如"绿睛回回"、"罗哩回回"等。随着时间的推移,回回这一概念最终固定下来,用以指称来自西域信仰伊斯兰教的这一群体。而回回这一称呼在蒙元时代的蒙古语中则为"撒尔塔兀勒"。① 与此对应的是"木速蛮"、"铺速蛮"、"木速儿蛮"等叫法,这都是对波斯语 Musulman 的不同音译,意为穆斯林。

蒙元时代回回人出于随军作战、屯田、经商等原因而分布于全国各地。据杨志玖先生考证,有元一代,北起和林,南逾岭南,西至今新疆,东迄东南沿海一带,无不有回回人的足迹。② 故《明史》中有"元时回回遍天下"之说。穆斯林善于经商,而东南沿海向以经济繁荣著称,自然就会吸引大量穆斯林商人前去经商逐利,其中尤以杭州与泉州最为突出,中外文献对此均有反映。20 世纪以来在此发现的阿拉伯、波斯文碑刻亦证实两地是元代穆斯林集中的地方。

这一时期留居中原的穆斯林身份发生了前所未有的变化,这一变化的标志就是"乙未籍户"。1234 年太宗窝阔台颁布圣旨:"不论达达、回回、契丹、女直、汉儿人等,如是军前虏到人口,在家住坐,做驱口;因而在外住坐,于随处附籍,便系是皇帝民户,应当随处差发,主人见更不得识认⋯⋯"③通过这次籍户,回回人的身份发生了重要的变化,即从侨民变为蒙古帝国的臣民。后来蒙哥汗与世祖忽必烈也都有过籍户举措,从而进一步巩固了回回人的新身份。

和唐宋时期汉人对穆斯林"蕃"、"夷"的称呼相比,元代汉人一般直接以"回回"呼之,不过在东南地区还间或可以看到使用"蕃"的称呼的例子,如《元典章》中所记一件案例:"广东廉访司申:⋯⋯事主唐至明告:回回番客五人,带领小厮及不得名贼人二十余名⋯⋯"④这一案例可以看作是唐宋时期穆斯林称呼在东南地区的一种延续,元代已很少见,不再具有普遍性。

---

① 额尔登泰、乌云达赉《〈蒙古秘史〉校勘本》,内蒙古人民出版社,1980 年,第 733 页。
② 杨志玖《回回人的东来和分布》(续),载《回族研究》1993 年第 2 期。
③ 方龄贵校注《通制条格校注》卷二《户令·户例》,中华书局,2001 年,第 19 页。
④ 《元典章》卷五五《刑部十七·杂犯·番禺倒官保放劫贼》,洪金富校定本,中研院史语所,2016 年,第 1611 页。

蒙元时期穆斯林的独特文化具有很高的辨识度,也是他们不同于其他族群的一个标识。也正因如此,他们在异质文化环境里不可避免地会面临"文化冲突"的问题。这方面最显著的一个事例是至元十六年(1279)进贡海青的穆斯林因不吃元世祖忽必烈所赐饭食而导致忽必烈下令禁止穆斯林以自己的方式宰杀动物。① 这一事件在《元史》与波斯文献《史集》中均有记载。结合这些史料,我们可以勾勒出这一事件的来龙去脉。据此可知,它的颁布有一定的政治背景,波及面广,影响大,最终的解决途径即由五位回回官员通过贿赂当时的权臣桑哥,进而说服忽必烈取消这道禁令。②

　　学界历来认为元代有"四等人制",蒙古人与色目人为第一、二等,居于统治地位,汉人与南人为第三、四等,属于被统治阶层。近年来这种观点受到质疑,张帆先生认为元代文献中找不到"四等人制"的明确记载,"四等人制"是后来学者提出的。无论这种制度存在与否,色目人在政治、经济,乃至元代仅有的几次科举考试中占据优势地位,这是客观存在的,而这种优势地位引起了汉人的不满。这种不满上自士大夫,下至百姓。如汉人士大夫王鹗、马亨就把阿合马看作是"贾胡"。③ 阿合马被击杀后,汉人士大夫王恽作《义侠行》,④将这一行为看作是"侠客之举"。再如泰定帝时期任丞相的倒剌沙,"时人讥之曰'庸才'"。⑤ 在民间,两个群体之间也不时发生摩擦。穆斯林被称作"臭回回"。⑥ 元代对穆斯林的优待政策也导致汉人对其产生不满情绪,《元典章》曾记有这样一个案例,至大三年(1310),福建道宣慰司向江浙行省反映,马三等汉人不满回回人木八剌沙不承担杂泛差役,木八剌沙因此心怀怨恨,于是编造文字说汉人要谋反。⑦ 另外,汉人中也有诬告回回人的事例,倒剌沙在天历之变中失利被杀后,文宗命平章曹立巡东南,汉人乘此机会状告回回人"谋乱"。⑧

　　从以上所举事例来看,无论是"禁回回抹杀羊做速纳",还是汉人与回回人之间的

---

① 《元典章》卷五七《刑部十九·诸禁·禁回回抹杀羊做速纳》,第1638—1639页。
② 马娟《元代伊斯兰法与蒙古法之间的冲突与调适——以〈元典章·禁回回抹杀羊做速纳〉为例》,载《元史论丛》第9辑,中国广播电视出版社,2004年。
③ (元)苏天爵《元朝名臣事略》卷一二《内翰王文康公》,中华书局,1996年,第240页;《元史》卷一六三《马亨传》,第3828页。
④ (元)王恽《秋涧集》卷九《义侠行》,《四部丛刊初编本》,第118页下。
⑤ (元)李材《解醒语》,南京图书馆古籍部《稗乘》缩微胶卷。
⑥ (元)石君宝《李亚仙花酒曲江池》,《元明杂剧》,南京国学图书馆影印明刻本,1929年。
⑦ 《元典章》卷四一《刑部三·诸恶·谋反·乱言平民作歹》,第1250—1251页。
⑧ (明)高启《高青丘集·凫藻集》卷五《元故婺州路兰溪州判官致仕胡君墓志铭》,上海古籍出版社,1982年,第952页。

摩擦,均在不同程度上加强了穆斯林内部的凝聚力,无形中构建了回回人作为一个群体的身份界限。特别有意思的是,上面提到的木八剌沙之例中记载了木八剌沙捏造的文字,其中有这样一句:"汉儿皇帝出世也。赵官家来也。汉儿人一个也不杀,则杀达达、回回,杀底一个没。"从这段文字中可清晰地看出木八剌沙的族群意识,他知道自己与汉人的不同族属。另外,按照规定,一般由蒙古人担任右丞相,仁宗时期合散一度任右丞相,延祐四年(1317)他说道:"'故事,丞相必用蒙古勋臣,合散回回人,不厌人望'。遂恳辞。"①可见作为回回人的合散清楚与蒙古人的界线。还有一例亦可说明这一点。广州怀圣寺重修之后,郭嘉受命作记,适逢元帅马合谋到任,他对郭嘉介绍怀圣寺的历史时是这样表述的:"此吾西天大圣擗奄八而马合麻也。"②

还要说明的是,蒙元立国不过一百六十年,在这样的一个时间段内,元代穆斯林中有部分人"华化",但大部分人保留着高度的可辨识度,元末杭州回回人迎娶新娘,汉人对此十分好奇,纷纷爬上屋顶观看,以致造成屋顶坍塌,造成人员伤亡。③此事即可说明,一直到元末,穆斯林的族群特征依然十分明显。元代东南地区的穆斯林处于汉人的汪洋大海之中,他们与汉人交往必然要学习甚至接受汉语,但在其内部交流时仍然会使用波斯语、突厥语,在宗教活动时使用阿拉伯语。在杭州、泉州等地发现的这一时期的穆斯林墓碑均表明,伊斯兰教在他们的日常生活中发挥着重要作用。而且元代穆斯林大部分人依然保留自己独特的姓氏。此外,元代还有对穆斯林外貌记载的史料,诸如"回回把清斋,饿得饿得叫奶奶,眼睛眼睛凹进去,鼻子鼻子长出来";④"猫睛象鼻"⑤。由此可见,语言、宗教、姓氏,乃至体貌这些族群特征在元代穆斯林身上得到了集中体现。

正因为这些鲜明的族群特征,再加上元代在政治、经济方面对穆斯林的优待政策,无形之中帮助构建了元代穆斯林的族群身份。而蒙古统治者针对回回人饮食习俗所颁布的禁令、汉人与回回人之间的摩擦则从另一方面加强了元代穆斯林的"自我认知"。换句话说,这些均有助于穆斯林共同体身份的形成。

美国学者班茂燊(Marc S. Abramson)指出:"在帝国强盛时期,有自信就不需要去

---

① 《元史》卷二六《仁宗纪三》,第580页。
② 光绪《广州府志》卷一〇三《金石略七·重建怀圣寺记》,台北成文出版社,1966年,第705页。
③ (明)陶宗仪《南村辍耕录·嘲回回》,中华书局,1957年,第348页。
④ (明)止居居士编,白云山人校《万壑清音》卷之四《西游记·回回迎僧》,第1册,台湾学生书局,1987年,第269—273页。
⑤ 《南村辍耕录·嘲回回》,第348页。

认真考虑族群分歧,只是在王朝衰微之际,唐代的精英们才开始质疑并明确探讨'中国人(Chineseness)'的属性,因为此时由族群和文化上的外来入侵者所引起的政治和社会动荡迫使他们去拷问那些作为大唐帝国支柱的基本认同假设。"①作者讨论的是唐代汉人的族群认同,但这一观点同样适用于元代穆斯林。这一时期的穆斯林政治、经济地位高,族群特征显著,所以并没有族群危机,他们的"自我认同"从某种程度上而言,是通过其他族群特别是汉人群体的"他者认知"而得到加强,乃至进一步固定的。正如班茂燊所指出的那样:"族群认同往往是通过族群自身与异己之间的对立而形成的。"②这一观点同样适应于元代穆斯林的族群认同。这种"自我认同"发展到一定程度即导致新的民族共同体的产生,也就是回回民族共同体的产生。

综上所述,在丝绸之路上进行的并不仅仅是货物的转输、文化的传播,它同时也在制造着蔚为可观的移民浪潮,前有"粟特胡人",后有西域人,尤以"回回人"最为突出。这些沿丝绸之路东来的外来移民在保持自身的族群身份与认同的同时,在历史的长河中也在不断地进行着民族融合,从而造成了丝绸之路视阈下的多彩民族文化景观。

(作者单位:浙江大学中国古代史研究所)

---

① 〔美〕班茂燊(Marc S. Abramson)著,耿协锋译《唐代中国的族群认同》,人民出版社,2016年,第5页。
② 《唐代中国的族群认同》,第3页。

丝路文明建设的重要一环：地方文献整理
——从《新疆图志》整理本说起

吕瑞锋

《新疆图志》是清末由王树枏主持编纂的一部完备的官修通志，也是清代新疆最后一部地方志，当时著名学者如宋伯鲁、钟镛、裴景福等均参与其事，在方志学的体例方面也多有创新，直接影响了民国年间如《清史稿》、《陕西通志》等的修纂。

《新疆图志》作为清代新疆的"百科全书"，内容丰富，包罗万象，全面记载了清代新疆地区的政治、经济、军事、外交、地理、物产等各个方面。其"举数万里、数千年之事，一一笔之于书"，"为志二十九种，计书一百一十六卷，二百余万言"，是方志史上的旷世之举，近人梁启超称赞《新疆图志》是众多省、府、县志中的"后起之雄"，毫无夸张之处。同时它又是一本经世之书，不仅体例完备，而且多有创新。全书洋溢着国家意识、主权意识，重视民族、民生，资料丰富，详今略古，不仅具有不可忽视的史学价值，而且具有极强的现实意义。正如《新疆图志》的整理者朱玉麒教授所说，"近代中国"的民族国家观念，在《新疆图志》中表现得很出色。

以往该书仅以影印的方式刊行，学界对其曾经印行的版次及内容分别均不甚了了，名为"图志"而缺乏详细的地图，"志图分离"导致"名实不副"，其使用受到很大影响。

2017年5月，由北京大学中国古代史研究中心朱玉麒教授主持的《新疆图志》整理本在上海古籍出版社出版，并在新疆成功举办新书首发暨座谈会，引起学界广泛关注。此次整理弥补了很多缺憾，第一次全面系统对不同版本进行校勘，以流传较广的东方学会本为底本，以志局本为校本，并核对原始文献，撰写严谨的校勘记，尽可能避免史实、文字错讹；第一次将分离百年的图、志合刊，高清扫描国家图书馆藏东方学会本的彩印本，并将其原大彩印呈现，以期最大程度还原其本貌，另外又将志局本的二十二幅地图插入正文，使之图文对应；同时附有人名、地名等索引，赋予浩瀚的新疆文献关键词以便利的引得。这些工作，无疑将使《新疆图志》的整理工作达到新的高度，成为优秀的古籍整理成果，进而对西域乃至中亚等相关研究的推进起到积极作用。

在"一带一路"国家倡议日益成为当今世界关注的焦点之时，学界及出版界理应更加做好基础研究及文献发布工作，以为其提供学术支撑和学理支持，而"一带一路"所关涉地区之历史文献便成为不可或缺的一环。

作为较早关注丝路文明相关成果出版的专业出版机构，上海古籍出版社对于丝路沿线地方历史文献的整理出版也是引领风气之先。近年来，先后出版了《榆林府志》《万历延绥镇志》《康熙延绥镇志》《陕甘地方志中宁夏史料辑校》，明年上半年也将推出《宁夏珍稀方志丛刊》二十余种，当然，最大的规划就是朱玉麒教授领衔的"西域文库"，《新疆图志》只是"典籍编"首种。与目前很多地方文献整理多由地方政府主持不同的是，上海古籍出版社涉及丝路地方文献的出版工作多与高校知名学者合作，除朱玉麒教授外，还有如宁夏大学人文学院院长胡玉冰教授等一批知名学者，学术质量得到保障。他们利用版本学、目录学知识对所整理的文献进行详细的调查摸底，再采用严格的古籍整理规范进行校勘整理，同时还有很多创造性的研究成果贯穿其中，使其价值得到最大程度体现。经历近十年寒暑方告完成的《新疆图志》整理本便是很好的诠释。相信随着"一带一路"建设的升温，相关地方文献的整理会提升到前所未有的高度，但是如何保证出版质量和保持学术寿命，则是我们亟需重视的问题，有理由相信诸如《新疆图志》整理本等皆可以成为此类标杆和典范。

岑仲勉先生与西北史地研究

宋 翔

摘 要:岑仲勉先生是中古史研究的大家,然追溯岑先生的学术生涯,可知发其端者,实始于西北史地研究。岑先生在西北史地研究中充分汲取了东西方不同学术传统的养分,形成了自己的治学理路与方法。其研究所关注的核心问题是中外之间的交通(或交往),且更重视域外部分的史地研究。并由此得以跳出古代中国,在世界史的范围或视域下重新审视中国历史。此外,岑先生在西北史地研究中也逐渐形成了自己的治学方法,"对音法"与"史源学"即是其中较为重要的方法。这些治学理路与方法对进一步推进当前的西北史地,乃至丝绸之路研究,具有重要的借鉴意义。

岑仲勉(1886—1961),名铭恕,又名汝懋,字仲勉,以字行,广东省顺德县桂洲里村人。岑先生虽为现代著名历史学家,但进入史学研究的领域却甚晚:"当岑仲勉先生三十年初崛起于史学界时,其主要成就可分为西北史地和隋唐史两大方面。的确,仲勉先生毕身倾心于西域塞北史事的研讨,曾不止一次自述'好研西北史地'。但就更加长远的学术价值而言,岑先生的全部成就中居于第一位的,却应该是隋唐史考据。""总括来看,西北史地研究是仲勉先生学术成就中仅次于隋唐史考据的第二大成就。"①岑仲勉先生西北史地研究的学术成就可能不及于隋唐史,但这并不影响它在岑先生学术生涯中所占据的重要地位。

岑先生进入史学研究领域后,最先关注的即是西北史地研究。1930—1934年他在主持圣心中学教务期间,在校刊《圣心》杂志上连续发表多篇有关西域南海史地考证的

---

* 本文得到浙江大学中国史学科双一流建设项目资助。
① 姜伯勤《岑仲勉》,载陈清泉、苏双碧、李桂海、萧黎、葛增福编《中国史学家评传》(下),中州古籍出版社,1985年,第1305、1318页。

论文,得到了陈垣、陈寅恪等先生的高度赞扬,如1933年12月17日,陈寅恪先生在给陈垣先生的来函中提到:"岑君文读讫,极佩(便中乞代致景慕之意)。此君想是粤人,中国将来恐只有南学,江淮已无足言,更不论黄河流域矣。"①岑先生进而得以在史学界崭露头角。此外,从19世纪中期以来,西北史地之学即受到中外学人的共同关注,可谓是一门国际"显学",这使得岑先生的西北史地研究能够充分汲取东西方不同学术传统的养分,从而形成自己的治学理路与方法,此点亦深深影响着他后来的史学研究。② 而这些理路与方法对我们当下的史学研究仍具有重要的借鉴意义,故对岑仲勉先生有关西北史地研究的回顾与总结,是极为必要的。

一

1942年,陈寅恪先生在《朱延丰突厥通考序》中曾提道:

> 虽然,曩以家世因缘,获闻光绪京朝胜流之绪论。其时学术风气,治经颇尚公羊春秋、乙部之学,则喜谈西北史地。后来今文公羊之学,递演为改制疑古,流风所被,与近四十年间变幻之政治,浪漫之文学,殊有连系。此稍习国闻之士所能知者也。西北史地以较为朴学之故,似不及今文经学流被之深广。惟默察当今大势,吾国将来必循汉唐之轨辙,倾其全力经营西北,则可以无疑。考自古世局之转移,往往起于前人一时学术趋向之细微。迨至后来,遂若惊雷破柱,怒涛振海之不可御遏。然则朱君是书乃此日世局潮流中应有之作。③

其中谈及光绪年间,西北史地研究成为一时学术之风气,为京朝胜流所趋会。④ 延至民国时期,此风虽不如今文经学影响之广,但仍因顺应世局潮流之故,亦为一时学术之取向。岑仲勉先生即为持此取向者之一。岑先生曾回忆道:"我也奇怪,或者由先父遗留

---

① 陈智超编注《陈垣来往书信集》,上海古籍出版社,1990年,第377页。
② 项念东在《岑仲勉早年边疆史地研究与其文献考据思路之形成》一文即提出岑仲勉先生"尤对所治领域文献史料有专门考据,堪称20世纪文史研究领域的一代文献考据大师。就其着意于文献考据的学术思路而言,与其早年边疆史地研究中所培养的'史源'追考意识紧密相关,值得注意"。(载《中国典籍与文化》2010年第3期,第29页)
③ 陈寅恪《朱延丰突厥通考序》,原载1943年1月《读书通讯》第58期,后收入《陈寅恪集·寒柳堂集》,生活·读书·新知三联书店,2001年,第162—163页。
④ 从学术史的角度进行梳理,亦有研究者将此风气的形成推至道咸时期,如梁启超在《中国近三百年学术史》中所论"大抵道咸以降,西北地理学与元史学相并发展,如骖之有靳。一时风会所趋,士大夫人人乐谈,如乾嘉之竞言训诂音韵焉"。(东方出版社,2004年,第348页)

下的书籍的暗示，自初即不喜欢八股，而爱看史地、掌故、政典之书。"①自幼喜爱史地之书，这其中必然会涉猎到诸多清季西北史地学著作。又岑先生"童年时，曾师事陈澧的伯父，即令其课习北碑，摹写汉隶。十岁，外出就傅，到十四岁，已八股成篇，并能写策论和浅近骈文。少年时业已打下了中国文字的坚实基础"。② 这使得他能够很好地吸收并掌握清儒治西北史地之学的理路与方法，为其将来的研究奠定了良好的基础。而这种理路与方法即上引文中陈寅恪先生所提及的"朴学"，亦即在清代地理学研究中被广泛使用的考据之法。通过对岑先生西北史地著作的梳理可以发现，其学问的核心部分即是继承了清代以来西北史地研究中的朴学传统。如注重对史志文献的校注、整理及辑佚，地名考证时"对音法"的使用等。

但又因岑仲勉先生身处清末、民国新旧交替之际，"自己觉悟到国势如此之糟，非外出追求新知识不可"，而这些新知识的获取，又使其研究得以超越清代学者。岑先生的西北史地研究所关注的核心是中外之间交通（或交往）问题，且更重视域外部分的史地研究。③ 其实，早在清代，西北史地学著作中已经开始出现了关注域外地区的倾向，"受西方入侵清朝的影响，这些人（笔者注：魏源、何秋涛）的研究并不局限于西北一隅，而是力图将西北史地置于世界史地的范围中进行研究，视野更为开阔。这样的研究特征对于后来的西北史地研究也产生了一定的影响，同治时期李光廷之《汉西域图考》就是一例"。④ 其所举李光廷《汉西域图考》一书即远涉中亚、西亚、南亚乃至欧洲部分地区。与此相对的是，晚清学者也越来越重视对西方著述与图籍的使用。但终因各种客观条件所限，其利用毕竟有限。

这一情况到民国时期则大为改观。此时，对于西方著述、图籍的引入、译介大为增加。以中外交通史研究为例，比较著名即有冯承钧、张星烺二位先生。他们不仅从事翻译工作，自己也进行研究，这极大地推动了20世纪二三十年代国内的中外交通史研究，

---

① 姜伯勤《岑仲勉》，第1299页。
② 姜伯勤《岑仲勉》，第1299页。
③ 朱杰勤先生在《岑仲勉先生对西域史地的研究——岑著〈汉书西域传地里考释〉校后记》一文中认为："广州为近代中外交通的枢纽，接受西方文化的影响亦最早，得风气之先，从注意洋务而转致力于中外交通研究的大有人在，魏源的《海国图志》亦曾在广州搜集材料写成。研究中外交通的著名学者如顺德李文田、梁廷枏、番禺李光廷等都是生于十九世纪末的广东人。岑先生早年即治中外史地，可能受到这几位前辈的影响。"（载《史学史研究》1979年第5期，第11页）除了可能受李文田、李光廷等前辈学者的影响外，尚有一点颇堪注意，岑仲勉先生曾在1908—1912年就读于北京高等专门税务学校，其学习的专业是海学，后来亦曾在上海江海关工作过，这种经历可能亦会影响到他的史学兴趣。
④ 贾建飞《清代西北史地学研究》，新疆人民出版社，2010年，第85页。

使得这一领域日益为时人所重视。而正是在这一学术氛围中,岑先生也开始步入史学研究领域。他在《圣心》杂志上发表了多篇有关西域、南海史地考证的文章,其中频繁地征引冯、张二氏的著作,如冯承钧《史地丛考》《史地丛考续编》以及张星烺《中西交通史料汇编》等书。从中可见二人的研究与译介工作为岑先生的进一步讨论打下了坚实的基础。此外,《圣心》杂志是圣心中学所办的校刊,这是一所法国天主教会学校,而此时岑先生正主持该校教务,这对于他利用外文尤其是法文资料应当能提供一定的便利。①

与此同时,为了更好地利用这些西方图籍,对于研究者外语的要求就相应提高了。晚清学者文廷式即感慨道:"他日中国文士能通西国语言,其考据必有出人意表者。"②对此,岑仲勉先生亦曾有过论述:"我国建立很古,幅员很大,外国撰述有关我国者数不在少,难处在未能遍读。故史地研究,最好能多识外国语文。"③岑先生曾于1908—1912年就读于北京高等专门税务学校,这为其打下了良好的外语基础。当时该校"设税务、税务专门科一科,修业年限四年,分甲乙丙丁四班。甲班侧重统计学,乙班侧重海关学,丙班侧重银行学,丁班侧重商业学,各班除共同学习英文外,分别专学德、俄、法、日文"。④岑先生就读的是乙班,学习的是英文及法文,掌握这两种语言尤其是法文对其日后的研究具有重要的影响。法国是当时的汉学研究中心,法国学者研究的重点之一,"即有关西域的史料。以法国为例,雷慕沙(J. P. A. Remusat 1788—1832)著有《于阗城史》(Paris 1820),利用《古今图书集成·边裔典》,整理了于阗的历史资料。他还翻译了法显的《佛国记》(Paris 1836)。雷氏的弟子儒莲(S. Julien 1797—1873),也翻译了玄奘的《大唐西域记》(Paris 1857—1858)和慧立、彦悰的《大慈恩寺三藏法师传》(Paris 1853)。1893年,沙畹(Ed. Chavannes 1865—1918)继任法兰西学院教授职位,他研究的重点更偏重于西域史,他译出一些不同时代的重要史料,并附以注释或研究,如《魏略西戎传笺注》《宋云行记笺注》等,其中尤以《西突厥史料》(St. Petersburg 1903)一书最为世所重"。⑤对于法国学者的这些研究内容,岑先生几乎都有所涉猎,说

---

① 此外,《圣心》杂志毕竟是教会学校所办的校刊,这对于岑先生发表文章的选题可能会产生一定的影响。《唐代大食七属国考证——耶路撒冷(Jerusalem)在中国史上最古之译名》(载《圣心》第2期,1932年)即是一例,它非常切合该校的天主教背景。
② 文廷式《纯常子枝语》卷一二,广陵书社,1990年,第176页。
③ 岑仲勉《中外史地考证》"前言",中华书局,1962年,第9页。
④ 吴慧龄、李壑编《北京高等教育史料》第1集,北京师范学院出版社,1992年,第262页。
⑤ 荣新江《西域史研究的回顾与展望》,载《历史研究》1998年第2期,第133页。

明双方的研究旨趣十分相近。而熟练掌握法语则使得他在进一步讨论时可以直接利用原著,不必借助翻译本,这大大增加了研究的可信度。

而外语的掌握对于地名考证时"对音法"的使用也极为重要。岑先生曾对李光廷《汉西域图考》、丁谦《汉书西域传地理考证》二书中有关古今地名考证的内容进行过批评,"然两家均缺外文知识,故收效不大。原夫西域方面,语文复杂,尤其有些是已死的语言,要对证古代名称,单从汉文钻研,自难准确"。为了避免这种单从汉文出发的弊端,岑先生对于一些研究时所需的"死语言",虽不能说精通,但还是努力去学习,并设法借助工具书等加以利用。①

此外,对岑仲勉先生的学术生涯产生过重要影响的还有陈垣先生。岑先生曾将其在《圣心》杂志上发表的文章寄与陈垣先生,并得到其高度评价,"遂亲笔致书于岑(仲勉),其大意则云:寄来圣心校刊……得见尊著……考证明确而精审,珠江流域有此出类拔萃之学人,真可为吾乡扬眉吐气"。② 同时,陈垣先生又将《圣心》杂志分致学界同仁,如前文中所提到的陈寅恪先生,又如傅斯年先生。傅先生在给陈垣先生的复信中写道:"承赐《圣心季刊》,至佩。其第一册犹可求得否?岑君僻处海南,而如此好学精进,先生何不招其来北平耶?"③以此为契机,在陈垣先生的引荐下,岑先生于1937年进入史语所工作,使得他在战乱频仍、颠沛流离之际,也能始终处于中国学术的中心之地,得以更好地从事史学研究。岑先生曾说过:"五十二岁到六十二岁则是我做学问最努力的时期",而这恰好是他在史语所工作的十年。

另外,陈垣先生经常会帮助岑先生搜罗图籍资料,并在史学方法上对其产生过影响。姜伯勤先生曾提及"仲勉先生早年曾受到新会陈垣先生的影响。陈垣先生自三十年代曾讲授'史源学研究'一课,提出读史时要'追寻其史源,考正其讹误'。仲勉先生

---

① 除了对外文的掌握以外,岑仲勉先生的对音研究还有一大特点即是对方言的利用。岑先生曾在《考据举例》一文中指出:"清儒音韵之学,尤其古音研究,在考据丛中最精采,已为学者所推许。然而讨论范围,率沾沾于诗歌之押韵,未能充分利用,通读古文,是为第一层可惜。音韵为比较现实之科学,不能纯从故纸堆中寻求,自汉已来,我国语言虽继续转变,而单音只语,犹多留存于各地方言中,清儒对此,罕加注意,是为第二层可惜。有人说,'中国音韵之学,有清以来,如顾、江、段、王等考古非不博,用功非不勤,但是所得的结果,实无甚足观,所以新的音韵学,非利用方言的调查以为左证不可。若古韵入声分配问题,一直到王念孙、江有诰,才弄出一个眉目,就是古音家不会利用南方方言的缘故'。"(《两周文史论丛》(外一种),《岑仲勉著作集》,中华书局,2004年,第379页)

② 此段引文出自姜伯勤先生《岑仲勉先生学记》一文,"陈垣先生奖誉仲勉先生的信今已不见,但当年读过这些信的圣心中学同事马国雄先生,后来曾在香港出版物中回忆道"。(向群、万毅编《岑仲勉文集》,中山大学出版社,2004年,第2页)可知陈垣先生的复信内容出自马国雄先生的回忆。

③ 陈智超编注《陈垣来往书信集》"一九三四年二月十七日,来函",第558页。

1937年在《辅仁学志》发表的《新唐书突厥传拟注》一文中,亦提出《新唐书》整理中宜注意'史源之不可不讲'"。① 这种"史源学"的观念与方法,亦即对论证时所使用的每一条材料皆"追寻其史源,考正其讹误"。而欲达到此一要求,至少应做到两点:一是对于记述同一史事的相关材料进行全面搜罗。在岑先生的文章中,我们即可看到其所搜罗的史料范围之广,杂著、文集以及金石等材料无所不包;二是对这些进行梳理、辨析,考镜其源流,再据此判断它们之间的史料价值。岑先生曾提及"要注重材料来源之价值。如一等、二等……之类是也。文字一经转录,字句小差,便生别解"。② 材料的史料价值判断既明,对于史实之考订便是水到渠成之事。

综上,我们可以看到岑仲勉先生治学理路的核心是继承了清代的考据法。在此基础之上,又借助当时西学大量涌入之机,对其加以吸收、利用。在中西方资料的拓展,"对音法"、"史源学"方法的使用上,实现了对清代学者的超越。

二

前文已经提及,岑仲勉先生的西北史地研究所关注的核心问题是中外交通,其研究成果则大致可以分为两类:

一为历史地理。其中又以地名考证为重。岑仲勉先生在《中外史地考证》一书"前言"中曾指出:"这一本书收了三十年来我在历史地理方面所写过大大小小的六十几篇文章。文长短不齐,长者至万言,短的只数百字。既属临时触发,随笔写成,内容当然很不一致。主要注重在古代地名考证方面。凡有从前争论不决或留下疑团或向为空白的问题,我常喜欢插手一下,虽然未必都有收获,然尝试既多,也颇有所得,篇内题目所以种种色色,原因就在这里。"③ 诚如岑先生所言,书中所收论文重在地名考证。而又因其选题多为"从前争论不决或留下疑团或向为空白的问题",故文章内容即显得"种种色色"。岑先生在序文中就所收文章性质相近者,约归为八类,其中专言地名考证的有:(1)重要古地的证定;(4)往日为人所忽略的边远史地考订;(6)外语所译我国地名之原名考释;(8)不经见之外地名称的考释。岑先生在每一类别下皆举出具体文章以示说明,从中亦可见岑先生所论地名多以西域、域外地区为主。而在其中比较有代表性的文章如《塔吉克噶勒察及大食三名之追溯》,它是对塔吉克及噶勒察两名进行溯源,指

---

① 姜伯勤《岑仲勉》,第1308页。
② 岑仲勉《中外史地考证》,第7页。
③ 岑仲勉《中外史地考证》,第1页。

出前者即《后汉书》之德若,后者即《佛游天竺记》之竭叉;又如《〈耶律希亮神道碑〉之地理人事》一文,主要是对忽必烈朝今新疆内许多地名和某些以前没有解决的人名进行了考论,等等。

在注重地名考证的前提下,岑先生对于两地之间的道里(或里距)问题亦十分关注,其中以《汉书西域传地里考释》一书为代表。对于该书写作的缘起,岑先生曾有过论述:"《史记·大宛列传》曾记张骞入西域之片断,但对于西域作系统之论述,还以《汉书·西域传》为创始。此《传》可说是后来各史《西域传》之蓝本。人们如能将此《传》弄清楚,其余各史的《西域传》,问题就容易解决。可惜唐以后直至清代中叶,都未有人对全《传》作过研讨。清道光年间大兴徐松始奋起为之,于道里考证(此点似受《西域图志》之启发)尤三致意,可谓知所先务。"①可知先生选择《汉书·西域传》进行研究,是因它为后来各史《西域传》之蓝本,故学术价值高,地位重要。而要治(或理解)《汉书·西域传》又当以"道里考证"为先务。《汉书·西域传》之里,一为各国去长安之里,二为各国去都护之里。但其所记之里距中有不少讹误,《西域图志》对此点即有论述:"以《汉书》所载两国东去都护治所道里计之,尉头国一千四百一十一里;温宿国二千三百八十里,似尉头转在温宿之东。今以姑墨国东至都护治所一千二十一里之例推之,温宿国当为一千三百八十里,二千字为一千字之讹。而尉头止云一千四百十里,是其国又当近在温宿西四十里也。史家纪载道里远近,或从边界起数,或从都城起数,或径行,或绕道,广狭各殊,即一书中已有不可合者。"②缘此之故,岑先生对《汉书·西域传》中的里距进行了厘正,"将《传》中一些单纯性的错误,给予指出或局部修改,以免后来者一误再误"。且对于里距的厘正与地名之考订亦是相辅相成的。地、里问题解决后极大地方便了后人对《汉书·西域传》的阅读与使用。③

此外,在岑先生的西北史地研究中,直接涉及的中外交通问题则以对行记、游记等地理类文献的校注为主。岑先生于1934年所出版的第一本专著《佛游天竺记考释》,即是其中的代表之作。在该书出版之前,中外学者对于《佛游天竺记》的研究甚多。岑

---

① 岑仲勉《汉书西域传地里校释》,中华书局,1981年,第1页。
② 钟兴麒等校注《西域图志校注》,新疆人民出版社,2002年,第268页。
③ 榎一雄先生在《汉书西域传研究》(载《东方学》第64辑,1982年)一文中评价岑先生此书为《汉书·西域传》的研究开辟了新起点。又如吴丰培先生所言:"近人岑仲勉《汉书西域传地里校释》确实超越前人,总结了中外学者研究成果,对于'地'、'里'、'传'都纠正前人之误,别申己说,有特殊见解,虽未谙古代西域语言,对音译尚有问题,然对于《汉书·西域传》的研究,确实推进一步"。(吴丰培著,马大正整理《吴丰培边事题跋集》,新疆人民出版社,1998年,第326页)

先生亦写有《法显西行年谱》及其《订补》二文,"缀以管见,然今地之考证,仍弗备也。去岁获毗氏翻本,亟取可采者录之,再于显师历程,通盘剖析,无意中乃发觉向来中外考据家一大错误,此由惑于清代官修《西域图志》之权威,故莫知正也","用是搜索典文,解斯症结,删缀旧作,贯其始终,虽有印度数地,今人尚未能确切指出,而显师辛苦跋涉之游踪,已大概可睹矣"。该书出版后即得到陈垣先生的赏识,"对于早期推进法显传的研究功不可没"。① 此外,岑先生尚著有《〈穆天子传〉西征地理概测》《王玄策〈中天竺国行记〉》以及《嘉峪关到南疆西部之明人纪程》等诸篇校正古人地理行记之作。而对于历代古籍中所"括叙"、"散见"之涉及西北路程的内容,亦著有《历代西疆路程简疏》一文进行辨正。

二为民族史。主要是以突厥为研究对象,所论大部分可见于《突厥集史》以及《西突厥史料补阙及考证》二书中。这两本书写作的出发点皆是针对沙畹的《西突厥史料》一书。如《突厥集史》前言中曾指出:"一九三四年冯承钧氏译法国沙畹《西突厥史料》出版后,我略读一过,觉得他编写的宗旨,注重中亚,故当日(一九〇三年)圣彼得大学代为印行。中古时代中亚局势,不单止与隋、唐密切相关,其历史也多赖隋、唐古籍而得传,沙氏此书,在我国史学界看来,算得是关系重大的名著。""然而西突厥起源于(东或北)突厥,欲了解前者,非先通后者的历史不可。突厥承匈奴、蠕蠕两大帝国之后,占领整个漠北邻接我国,交通亦极频繁,我国人对它的史料,尤须有明确的认识。"②而《西突厥史料补阙及考证》更是直接对沙畹一书所做的补正:"自余,沙氏取材中史者,约分二部。一列传之部,应别为论证。一编年之部,完全采自《册府元龟》,即就《元龟》言,亦未之尽;他书记载有明标年号暨不难考定者,更未遑及,或反附入注中,使读者不易比定事实,更或不明中史书法,读'是岁'如'十二月',则可议之处仍多。往岁梁思永先生以沙氏书之价值见询,余应曰:'此事须分两点立论:从外人观点言之,沙氏之书,价值诚不可侮;从我国学者观之则小异,除西史部分外,中史材料之编纂,直未达到吾人所预期。'梁君颔之。"③两书中的主要内容都是依据史书、各类杂著及碑志中关于东西突厥汗国的资料,按系年先后或类别连贯编次,对突厥时期有关史事、地理及其与隋唐的关系等内容进行考释,是突厥史研究的重要参考书。

此外,两书中还附有岑先生有关突厥史研究的多篇论文。其中《突厥集史》中所收

---

① 姜伯勤《岑仲勉》,第1316页。
② 岑仲勉《突厥集史》"引言及编例",中华书局,1958年,第1页。
③ 岑仲勉《西突厥史料补阙及考证》,第1页。

《揭出中华民族与突厥族之密切关系》《阐扬突厥族的古代文化》《狄名探原》《突厥与兜鍪》等篇，都是在研究或回答"中华民族与涂兰族（学者相承认为突厥族的前身）在上古时关系如何的问题"。① 可见族群形成过程的源流问题，以及不同族群相互之间的文化交流与影响亦是岑先生突厥史研究所重点关注的内容之一。

以上对于岑仲勉先生西北史地研究所涉及之主要内容进行了简略的叙述。从中即可看出岑先生所关注的核心问题是中外之间的交往。而欲研究此一问题，即需要熟识中西方历史。这也就使得岑先生的史学研究，在一定程度上得以跳出古代中国，于更广阔的视域下重新审视中国历史。诚如其在《隋唐史》一书的"编撰简言"中所说："余曾谓读愈古之史，愈须通晓世界史，最近亦有联系世界史之揭示。今试就突厥言之，彼得周、齐岁馈缯绢，不适于用，谋专利转鬻于波斯；波斯弗应，又远求之东罗马。夫于是产生突厥、波斯之战争，产生波斯、东罗马之廿年战争，其导线则不外我国之丝业。世界上无绝对孤立之民族或国家，对于其他民族或国家，彼此总会发生多少相互的影响，故凡关于对外事件，本篇尤郑重视之。"②

结　语

众所周知，岑仲勉先生对于隋唐史料整理乃至隋唐史研究做出过重要贡献，然追溯岑先生的学术生涯，可知发其端者，实始于西北史地研究。岑先生的西北史地研究所关注的核心问题是中外之间的交通（或交往）。在具体研究中，岑先生对于中外地名的考证、道里的辨析，尤其是对基本史料如《佛游天竺记》《汉书·西域传》等地理文献的校正以及对于东西突厥史料的搜罗与整理，为我们日后开展相关的研究打下了坚实的基础。同时，岑先生的西北史地研究又特别重视域外的部分，亦注重各民族与国家之间的互动与影响，这使得其视野得以跳出古代中国，在世界史的范围或视域下重新审视中国历史。

此外，岑先生在西北史地研究中也逐渐形成了自己的治学方法，"对音法"与"史源学"即是其中较为重要的。在对音中，岑先生特别注重对外语（包括"死语言"）的掌握运用，对方言也极为重视。而"史源学"方法的运用，使得岑先生特别着意于史料的收集与辨析，杂著、文集以及金石等材料无所不包，对其所使用的每一条材料亦

---

① 岑仲勉《突厥集史》"编后再记"，第5页。
② 岑仲勉《隋唐史》，中华书局，1982年，第2页。

皆"追寻其史源,考正其讹误"。以上所见岑仲勉先生在西北史地研究中所形成的治学理路与方法,对进一步推进当前的西北史地,乃至丝绸之路研究,具有重要的借鉴意义。

(作者单位:浙江大学中国古代史研究所)

那波利贞先生的敦煌文书研究

〔日〕竺沙雅章 著　赵梦涵 译　〔日〕高田时雄 校

那波利贞先生(1890—1970)作为真正意义上开创敦煌文献研究,特别是文书研究的学者而知名,他的多数论考都对敦煌学发展作出了巨大贡献。然而,在那波利贞先生故去三十年后,了解其事的人越来越少。笔者作为在京都大学最后听过先生讲课的学生之一,从先生那里学习了敦煌文书入门及中国古文书学知识。思及往事,遂将那波先生的敦煌文书研究介绍一二。

1. 经历与人品

先生1890年(明治23年)出生于德岛市,号诚轩。那波家族世世代代有着儒学家风,因刊行活字版《白氏文集》而闻名的那波道圆(1595—1648,号活所)是先生的十一世祖。那波道圆是姬路人,和歌山藩的藩儒,[①]这一身份也被道圆的长男那波元成(1614—1683,号木庵)所继承,木庵著有《老圃堂诗集》三卷。五世祖那波师曾(1727—1789,字孝卿,号鲁堂)钻研春秋学,有《左传标例》等著作,那波师曾是德岛藩的藩儒,此后,那波家族世代仕于德岛藩。那波利贞先生的父亲那波韦(字缓卿,号蚬北)也为藩儒,在先生八岁时去世。此后,由先生的母亲多贺氏教授先生四书。先生在德岛县立中学毕业后,为继承先祖道圆以来的家学,进入京都第三高等学校大学预科学习,分入第一部乙类。1912年7月毕业后,进入京都帝国大学文科大学史学科学习,专业为东洋史学,1915年毕业。在先生的简历(《东洋史研究》12—5,1953年)中,他这样写道:

> 受到活所、木庵父子的文学学风,以及五世祖鲁堂钻研《春秋左氏传》学风的影响,我在研究东洋史的同时又成为了带有支那学色彩的学生。

先生正是因受到家学影响而从事中国文化史研究的。先生在京都帝国大学大学院进修,1921年被任命为第三高等学校教授,1929年转任京都帝国大学助教授。

---

① 藩儒:指幕府时期隶属于各藩的担任顾问等职的儒者,译者注。

从1931年8月开始的两年,先生作为文部省在外研究员赴欧洲,主要在法国进行敦煌文献的调查,此后,先生开始了敦煌文书的研究。1938年,先生晋升为京都帝国大学教授,担任文学部东洋史学第一讲席,同年被授予文学博士学位。1953年8月1日,按照规定,先生在63岁生日时于京都大学法定退休,同年9月,先生被授予"京都大学名誉教授"称号。同月,先生被聘为京都女子大学教授,授东洋史课程。1970年10月20日,先生故去,享年81岁,葬礼在京都百万遍了莲寺按照佛教方式举行。

根据先生手记记载,先生的论文、书评等成果总计达200篇。将学术成果集结出版为论文集是先生的心愿,但生前未能得偿此愿。在先生故去后,木村英一、田村实造等出版了《唐代社会文化史研究》(创文社,1974年),收录先生的学位论文《开元末、天宝初之际作为一个时代转变期的考证》(上、中册)及《梁户考》等五篇与敦煌有关的论文。此外,京都女子大学史学会创办的《史窗》第30号(1971年)以"那波利贞先生追悼号"为专题,刊登了先生的代表作《梁户考》《坞主考》两篇论文,并刊登了后辈及学生的回忆录,回忆录从各个角度谈及先生的人品,意味深长。

我们所知道的先生,高个子、白发,经常着羽织裤等和服。先生穿洋装的时候很少,我只见过一次。先生言谈中带有德岛方言的独特语气,但他从不对学生使用草率的语言。先生喜怒不形于色,确具有儒者风范。先生能作汉诗,每逢东洋史研究室新年会或毕业生欢送会等活动时,先生总是朗诵自己作的汉诗。我想,先生所作的汉诗数量可能达到一千几百首了,只是未能结集成册,致使如今无法得见。总而言之,先生确为当代具有文人气质的优秀学者。

2. 敦煌文书的调查与研究

如前所述,那波先生的敦煌文书研究开始于1931年在欧洲研究的两年间。从先生"昭和六年九月九日到达巴黎……昭和八年七月二十一日从巴黎出发"的记录来看,在停留巴黎期间,先生主要调查了法国国立图书馆所藏伯希和携来的敦煌文献。这一情况记录在《梁户考》开头部分:

> 在法国国立图书馆所藏第二〇〇一号文书《南海寄归内法传卷一》至第五五四一号文书《西藏文回纥文梵文文书十种》总计三千五百四十件文书中,除被携来者伯希和教授因研究需要留在自己家中的约六百件文书外,还剩余约三千件文书。我用十余月时间将其正面及纸背一点一点进行调查,将有用的史料写录下来了。

此外,在第3512号文书到第5541号文书这2030件文书中,之前只公开过第4500号至第4521这22件文书,除伯希和自留的约600件文书外,剩下的1400余件文书从未公开过。据先生所述,这是图书馆古文书部首次允许阅览这些文书并为其制作目录。在当时,能够阅览并写录法藏敦煌文献的,先生恐怕是第一人了,从上文所引的文章中也能窥得先生对于这一点的自豪。其中有一点我们必须注意,那就是当时的文书编号与现在的文书编号存在着若干不同。如5529号文书曾将33件文书一并囊括,而现今则将这些文书分散编号为2032v、2968、4693、4694、4887号等,原先的5529号已成为空号。先生论文中所引的文书编号仍为旧编号,如今我们理应对原先使用的文书编号进行合理修正。

先生甫一归国,京都佛教界的报纸《中外日报》便于8月30号、31号刊发了《调查法、德、英藏敦煌文书三千六百件》(访谈),简述了先生在外研究的成果。据报道称,先生在德国普鲁士翰林院(Academy)调查了格伦威德尔、勒柯克携来的敦煌文献892件。报道虽称为敦煌文书,但这肯定是吐鲁番文书的误称,因为这些不是敦煌文书,后来先生在敦煌学论文中所引用的仅为TⅡT301、TⅢ3151、TⅡCh3841三件文书。先生在论文中记载访问德国的时间有昭和七年五月和昭和八年五月两种,我认为可能后者才是正确的吧。

先生还将研究范围扩展到了英藏敦煌文献,阅览了大英博物馆所藏斯坦因携来的敦煌文献,因回国日期迫近,先生只看到了31件文书。因此,先生的敦煌文书研究中主要引用的是法藏敦煌文献。后来,我国也能看到斯坦因文书的照片了,因此,先生也将英藏敦煌文献使用在论文之中。

先生归国之后并未休息,而是将带回来的文书资料加以整理,完成论文。最初的论文是《记载于正史的大唐天宝年间户数与口数的关系》(《历史与地理》33—1、2、3、4),于1934年(昭和九年)一月至四月刊行。文末写道"昭和八年十二月十日上午四时完稿",说明这是先生归国仅四月便写就的论文。先生谦逊地写道:"此文旨在向学界介绍与唐代户籍有关的十五种史料……绝非研究。"然而先生的这篇论文仍给学界带来了巨大影响。研究敦煌户籍的玉井是博在《再论敦煌户籍残卷》(《东洋学报》44—2,1942年)序言中这样称赞道:"那波学士,除了我自己见到的以外,将前人从未得见的户籍残卷带到国内,将其在《记载于正史的大唐天宝年间户数与口数的关系》一文中首次用活字印刷并介绍,这在学界引起了异常轰动的反响。此后,唐代户籍研究得以进一步发展,利用这些文书的论文也陆续发表出来。"

1937年,前文所述的先生的学位论文《开元末、天宝初之际作为一个时代转变期的考证,并主要以敦煌文书为史料对天宝以后至唐末庶民生活的二三研究》(上、中、下册)写就。书稿原件至今保存在京都大学附属图书馆,长期没有公开。如前所述,先生故去后,主论文(上、中册)收录于《唐代社会文化史研究》一书中,这一部分引用的敦煌文书并不多。副论文(下册)正如以"主要"以下的题名一样,较多使用敦煌文书进行论考,分为《唐代的社邑》(《史林》23—2、3、4,以下简称《社邑》)、《梁户考》(《支那佛教史学》2—1、2、4)等篇进行发表。

《社邑》一文文末记道:"昭和九年三月二十五日完成初稿,同年四月二十一日史学研究会例会进行演讲,昭和十二年五月十三日增补。"特别是增加了"附记第一"(昭和十二年五月十三日)、"附记第二"(昭和十三年八月二十六日)、"附记第三"(同年八月二十七日)。这篇论文的初稿在先生归国半年后就完成了,但一直没有发表的时机,在五年后的 1938 年才终于得以发表,从中足见先生反复推敲的辛劳。近年来,无论是在日本还是中国,敦煌社邑文书研究都十分兴盛。先生《社邑》一文以及其续篇——《以佛教信仰为组织的中晚唐五代社邑》作为这一研究的先驱之作收获评价极高,是我们当今研究不可不参考的论文。

《梁户考》一文的文末附记写道:"昭和十二年十一月十五日完成初稿,同年同月廿一日史学研究会例会演讲,同年同月廿五日再增补,同十三年八月廿七日三增补。"这篇论文是在先生的学位论文完成后写就的。论文后还有长篇"附考",以及十二年十一月作的《梁户考成后偶作七律五首先韵》。"梁户"是敦煌寺院附属的制油人,从寺院那里得到种种特权,这是一个在传世史籍中并未出现的名词。这篇论文是一篇通过挖掘敦煌文书中的契约文书、寺院会计出纳簿(入破历)中"梁户"的存在,来探明当时敦煌社会、寺院经济实际情况的具有划时代意义的论文。关于这篇论文的这一意义还会在后文详述。该文是先生的得意之作,这一点可从先生在成稿后赋七言律诗五首而窥得。

此后,先生利用敦煌文书写就的论文每年都源源不断地涌现,现将主要篇目列举一二:

《寺院的贷附营利事业、碾硙经营等寺院经济》

《农田水利的有关规定》

《俗讲与变文》

《唐钞本杂抄、书仪、辞仪、算经等庶民教育资料》

《天宝时期河西道边防军经济史料》

这些论文使用敦煌文书进行研究,并旁征博引史料,显示了先生的博学。详见《唐代社会文化史研究》卷末"那波利贞博士著作主要目录"。1953 年 10 月 11 日,先生在京大乐友会馆举行退休纪念演讲,亦即"最终讲义"——《唐代庶民教育的算术科内容及其布算方法》,这篇论文于翌年一月发表在《甲南大学文学论集》第一号。

3. 研究法与教学法

那波先生敦煌文书研究的第一特色是,将以往并未得到注目的民间诸文书,即先生所谓的"杂文书"作为了解庶民社会的珍贵史料来看待。论文《社邑》的序言中也谈及了这一点。敦煌文献的发现使得学者开始注意已丢失的典籍,即古佚书,并为发掘古佚书而投入精力。文书中如户籍一类史料,以王国维等为首的学者们早已有不少研究,但从来没有注意到那些只用一两件就没任何意义的杂文书。先生在《社邑》一文中这样写道:

> 我相信买卖契约文书、雇佣契约文书、诉讼文书、寺院经济出纳文书、民间回函等多种多样的杂文书亦有着如同前者(指典籍写本——竺沙注)一样极高的史料价值。我认为,传世史籍记载中全然未知、甚至不可能知道的一般庶民生活,此类杂文书能够探明其历史事实却一定为数不少。(下略)

这篇文章完全揭示了先生的研究方针。自先生开始,这一时期的历史研究转向使用古文书作为史料。

特色之二是,先生将伯希和收集的敦煌文献自始至终——从2001号到第5541号,其中允许阅览的部分全部进行调查,抄写了主要部分。在当今,我们很容易看到这些文书的影印本,而在制约极多的当时,我们可以想到先生在调查中所遇到的重重困难。先生耗时近十月完成了这一工作,若没有极大的毅力与热情是很难做到这一点的,这在当时是具有划时代意义的举动。而且在抄写文书时,先生按照原文书的字符排列,原原本本地用毛笔模写了俗字、难字、契约文书署名下的画押、契约文书结尾的勾线等,还用曲线表示出纸张的破损状态。但这些在印刷后发生了较大变化。这是因为唐代的俗字、难字并非现在的活字,特别是有的俗字、难字无法用活字表示。先生在论文中将与主题没有直接关系的文书亦多数全文发表,因此使得论文多以长篇形式出现。例如上文说到的《社邑》一文,分为三篇连载,总长达148页。《梁户考》一文也分为三篇连载,总长达135页。先生亦察觉到因介绍文书而使得多数论文显得冗长——"心怀哪怕向学界多介绍一件从未介绍过的敦煌文书而供学者们参考的心愿,希望读者们能够海涵文章的冗漫错杂"。(《社邑》末)笔者也从先生处听闻,介绍引用文书的全文也是图书馆与先生的约定。

抄写带回的数量庞大的文书录文不仅在先生自己的论文中有转引,也供他人利用。

例如,中国佛教史学家道端良秀从先生处借览的 P.3234v《壬寅年入破历(略称)》及 P.3207(现编目 2838)《上座比丘尼体圆等牒(略称)》,在道端良秀著作《唐代寺院经济史研究》(东京,佛教法政经济研究所,1934 年 5 月)中被引用。而先生首次使用这两件文书是在四年后的《梁户考》中。虽然得到先生的同意,但并非自己学生的年轻研究者,早于携来史料的本人抢先将其发表,这完全是不合乎情理的事情。另外,仁井田陞发表了根据道端论文而写就的《唐宋法律文书研究》(东方文化学院东京研究所,1937 年)一文,这一经过也被先生写在了《梁户考》一文中。先生期盼学界广泛使用敦煌发现的以往未见史料的强烈愿望此即为一证。

先生虽开辟了敦煌古文书研究的新领域,但在今天看来,我们也必须承认先生的研究方法仍然存在着不完备之处。古文书研究首先要调查、记录文书的大小、纸质、笔迹等信息。先生虽然努力尽量忠实地抄录文书的原貌,但仍未顾及这一点。这是因为在当时古文书学尚未成立,也未有研究方法。此外,即便知道这一研究方法,但囿于在外研究的停留时间限制,导致调查时间不够充裕,无法完成这样的调查。这一不完备之处已在近年来刊行的伯希和文书目录中大部分得以补全。

此外,将敦煌文书全然作为中国史史料看待,将 8—10 世纪的敦煌文书作为"中晚唐五代宋初"之物来对待也存在着一定问题。中唐时期,敦煌已处于吐蕃控制之下,晚唐之后的归义军节度使政权虽仍尊奉中原王朝为正朔,但已然是一个半独立政权。特别是 10 世纪初西汉金山国的成立,此后的节度使已使用王名。因此,这一时期的敦煌已是处于中原王朝统治之外的存在,虽仍使用汉文书写文书,但严格来讲,并不能将这些文书当作中国史史料来对待。先生的诸论文中未能考虑到敦煌的政治形势,但就敦煌历史研究尚未充分的当时而言,这样的疏忽也是无法避免的。

虽然先生的研究方法存在着以上不完备之处,但他将基本依赖典籍史料的中国史研究,如同日本史研究一般,向使用古文书研究社会经济史的领域进行拓展,这一点对于当时学界的巨大影响值得大书特书。

最后,谈一下先生在京都大学时的教学方法。大学的专门讲义分为"特殊讲义"(之后的"研究")和"演习(史料的讲解)"两种。先生每年基本都会使用这两种讲义,配合敦煌文书进行授课。从《东洋史研究》的汇报栏可以选出先生讲义与演习的题目,从中可以看出与敦煌有关系者如下。在 1945 年以前,这一记载尚未存在。

特殊讲义:

唐代的社会(1945 年)

唐代的庶民（1947年）

唐代佛寺的经济社会考察（1950年）

唐代庶民史料的研究（1951年）

演习：

唐代民间文书（1945年）

唐代民间文书研究（1947年）

中国古文书（1951年、1952年）

在授课时，先生总是先自己抄写需要的资料文书，然后将誊写版印发给学生们。"演习"本来是文献讲读课，由学生们自己讲，但由于连字典也查不到的俗字、难字混杂的敦煌文书使学生们感到佶屈聱牙，此后，这门课程变成了由先生释读，学生们聆听的课程了。最后两年的"中国古文书"课程从甲骨文和金文开始，先生选取了历代有代表性的文书，试讲了中国古文书史，正是先生的博学才使得这门课程可以首次开讲。从这些讲义和演习中，笔者学习到了唐代俗字、难字的读法以及民间文书样式等知识，这为笔者今后从事敦煌文书专门研究起到了非同一般的作用。

以上简要介绍了那波利贞先生的敦煌文书研究。先生当时可以看到的文书大部分局限于伯希和本，而如今，我们可以看到斯坦因本、北京本、俄藏本等文书的图版了。也许先生呕心沥血抄写的录文如今只能算是参考资料之一了。先生抄写的多达几十册的录文生前时常放在他的手边，在先生故去后，完全没有听到这些文书去往何处的消息。不管如何，现在我们不必依赖那波录文，敦煌文书研究也得以显著发展了。但作为研究的出发点，我们绝不该忘记先生的录文。

（本文原载高田时雄编《草創期の敦煌學》，东京：知泉书馆，2002年）

（作者单位：日本京都大学；

译者单位：浙江大学中国古代史研究所；

校者单位：复旦大学历史学系）

《宫崎市定亚洲史论考》评介：以《菩萨蛮记》为中心

陈丽娟

宫崎市定，一般读者看到这四个字估计会感到茫然，或者只能猜出也许是个日本人，然而对于研习中古史者来说，这是一位重量级史学界人物。他是20世纪日本最著名的史学家，世界汉学重镇"京都学派"史学集大成者、第二代代表人物。京都大学文学博士、名誉教授。宫崎所从事的是东洋（亚洲）史研究，专攻中国社会、经济、制度史。代表作有《亚洲史研究》《中国史》《九品官人法研究：科举前史》，等等。

作为宫崎市定诸多学术著作中的一种，《宫崎市定亚洲史论考》（以下简称"《论考》"）曾于1976年由朝日新闻社出版发行，收录宫崎市定的小型单行本和论文共计46篇，分为上、中、下三卷，上卷为《概论编》，中卷为《古代·中世编》，下卷为《近世编》。书稿中收录了相当篇幅的宫崎先生的学术著作，其中不乏其代表作，比如《东洋的近世》《东洋的朴素主义民族与文明主义社会》《日出之国与日没之处》《雍正皇帝》等，都曾广为学界注目、征引。不仅如此，书稿中还有书评、杂文，不仅具有较高的学术价值，而且文笔优美，可读性强。不得不提的是，书稿体现出来的宫崎先生的个人观点，即使放在今天，仍不失其启发意义。为了满足国内学者的需求，最近，上海古籍出版社出版了张学锋、马云超等翻译的中文本。《论考》一书涉及历史研究的方方面面，我们仅就有关东西交通方面的内容略作介绍。

虽然主攻以中国为中心的东洋史，但宫崎并未囿于这一领域，而是放眼整个世界。正如宫崎自己所说："历史必须是世界史。事实上，我的研究一直都是在世界史的框架下展开的，从来没有脱离过世界史的发展体系来孤立地考察个别史实。""如果只是将东洋史和西洋史简单地拼凑到一起，而不进一步从更高的角度来对其进行概括统一的话，世界史是无法诞生的。"（第376页）而宫崎本人在东西方之间的游历，或为其宏大叙事中东西交通视野的形成提供了某种支持。

作为历史学家的宫崎市定，其生平经历亦非常丰富。从秋津小学到京都帝国大学；从日本到中国，继而到法国、美国，并在西亚留下游览足迹，《论考》里的诸多篇章及见闻，也得益于这种游历，正如司马迁写《史记》，丰富的游学经历为著作的撰写提供了鲜活的佐证。虽然宫崎自谦："世间没有比旅行记更难写的东西。学者的游记像论文，文人的游记又像新闻报道。本书无两者之长，却兼两者之短。"（第271页）但正是这部篇幅不大，由《西亚游记》和《西亚历史概述》组成的《菩萨蛮记》，不仅文字晓畅明快，而且亦能从中体味到宫崎史学中对东西交通的重视，而这种敏锐视角在同辈史学家中并不多见。

当时学界中东西方学者治学有鲜明的畛域之分，介于西洋史和东洋史之间，西亚这一地区倒是被真正忽略了，为此，宫崎认为，"事实上，历史本身并没有边界，只是研究室和研究室之间存在着坚固厚实的混凝土隔墙而已。我在这里概述西亚历史，并不是想要在东洋史和西洋史之间再筑起一堵多余的墙来，而是期盼着能够打穿东洋史和西洋（下转第298页）

斯坦因 1914 年敦煌莫高窟考古日记研究[*]

王冀青

摘 要:斯坦因在其第三次中亚考察(1913—1916 年)之初,并无再访甘肃敦煌县的计划。他于 1913 年 9 月到达新疆喀什噶尔后,看到敦煌文物已流散至新疆喀什噶尔、和阗等地,遂决定再访敦煌。斯坦因于 1913 年 10 月至 1914 年 3 月在新疆南疆南道一线考察,1914 年 3 月 10 日离开楼兰遗址,3 月 16 日进入甘肃疏勒河流域,3 月 24 日到达敦煌县城,4 月 2—8 日在莫高窟考古,从事石窟寺考古与藏经洞文物搜集活动。本文主要依据斯坦因第三次中亚考察日记,对斯坦因 1914 年 3 月 24 日以后在敦煌县的主要活动,尤其是斯坦因在莫高窟 7 日间的考古细节,按照时间顺序进行了一次梳理与研究。本文披露了斯坦因与时任敦煌县县知事刘治清、沙州营参将双禄等人之间的交往过程,在敦煌县城从匿名兜售者手中购买写经的过程,在莫高窟与王圆禄最后一次交易藏经洞出土文献的过程,以及在莫高窟剥移壁画的过程。

一

英国考古学家奥莱尔·斯坦因(Aurel Stein, 1862—1943)在其第二次中亚考察(1906—1908 年)、第三次中亚考察(1913—1916 年)期间,分别于 1907 年 3—6 月、1914 年 3—4 月在中国甘肃省敦煌县考古。斯坦因在这两次敦煌考古过程中,又分别于 1907 年 5 月 21 日至 6 月 12 日、1914 年 4 月 2 日至 4 月 8 日常驻莫高窟,从事石窟寺考古与藏经洞文物搜集活动。关于斯坦因 1907 年敦煌考古、1914 年敦煌考古的详情细节,斯坦因在其撰写、出版的第二次中亚考察个人自述(游记)《契丹沙漠废墟——在中

---

[*] 本文系国家社会科学基金重大项目"欧洲藏斯坦因新疆考古档案整理与研究"(12&ZD140)子课题成果。

亚和中国极西部地区进行考察的个人自述》、①第二次中亚考察详尽报告书《塞林底亚——在中亚和中国极西部地区考察的详尽报告书》、②第三次中亚考察详尽报告书《亚洲腹地——在中亚、甘肃和伊朗东部进行考察的详尽报告书》、③前三次中亚考察概述《在古代中亚的道路上——在亚洲腹地和中国西北部三次考察活动简述》④等著作中,有比较详细的记录,是后世学术界研究斯坦因两次敦煌考古过程的主要依据。但上列诸书虽是权威经典著作,却也存在着考古时间顺序不清、敏感事实被随意省略等缺陷。为弥补这些不足之处,学术界需要努力寻找、利用其他原始档案材料。而现藏英国牛津大学包德利图书馆的斯坦因第二次中亚考察日记和第三次中亚考察日记,当属相关原始档案材料中最重要的部分。

笔者自1989年起研究英国藏斯坦因中亚考古档案,自1995年起整理、翻译、考释、研究牛津大学藏斯坦因第一次、第二次、第三次、第四次中亚考察日记。其间,笔者特别关注斯坦因第二次、第三次中亚考察过程中在敦煌的考古日记,尤其是斯坦因两次常驻莫高窟期间的记录。从敦煌考古史的角度讲,斯坦因1907年敦煌考古日记和1914年敦煌考古日记是后人研究斯坦因敦煌考古活动的最原始记录,也是后人了解英藏敦煌文献获取过程的最基本资料,理应尽快刊布。

牛津大学藏斯坦因第三次中亚考察日记手写原稿,现存8册,被编为8个号(斯坦因手稿第207—214号)。这部分日记原稿系斯坦因在考察过程中每日亲笔所书,是有关考察最原始的记录。其中的第3册(斯坦因手稿第209号),是斯坦因于1914年3月20日至9月22日间进行野外考察时的旅行与考古日记,共包括142张,双面书写。"斯坦因1914年敦煌莫高窟考古日记"的手写原件,便包含在该册(斯坦因手稿第209号)中。

斯坦因于1916年结束其第三次中亚考察后,请秘书用打字机将其第三次中亚考察日记手写原稿誊抄了一遍,其目的是为了安全备份,也为了他日后撰写第三次中亚考察

---

① M. Aurel Stein, *Ruins of Desert Cathay: Personal Narrative of Explorations in Central Asia and Westernmost China*, Vols. I‑II, London: Macmillan & Co., Limited, 1912.

② Aurel Stein, *Serindia: Detailed Report of Explorations in Central Asia and Westernmost China*, Vols. I‑V, Oxford: Clarendon Press, 1921.

③ Sir Aurel Stein, *Innermost Asia: Detailed Report of Explorations in Central Asia, Kansu and Eastern Iran*, Vols. I‑IV, Oxford: Clarendon Press, 1928.

④ Sir Aurel Stein, *On Ancient Central Asian Tracks: Brief Narrative of Three Expeditions in Innermost Asia and Northwestern China*, London: Macmillan & Co., Limited, 1933.

详尽报告书时便于携带在身边,作为参考依据。因此,打字誊抄时只选择了主体部分,并未将日记原稿全部打出。牛津大学藏斯坦因第三次中亚考察日记打字抄件,现存4册,被编为4个号(斯坦因手稿第215—218号)。其中的第2册(斯坦因手稿第216号),实为斯坦因第三次中亚考察日记原稿第3册(斯坦因手稿第209号)和第4册(斯坦因手稿第210号)的打印抄件,起自1914年3月20日,止于1915年3月3日,共包括ii+477张,单面打字。"斯坦因1914年敦煌莫高窟考古日记"的打字抄件,便包含在该册(斯坦因手稿第216号)中。

本文重点整理、研究的"斯坦因1914年敦煌莫高窟考古日记",即斯坦因1914年4月2日至4月8日逗留莫高窟的7天期间所记录的7篇日记,其手写原稿在斯坦因手稿第209号第15—19v张上,其打字抄件在斯坦因手稿第216号第22—29张上。但为了解说斯坦因1914年敦煌莫高窟考古的前因后果,本文不可能只局限于这7篇日记的内容,还必须在斯坦因1914年敦煌莫高窟考古活动之前、之后的相关事件上花费一定的笔墨。文中不妥之处,万望专家教正!

二

斯坦因于1907年5—6月在莫高窟考古期间,曾打算从守窟道士王圆禄(1850—1931)手中将藏经洞文物全部买走。据斯坦因1907年5月27日日记记录说:"我得出的结论是:如果只购买其中一部分的话,将意味着有可能造成大混乱与大破坏,我必须竭尽全力地去拯救整个收藏品。"①斯坦因甚至考虑过为此目的而愿支付高额价钱,并让其师爷蒋孝琬(1858—1922)转告王圆禄。斯坦因在《塞林底亚》中记录说:"我已经授权蒋氏,为了得到这批收藏品,假如能够整体出让的话,可以答应出一大笔钱(40个'马蹄银',大约相当于5 000卢比;如果需要的话,我本来还愿意加倍)。"②按当时每个马蹄银重50两计算,40个马蹄银相当于2 000两白银,该数加倍后应是4 000两白银。但不知何故,蒋孝琬最终未能将此信息传递给王圆禄。结果,斯坦因只能于1907年分三批购买一部分藏经洞文物。1907年5月28日,斯坦因以3个银元宝(150两)的价格从王圆禄手中买下他挑选出来的至少57捆各类文物,外加至少50捆典籍。1907年6

---

① 斯坦因1907年5月27日日记,手写原件藏牛津大学包德利图书馆(以下省略),斯坦因手稿第199号,第67v张;打字抄件藏牛津大学包德利图书馆(以下省略),斯坦因手稿第204号,第316张。

② Aurel Stein, *Serindia*, p. 824.

月6日,斯坦因又以50两银子的价格,从王圆禄手中买下至少33捆文物。①

斯坦因于1907年6月12日离开莫高窟和敦煌县后,敦煌县于1907年7月23日爆发农民起义。远离动乱中心敦煌县的斯坦因,在河西走廊和祁连山脉里考察了3个月后,于1907年9月24日再返安西直隶州(今甘肃省瓜州县)。斯坦因逗留安西期间(1907年9月24日至10月8日),得知敦煌县农民暴动被平息后衙门几近瘫痪,百业萧条,人心惶惶,于是再起贪心,设法与王圆禄取得通信联系,第三次与王圆禄达成私购藏经洞文物的秘密交易。1907年10月初,斯坦因坐镇安西,派蒋孝琬等手下人潜回敦煌莫高窟,获取第三批藏经洞文物约230捆。斯坦因在安西得手的这230捆左右藏经洞文物,构成了英藏敦煌写本的主体部分。②斯坦因于1907年10月8日离开安西后,日夜兼程,于1907年10月12日走出甘肃省境,进入新疆省。

斯坦因结束第二次中亚考察后,一直惦念着留在藏经洞里的文物。而藏经洞文物的命运此后也发生了巨大的变化。1908年2月14日至5月30日,法国汉学家保罗·伯希和(Paul Pelliot,1878—1945)步斯坦因后尘,来敦煌县考古。其间,他于3月3—26日在藏经洞里挑选出文物精华数千件,用500两白银买走。1909年7月10日至10月11日,伯希和在北京逗留期间,向中国学者展示了他随身携带的数十个敦煌卷子,并说明藏经洞里仍有大量残卷的情况,导致清朝学部于10月5日给陕甘总督府拍发《行陕甘总督请饬查检齐千佛洞书籍解部并造像古碑勿令外人购买电》,请将藏经洞剩余文物收购并解运北京。但在官府清点、转运之前,王圆禄已将大量藏经洞文物秘密隐藏起来。1910年5月,官府解运委员将藏经洞剩余文物装入6辆大车中,运往北京。这批文物从出洞那一刻起,直到入藏学部,一路上不断被盗。③

1911年10月10日武昌起义爆发之日,由日本京都西本愿寺法主大谷光瑞(1876—1948)派出的第三次中亚考察队队员吉川小一郎到达莫高窟。吉川在敦煌县城和莫高窟逗留期间,多次从王圆禄和其他路人那里购买到藏经洞出土唐人写经。根据吉川小一郎的日记,他此后见到的写经中,已开始出现赝品。据吉川小一郎1912年1月22日日记记录:"一中国人携来唐经4卷,其中一卷是未曾见过的完整卷子。我立即宣称我全部不要。他顿然作色,说难道这是赝品吗。我言下之意是说它们全是赝品,

---

① 王冀青《英国牛津大学藏斯坦因1907年敦煌莫高窟考古日记整理研究报告》,载《敦煌吐鲁番研究》第14卷,上海古籍出版社,2014年,第36—37、46页。
② 王冀青《斯坦因在安西所获敦煌写本之外流过程研究》,载《敦煌研究》2015年第6期,第75—83页。
③ 王冀青《国宝流散:藏经洞纪事》,甘肃教育出版社,2007年,第78—108页。

并试着询问：全部能值多少钱。他说值30两。我说如果值3两的话我就买下，他表情愕然但又不肯离去，最后以5两的价钱将4卷全部买下。郁闷的情绪畅通了许多。"①吉川小一郎从这一天开始，在日记中经常提到赝品。1912年1月26日，大谷光瑞第三次中亚考察队另一名队员橘瑞超（1890—1968）在敦煌县与吉川小一郎相会。吉川小一郎和橘瑞超逗留敦煌期间，先后从王圆禄手中买得大约500件写经。② 1912年2月3日，王圆禄带着包括赝品在内的200个卷子，进敦煌县城向吉川小一郎、橘瑞超出售。吉川小一郎在当日日记中记录道："晚上七时，道士携带经卷200卷来。好像是故意地将赝品插了进去，所以要将它们分成上、中、下三类，分类工作一直做到半夜。"③吉川小一郎日记中关于敦煌卷子赝品的记录非常重要，说明自1912年（民国元年）开始，敦煌一带就出现了伪造藏经洞写经的活动。这些赝品既然经王圆禄之手流向外国游历者，说明王圆禄肯定参与其事。

正是在这样的历史背景下，斯坦因于1912年夏天决定再入中国西北，进行其第三次中亚考察。斯坦因决定进行第三次中亚考察后，经常与英国驻喀什噶尔总领事乔治·马继业（George Macartney，1867—1945）通信，就辛亥革命后中国新疆的政治形势，以及近期其他西方考察家的中亚考察计划，不断交换信息并进行讨论。

三

1912年11月23日，斯坦因向英属印度政府呈交了第三次中亚考察的申请书。1913年5月17日，英属印度政府批准了斯坦因的第三次中亚考察计划。由于时间紧张、民国初年北洋政府政局动荡、新疆省局势不稳等原因，英属印度政府随后在为斯坦因申请护照时，并没有遵循以前的程序，即通过英国驻北京公使向中国中央政府申请护照，而是要求马继业设法在新疆喀什噶尔为斯坦因获取一份护照。1913年7月25日，马继业从新疆喀什噶尔观察使王丙坤（1913年3—8月在任）处为斯坦因申请到了一份可在新疆南疆各地游历的护照，护照上标明的游历线路是"由坎巨提（罕萨）绕道蒲犁来喀，再由英（吉沙尔）、莎（车）、叶（城）、皮（山）、和（阗）、洛（浦）、于（阗）、若羌、新平至喀喇沙尔（焉耆），即由库（车）、拜（城）、阿克苏、巴（楚）、伽（师）

---

① 吉川小一郎1912年1月22日日记，吉川小一郎《支那纪行》，上原芳太郎编《新西域记》下卷，东京：有光社，1937年4月，第595—596页。
② 王冀青《国宝流散：藏经洞纪事》，第109—115页。
③ 吉川小一郎1912年2月3日日记，上原芳太郎编《新西域记》下卷，第597页。

各处回喀（什噶尔）返国"。① 马继业从王丙坤处为斯坦因申请到第一份护照后,斯坦因迫不及待于1913年7月31日离开克什米尔斯利那加,踏上其第三次中亚考察的行程。9月7日,斯坦因从帕米尔明铁盖关进入中国境内,然后经塔什库尔干、英吉沙尔等地,于9月21日到达喀什噶尔,由马继业接待。

斯坦因逗留喀什噶尔期间（1913年9月21日至10月9日）,决定将俄国考古学家彼得·库兹米奇·科兹洛夫（Петр Кузьмич Козлов, 1863—1935）在其第五次中亚考察期间（1907—1909年）分别于1908年3月、1909年5月在内蒙古额济纳河流域发现、发掘的哈拉浩特（黑城）遗址作为自己的考察线路最东端。斯坦因既然最终决定要前往额济纳河流域,而该地区当时名义上受甘肃省政府节制,他便需要更换一份也可适用于甘肃省的护照。

斯坦因在喀什噶尔期间,还听闻许多有关甘肃敦煌莫高窟藏经洞出土文献四处流散的消息。斯坦因在《亚洲腹地》中记录说:

> 1907年,由于王道士的恐惧和顾虑,藏经洞宝藏中的一部分并没有获准得到我的照看,并进而转入遥远的"大英国"的某个学术殿堂的安全保管范围之内。对于这一部分宝藏的命运,我已经在《塞林底亚》一书中加以叙述过。我造访千佛洞一年之后,当伯希和教授获准接近宝藏的剩余部分并加以搜索时,他凭着自己优越的汉学知识这一有利条件,将挑选出来的相当大一部分写本宝藏途经北京捆载而去。在首都,当局的注意力也因此而被吸引到这个古代书库中,于是下达了将遗物解往北京的命令。在执行命令的过程中,人们采取的是漫不经心而且实际上是破坏性的方式。对此,我在喀什噶尔以及和阗逗留期间,已经通过一些散落的佛经卷子察觉到了一些蛛丝马迹,这些佛经卷子显然出自千佛洞的藏经洞,而却辗转落入了中国官员们的手中,有几次还曾被赠送给马继业爵士等人。②

斯坦因在喀什噶尔得到的这些信息,促使他决定在前往哈拉浩特遗址的途中,途经敦煌县,再访莫高窟。

在马继业和"英国驻喀什噶尔总领事馆汉文秘书长"蒋孝琬的帮助下,斯坦因在喀什噶尔聘用了蒋孝琬的湖南同乡李灼华,作为其第三次中亚考察期间的中文秘书（师

---

① 由王丙坤发放的斯坦因第三次中亚考察第一份中国护照,斯坦因手稿第283号,第20张。录文见王冀青《斯坦因第三次中亚考察所持中国护照评析》,载《西域研究》1998年第4期,第24页。

② Sir Aurel Stein, *Innermost Asia*, Vol. I, p. 355.

爷)。1913年9月底,英国驻喀什噶尔总领事馆为斯坦因发放了用于在新疆、甘肃境内考察的第二份游历护照。该护照以马继业的名义发放,由蒋孝琬起草缮写,写好后由"中华民国护理新疆喀什噶尔等处地方观察使兼交涉事宜"张应选(1913年9—12月在任)加上喀什噶尔地方官府的官印予以认可,护照上标明的游历线路是"由印度前赴新疆、甘肃游历"。① 斯坦因第三次中亚考察期间在新疆、甘肃各处的游历考古活动,便是在这份护照的保护下完成的。

四

1913年10月9日,斯坦因离开喀什噶尔,向东考察塔克拉玛干沙漠一带。考虑到甘肃省政府不一定认可由马继业签发、由新疆省喀什噶尔观察使加印的一纸护照,斯坦因希望马继业能尽早为他下一步前往甘肃省考察再做一些外交工作。1913年12月4日,斯坦因到达新疆于阗县县城克里雅后,于阗县县知事戴承谟向斯坦因建议说,应该请马继业通过新疆都督杨增新(1864—1928),给护理甘肃都督张炳华(1913—1914年在任)发一封信,以获取甘肃省政府的帮助。12月6日,斯坦因从克里雅给马继业写了一封信,要求马继业函请杨增新为他安排去甘肃省的旅行。12月23日,马继业从喀什噶尔还给在北京的英国驻华公使馆写了一封求助公函。就在英国驻华使领馆为斯坦因进入甘肃考察积极活动时,斯坦因于1913年12月至1914年3月间在罗布淖尔周围考古,重访了米兰遗址、楼兰遗址。1914年3月10日,斯坦因在库姆-库都克遣散了他的楼兰遗址考察队,同日押着沉重的行李队伍离开库姆-库都克,向东前往甘肃省敦煌县方向。3月16日,斯坦因进入疏勒河流域,于3月17日开始考察敦煌以西的古长城遗址,于3月24日中午到达敦煌县城。

斯坦因到达敦煌的消息不胫而走,很快就传到正在敦煌县城的王圆禄耳中。斯坦因抵敦次日,即1914年3月25日,王圆禄一大早就来拜访斯坦因。斯坦因在当日日记中记录说:

> 早晨7时起床。8时之前,我的第一个访客到来,竟然是亲爱的老道王道士!他一如既往,笑容可掬,显然没有因为他对我的纵容而受到丝毫伤害。他迫不及待地等待着我的新一次访问,还因为他新盖的一座大庙而感到自豪。那座大庙是用

---

① 由马继业发放、蒋孝琬起草缮写、张应选加印认可的斯坦因第三次中亚考察所持第二份中国护照,斯坦因手稿第283号,第21张。录文见王冀青《斯坦因第三次中亚考察所持中国护照评析》,载《西域研究》1998年第4期,第25页。

我留给他的钱建造起来的吗？①

关于王圆禄到访一事，斯坦因在《亚洲腹地》中记录说：

> 但是，在敦煌逗留的这几天时间里，一直缠绕着我的心扉的，还是对位于绿洲东南部那著名的千佛洞石窟寺及其藏经洞的怀念。1907年，我曾极其幸运地从藏经洞中封藏于公元11世纪初的一大批宝藏中获取了数目非常大的一批古代写本和绘画品遗物。我很明白，现在已不可能再指望有这么丰富的意外收获了。就在我们抵达敦煌后的那一个上午，我的第一个来访客竟是王道士，正是这位希奇古怪的小道士的执着与热心，才导致了那一宝藏的最初发现。不管怎样，他的来访还是让我从心眼里感到高兴的。当宝藏中的宝物最终让研究者利用时，我有各种理由感到应该对王道士的考虑周详表示感谢。通过我们再次亲自面谈，我感觉可以肯定的是，这位好道士与虔诚的敦煌善男善女们之间的关系并没有因为我们之间的一笔小小交易而受到丝毫损伤，尽管这笔交易不可能长期保密，我对此感到欣慰。②

斯坦因和王圆禄交谈的主题，主要是1910年藏经洞文书被官府解走的经过。斯坦因在《亚洲腹地》中记载道：

> 王道士确实很辛酸地解释说，当解运的命令从兰州府转到时，从他小心翼翼地守护着的那个小室中搜集到的写本被漫不经心地、乱七八糟地塞进6辆大车中，然后被运往敦煌县衙门。中央政府曾拨了一大笔钱给他的寺庙，算是补偿费，但据他声称，这一大笔钱中的一个子儿也没有落到他手里。这笔钱在通过层层衙门下发过程中，早已被穷困潦倒的方方面面挪用掉了。在大车从敦煌衙门被派遣之前，已经发生了一些耽搁，这就为当地人民提供了一个便利的机会，使他们得以在这批古寺藏经离开他们的地面之前可以随心所欲地、免费地拿走自己需要的"纪念品"。后来我在肃州和甘州时还通过购买的方式得以挽救出一捆捆的千佛洞经卷，这些都清楚地表明，当漫不经心的护送队伍慢腾腾地朝着遥远的北京挪动时，这种小偷小摸行为在沿途一直不停地发生着。已有很多这类卷子被转入了新疆，后来在沿途各衙门中又有很多这类卷子被展示在我的面前，甚至在某些情况下从一些中国小雇员那里就可获得很多这类卷子，解运过程中的沿途遗漏程度如何，由此便可想

---

① 斯坦因1914年3月25日日记，斯坦因手稿第209号，第11v张；斯坦因手稿第216号，第16张。
② Sir Aurel Stein, *Innermost Asia*, Vol. I, p. 355.

而知了。①

王圆禄拜见斯坦因时,邀请斯坦因再访莫高窟,并暗示说他手中还有出自藏经洞的写经,可以出售给斯坦因。斯坦因《亚洲腹地》记录说:

> 因此,当王道士热情邀请我去千佛洞,并且在他再次造访之际进一步谨慎地向我暗示他的古写本窖藏并没有因为所发生的一切而完全枯竭时,我就有特殊的理由感到满足了。我可以感到肯定的是,他将在那里亲自向我展示他设法从本意良好但结果却很糟糕的官方干涉活动中救出的那些东西,而不仅仅是又新又大的庙宇、客栈等等。他骄傲地说,这些建筑都是用从我这里收到的"马蹄"银建造起来的。②

文中提到王圆禄的"再次造访",可知王圆禄在敦煌县城不止一次访问斯坦因,但在斯坦因日记中并没有记录。

五

斯坦因原计划在敦煌县逗留8天时间,休整考察队,并为今后几个月在河西走廊、额济纳河流域的考察做准备。按照惯例,斯坦因逗留敦煌县城期间,要拜访敦煌县的主要文武长官。

斯坦因1907年初访敦煌时结识的敦煌县知县王家彦(？—1913),当年已被农民起义推下台,辛亥革命后从甘肃省转往新疆投奔杨增新,1913年2月任新疆省政府内务司长,1913年11月1日在迪化(乌鲁木齐)病死。斯坦因1907年初访敦煌时结识的沙州营参将林太清(1851—1912),在听说宣统皇帝于1912年2月12日颁布退位诏书后不久,便在敦煌喝毒药自杀。③ 斯坦因1914年再访敦煌时,敦煌县县知事是刘治清,沙州营参将是双禄(1827—？)。刘治清字相丞,陕西泾阳人,1914年1月17日到任敦煌县县知事,7月28日交卸,在任半年,刚好赶上斯坦因到访敦煌县。双禄号萧堂,满洲人,1893—1912年任嘉峪关营游击,驻守嘉峪关,1911年辛亥革命后为自保而改籍北京大兴县,1912年继林太清担任沙州营参将(1914年10月1日后改称"敦煌县警备队长",1916年7月改称"敦煌县警佐")。

---

① Sir Aurel Stein, *Innermost Asia*, Vol. I, pp. 355-356.
② Sir Aurel Stein, *Innermost Asia*, Vol. I, p. 356.
③ 王冀青《1907年斯坦因与王圆禄及敦煌官员之间的交往》,载《敦煌学辑刊》2007年第3期,第60—76页。

1914年3月25日中午,斯坦因在李师爷陪同下,首先拜访了刘治清。据李师爷编写的《1913—1915年斯坦因第三次中亚考察期间所交中国官员名衔录》,斯坦因在华所见第10名中国官员为:"刘治清,敦煌县。"某人旁注英译:Liu Chih-ch'ing, District of Tun-huang,直译为"敦煌县刘治清"。① 关于斯坦因拜访刘治清的经过,斯坦因在其1914年3月25日日记中记录说:

> 12时30分,拜访昂邦刘氏。骑马穿过旧世界的巴札,欣赏了它的纪念性牌坊,以及外光派绘画般的生活场景。这是对没有变化的中国的一瞥,令人感到高兴。衙门没有得到很好的管理,但景色依然如画,这和王氏的时代一样。只是在衙门里,有一名可怜的替换者,取代了原来有教养的居住者。他是一位弱不禁风的青年人,睡眼惺忪,戴着一顶简直不像样的毡帽,这是现代理念的代表物。没有收到来自兰州的任何推荐信。返回后才获悉,每周一次发往安西的邮袋,正准备要出发。设法寄出了信封,内装发给马继业、公使馆和都督的电报稿。李氏似乎已经从他的冬眠中苏醒了过来。②

斯坦因在《亚洲腹地》中也谈及他对刘治清的印象。③ 斯坦因留下的各种记录显示,他对敦煌县县知事刘治清的印象不佳。

1914年3月25日下午,斯坦因还拜会了双禄。斯坦因于1907年考察河西走廊时,时任嘉峪关营游击的双禄曾于1907年7月19—21日在嘉峪关接待过斯坦因,二人算是旧识。关于斯坦因拜访双禄事,李师爷所编《1913—1915年斯坦因第三次中亚考察期间所交中国官员名衔录》中没有记录,但斯坦因1914年3月25日日记中记录说:

> 下午3时30分,拜访统领。发现他竟然是我在嘉峪关时的老主人双大人!这位和蔼可亲的老武士,在87岁(?)的高龄,仍精力充沛,能享受生活,这给李氏留下了深刻的印象。谈论他坚守关门凡19年的经历,以及他目睹的那些穿过关门的各色人等。5时,正当我希望要稍微休息一下的时候,他来回访。④

根据斯坦因在《亚洲服地》中的记录,他对双禄于7年前提供过的帮助是很满意的,⑤显然,斯坦因对双禄的印象要比对刘治清的印象好得多。

---

① 李师爷编写《1913—1915年斯坦因第三次中亚考察期间所交中国官员名衔录》,斯坦因手稿第341号,暂编第131件。
② 斯坦因1914年3月25日日记,斯坦因手稿第209号,第11v—12张;斯坦因手稿第216号,第16—17张。
③ Sir Aurel Stein, *Innermost Asia*, Vol. I, p. 354.
④ 斯坦因1914年3月25日日记,斯坦因手稿第209号,第12张;斯坦因手稿第216号,第17张。
⑤ Sir Aurel Stein, *Innermost Asia*, Vol. I, p. 354.

在与中国官员交往的过程中,斯坦因对李师爷的无能感到不满,愈发想念蒋孝琬。他在《亚洲腹地》中感慨道:"由于现在已经踏在了真正的中国地面上,我比以往任何时候都感觉到,在除了纯誊写工作以外的任何工作上面,我那虚弱而倦怠的书记员,即可怜的李师爷,是根本没有能力取代忠实而永远卖力工作的蒋师爷的。在各级衙门中,我都得亲自上阵谈判协商,正如在处理所有的与商人、劳工、向导等类人之间的实际问题中一样,这时我总是怀念着我在前一次考察中的那位不可多得的中国伙伴。"①

六

斯坦因到达敦煌县城之后,紧随着王圆禄于1914年3月25日的初访,来访客络绎不绝,为斯坦因带来了各种情报。其中对斯坦因帮助最大者,当属定居敦煌县城的新疆商人扎西德·伯克一家。扎西德·伯克正是1907年3月首次将莫高窟发现藏经洞的消息告诉斯坦因的人,此后在斯坦因第二次、第三次中亚考察的河西走廊段一直充当斯坦因的向导。

斯坦因为了在敦煌周围的考古发掘,需要刘治清在劳工等方面提供支持,因此不得不与刘治清多次打交道。1914年3月26日下午,刘治清带着小儿子回访斯坦因。斯坦因当日日记中记录说:

> 下午3时,刘氏回访。他看上去极度心烦意乱,睡眼惺忪。他还带来了他那年方5岁的儿子,头顶蓝色帽子,显露出少年中国对权威和行为举止的完全漠视。用糖块稳住这位民国的小公民,以防他撕毁我的书籍。父亲无精打采,对汉代文书略感兴趣。——经过谨慎的询问之后,他做出承诺,愿为我朝着安西方向的工作提供帮助。这一点显示,来自兰州的推荐意见要么还没有到达,要么就是打了折扣。②

1914年3月26日傍晚,斯坦因还重访了他于1907年居住过的院子。③

为了应付在甘肃省境内的货币要求,从1914年3月26日开始,斯坦因将他从新疆带来的大量银钱阿克天罡(Aktanga)熔化成银锭。斯坦因在当日日记中记录说:"又一个忙碌的日子。从一大早开始,忙着为采购我们的必需品做准备。实验性地将阿克天罡熔毁,损失部分大约是1—7%。"④这一熔化过程中产生的损失比率,一般称"火耗",

---

① Sir Aurel Stein, *Innermost Asia*, Vol. I, p. 354.
② 斯坦因1914年3月26日日记,斯坦因手稿第209号,第12v张;斯坦因手稿第216号,第18张。
③ 斯坦因1914年3月26日日记,斯坦因手稿第209号,第12v张;斯坦因手稿第216号,第18张。
④ 斯坦因1914年3月26日日记,斯坦因手稿第209号,第12v张;斯坦因手稿第216号,第17—18张。

是用银子作支付货币时不得不考虑的问题。

1914年3月27日,斯坦因继续熔化阿克天罡,他在当日日记中记录说:"熔化了更多的银子。称银子等事,导致了时间的大量损失。李氏懒惰,毫无帮助。有人听说他这样宣布:写信是他的惟一职责。"①3月26—27日,斯坦因冲洗他在新疆尼雅等遗址考古时拍摄的照片。斯坦因3月27日日记记录说:"自昨日以来,已经冲洗出大约40幅1/4版照片底版。绝大部分都是尼雅遗址的照片,令人感到满意。"②

1914年3月28日,斯坦因继续冲洗照片底版。他在当日日记中说:"关于冲洗出的底版如何晾干,产生了新的麻烦。"③同时,斯坦因还要让手下人熔化银子,和衙门协商考察安排等事。斯坦因3月28日日记说:"一整天忙碌,用称好的银子支付欠款。还忙着接受新熔化了的钱,编制测量局的账目,及时地给衙门送去请求书,要求提供骆驼、劳工等等。"④1914年3月29日,斯坦因先去月牙泉游览,后在敦煌县城周围摄影。

七

1914年3月30日,斯坦因又和双禄互访一次,并为骆驼和劳工事再访了刘治清。他在当日日记中记录说:

> 上午9时,在帐篷里接待了双大人的来访。这位和蔼可亲的上校在行为举止方面带有旧时代的痕迹,让人感到很舒适。他答应派遣3名士兵来陪同我的几队人马。上午忙碌不停,给大三角测量局写一封长信。汇报我们的测绘工作。已完成的账目显示,截止3月底,花费大约是3 200卢比。下午回访,并拜访了县知事的衙门。得到保证,可获得6头骆驼和6名劳工。显露出热情亲切的举动。拜访邮政局,设法查明邮政资费价格等方面的事情,但这是一件难事。交换邮票,让邮政局长的童心大悦。县城的小巷里有很多寺庙。⑤

当日夜晚,斯坦因还完成了自1914年3月27日起写给好友珀西·斯塔福·阿伦(Percy Stafford Allen,1869—1933)的一封信,署期"1914年3月27日于敦煌"。信中这样介绍他与王圆禄的会晤:

---

① 斯坦因1914年3月27日日记,斯坦因手稿第209号,第13张;斯坦因手稿第216号,第18张。
② 斯坦因1914年3月27日日记,斯坦因手稿第209号,第13张;斯坦因手稿第216号,第19张。
③ 斯坦因1914年3月28日日记,斯坦因手稿第209号,第13v张;斯坦因手稿第216号,第19张。
④ 斯坦因1914年3月28日日记,斯坦因手稿第209号,第13v张;斯坦因手稿第216号,第19张。
⑤ 斯坦因1914年3月30日日记,斯坦因手稿第209号,第14张;斯坦因手稿第216号,第20张。

让我感到无比宽慰的是,我发现千佛洞的老王道士和从前一样快活、慈祥。在做成的某一笔交易中,他为我而表现出一种放纵的态度,但并没有因此吃过任何苦头。——现在惟一让他感到后悔的事情是,在1907年,恐惧阻止了他让我拿走所有的窖藏品。在伯希和到访之后,北京方面派人取走了剩余的收藏品。而王氏或他的寺院,从来没有看到过一文钱的补偿款,补偿款都在官场渠道中被人强行霸占了。从现在算起,3天之后,我打算要短期访问一下千佛洞,——只是想看看它们,让我的眼睛变清新一些,再调查一下它们在后来的保护状况。①

由此可知,斯坦因对他即将再访莫高窟有可能带来的收获,并没有抱很高的期望值。

1914年3月31日,敦煌县刮起了沙尘暴。斯坦因在住处打包装箱,为离开敦煌县城做准备。斯坦因第三次中亚考察期间购买到的第一批写经,并非来自王圆禄,并非获自莫高窟,而是1914年4月1日在敦煌县城从一位匿名兜售者那里购买到的。关于这次交易经过,斯坦因在4月1日日记中简单提到:

早晨6时起床,指望着能动身前往千佛洞。对大车的需求量过大,不切合实际,导致了时间的浪费,也引起了焦虑和烦恼。那里的骆驼队,开始出现在地平线上。几次试图启程,均告失败。但拟运往安西的行李,却得到了井井有条的安排。有人带来出自千佛洞的写本卷子,供我验查。到午后1时,不得不放弃启程的希望。②

斯坦因在日记中,没有记下这位兜售者的姓名和身份,也没有记录下兜售写经的具体数目。幸好,斯坦因在1914年4月1日的支出账目中提及:"购买写本(21个卷子),共计71钱银子。用于装古物的箱子(21钱银子),给护卫甘副爷送礼物(15钱银子),共计36钱银子。"③由此可知,斯坦因在敦煌县城第一次购买写经的数目是21个卷子,价格是71钱(即7.1两)银子。

斯坦因原指望于1914年4月1日动身前往莫高窟,最后决定将起程时间推迟到次日。原因之一当然是运输用大车不足,但主要是因为匿名兜售者扬言次日还要向斯坦因兜售写经。斯坦因当日未能赶往莫高窟,只好留在敦煌县城,下午看第二次中亚考察详尽报告书《塞林底亚》的校样:"下午的沉闷时光,是靠继续修改《塞林底亚》的校样来打发过去的。自11月10日以后,我竟一直未能找到空闲时间来看这校样!这是一种

---

① 1914年3月27日斯坦因致阿伦信,斯坦因手稿第11号,第43v—44张。
② 斯坦因1914年4月1日日记,斯坦因手稿第209号,第14v张;斯坦因手稿第216号,第21张。
③ 斯坦因1914年4月1日支出账目,斯坦因手稿第364号,第150张。

令人安心的消遣。"①傍晚,斯坦因对敦煌城进行了观察:"傍晚6时至7时之间,散步,走到月牙泉塞的边上。弄到了3头骆驼;还雇了两辆大车,用来运送发往安西的行李。为拉尔·辛格的大泉之旅写好了指令。敦煌呈现给我们的样子,真是一座'沙城',除了灰蒙蒙的景色,还是灰蒙蒙的景色,——但展现在眼前的风光显得和谐。到晚上10时,处理完毕16页校样。"②

1914年4月2日上午,斯坦因在敦煌县城从匿名兜售者那里购买了第二批写经。斯坦因当日日记中记录说:

> 早晨,重新开始打包装箱。在等待骆驼队到来的这段时间里,我的那位不知姓名的祝福客带来了一个新包裹,内装大约25卷"经",皆出自千佛洞。他欢天喜地地用这包"经"交换了5太尔(两)银子。③

由此可知,斯坦因在敦煌县城第二次购买写经的数目是25个卷子,价格是5两银子。当斯坦因在敦煌县城逗留期间,王圆禄已先期返回莫高窟,等待着斯坦因的到访。

八

斯坦因于1914年4月2日上午在敦煌县城买下第二批共25个卷子后,于当日中午1时30分离开敦煌县城,转往莫高窟,在莫高窟下安营扎寨,直到4月8日,首尾共计7天。这是斯坦因第二次中亚考察期间于1907年5月21日至6月12日间首次常驻莫高窟之后,在第三次中亚考察期间再次常驻莫高窟。以下,按照时间顺序,将斯坦因逗留莫高窟7天时间里的主要活动做一梳理。

1914年4月2日是斯坦因逗留莫高窟的第1天。关于斯坦因走到莫高窟的经过,他在4月2日日记中记录说:

> 上午10时,哈桑·阿洪(Hassan Ākhūn)出现,但他的驼队还远在后面。直到午后1时30分,行李队才启程前往"千佛洞"。所有多余的空箱子,以及穆哈默德·雅库伯(Muhd. Yakub),都被送往萨莱(Sarai,客栈)。与此同时,哈希姆(Hāshim)被衙役带到,他是我们需要的另外3头骆驼的主人。④

斯坦因于1914年4月2日下午6时到达莫高窟后,王圆禄在新建的下寺客厅里欢迎了

---

① 斯坦因1914年4月1日日记,斯坦因手稿第209号,第14v张;斯坦因手稿第216号,第21张。
② 斯坦因1914年4月1日日记,斯坦因手稿第209号,第14v—15张;斯坦因手稿第216号,第21张。
③ 斯坦因1914年4月2日日记,斯坦因手稿第209号,第15张;斯坦因手稿第216号,第22张。
④ 斯坦因1914年4月2日日记,斯坦因手稿第209号,第15—15v张;斯坦因手稿第216号,第22张。

他。斯坦因当日日记中记录说：

> 王道士在他建造的那座宽敞客厅和庙堂中，欢快地接待了我。那客厅和庙堂，正对着因出写本而闻名退迩的那个庙堂。——据他声称，他是用我赠送的礼金建造的。他专心致志地从事那些活动的迹象，随处都可看到。譬如马厩、庭院、砖窑等等，所有这些都摆放在一定的位置上，能吸引新来客的注意力。摸着黑，继续走到我从前的老宿营地。我发现，和尚的住所大为改善，这显然可以证明，该遗址的吸引力日益增加。傍晚 7 时 30 分，骆驼队出现在眼前。长时间地等待着帐篷在老果树下支起。晚上 11 时 30 分，才得以就寝。①

王圆禄在接待斯坦因的过程中，将他记录斯坦因 1907 年历次"捐款"的账簿拿出来让斯坦因过目，暗示他可用同样的方式，再将一些写经卖给斯坦因。② 关于斯坦因再访莫高窟的场景，斯坦因在《亚洲腹地》中叙述如下：

> 王道士欢快地迎接了我，并豪气十足地领我看了各种新建筑，这些新建筑都是我 7 年前最后看到这一圣地以来，他凭自己的虔诚活动建造起来的。在曾出土大量写本和绘画品宝藏的那个石窟寺对面，现在立起了一座宽阔的客房，还有一系列的小庙，里面充满了华丽而俗气的彩绘泥塑大像。附近有一个设计很好的花园，种满了水果树，还有一排排的马厩和砖窑等等，都证明这位小道士一心一意地、雄心勃勃地想恢复这个古代圣址往日的荣光与对公众的诱惑力，当然是依照他自己的观点。他告诉我说，新客栈主要是用我 1907 年赠送给他的银子建成的，当时我赠送银子是回报我得以带走的那批"挑选物"。这种说法似乎认为我有更多的"优点"，而不是靠我们两人之间曾实际经手的"马蹄银"的数目确定的。但是，这一说法暗示了他希望我再施恩惠，当然是以同样的生意为基础，这是非常让人高兴的。不管怎样，有一点毫无疑问，在王道士保存的那本漂亮的红色捐款簿上，我历次支付的款项全都一笔一笔地记录在案，他现在急切地拿出来让我查看。③

斯坦因因为初来乍到，除了和王圆禄叙旧、观察莫高窟的新变化外，当日晚上没有其他活动。

九

1914 年 4 月 3 日，是斯坦因逗留莫高窟的第 2 天。4 月 3 日一大早，斯坦因将考察

---

① 斯坦因 1914 年 4 月 2 日日记，斯坦因手稿第 209 号，第 15v 张；斯坦因手稿第 216 号，第 22—23 张。
② Sir Aurel Stein, *Innermost Asia*, Vol. I, p. 357.
③ Sir Aurel Stein, *Innermost Asia*, Vol. I, p. 357.

队员拉尔·辛格派出去考察,然后要求不善交际的李师爷前去与王圆禄交涉,让王圆禄出示写本。斯坦因当日日记记录说:

> 早晨 6 时起床。做好安排,让拉尔·辛格起程去大泉(Dachüan)和嘎顺(Gashun)。给他的指令是,探访所有的废墟。我这热心的测量员,在其长途跋涉的天性驱使下动身进山脉之前,对于寺庙等等的奇异景观,是丝毫不会注意的。李氏已做好了与王道士打交道的思想准备,其准备之充分,比我预料得要好一些。蒋氏显然不曾如此过分地谨小慎微过。①

4 月 3 日的上午和中午,在王圆禄的引导下,斯坦因与考察队员阿夫拉兹·古尔(Afrazgul)、沙姆斯·丁(Shams Din)一起再访了莫高窟的主要洞窟。

斯坦因在千佛洞第 7 号窟(Ch. VII,今编莫高窟第 55 窟)里,看到伯希和于 1908 年剥移壁画时留下的痕迹。受此鼓励,他自己也打算剥移千佛洞第 2 号窟附近 a 号小室(Ch. II. a,今编莫高窟第 3 窟)里的一部分壁画。但当斯坦因在午饭后准备与王圆禄讨论剥移壁画事、购买藏经洞写经事等具体事情时,李师爷却不知所踪。对此过程,斯坦因在 1914 年 4 月 3 日日记中记录说:

> 上午 8 时至午后 1 时间,我与阿夫拉兹·古尔和沙姆斯·丁一起,再访了所有主要的洞窟。在位于中央部分的好几个小寺窟之前,进行了大量新的清理工作。已经可以依靠一系列的通道,到达上面一层的寺窟。这些通道都是开凿出来的,野蛮无情地穿透了 50 多个窟室的壁画墙面。我遗憾地发现,由于有人企图割去一个妖怪的形象,那幅画有无马大车等等场面的大壁画(千佛洞第 7 号窟)已被损毁。王道士点名指出,做这种事的人,乃是伯希和。从列队菩萨的壁画上,一些长条画面也被割去,以致于暴露出底下一层壁画画面上的题记栏。这些事肯定也是伯希和干的。千佛洞第 2 号窟附近 a 号室(II. a.)中的精美唐代壁画,尚未受到损伤。但是在那一端的其他地方,墙壁上有大量新涂抹的灰泥层,还有数目众多的新泥塑,这些都是王氏的所作所为。在通往上一层石窟的新阶梯附近,拍摄了照片。在这里,似乎已完全覆盖了整个岩石层面的优美壁画残余,都是统一的构图。在这里绘制的天王(Dvarapala)像,尺寸巨大。吃过午饭后,又去不断地缠绕王氏。李氏潜逃而去,还带走了王氏作为欢迎礼物而拿来的果物等等。②

---

① 斯坦因 1914 年 4 月 3 日日记,斯坦因手稿第 209 号,第 15v—16 张;斯坦因手稿第 216 号,第 23 张。
② 斯坦因 1914 年 4 月 3 日日记,斯坦因手稿第 209 号,第 16 张;斯坦因手稿第 216 号,第 23—24 张。

按照斯坦因于 1907 年确定的莫高窟编号体系,千佛洞第 2 号窟附近 a 号室即今编莫高窟第 3 窟,是他于 1907 年 5 月 22 日、5 月 30 日调查、拍摄的一个洞窟。① 今天可断定,该窟为清代重修过的元代窟,而斯坦因却提到"千佛洞第 2 号窟附近 a 号室(Ⅱ. a)中的精美唐代壁画",其中一定存在着时空错位的问题,留待以后探讨。

斯坦因说千佛洞第 7 号窟(莫高窟第 55 窟)中画有妖怪形象和无马大车等场面的大壁画已被损毁,"王道士点名指出,做这种事的人,乃是伯希和",证明了伯希和于 1908 年有剥移莫高窟壁画的行为。

没有李师爷的帮助,斯坦因只好单独于 1914 年 4 月 3 日下午找到王圆禄,用蹩脚的汉语与王圆禄进行讨论。在讨论过程中,斯坦因提出剥离莫高窟壁画、再购藏经洞出土文献的要求,王圆禄均表示同意。

十

1914 年 4 月 3 日下午,王圆禄让斯坦因进入已被他用作贮藏室的今编莫高窟第 342 窟,然后从自己的窖藏中将两箱子写经搬入窟中,供斯坦因检查。据斯坦因观察,其总数达到 50 捆左右。斯坦因当日日记中记录说:

> 关于窟寺的壁画,以及剩余的写本,与王氏进行了长时间的交谈。他将两只大箱子搬入他的贮藏室中,里面塞满了大量的"经",其数量大致相当于 50 个旧的捆子。这批写本主要都是些佛教典籍,所有的卷子看上去显然都被打开过。尽管王氏声称,有用婆罗谜文等文字写成的东西,但实际上一点也没有。这点可怜的残余物,都是从粗率的处理过程中搜集并抢救出来的。疑问:道士将会接受我的估价吗?他似乎完全同意我的计划,即一旦我返回遗址的话,要剥移走一些小型的壁画。但是,在多大程度上,他的赞许会得到敦煌的善男信女们的默许和批准呢? 在暮色苍茫之中,溯着溪谷散步。天空正在放晴,风已中止。②

斯坦因既然看出写经均属他曾于 1907 年检查过的唐代佛经,说明它们是真品。此外,斯坦因还看出,这部分写本都是经过伯希和之手挑选后剩下的佛经。斯坦因在《亚洲腹地》还记录说:

> 毋庸置疑,这些漂亮的经,全都曾经过伯希和教授的手。当我本人造访这里一

---

① 王冀青《英国牛津大学藏斯坦因 1907 年敦煌莫高窟考古日记整理研究报告》,载《敦煌吐鲁番研究》第 14 卷,第 24、40 页。
② 斯坦因 1914 年 4 月 3 日日记,斯坦因手稿第 209 号,第 16—16v 张;斯坦因手稿第 216 号,第 24 张。

年之后,伯希和教授又将当时那一大批藏品中剩余下来的所有写本都检查了一遍,虽然不得不干得急了点,但确实是内行专家的老练检查。他的"挑选品"总数,大致上相当于当时所检查写本捆子总数的三分之一。几乎可以肯定,他的挑选品中,囊括了他当时能找到的所有非汉文典籍遗物以及汉文典籍中那些可立即看出具有特殊价值的写本。因此,我理所当然地不会指望从王道士小心贮存下来做"留窝蛋"的那些材料当中发现任何非常重要的东西。尽管如此,似乎仍非常有必要保护那些被王道士朝不保夕地保管着的任何汉文文书,以免它们遭受进一步损失和散落的危险,并使它们将来得以在西方受到必要的研究。①

斯坦因既然看出写经均系伯希和挑剩的物品,也说明它们是真品。

1914年4月4日,是斯坦因逗留莫高窟的第3天。当日上午,斯坦因进入千佛洞第2号窟附近a号室(莫高窟第3窟),尝试性地剥移其甬道壁画,但没有成功。斯坦因在当日日记中记录说:

> 今天是刺骨寒冷的一天,颇似欧洲的冬天。上午,前往千佛洞第2号窟附近a号室(Ch. II. a.)。剥移其主甬道上方的一些小壁画画面,通过这种方法,进行了实验工作。在剥离靠左面的有小佛的侧画面时,这项工作第一次显示出其极度困难性。灰泥层异常坚固,还混有极度纤小的麦秸,都使它牢牢地粘附在砾岩的细沙砾上。剥移下来的画壁,只能是断裂的碎片。但是,灰泥层的坚固性,又导致断裂处的边缘部位仍保持着外廓分明的状况,这样将会方便以后的重新拼接工作。位于入口处上方的2号(ii)画面,以前曾被损伤过,菩萨坐像的头部已不见踪影。对这块画面的剥移工作,一部分是成功的。剩下的一片(右下方),不得不被单独剥下。这幅壁画是一件精美绝伦的标本,所展示的轮廓线自由舒展,干净利索,这正代表了千佛洞第2号窟附近a号室中的这些唐代壁画之特点。这些绘画的绘制方法,似乎属于真正壁画的那一类,要不然就属于坦普拉(tempera)壁画的那一类,即用包含石膏的颜料做画。由亚·丘琪爵士(Sir A. Church)进行的分析工作,将是很有意义的。右侧的3号(iii)侧画面,在剥移过程中严重受损,只获得了一些残片。主题:坐佛群像,轮廓线纤细柔软。佛像双眸半闭,表情丰富。②

斯坦因记录千佛洞第2号窟附近a号室时,再次提到"千佛洞第2号窟附近a号室中的

---

① Sir Aurel Stein, *Innermost Asia*, Vol. I, p. 358.
② 斯坦因1914年4月4日日记,斯坦因手稿第209号,第16v—17张;斯坦因手稿第216号,第24—25张。

这些唐代壁画",与今编莫高窟第 3 窟中的元代壁画不符。斯坦因第三次中亚考察期间于 1914 年 4 月剥移的莫高窟壁画标本,此后一直秘而不宣,不知所踪。

十一

斯坦因在石窟里剥移壁画的同时,派李师爷与王圆禄讨论购买写经的价格问题。这时的王圆禄已经验丰富,索价很高,坚持每卷写经卖 2 两银子。斯坦因在 1914 年 4 月 4 日日记中记录说:

> 和王道士之间的谈判,仍在继续。李氏在这项工作中,和在其他工作中一样,都证明自己是无用的,也是指望不上的。李氏相信,王氏坚持每个卷子要价 2 太尔(两)的价格,这是我于 1907 年 9 月所付价钱的 4 倍左右。还指望着其态度会有所更改。①

关于王圆禄的要价,斯坦因在《亚洲腹地》中也记录说:

> 为了这个目的而进行的谈判必然是拖拖拉拉和困难重重的。在我第一次来访这里时,以及自我第一次访问之后,王道士先后做了几笔交易,积累了一些经验,确实已使他不再有宗教方面的顾忌以及更世俗的担忧。在前一次和他打交道时,这些东西使他非常难以对付。但另一方面,他那精明的生意感觉又已经被后来的访客所付的钱款唤醒,从而使他更强烈地意识到他所保留的那些东西在金钱方面所具有的价值。结果,他在谈判刚开始时毫不让步,咬定每个卷子的售价是 1907 年 10 月蒋师爷一大网捞尽时所付款数的 4 倍左右,这个价钱看上去显然是太高了。无疑,对王道士的估价起很大影响作用的一个事实是,他现在准备脱手的卷子几乎全部都是大写本,而且保存得特别好。
>
> 想要说服这位无知的道士,让他知道这些东西并非具有很大语言学价值的典籍,那还得靠蒋师爷的那种能迅速抓住对方心理并始终圆滑老练的手段。在这类事情上,虽然我从我的老师爷那迟钝懒惰的继任者那里得不到什么实际帮助,不过,最终我还是设法让我们达成了一个令双方都感满意的协议。②

斯坦因于 1907 年 9 月第二次与王圆禄秘密交易时,是用 600 两银子买 200 捆写本。1907 年 10 月蒋孝琬实施交易时购得 230 捆,近 3 000 卷,平均 2 两银子买 10 卷。按照

---

① 斯坦因 1914 年 4 月 4 日日记,斯坦因手稿第 209 号,第 17 张;斯坦因手稿第 216 号,第 25 张。
② Sir Aurel Stein, *Innermost Asia*, Vol. I, p. 358.

1914年4月4日王圆禄最初的要价,2两银子只能买1卷。从表面上看,7年间每卷售价上涨了10倍,而斯坦因却多次记录为上涨4倍左右,说明他记录价格问题时考虑到了币值变化等因素。

既然买卖双方于1914年4月4日已经谈到了价格问题,而且斯坦因"还指望着其态度会有所更改",看出王圆禄的要价应该会降低,于是斯坦因从当日下午开始,为包装购买物、离开莫高窟做准备。他在当日日记中记录说:"穆萨(Musa)报告说,敦煌行李的重量,已达2 100斤;他要随驼队返回,去取包装材料等物。开始为《地理学学报》(G. J.)撰写自10月份以来的工作汇报。"①

1914年4月5日,是斯坦因逗留莫高窟的第4天。斯坦因"从早晨开始,一直忙于为《地理学学报》撰写工作汇报的工作"。② 在白日的大部分时间里,斯坦因为千佛洞第7号窟(Ch. VII)拍摄了照片。斯坦因在当日日记中记录说:"使用阿格法(Agfa)感光版,为千佛洞第7号窟(C. VII)拍摄了照片(乘车佛陀),最低曝光度是80。"③千佛洞第7号窟即今编莫高窟第55窟,斯坦因曾于1907年6月3日为该窟拍摄过照片。④

到了1914年4月5日晚上,斯坦因和王圆禄又经过长时间讨价还价,最终达成"一口价"协议:斯坦因用500两银子买600卷写经。斯坦因在当日日记中记录说:

> 7时30分,王氏来到了我的帐篷里,和我讨价还价,直到晚上9时。最终,他同意让我拿走数目达600个卷子的一批写本,要价是500太尔(两)。我打算要用阿克天罡来支付这笔钱(这就要付600太尔[两])。他矢口否认过去曾听蒋氏说过我的一件提议,即当时我打算出5 000太尔(两),要完整地买下全部收藏品!王氏还解释说,画匠(Hua-chiang)曾通过盗用公款的方式,出售了写本。这件事发生在敦煌的衙门里,这批收藏当时被装在6辆大车里,正要被运往北京。继续写作报告书的工作,写到尼雅,直到晚上11时。⑤

斯坦因和王圆禄谈好的银价应该是甘平银500两。但斯坦因坚持要用新疆的阿克天罡支付,则需付600两,因为要考虑成色和火耗问题。因两人当时在达成经价协议时过于笼统,导致斯坦因此后向王圆禄付款时仍不断出现争议。

---

① 斯坦因1914年4月4日日记,斯坦因手稿第209号,第17张;斯坦因手稿第216号,第25张。
② 斯坦因1914年4月5日日记,斯坦因手稿第209号,第17v张;斯坦因手稿第216号,第25张。
③ 斯坦因1914年4月5日日记,斯坦因手稿第209号,第17v张;斯坦因手稿第216号,第26张。
④ 王冀青《英国牛津大学藏斯坦因1907年敦煌莫高窟考古日记整理研究报告》,载《敦煌吐鲁番研究》第14卷,第44页。
⑤ 斯坦因1914年4月5日日记,斯坦因手稿第209号,第17v张;斯坦因手稿第216号,第26张。

1914年4月6日,是斯坦因逗留莫高窟的第5天。斯坦因既于前日决定用600两(6 000钱)阿克天罡换取600卷写经,便于4月6日派考察队员伊不拉欣·伯克返回敦煌县城,运取600两阿克天罡。他在当日日记中记录说:

> 彻夜未眠,白天工作时略感疲倦。派伊不拉欣·伯克进城,去取第18号箱子,内装6 000米斯加尔(钱)。和王道士算账时,出现了新的差异。王道士一如既往,仍是个顽固不化的家伙。他让我看了一些小佛像,据说是"在沙子里"发现的。现在,已出示了12件,大概来自尚未暴露的某个窟室的墙壁上。有一些饰板,来自上层庙窟中的中楣,新建的台阶可以通达那里。它们虽然比较小,但与和阗风格更显一致。看到有损毁的危险,我必须放弃剥离更多壁画的计划,这让沙姆斯·丁感到非常遗憾。①

斯坦因和王圆禄算账时出现的"差异",应指王圆禄以阿克天罡含银量不足为由,要求再增加银两数。当日,斯坦因鉴于剥移敦煌壁画存在毁坏画壁的风险,遂决定放弃大规模剥移壁画的计划。

1914年4月6日一整天,斯坦因的主要工作是伏案写作,但也抽空将他从千佛洞第2窟附近a号室(今编莫高窟第3窟)剥移下来的壁画标本包装起来,并为该窟北墙上的壁画拍摄了照片。斯坦因在当日日记中记录说:

> 一整天,都忙着为《地理学学报》写报告,一直写到在楼兰L. A.遗址的工作。将从千佛洞第2窟附近a号室(C. II. a)中剥下来的壁画用胶粘牢,然后将它们包装起来。成功地拍摄了千佛洞第2窟附近a号室(Ch. II. a)北墙的壁画,最低曝光度是50。除此之外,一整天伏案写作。只在黄昏时分外出,短时间散步。关于在罗布淖尔地区进行探险工作的汇报。②

斯坦因既然于当日"将从千佛洞第2窟附近a号室中剥来下的壁画用胶粘牢,然后将它们包装起来",证明他第三次中亚考察期间确实剥移过莫高窟壁画,并将一些标本带出了中国。

十二

1914年4月7日,是斯坦因逗留莫高窟的第6天。斯坦因在当日上午继续写作,然

---

① 斯坦因1914年4月6日日记,斯坦因手稿第209号,第18张;斯坦因手稿第216号,第26张。
② 斯坦因1914年4月6日日记,斯坦因手稿第209号,第18张;斯坦因手稿第216号,第26张。

后为千佛洞第2窟附近a号室(今编莫高窟第3窟)等窟室的壁画拍摄照片。斯坦因在当日日记中记录说:

> 整个上午,一直为完成写给《地理学学报》的汇报而忙碌不停。上午11时,终于写完了汇报。然后去为千佛洞第2窟附近a号室(Ch. II. a)的壁画拍摄更多的照片,还为台阶上方的一个新窟室拍摄照片。在这里,可以从门廊上清楚地看到,有些绘画还没有画完。画面构图中,一些主要人物的脸部等处,已用朱色勾出了轮廓线,而其余部分则只是显露出底色,似乎是通过模板画上去的。在上一层的壁画中,可以不时地看到相同的做画方法。一排排的千佛等像中,绝大多数只是用颜料斑块表现出来。至于立体造型,则要留待以后才去完成,——如果有施主提供经费的话。①

斯坦因虽然已放弃大规模剥移莫高窟壁画的计划,但他还是于1914年4月7日令手下人剥移了千佛洞第2窟附近a号室(今编莫高窟第3窟)甬道上的全部壁画。斯坦因在当日日记中记录说:"决定将千佛洞第2窟附近a号室(Ch. II. a)甬道上剩余的壁画残片全部剥离掉,——为的是顾全面子。一些部分在获取之后,处于严重破裂状态。"②只是为了顾全"脸面",照顾早已磨刀霍霍的手下人沙姆斯·丁的情绪,而将千佛洞第2窟附近a号室(今编莫高窟第3窟)甬道上的全部壁画剥移,再一次证实了近代外国考古学家对中国西北文物随意毁坏的恶劣行径。

1914年4月7日的下午,斯坦因继续和王圆禄就阿克天罡应付款项讨价还价。其间,王圆禄两次假装要放弃交易以迫使斯坦因接受他的条件。斯坦因在当日日记中记录说:

> 午后的大部分时间,都浪费在与道士的谈判上面。他坚持,要将他的6 000米斯加尔(钱)用阿克天罡称出来。这就意味着,还要再增加36太尔(两),还有无穷无尽的烦恼事。这位奇怪的遗址理财家,两次假装要放弃这笔生意,又不得不被萨乌德(Sawud)带了回来。我多么希望,能得到蒋氏的那种机敏而又老练的帮助啊!而李氏就会坐在一边,无动于衷,就像是一根木头。而且,他自始至终还不停地吐着痰。磨蹭的软工夫,是不可战胜的。最后,我只好用银块添足了附加的重量,算是做成了这笔生意。600多个卷子,将被移交过来。至于那些"菩萨"(Pusas)像,

---

① 斯坦因1914年4月7日日记,斯坦因手稿第209号,第18—18v张;斯坦因手稿第216号,第27张。
② 斯坦因1914年4月7日日记,斯坦因手稿第209号,第18v张;斯坦因手稿第216号,第27张。

不要求为它们付款。①

斯坦因基本上答应了王圆禄的要求，除支付 600 两阿克天罡外，又多支付火耗银两，购买 600 多个卷子。斯坦因额外支付给王圆禄的火耗数，他在 1914 年 4 月 7 日日记中记载："还要再增加 36 太尔（两）"，火耗比率是 6%。而据斯坦因 4 月 7 日支出账目罗列："从王氏手中购买写本（570 个卷子），共计 6 000 米斯加尔（钱）。在从王氏手中购买写本时，因为银两重量不足而追加支付的钱款，共计 330 钱（33 两）银子"，②火耗比率是 5.5%。这两种比率，都符合斯坦因 1914 年 3 月 26 日实验性熔化阿克天罡时得出的"损失部分大约是 1—7%"的结果。但斯坦因到底按 6% 支付 36 两银子，还是按 5.5% 支付 33 两银子，因有两种不同的记录，现很难判定。

斯坦因给王圆禄付款后，于 1914 年 4 月 7 日晚上从王圆禄手中接收了经卷。由于李师爷的粗心大意，在点数卷子时，少数了 30 个卷子，实际上只拿到 570 个卷子。斯坦因在当日日记中记录说：

> 我们在曾被王氏用作住所的那个庙窟中，包装了 21 件此类泥浮塑像。至于那些较小的塑像，显然来自楼梯之上的主窟中，也许来自千佛洞第 2 窟（Ch. II）中的背后圆光上。较大的塑像，从风格上讲颇具中国式，但关于其来源，王氏讳莫如深，秘而不宣。他只是宣称，它们是在"沙子里"被发现的，而这是极不可能的事情。——包装完这些泥浮塑像后，到晚上 8 时 30 分，前去整理写本捆子。地点是昏暗的庙室地窖，这地窖是王氏的第一个"创造物"。所有的写本卷子，尺寸都很大，保存也很完好，但其中显然并不包含世俗文书。种种迹象表明，它们曾被伯希和打开过。总数是 570 个卷子，缺了 30 卷。由于李氏在点数时粗心大意，漏了这 30 卷。在高度的压力之下，我和阿夫拉兹·古尔、伊不拉欣·伯克、卡比尔（Kabil）以及我的另外两名手下人一起，在晚上 11 时完成了这项工作。与此同时，装壁画的箱子也包装完毕。③

斯坦因发现李师爷只数了 570 卷写经后，为什么不再向王圆禄索回少给的 30 卷写经呢？唯一可能的解释是，王圆禄在交易后不再认账，斯坦因也无追究之心。斯坦因在《亚洲腹地》中说："为了 500 两银子的捐款，他（王圆禄）同意将 570 件汉文写本卷子转

---

① 斯坦因 1914 年 4 月 7 日日记，斯坦因手稿第 209 号，第 18v 张；斯坦因手稿第 216 号，第 27 张。
② 斯坦因 1914 年 4 月 7 日支出账目，斯坦因手稿第 364 号，第 150 张。
③ 斯坦因 1914 年 4 月 7 日日记，斯坦因手稿第 209 号，第 19 张；斯坦因手稿第 216 号，第 27—28 张。

让我所有,——据悉,他的窖藏物由这 570 件汉文写本卷子构成。运输这批写本需要 5 只箱子,每只箱子的大小是一匹马可轻松驮起的那么大,这个事实可足以说明这批写本卷子的总体积了。"①暗示王圆禄坚称他的窖藏只有这 570 卷。

斯坦因第三次中亚考察期间获得的敦煌汉文写经数目,至此可以总结如下。他于 1914 年 4 月 1 日在敦煌县城从匿名兜售者手中购买写经 21 卷,于 4 月 2 日从同一匿名兜售者手中购买写经 25 卷。斯坦因在莫高窟逗留期间,虽于 4 月 5 日和王圆禄达成购买 600 卷写经的协议,但在 4 月 7 日只接手了 570 卷。总计,斯坦因于 1914 年 4 月在敦煌购买到的汉文写经总数为 616 卷。

斯坦因和王圆禄交易完毕后,于 1914 年 4 月 7 日在其日记中记录下他对整个交易的印象:

> 总的说来,我的印象是这样的:当解运写本去北京的命令下达之后,王氏扣留了数目相当大的一部分写本,用于交易。据说,橘(瑞超)曾以每卷 2 太尔(两)的价钱,买走了 150 个卷子。眼下这次出售活动,也绝不可能让这位道士的存货变枯竭,他这人诡计多端。②

果然不出斯坦因所料,王圆禄卖给他的这 570 卷写经,并非他的最后一部分窖藏。当俄国考古学家谢尔盖·费多罗维奇·鄂登堡(Сергей Федорович Ольденбург,1863—1934)于 1914 年 8 月至 1915 年 1 月在莫高窟考古期间,王圆禄又向鄂登堡出售了数百卷写经。③

十三

1914 年 4 月 8 日,是斯坦因逗留莫高窟的第 7 天。斯坦因于当日上午为千佛洞第 18 号窟(Ch. XVIII,今编窟号待考)壁画拍摄了照片,随后结束其第三次中亚考察期间在莫高窟的全部活动,于当日上午 11 时离开莫高窟。斯坦因在当日日记中记录说:

> 早晨 5 时起床。给那些虚伪的房东等人付款,耽搁了很长时间。随后,于上午 9 时设法让行李队出发,行李都驮在我自己的骆驼背上。穆夫提的骆驼队,则用来驮那些拟送往安西的行李。至于马队,直到上午 10 时才到达。爬上千佛洞第 18 号窟(Ch. XVIII),再次为那块栩栩如生的壁画中楣拍摄了照片,画面中有骑兵军

---

① Sir Aurel Stein, *Innermost Asia*, Vol. I, p. 358.
② 斯坦因 1914 年 4 月 7 日日记,斯坦因手稿第 209 号,第 19 张;斯坦因手稿第 216 号,第 28 张。
③ 王冀青《国宝流散:藏经洞纪事》,第 119—126 页。

队的行进队伍等等。——上午 11 时,开始顺着溪谷向下游行。向王氏告别,他要忙着去应付那些大腹便便的访客们。是什么样的迷信动机,将这些并不信教的俗人们吸引到这些寺庙中来的呢?他们允许这些寺庙被人糟蹋和劫掠,竟然无动于衷。王氏给他们留下的印象,不可能是一个具有宗教智慧的人。①

斯坦因离开莫高窟后,前往敦煌以北地区考察长城烽燧遗址,于 1914 年 4 月 13 日到达安西县。斯坦因在《亚洲腹地》中记录道:"在安西城,我来到了这样一片地面,我在前一次考察期间曾在那里长时间逗留过两次,因此已经对那里很熟悉。这个位于亚洲腹地最大十字路口之一的穷困风吹之地,再次成为我的临时根据地。我一到达这里,就在我那寺庙老住所里以及在当地简朴的衙门里受到热情的欢迎,我当然有理由为此感到高兴了。"②

斯坦因在安西逗留期间,于 1914 年 4 月 13 日给阿伦写的信中,这样介绍他在莫高窟的收获:

> 自我从敦煌给您写信之后,我已在千佛洞脚下度过了 5 天时间,颇有收获。在 7 年前,我第一次密查了那一大批窖藏品。一年后,伯希和到访。随后,有人奉命将它们转运到北京去。当时,诚实的王道士简直太敏锐了,竟然扣留隐藏了大量纪念品。现在,我得以从这一"窖藏"中,再获得满满 4 箱子写本。当然,要想得到它们,又不至于做出不相称的牺牲,我需要进行大量的谈判工作。但最终我还是成功了,尽管没有蒋氏的帮助。③

斯坦因此前说所获 570 余卷写本装满了 5 箱子,现在又说装满了 4 箱子,可能是他离开敦煌后在运输过程中压缩包装所致。

斯坦因逗留安西期间,拜访了安西县县知事颜应麟。为了能在接下来的考察中轻装前进,斯坦因仿效 1907 年第二次中亚考察期间的做法,将此前发掘出来的文物以及多余的行李都存放在安西县县衙内。斯坦因在《亚洲腹地》中记录道:

> 在 1907 年,安西县县衙门确实是一处适当的地方,储存了我们多余的物品。现在,安西县的行政长官是一位简朴的县官,不再表现出官员特有的那种尊严。他有意帮助我们,于是我们便能再次将我们的多余行李寄存到安西县县衙门这个安全存放地,其中包括自从我们离开楼兰后沿途搜集到的所有文物。忠诚的伊不拉

---

① 斯坦因 1914 年 4 月 8 日日记,斯坦因手稿第 209 号,第 19v 张;斯坦因手稿第 216 号,第 28—29 张。
② Sir Aurel Stein, *Innermost Asia*, Vol. I, p. 370.
③ 1914 年 4 月 13 日斯坦因致阿伦信,斯坦因手稿第 11 号,第 49v—50 张。

欣·伯克(Ibrahim Beg)再次被留了下来,以警卫衙门的仓库,并保证仓库里存放的东西不受潮湿。安西这个地方很容易遭受来自山区的雨水的偶然侵袭,我们在1907年6月和9月有过经验,现在有必要提前预防。①

1914年4月18日,斯坦因离开安西县,于5月2日到达肃州。随后,斯坦因在额济纳河下游的哈拉浩特遗址考古。从1914年5月27日开始,斯坦因在哈拉浩特遗址及其周围地区进行大规模的发掘,获得大批文物。

斯坦因还在甘肃考察时,第一次世界大战于1914年7月28日爆发。斯坦因结束了他在河西走廊的考察后,于1914年9月20日离开甘肃,于10月3日到达新疆巴里坤,于10月25日到达吐鲁番。此后几个月时间里,斯坦因在吐鲁番进行大规模考察。斯坦因结束在新疆东部的考古后,于1915年2月16日离开吐鲁番,起程西返。4月4日,斯坦因在新疆、甘肃获得的文物先行运抵英国驻喀什噶尔总领事馆。斯坦因于5月31日返回喀什噶尔后,于7月6日完成了对文物箱子的包装工作,一共装了182箱子。7月6日,斯坦因离开喀什噶尔,从帕米尔高原出中国境,先进入俄属中亚考察,后在波斯考察。考虑到第一次世界大战正酣,斯坦因临行前做出安排,将其第三次中亚考察期间在中国所获全部文物,包括购获的最后一批藏经洞文物,直接从喀什噶尔南下运往英属印度。7月29日,拉尔·辛格押送着这批文物离开喀什噶尔,经拉达克列城,于10月份运抵克什米尔首府斯利那加。斯坦因结束其第三次中亚考察后,于1916年3月中旬到达斯利那加,与其文物搜集品会合。

由于欧洲是第一次世界大战的主战场,斯坦因第三次中亚考察所获文物无法立即运回英国,所以斯坦因决定将文物暂时存放在斯利那加,由其助手弗里德里克·亨利·安德鲁斯(Frederick Henry Andrews, 1866—1957)在这里进行初步整理。这批文物在斯利那加一直存放到第一次世界大战结束后的1920年,这一年才被运往英国伦敦,入藏大英博物院。

(作者单位:兰州大学敦煌学研究所)

---

① Sir Aurel Stein, *Innermost Asia*, Vol. I, p. 371.

评王子今《汉简河西社会史料研究》

孙兆华

自西汉张骞通西域，汉武帝设置河西四郡——张掖郡、酒泉郡、武威郡、敦煌郡，古丝路发挥了沟通亚欧文化的重大作用。汉代河西四郡所在的河西走廊作为古丝路的重要一段，从20世纪初开始陆续出土了数量颇多的汉简，河西汉简作为丝路文明的载体之一，是反映汉代河西社会生活实况的第一手资料，是记录农耕民族与游牧民族文化交融的宝贵文献，具有重要的学术价值。收入"欧亚备要"丛书的王子今著《汉简河西社会史料研究》（商务印书馆，2017年）是以河西汉简为主要史料，全面描述河西汉代社会风貌、细致反映丝路文明的一部新著，可以看作推进秦汉社会史研究和丝绸之路史研究的又一新作，值得学界瞩目。

全书分为五部分，分别从社会环境、社会构成、社会生活、社会身份、社会控制等角度来透视汉代河西的社会风貌。并附录"简牍学与汉代河西社会研究的学术史"，收有6篇河西汉代简牍研究的学术评论。

第一部分"汉代河西社会环境"有六节。《北边交通与汉帝国的文化扩张》是作者对汉代"北边"交通的宏观考察，其中涉及"河西四郡的设置与丝绸之路的开通"。作者又关注长城与西北交通的关系，即《西北古代的交通与长城》，其中"长城防线又有循城垣的道路相通"（第19页）的讨论引人注目。作者是研究秦汉交通史的大家，最著者当推用功甚多的《秦汉交通史稿》（中共中央党校出版社，1994年；中国人民大学出版社，2013年增订版），此外，近年还有《秦汉交通史新识》（中国社会科学出版社，2015年）、《中国古代交通文化论丛》（中国社会科学出版社，2015年）、《秦汉交通考古》（中国社会科学出版社，2015年）、《战国秦汉交通格局与区域行政》（中国社会科学出版社，2015年）等书。所以第一部分对于交通史的研究是非常值得一读的。《"不和"与"不节"：汉简所见西北边地异常气候记录》《汉代西北边塞吏卒的"寒苦"体验》《"居延盐"的发现：兼说内蒙古盐湖的演化与气候环境变迁》《简牍资料所见汉代居延野生动物分布》

四节,内容贴近实际,读来饶有兴味,是研究秦汉生态环境史方面的学术新裁。作者前著《秦汉时期生态环境研究》(北京大学出版社,2007年),内容更为宏富,可作相关参阅。

第二部分"汉代河西社会构成"有五节,分别就汉代西北边防的"客"、"卒妻"及未成年人身份进行了讨论。对于河西汉简所见长安人及"诸陵县"人的记录也分别有所分析。关于"客",人们会想到漫漫丝路上的旅人或者远方来客,《汉代西北边地的"客"》一节则就河西汉简指出:"所谓'客',除标识使团成员身份外,大多反映了当时西北边地人口构成中带有较显著流动性的特殊人群的存在。"(第68页)作者曾出版过性别史的诸多论著,如《中国女子从军史》(军事谊文出版社,1998年)、《古史性别研究丛稿》(社会科学文献出版社,2004年),在深厚的学术积淀之下,在《汉代军队中的"卒妻"身份》一节里,作者论述了居延汉简、敦煌汉简所见"卒妻"对战争生活的参与。在《汉代西北边塞军事生活中的未成年人》一节指出:"这些未成年人均作为军人家属出现在名籍等资料中。关注少年儿童在人口构成中的比率,可以了解当时当地社会生活的一个侧面。讨论他们在军事环境中的生活,对于认识当时战争史、社会史,都是有意义的。边地战争对未成年人造成的生存危害和生活艰险,可以通过史籍记载的相关内容有所体会。"(第95页)其余两节涉及河西边地与西汉中枢地区的关系。《汉代河西的长安人》对长安人在河西的历史表现进行了考察。《河西汉简"诸陵邑"史料》则对汉简所见来自长安"卫星城""诸陵邑"者在河西地方的行为纪录进行了分析。

第三部分"汉代河西社会生活"有八节。反映汉代河西饮食生活者如《"酒"与汉代西北边地社会生活》《悬泉置〈鸡出入簿〉小议》《居延〈盐出入簿〉〈廪盐名籍〉研究:汉塞军人食盐定量问题》《汉代河西军民饮食生活中的"酱"与"豉"》,都是由细微见宏大,就小题目展开大论说,许多意见富有趣味。《居延女子的婚龄》《边地未成年人生活》言及妇幼,与第二部分的相关内容可以参照对读。特别值得一谈的是《肩水金关疑似"马禖祝"简文》一节,由金关汉简简文"……乳黍饭清酒至主君所主君……"而联系到睡虎地秦简《日书》甲种"马禖祝"相关内容,体现了作者研读史料的功力(作者曾著《睡虎地秦简日书甲种疏证》,湖北教育出版社,2003年),该节的研究推进了对于河西边防系统军人祈祝马免除病疫这种礼祀形式以及"乳"进入汉代饮食生活的认识。"乳"的饮用,体现了中原农人对草原牧人生活方式影响的接受。

第四部分"汉代河西社会身份"有六节,分别探讨了"明府""寒吏""粪土臣""歌人""车父"和"胡骑"等称谓或身份。若读者意犹未尽,还可参读作者八十多万字的煌煌巨著《秦汉称谓研究》(中国社会科学出版社,2014年)中更完备的论述。

第五部分"汉代河西社会控制"有六节。《额济纳〈甲部士吏典趣辄〉简册释名》对额济纳汉简里颇具争议的《甲部士吏典趣辄》简册进行了细致的解读和分析。《汉代河西"客"与"客田"管理》一节,可对照第二部分的相关内容,而关于"客田",作者申明可放弃"容田"之说,认为:"'客田'有时指作田土,可能即'与一般私有土地不同的一种特殊性质的田',有时指经营这种田土的行为。"(第298页)《汉代西北边境的"亡人"及相关对策》《居延汉简"渠率"购赏文书》《居延发现的"临淮海贼""购钱"文书》《居延汉简所见"拘校"制度》则涉及当时河西汉塞推行的诸种具体的行政制度。

附录部分有六节。《陈梦家与简牍学》概述了前辈学者陈梦家先生对简牍整理与研究做出的巨大贡献,体现了作者对陈梦家先生的推重和景仰,正如作者所言:"由于陈梦家的工作成绩,中国大陆的简牍研究在20世纪60年代并不落后于海外,而此后大陆地区的简牍学,也因此具有了良好的学术基础和合理的科学导向。"(第361页)《林剑鸣及其〈简牍概述〉》是对师辈学者林剑鸣教授简牍学研究的概述。《简牍学新裁——评张德芳著〈敦煌马圈湾汉简集释〉》是对朋辈学者张德芳先生《敦煌马圈湾汉简集释》的评介,里面中肯的释文意见值得汉简研究者注意。《简牍学教程》一书是第一部简牍学教材,《评〈简牍学教程〉》表达了对此书的相当肯定。《赵宠亮〈河西汉塞吏卒生活研究〉序》《陈宁〈秦汉马政研究〉序》则是对后学研究成果的推介和鼓励。

综观该书,可以发现:第一,题为《汉简河西社会史料研究》,以河西汉简为主要史料,但并不囿于此,作者的研究还充分利用了传世文献、考古资料以及其他多种出土文献等。第二,该书体现了作者见微知著的学术功力。"抓住了散乱简牍所见许多常人不易掌握的细节,从微观入手,通过归纳分析,结合传世文献所载,得出不少宏观的结论,颇多独到之处。"(李均明《序》)第三,该书反映了作者开阔的学术视野和广泛的研究兴趣。作者是著作等身、笔耕不辍的秦汉史学者,该书脱胎于三十篇文章,进行增补、编排之后汇成三十七个题目,涵盖社会史、交通史、生态环境史、性别史、军事史、饮食史、行政史诸多领域。此外,该书可商榷之处在于第三部分《边地未成年人生活》一节,篇幅稍显短少。

简牍学研究大家李均明先生认为:"《汉简河西社会史料研究》一书视野开阔、方法严谨,所涉及皆为史学重大课题。全面分析了汉代河西的社会环境、社会构成、社会身份、社会控制,也对前人研究河西的成果给予中肯的评价,同时准确指出河西制度与内地制度之异同。作者对传世文献的应用固然得心应手,对简牍资料的理解也有许多过人之处。因此,此书的出版不仅对秦汉史学,对简牍研究的深入也必将起着巨大的促进作用。"(李均明《序》)如果把视野从汉代河西地方扩大到更辽阔的欧亚大陆,那么王子今著《汉简河西社会史料研究》对丝路文明研究的推进也是巨大的。

(作者单位:首都师范大学历史学院)

丝绸之路佛教语文学研究的开创之作
——辛岛静志《佛典语言及传承》简评

徐文堪

《佛典语言及传承》是辛岛静志教授2016年出版的中文论文集（中西书局，2016年12月）。除"后记"外，全书收录论文二十篇，内容均与佛典语言和佛教文献学有关。作者研习佛教文献学至今已近四十年，论文集的主要精神则是通过对汉译佛典的深入探讨，从而弄清佛典语言的源流，并对佛教思想史的一些相关问题进行研究。书中最后一篇论文是对藏译佛经的文献学研究。

佛门典籍浩瀚，历代的汉文译经和各类撰述不仅是研治佛学和佛教史的必备材料，同时也是语言学研究的重要语料。19世纪后期以来，内陆亚洲及丝路沿线地区包括敦煌吐鲁番、黑水城、中国藏区、克什米尔西北境的吉尔吉特（Gilgit）、尼泊尔、阿富汗、巴基斯坦、中亚都发现了用各种文字书写的经典残卷和铭刻，这些出土文献中的绝大部分都可以称为"佛教文献"，使用的语言有梵语、俗语（Prākrit）、于阗语、粟特语、大夏语（Bactrian）、AB吐火罗语、藏语、西夏语、古突厥语（回鹘语）、蒙语等。这些新发现开创了语文学、语言学和佛学研究的新纪元。

同样，由于以上的发现，对佛教汉语的研究已经超出了传统汉学研究的范围，正在成为一个新的跨学科的研究领域。著名学者拉莫特（Étienne Lamotte，1903—1983）、狄庸（J. W. de Jong，1921—2000）、汤山明（Akira Yuyama）等也都强调过佛教文献学和语文学的重要性。而在当代，该研究领域的领军人物非辛岛静志教授莫属。他身体力行，逐字逐句精读汉语佛典，对古汉语的词汇、音韵和语法皆进行深入研究，努力吸取中外学者的新成果，并将汉文佛典与现存的梵文、俗语以及各种中亚语言遗文加以对照，得到了一系列超越前人的新成果，从而把佛教语文学提升到了一个新高度。而《佛典语言及传承》一书研究的各种佛典语言都在古代丝绸之路沿线使用，所以将其视为丝路佛教语文学研究的开创之作，绝非过誉。

辛岛教授出生在日本九州的一座净土真宗寺庙,其家族一直担任该寺庙的住持。年轻时,辛岛教授考入东京大学,开始学习法语和法国文学,同时学习汉语。到了大学三年级,转而学习佛学、梵文、藏文。在日本国内求学期间,对辛岛影响最大的学者是汉学家福永光司(1918—2001,中国思想史和道教研究的权威)教授和印度学家原实(1930—,日本学士院会员)教授。攻读硕士期间,剑桥大学的 John Brough(1917—1984)教授来到日本讲学,辛岛受到启发,意识到重新研究汉译佛典十分重要,而要从事这一研究,需要掌握大量跨学科的新知,留在日本国内恐难以取得进展。同时,原实教授也鼓励他到国外求学,于是在1985年,辛岛开始了十年的海外留学生涯(1985—1994)。

辛岛留学的第一站是英国剑桥,指导教授 K. R. Norman。Norman 教授是巴利语、犍陀罗语、古代和中世印度俗语的权威,辛岛在他那里接受了系统的印度语言的训练。1987年,辛岛来到北京,并在1989年秋跟随季羡林先生攻读博士学位,他的论文题目是《法华经汉译本与梵藏本对比研究》,1991年夏完成。离开北京后,他前往德国弗莱堡,师从封兴伯(Oskar von Hinüber)教授学习印度学三年。

历经十年的海外求学,辛岛先生回到日本,抱着汉学、印度学、佛学齐头并进的治学理念,对佛典文献学展开了精细研究。他在创价大学取得了教职,创办了该校国际佛教学高等研究所,担任研究所教授兼所长。研究所从1998年开始,出版《年报》(*Annual Report of The International Research Institute for Advanced Buddhology at Soka University*,即"ARIRIAB",至2017年已出版20号)和专刊,在国际佛学界产生了巨大影响。辛岛先生除用中、日、英、德、法各种文字发表了大量论文外,主要著作有《〈长阿含经〉原语研究》《道行般若经校注》《道行般若经词典》《正法华经词典》《妙法莲华经词典》《大英图书馆藏中亚出土梵文断简》《大众部出世间部律〈威仪法〉研究》《圣彼得堡藏中亚出土梵文断简》等(其中有一部分与其他各国学者合作完成)。

《佛典语言及传承》一书所收的二十篇论文,精义纷呈,充分反映了辛岛教授在佛教文献学和佛典语文学方面的主要观点和研究成果。一些论文原是用日文和英文写成,译成中文后又予以增订,为读者阅读提供了方便。

开首三篇论文《汉译佛典的语言研究》(一至三),发表于1997—2008年,显示了作者对这一问题研究的不断深入。他以为,汉译佛典,尤其是时代较早的所谓古译、旧译佛典,使用的汉语与中国古典汉语有很大不同。究其原因,主要在于一方面来自印度、中亚等地的译者,为了表达当时中国没有的概念和思想,翻译时创制了大量新词,使用已有的汉语词汇时也往往脱离本义，因而产生了许多难解的新义；另一方面，为了教说大众，译者往往使用当时汉语的口语表达，而这些口语词汇和语法现象在一般的汉语词典和语法书中是很难查到的，这更加大了正确解读汉译佛典的难度。因此，必须把汉译佛典的词汇、语法与梵语等佛典或异译相比较，才能正确解读译文，揭开疑团。

作者又指出，将汉译佛典和梵语、巴利语等进行对勘，也不能仅靠查词典或只对照相应的单词，因为在保存至今的大小乘梵语写本中，不少在当初传播时用的中期印度语，以后随着时代的推移而逐渐梵语化。因此，必须逐词进行比较，对于音译词还要注意汉语音韵学的问题。此外，汉译佛典中难解的词语指的是物品或器物时，还要参考出土的实物。对于释读过程中产生的疑难，作者在三篇文章中一一举出实例予以说明。例如，对《长阿含经》的原语，很多学者因为找出了一些表现犍陀罗语特征的例证，往往断言该经可能译自犍陀罗语。而辛岛先生对其中出现的音译词进行了全面分析，发现其中大约五百个音译词在梵语、巴利语中有对应词。① 这些词中有些具有犍陀罗语特征，有些则与印度西北犍陀罗语具有不同之处。通过缜密的研究可以发现，这是一个复杂的混合体，除犍陀罗语之外，还包括其他中世印度语、地域方言、梵语等多种要素。

书中第四到第六篇论文是对早期和中古汉译佛典语言的具体研究。辛岛教授在2010年出版了一部《道行般若经词典》，收录了支娄迦谶（Lokakṣema）于公元179年译出的《道行般若经》（*Aṣṭasāhasrikā Prajñāpāramitā*）中一千五百条词汇，逐条加以注释，同时每个条目都附上了与其相对应的梵本、藏译本和六本（从三国吴支谦译《大明度经》至北宋施护译本）"异译"中的词汇，从而让读者可以俯瞰自东汉到宋代汉译佛典词汇的演变。第四篇论文的中心内容就是支娄迦谶和支谦的译经对比。第五篇是对《道行般若经》与诸异译本及梵文本进行比较研究，并对经中出现的难解词汇进行介绍和解说。第六篇论文以《道行般若经》"异译"本与《九色鹿经》为例，说明如何利用"翻版"研究中古汉语的演变。所谓"翻版"，就是后来的译者为了满足信徒的需要，以当时流行的措辞和通畅自然的语言，代替旧译中晦涩不自然的表达。辛岛通过对佛经语汇的研究，进一步指出，隋唐以后历代经录记载的佛经译者的归属多不可靠，所以首先应该研究译者可靠的佛经。在此基础上，将中古时代的译经按时间顺序重新排列，不应轻易将译者还不能确认的佛经作为研究汉语史或思想史的材料。

第七篇和第八篇论文是对编辑《佛典汉语词典》的构思。作者设想，首先对有梵、

---

① 辛嶋静志《〈长阿含経〉の原語の研究——音寫語分析を中心として——》，东京：平河出版社，1994年。

藏文本或巴利文对勘材料的汉译佛经进行对比研究，然后为各种有代表性的佛典编纂专书词典，最后予以归总，从而编出一部以汉语佛典为材料的《佛典汉语词典》。

第九篇论文讨论《撰集百缘经》的译成年代，主要介绍日本学者山本充代博士的《关于〈撰集百缘经〉的译出年代》一文，① 以及她在京都大学提交的博士论文《Avadāśataka 梵汉比较研究》(1998年，第17—26页)。辛岛认为山本博士的研究富有说服力，该经大概出现在公元六世纪中叶。

第十篇论文题为《〈列子〉与〈般若经〉》，指出《列子·仲尼篇》"善射者矢矢相属"章是对无叉罗、竺叔兰291年译出的《放光般若经》的抄袭，故该章的撰写应在291年之后。至于《列子》的撰写者，据辛岛考证，可能是张湛的祖父张嶷，或者是张湛的父亲张旷。关于《列子》是一部魏晋时代伪书的问题，古今学者都有论考，在学术界已成定论。该文在这个基础上又提出了前所未及的新证据，令人耳目一新。

第十一篇论文《佛典语言及传承》，该文认为，初期大乘佛典是在公元前后不断创作的，因此在研究时必须注意到三点：(1) 初期大乘佛典本不是通过梵语，而是通过口语传承的；(2) 最初的佛典并未写成文字，而是口头传承的；(3) 经典不是一成不变，而是不断变迁的。现在大多数学者把最早写于十一世纪、多数写于十七世纪的梵文写本视为原典，这实属错误。

第十二篇论文《盂兰盆之义——自恣日的"饭钵"》，讨论的是《盂兰盆经》的真伪。《盂兰盆经》一直被认为是一部伪经，但辛岛指出，经的内容与思想有印度佛教的背景和基础，其中使用的汉语词汇较鸠摩罗什所译经典更具古风，而与竺法护(Dharmarakṣa)的翻译风格相似。由此可见，《盂兰盆经》不是伪经，而是公元3—4世纪由竺法护或其他译者自一部印度原典所作的汉译。

第十三篇论文《〈八千颂般若〉是在犍陀罗以犍陀罗语产生的吗》，该文介绍了写在桦树皮上的犍陀罗语写本残片，1999年在毗邻阿富汗的巴基斯坦西北部边陲巴焦尔(Bajaur)出土，德国学者 Ingo Strauch 博士等对此进行了研究，还有同样来自阿富汗北部、被称为"Split"藏品的犍陀罗语大乘经残片。辛岛认为，健陀罗语本《八千颂般若》与现存支娄迦谶汉译的《道行般若经》原本属同一系统，其原典语言可能是犍陀罗语，经典本身的形成在北天竺，实际上就是犍陀罗地区。另一方面，现今还保存着从阿富汗巴米扬地区发现的梵语断简。由此，作者推测，这部文献在其传播的早期分为了两支，

---

① *Journal of Pali and Buddhist Studies*, vol. 8, 1995, pp. 99–108 (in Japanese).

即古老的犍陀罗语本和较新的贵霜时代梵语本。此外,文中还对《八千颂般若》最后部分常啼菩萨故事和佛像起源问题进行了讨论。

第十四至十七篇论文是一组,均与《法华经》有关。

第十四篇《〈法华经〉语言的一些特征》认为,保存在旅顺博物馆的《法华经》中亚残本(1997年由蒋忠新教授出版了图录和转写本)保留了许多中期印度语形式,有一些明显是更早的东部方言形式,而其他现存写本在面貌上更加梵语化。因此,推测最初传播《法华经》所用的语言即使不是纯正的中期印度语,也应是混有其成分的梵语。含有许多包括东部方言在内的中期印度语形式,后来逐渐被佛教梵语所取代。

《〈法华经〉中的乘(yāna)和智慧(jñāna)》对《法华经》各梵语写本的异同,梵本与竺法护译《正法华经》、鸠摩罗什译《妙法莲华经》之间的不同之处进行了详细的分析,指出 mahāyāna("大乘")、hīnayāna("小乘")、buddhayāna("佛乘")等词是由原来的 mahājñāna("大智")、hinajñāna("小智")、buddhajñāna("佛智")等词产生的,原文中 yāna 并无汉语词典中所说的"运载"、"乘载"之义,而是有"移动、步行,旅行;道路,途径;马车、船等运载工具"等意思,在佛教中具体指六波罗蜜等修行或佛的教法,至于"运载、乘载"之义,则是后来在中国出现的误解。

《谁创作了〈法华经〉——阿兰若比丘与村住比丘的对立》,该文追溯了《法华经》形成的过程,认为可以分为四个阶段。《法华经》的创作者及早期持有者是村住比丘,或是那些虽居于村落之外,却有村住倾向的比丘,他们在寺院中属于弱势群体。在第一、第二阶段,《法华经》的较古部分被创作出来,而般若思想体系在南印度、犍陀罗地区及其他地区发展起来。后来,很可能在西北印度,这两种不同的经典相遇,《法华经》受到般若文献的影响,增补了第三阶段的内容。再后,又遇到了一些其他信仰因素,如观音、阿弥陀、普贤和陀罗尼等,从而将第四阶段的内容也加入了进去。该文从文献学入手,对研究大乘经典的起源有重要意义。

在为数众多的佛教菩萨中,观音(Avalokitasvara)是从古至今最受人信奉的菩萨之一。观音信仰大约产生于古代印度文化圈,后来传播到中亚、东亚、斯里兰卡及东南亚,广泛且深入人心。尽管出现了大量相关论著,但对该信仰起源及菩萨名字的由来并未说清楚。《〈法华经〉的文献学研究——观音的语义解释》一文以《法华经·普门品》为中心,试探菩萨名字的由来及变迁。辛岛通过极其细致的语文学分析,认为在《普门品》的偈颂中,不是"观音菩萨",而是"观念菩萨",这样的理解更接近本义。

第十八篇论文《阿弥陀净土的原貌》,讨论"净土"是"洁净的土"还是"被洁净的土"。辛岛指出,严格从词源来说,"净土"本义是"被洁净了的土",但鸠摩罗什的译文中也把它用作"洁净之土"。"净土"一词初始还是一般名称,但在唐代以后,意思发生了变化,主要指阿弥陀佛极乐净土。古《无量寿经》中的阿弥陀佛国,后来被称为"净土",这一表达是鸠摩罗什在《般若经》"净佛国土"思想的基础上创作出来的。《无量寿经》的古译中看不到《般若经》的影响,但在以后的诸译、梵藏本中影响则非常明显。古《无量寿经》(即《大阿弥陀经》和《平等觉经》的原典)问世后,受"般若洪水"与"梵语化洪水"影响,逐渐发生了各种质变,以往的研究者几乎都未曾注意到这些变化。论文的中心则是由语文学研究入手,进而展开佛教思想史研究。

第十九篇论文题为《谁是一阐提(icchantika)》。巴利文《清静道论》中几次出现 icchati 这个词,意为"主张"或"承认,认可"。梵文的 icchantika 出现在如来藏系大乘《涅槃经》《楞伽经》《宝性论》和《翻译名义大集》中,按辛岛的看法,被称为 icchantika 的僧人是传统佛教学者,不承认新兴的大乘经典。但随着时代的变迁,这个词从"主张者"的意思逐渐被理解为"欲求(轮回)的人们"。词义的变化可能显示了严厉批判如来藏思想,认为反映该思想的大乘《涅槃经》为非佛说的人(即"一阐提")从眼前消失了。这一变化也许说明信奉如来藏思想的人日益增多,或是传统大乘佛教的僧人已经接受了如来藏思想。

第二十篇论文是《论〈甘珠尔〉的系统对藏译佛经文献学研究的重要性》。藏文"甘珠尔"意为佛语(bka')的翻译('gyur),即佛说经典的译文,包括律藏。论文对《甘珠尔》的系统进行了详尽的分析和说明,开头还提及瑞典斯德哥尔摩国家民俗学博物馆藏有 1933 年在新疆和田出土的《法华经》藏译写本,可能写于公元 8 世纪左右,时代较《甘珠尔》中的《法华经》藏译本早。辛岛指出,在进行藏学文献学研究时,不应该把重点放在距离现代较近的本子上,而应在厘清各个版本关系的基础上,使用较古老的写本和刻本。

正文之后,附有"征引文献、缩写和符号",共计 40 页,所列文献达数百种,是一个极有用的专题书目。

作者在书中一再强调的是,自释尊时代起,佛典就不是通过梵语,而是通过口语传承的。无论是小乘佛典,还是大乘佛典,直至三世纪,大体上都是通过口语传承的。自三世纪起,口语逐渐为梵语所替代。四世纪时,梵语化有了较大的推进。从东汉开始,佛典传入中国并被翻译成汉语。五世纪到达中国的佛典吟诵者及翻译者中不少人来自大夏(吐火罗)、克什米尔等"大犍陀罗文化圈"(包括今天的巴基斯坦西北部、阿富汗东部、乌兹别克斯坦南部等),其母语应该是巴克特里亚语(大夏语)、犍陀罗语等,[①]他们传承的佛典也应是与这些语言有关的。但从公元四世纪到五世纪,即鸠摩罗什前后年代,翻译佛典的原语应该是口语(俗语)与梵语混合的一种语言。当然每部经典的情况各有不同,需要研究者有针对性地研究每一部经典,才能得到准确的结论。

补记:关于《列子》语言的最新专著,是魏培泉著《列子的语言与编著年代》,台北中研院,2017年出版。

(作者单位:汉语大词典编纂处,复旦大学文史研究院)

[①] 关于说伊朗语各族的佛教,请参阅恩默瑞克(R. E. Emmerick, 1937—2001)《伊朗语民族之佛教》(林磊编译),载《新疆文物》2017年第1期,第107—118页。

（上接第260页）史之间不知何时形成的壁垒,为其设置一个大大的通风口,就算原有的建筑上出现了裂缝,甚至是垮塌了也没什么关系。只有在此之上,才能克服妨碍构建世界史体系过程中的技术难关"。他主张打通历史的关节,构建世界史。

《菩萨蛮记》的前半部分《西亚游记》,如实记述了宫崎到过的国家和地区,分别有土耳其、叙利亚、黎巴嫩、伊拉克、巴勒斯坦托管区、埃及。西亚各国的风土人情也被鲜活地刻画了出来。托普卡珀故宫内陈列的遗物如中国产的铜镜等,"都表现出了东西混合的土耳其文明的特点"。(第290页)在土耳其,既有因孩子加入土耳其国籍并在伊斯坦布尔做生意,因此自己也来到土耳其的苏格拉底老人;也有热情为宫崎指路的土耳其少年。宫崎在尼罗河的中游卢克索,"沿着大路散步时,有阿拉伯人嬉皮笑脸地来搭话,这种人基本上都是导游。其中有些人一开始会装作打听时间,问一下'现在几点了'什么的,一副若无其事的样子,聊得投机了,再说出想为你做导游的本意,如若不应,则一直纠缠不休。这情景如同姜太公钓鱼的场面,周文王说了句'能钓到吗',便凑了过来。在竞争激烈的生存环境下,各种战术层出不穷"。(第366页)还有令宫崎气愤不已的"小姑娘与口袋",令宫崎欣喜的明成化年间的碎陶片。当然,还有面对滴水不漏的精明商人时,宫崎也不得不绞尽脑汁全力周旋,与其斗智斗勇,最后买到了《古兰经》的抄本,用宫崎自己的话说,"对方没怎么坚持就很快地答应了"！准确又极生动的用词,使得一幅幅画面形象展现。

《菩萨蛮记》的后半部分《西亚历史概述》,是为了作答读者"可能兴起对西亚在历史上究竟为何等地域的好奇"。而在这看似粗略概述西亚历史的不多的篇幅里,我们注意到宫崎对叙利亚交通地位的重视:"这里所说的叙利亚地区,不仅指现在的叙利亚、黎巴嫩一带,有时还要稍稍往南,把腓尼基、巴勒斯坦一带包含在内。这里需要特别强调的是,叙利亚这片土地,除极为特殊的情况之外,在政治上从来都没有做过庞大帝国的中心,但在经济、文化上却有着非常重要的意义,占有特殊的地位。以至于在某种意义上甚至可以说,古代东方各国的历史,是围绕着叙利亚这根轴运转的。"叙利亚的枢纽地位,毋庸置疑。

控扼东西交通要道的叙利亚,很早便发挥它的重要作用。自中国或印度通往地中海沿岸的两条交通干线中,一是从中国经中亚,沿里海南岸,横穿幼发拉底河上游,到达叙利亚的地中海海岸;一是从印度经波斯湾口,沿幼发拉底河而上,在埃德萨附近舍船登岸,横穿叙利亚,到达地中海海岸。而十字军在叙利亚激战不已,"极大地阻碍了东西交通贸易的发展"。

在《论考》中,宫崎不止一次讲到交通之于地域历史研究的重要性。下卷中《十字军对东方的影响》则从十字军爆发的原因,十字军交战的双方与中国通好背后原因的分析等方面,说明应从东西联通的角度来重新考察十字军对东方的影响,而不是仅仅考量其对西方的影响。苏伊士运河、叙利亚、海陆丝绸之路、大运河,可以说,宫崎将这些交通点或线连接起来,东可通日本,西可达中亚、西亚、欧洲。这种将东西历史进行比照,从东西交通的角度切入对历史史实的研究,不能不说是宫崎史学的鲜明特色。

其实,《论考》中涉及东西交通的篇目还有很多,比如《东洋的近世》《中国古代史概论》。通过严密的论证和绵密的叙述,宫崎将看似不相关的事件联系在一起,从而丰富了研究对象本身,东西交通的宏大视野,将东洋史放入世界史的维度进行研究,也使得历史图像更为立体。或许,只有将区域史真正放在世界史的框架中探讨,才有可能真正推动历史研究。

敦煌与西部的学术情结
——齐陈骏《敦煌学与古代西部文化》介评*

冯培红

齐陈骏先生于 1957 年从复旦大学历史系毕业后，响应国家号召奔赴大西北，到兰州大学历史系任教，至 2000 年退休，在西北工作了 43 年。退休以后，他继续发挥余热，指导完刚招了一年的博士生，依然从事学术研究，并于 2005 年出版了《西北通史》第二卷、《枳室史稿》等著作。[①] 如今，叶落归根，他南下投依儿子生活，回到故乡，定居在浙江绍兴。齐先生把最美好的青春献给了大西北，他在兰州大学开创了敦煌学事业，致力于研究以河西走廊为中心的西北历史。这本《敦煌学与古代西部文化》是他研究敦煌学、丝绸之路、西北史的论文结集。展读此书，可以感受到他对敦煌与西部的浓郁学术情结。

现在出版业发达过度，各地都在出版各种论文集，这是因为论文集所收多为旧作，出版起来快，能够收到马上见书的"效益"。最近十年间，齐先生的论文集出了三种，内容大同小异，或各有侧重，但齐集的接连"再版"却饱含着甘肃、浙江两地的学术感情。第一种于 2005 年由甘肃文化出版社出版，书名取作《枳室史稿》，当时正值齐先生七十岁生日，兰州大学敦煌学研究所编此文集，将其论文裒为一册，自然是最好的纪念方式；第二种于 2012 年由甘肃人民出版社出版，书名为《陇上学人文存·齐陈骏卷》，是甘肃省为在该省作出卓越贡献的学者出版的文集之一；第三种于 2015 年由浙江大学出版社出版，即本文所介评者，是浙江大学为研究丝路敦煌的浙江学者出版的文集之一。这三部论文集充分体现了兰州大学敦煌学研究所对其开创者、甘肃省政府对陇上学者、浙江大学对浙籍学者的关怀和感情，以至于出现了这样奇特的"再版"现象。

---

* 本文得到浙江大学中国史学科双一流建设项目资助。
① 齐陈骏主编《西北通史》第二卷，兰州大学出版社，2005 年；齐陈骏《枳室史稿》，甘肃文化出版社，2005 年。

齐陈骏先生是兰州大学敦煌学事业的开创者。1979年，他在该校率先创办了敦煌学研究小组，翌年出版的《敦煌学辑刊》是大陆第一份敦煌学专业杂志。八九十年代，敦煌学研究小组先后升格为研究室、研究所，规模不断发展壮大。在齐先生退休前一年，该所被批准为首批教育部人文社会科学重点研究基地，拥有历史文献学（含敦煌学、古文字学）专业博士、硕士点，成为国内外敦煌学研究的重镇。

　　作为齐先生的学生，十余年前我负责编校《枳室史稿》《西北通史》第二卷及《敦煌学辑刊》2005年第2期《齐陈骏教授七十华诞暨从教五十周年颂寿专号》，当时很想写一篇纪念性的文章，但由于种种原因而未能如愿。如今，论文集已经出了三版，齐先生也已年逾八旬，更加让我觉得应该总结一下他的学术成就。兹以书评的方式，来介评最近出版的《敦煌学与古代西部文化》一书，客观评述齐先生的学术业绩及其对敦煌与西部的学术情结。

　　《敦煌学与古代西部文化》一书是以其中的一篇论文名来命名的，体现了鲜明的敦煌与西部特色。此书为《浙江学者丝路敦煌学术书系》第1辑10种之一，该书系由浙江大学的丝绸之路与敦煌学研究团队组织出版，柴剑虹、张涌泉、刘进宝主编，拟推出20世纪以来浙江籍和曾在浙江工作的丝路、敦煌学者的代表性成果，以彰显浙江学者在该领域作出的学术贡献。[1] 齐陈骏先生长年在西北研究敦煌学、丝绸之路与西北史，但先生是浙江天台人，生长于江南，故其论文集得以入选书系而在故乡"再版"。

　　按照整套书系的体例，该书前面是一篇题作《我与丝路及敦煌学的研究》的学术前言，详细地叙述了作者从事丝绸之路、敦煌学研究的学术历程，让我们对他如何接触并结缘敦煌，开展敦煌学、丝绸之路与西北史研究，特别是在兰州大学历史系开创敦煌学研究事业有了完整的了解。20世纪六七十年代，作者两次去敦煌参观莫高窟，并且聆听了敦煌文物研究所多位专家的学术报告，他还到武汉大学参加高校青年教师进修班，聆听唐长孺、陈仲安等先生的学术讲座，了解到当时正在整理的吐鲁番文书的情况。随着学术眼界的不断开阔与对敦煌、吐鲁番的深入认识，齐先生在兰州大学提出要研究西部特色的历史，兰州大学历史系遂成立了汉简、敦煌学、民族学、中亚史、苏联史等五个研究小组，创办了《敦煌学辑刊》《西北史地》等刊物。他还积极参与国内学术界的活动，如1980年参加中国唐史学会成立大会并当选为理事，参加学会在翌年组织的行程万余里、费时近两月的丝绸之路考察活动。针对这次丝路考察，他满怀着学术热情撰写

---

[1] 截至目前，该书系已经出版了2辑14种，后续诸书正在陆续付印中。

了两篇论文：一篇是《丝路考察纪略》，在扬州举行的下一届学会年会上作了报告；另一篇是《古代河西的兴衰》，收入考察论文集《丝路访古》中。可以说，成立敦煌学研究小组、创办《敦煌学辑刊》、考察丝绸之路，是齐先生研究敦煌学与丝绸之路的学术起点。1983 年，中国敦煌吐鲁番学会在兰州成立，齐先生负责会议筹备工作，并当选为学会副秘书长。此后，兰州大学的敦煌学研究获得了长足发展，培养了一批人才，出版了一系列著作，获得了硕、博士学位点，建起了资料中心，与国内外学术界的联系也加强了，这些都凝聚着先生的心血与功劳。在学术研究上，他围绕着敦煌学、丝绸之路与西北史逐渐展开，先后出版了《五凉史略》《河西史研究》《枳室史稿》《西北通史》第二卷等著作。按照他自己的话说，是"做了一辈子的西北人，也就与丝路与敦煌学结下了不解的缘分"（第 11 页），这话中饱含了这位年少时生长江南、青春时奉献西北、老年后叶落归根的学者对敦煌与西部的深深情结。

本书共收录 19 篇论文，是齐先生研究丝绸之路、敦煌学与西北史的代表性成果。① 概括起来可以分为以下三个方面的内容：

一是丝绸之路研究，有《丝路考察纪略》《丝路古道上的法律文化资料简介》《对古丝路上贸易的估价》《漫谈古丝路的研究》等 4 篇论文。

如前所说，齐先生对丝绸之路的关注是从 1981 年参加中国唐史学会组织的丝路考察队开始的。这是改革开放以后第一次大规模的丝路考察活动，考察队成员来自全国各地，多达 24 人，由北京师范学院宁可教授任队长，为期近两月，行程万余里，对于推动唐史学者研究丝绸之路起到了重要作用。考察归来后，齐先生所撰《丝路考察纪略》是对这次考察活动的记录及思考，梳理了考察所经丝绸之路的沿途走向，探讨了丝绸之路与宗教、民族融合、古代军事设防、古城遗址等问题，既有现场实地的考察体验，又有学术性的问题探讨，对他后来研究西北史、敦煌学等丝路相关问题具有指导意义。比如，考察队从青海穿过扁都口进入河西走廊，使他深刻地认识到，丝绸之路"除了东西的大道以外，值得注意的是，河西内部南北之间的交通亦是非常重要的"，得出了"河西地区是我国西部地区东行西去、南来北往的十字路口"的结论（第 16 页），是客观全面的。

---

① 除此之外，齐先生在隋唐史领域也有不少成果，如在《历史研究》《中国史研究》《兰州大学学报》等刊物上发表了《试论隋和唐初的政权》《唐代宦官述论》《从隋代官制改革看专制主义政治的加强》等论文。关于他的治学领域，《枳室史稿》分为"汉唐史"、"敦煌学"、"河西史"、"丝绸之路与西北史"四个栏目，已经作了很好的概括。《敦煌学与古代西部文化》实际上收录了后三个栏目的部分内容。本书评对齐先生在丝路、敦煌以外的研究成果不作评论。

这一观点在他撰写《五凉史略》《河西史研究》《西北通史》等书时也常有体现。

《漫谈古丝路的研究》是一篇概括性的理论之作,明确提出丝绸之路研究"是一门贯通古今、又涉及沿路诸国社会生活各个领域的综合性学科"(390页),注意到它的规律性和阶段性,指出丝绸之路并不仅仅局限于商路,也可称之为中西文化交流之路、宗教之路、民族友好之路,这些见解对于今天"一带一路"的建设与研究具有借鉴意义。《对古丝路上贸易的估价》一文主要是从历史学的角度,通过发掘运用历史文献资料,对丝绸之路上的丝绸贸易、汉朝和匈奴之间战争与丝绸的关系、中原王朝封建经济及其对对外贸易的管制等问题作了较详细的考论,批驳了把丝绸之路简单地说成是一条商路的观点,认为不能把商业贸易估得太高,而应从宗教、文化交流、民族友好等角度来全面阐释丝绸之路的内涵。

《丝路古道上的法律文化资料简介》是齐先生在三年前发表《敦煌、吐鲁番文书中有关法律文化资料简介》的姊妹篇。由于此前已对敦煌、吐鲁番法律文化资料作过介绍,所以该文不再涉及丝路沿线出土的文书,而是利用传世史籍对汉唐间各个时段的丝路法律文化进行考述,特别注意到各个少数民族政权的法律状况,如汉代时期的匈奴、羌政权与西域诸国,魏晋南北朝时期的汉、氐、羌、鲜卑、柔然政权与西域诸国,隋唐时期的吐谷浑、突厥、薛延陀、回鹘、吐蕃政权与西域诸国,考论其刑罚制度、继承法、政治制度、赋税制度、风俗状况等。从中可以看出,齐先生对传世史籍极为熟悉并且运用自如,对汉唐之间丝路诸政权的法律文化如数家珍,了如指掌。

总的来说,齐先生对丝绸之路的研究既有实地考察,又有理论探讨,对丝绸之路上的法律文化、经济贸易二题较为关注,特别在掀起"丝路热"的时候能够客观冷静地看待丝路贸易,提出对丝路贸易不能估价太高的观点,体现了一个历史学者冷静思考的严肃态度。齐先生对丝路法律文化的研究,既利用传世史籍对丝路诸政权进行整体性的观照,又运用敦煌、吐鲁番文书来作具体性的考察,两者起到了互补作用,做到了宏观与微观、传世史籍与出土文书相结合。但也必须指出,齐先生对丝绸之路的实地考察在以后的学术研究中没有持续深化下去,未能利用自己身在西北的便利条件对各种文物与古迹遗址进行再考察与研究,致使相关问题的讨论点到为止,未能深入。对于丝路贸易的研究,他提出不能估价太高的观点非常谨慎,①但对丝路贸易的实际论证却显得不足。我们虽然不宜过分夸大古代丝绸之路的商业功用,但从丝路沿线出土文书与文物

---

① 类似的观点可参 Valerie Hansen, *The Silk Road: A New History*, Oxford university press, 2012.

的研究来看,丝路贸易其实并不像作者所说的那么弱化。在丝路通畅时期,汉简资料证实了汉代对外贸易的存在,其规模也相当可观,甚至伴随着这种贸易而出现了帝国版图的扩张;①在丝路衰落时期,丝路商队的规模有时也非常庞大,②敦煌文书反映了即便在唐末宋初,丝路贸易仍然不绝如缕,③因此丝路贸易的商业性质也不可低估。

二是敦煌、吐鲁番学研究,有《敦煌学与古代西部文化》《敦煌沿革与人口》《简述敦煌、吐鲁番文书中有关职田的资料》《敦煌、吐鲁番文书中有关法律文化资料简介》《有关遗产继承的几件敦煌遗书》《读 P.3813〈唐判集〉札记》《略述唐王朝与吐蕃的关系及张议潮领导的沙州人民起义》《〈敦煌学辑刊〉廿年回顾与展望》等 8 篇论文。

在敦煌学领域,齐先生最早发表的论文是《略述唐王朝与吐蕃的关系及张议潮领导的沙州人民起义》,刊于 1979 年,这正是他在兰州大学创建敦煌学研究小组的那一年。唐蕃关系是历史研究中的重要课题,农民起义研究也是当时学界的热门议题,④而张议潮则是敦煌学研究中最重要的人物。此文运用传世史籍考述了唐朝与吐蕃的关系、吐蕃对河陇的统治、张议潮率领敦煌人民的逐蕃起义,历史脉络清晰;又利用敦煌出土的《张议潮变文》《张淮深变文》,揭开了归义军前期历史的一缕面纱。

80 年代初发表的《敦煌沿革与人口》是敦煌学研究的基础性成果。尽管此文受当时条件的限制而使用敦煌文书较少,但敦煌文书的时代范围主要在唐五代时期,不可能覆盖敦煌的整个历史沿革,所以该文主要依靠传世史籍考察了敦煌的行政区划与人口变迁,上溯先秦,下及明清,充分展现了作者对史籍的精熟程度与对长时段历史脉络的清晰把握。到 1986 年发表《简述敦煌、吐鲁番文书中有关职田的资料》时,已经可以看到不少敦煌、吐鲁番文书了,特别是当时正在陆续出版中的《吐鲁番出土文书》,这是时代发展使然,也是中国敦煌吐鲁番学获得飞跃发展的真实写照。该文共搜集到与职田有关的文书达五十多件,用这些细碎却实际的资料补充了典志史籍关于职田制度记载的不足,并且探讨该制度在唐帝国西陲地区的实施情况,非常珍贵。

有 4 篇论文发表于 90 年代。其中,《敦煌学与古代西部文化》是一篇概说性的论

---

① 余英时著,邬文玲等译《汉代贸易与扩张》,上海古籍出版社,2005 年,第 1—196 页。
② 参荣新江《北周史君墓石椁所见之粟特商队》,载《文物》2005 年第 3 期,第 48—50 页。
③ 关于这个问题,笔者与齐先生曾经合作撰文予以考论,见齐陈骏、冯培红《晚唐五代宋初归义军对外商业贸易》,载《敦煌学辑刊》1997 年第 1 期,第 38—51 页。
④ 同年,作者还发表了另一篇关于农民起义的论文,即《略论隋末瓦岗军的领袖李密——兼与孙达人同志商榷》,原载中国农民战争史研究会编《中国农民战争史研究集刊》第 1 辑,上海人民出版社,1979 年;此据《枳室史稿》,甘肃文化出版社,2005 年,第 140—160 页。

文,总结了西部文化的三个特点,即:自古以来就是个多民族活动的场所、游牧民族的文化与汉族农业文化的交融、古代中西文化交流的中继站,并把关中地区归属于中原文化,而不在西部文化之列。齐先生一贯坚持西部文化的核心在凉州,这不仅是他一直从事西北史研究的结论,也是其长期生活在西北的真切感受。在这样的西部文化特点下,他阐述了敦煌的历史发展内容并分析敦煌学的内涵特征,进一步认为敦煌学是古代西部文化的典型代表与结晶。

《敦煌、吐鲁番文书中有关法律文化资料简介》《有关遗产继承的几件敦煌遗书》《读 P.3813〈唐判集〉札记》三文均是运用敦煌、吐鲁番文书来研究中古时期的法律文化,再加上本书所收的利用传世史籍研究丝路法律文化的两篇论文,可见丝绸之路法律文化是齐先生研究专攻的一个重点领域,而敦煌、吐鲁番是丝绸之路上的两颗璀璨明珠,留下了许多宝贵的文书资料。他既关注史籍所载丝路诸政权的法律文化,又比较全面地清理了敦煌、吐鲁番文书中的法律资料,既包括律、令、格、式等中央王朝的法律条文,又介绍了具有法律效力的官府文书与法律案卷,使我们对古代丝路及敦煌、吐鲁番的法律状况有了全面的了解。至于具体的敦煌法律文书,他选取了与遗产继承有关的二十多件文书及 P.3813《唐判集》来进行解读与分析,提供了很好的研究个案,特别是私财不分的现象、绝户遗产的处理等问题,只有靠敦煌文书才能得到清晰的解释。

作为《敦煌学辑刊》的创办人及主编,齐先生于 2000 年发表《〈敦煌学辑刊〉廿年回顾与展望》一文,回顾了杂志创刊以来的历史,既有 20 世纪 80 年代初初创阶段的学术热情及受到中国敦煌吐鲁番学会、兰州大学及学术界的大力支持,也有 80 年代后期和 90 年代初的艰难曲折。站在世纪之交,作者虽然自己即将退休,但当时兰州大学敦煌学研究所刚刚获得博士点,并入选为首批教育部人文社会科学重点研究基地,又赶上国家西部大开发的有利时机,在天时、地利、人和各方面都蒸蒸日上,他对《敦煌学辑刊》的未来充满着美好的希冀。

敦煌、吐鲁番学是一门以出土资料为基础的学问,并且随着国家乃至国际的形势而发展变化,齐先生在兰州大学开创敦煌学研究也同样受到这两方面的影响。从本书所收的这 8 篇敦煌、吐鲁番学论文来看,初创阶段受当时文书刊布较少的局限,只能主要依靠传世史籍进行研究,而对文书利用极少,比如《略述唐王朝与吐蕃的关系及张议潮领导的沙州人民起义》一文中,所引《阴处士修功德记》《李氏再修功德碑》《索法律铭》均出自张维的《陇右金石录》,《张议潮变文》《张淮深变文》则引自王重民等《敦煌变文集》。除了唐蕃关系之外,他对张议潮的研究结论并未大幅超越早年罗振玉、向达先生的研究,①所引敦煌文书也比姜亮夫先生同年发表的同一主题论文中的要少。②《敦煌沿革与人口》一文仅在考察归义军及西夏时期略引了《张淮深变文》《寿昌县地境》两件文书与莫高窟第 429 窟、榆林窟第 29 窟两条题记。于此可见,改革开放初期的敦煌学研究真可谓筚路蓝缕,步履艰难。而如今,对吐蕃统治敦煌与归义军节度使张议潮的研究,学术界依据大量的敦煌文书已经有了长足的进展。③ 对敦煌、吐鲁番职田与法律文化的研究,齐先生虽然引用文书极多,对文书的解读和问题的分析以及与史籍的结合论证亦较深入,而且对敦煌、吐鲁番法律文书的研究已经初步形成了阵地,但却突然戛然而止,没有进一步铺展开来,他当时的主要精力转向于《西北通史》的撰作。

三是西北史研究,有《汉代以来西域的社会状态与中原王朝对西域的经营方略》《古代河西的兴衰》《河西历代人口简述》《五凉政权与西域》《凉州文化与武威的开发》《从麦积山"寂陵"谈西魏时期关陇地区的文化融合》《隋唐西北的屯田》等 7 篇论文。

《隋唐西北的屯田》是一篇很下功夫的长文,详细考察了隋唐王朝在西域、河西、河湟和丰胜、灵盐、泾原等地的屯田,其地域范围囊括了所有西北地区,尤其是在探讨西域、河西屯田及其经营管理时运用了大量敦煌、吐鲁番文书。此文无论在传世史籍与出土文书的结合运用,还是在具体问题的论证深度与广度上,都堪称是隋唐西北史研究的高水平之作。

《古代河西的兴衰》《河西历代人口简述》《五凉政权与西域》《凉州文化与武威的开发》4 文主要立足于河西走廊的研究,个别兼及与西域的关系。前二文从纵向的角度分阶段考察了河西走廊的政治兴衰与人口变迁状况,均呈现出两汉、隋唐、明清等三个发展高峰期,河西兴则人口多,河西衰则人口少,两者完全是同步的。齐先生指出,河西的兴衰是与同时期全国的形势、中西交通及军事设防中的地位密切相关的,而河西人口的变迁也与国家形势、河西开发、移民政策分不开。这两篇论文史学功底扎实,纵向贯通的学术视野十分开阔,至今仍是研究河西史的重要基础。后二文从横向的角度选择

---

① 罗振玉《补唐书张义潮传》,载《罗雪堂先生全集初编》,大通书局,1984 年,第 2 册,第 719—730 页;向达《罗叔言〈补唐书张义潮传〉补正》,载《唐代长安与西域文明》,河北教育出版社,2001 年,第 409—420 页。

② 姜亮夫《唐五代瓜沙张曹两世家考——〈补唐书张义潮传〉订补》,载《中华文史论丛》1979 年第 3 辑,上海古籍出版社,1979 年,第 37—45 页。

③ 对吐蕃统治敦煌的研究,参见杨铭《吐蕃统治敦煌研究》,新文丰出版公司,1997 年;陆离《敦煌的吐蕃时代》,甘肃教育出版社,2013 年;对归义军首任节度使张议潮的研究,参见 Yang Jidong, "Zhang Yichao and Dunhuang in the 9th Century", *Journal of Asian History*, vol.32, no.2, 1998, pp.97–144;冯培红《敦煌的归义军时代》,甘肃教育出版社,2013 年,第 26—31 页。

一个时期(五凉)或一个地域(武威)来作论述。齐先生对五凉史作过专门研究,出版了《五凉史略》及相关的系列论文,大多属于河西本土范围,而《五凉政权与西域》则对史载不多的五凉时期的西域状况,综合运用传世史籍与吐鲁番文书进行探讨,填补了五凉史上的研究空白。《凉州文化与武威的开发》论述西部文化的特色是中原汉族的农业文化、西北的游牧民族文化、西来的西域文化相互交汇融合,并指出"古代真正的西部文化应在凉州"(第280页),考察了凉州武威的历史沿革及以武威为中心的凉州文化诸方面。

另外2篇论文中,《汉代以来西域的社会状态与中原王朝对西域的经营方略》关注的是西域地区,而《从麦积山"寂陵"谈西魏时期关陇地区的文化融合》虽然在题目中标称关陇地区,实际上只讨论了陇右。如前所言,前文是从法律文化的角度来论述汉唐中央王朝对西域的经营管理,体现了齐先生对传世史籍的娴熟之功;后文从麦积山石窟第43窟即西魏文帝皇后乙弗氏"寂陵"切入论述,主旨在探讨陇右地区的民族融合与文化融合问题,其研究手法同样是擅长于历史学的分析与阐述。

上述7文所探讨的地域范围,是陆上丝路沿线所经的关陇、河西、西域等地,很显然,齐先生的研究重心是在河西走廊,西域、陇右只不过是他研究河西史的延伸而已。汉唐时期西北地区的地位十分重要,这里既是中原王朝西向经营的基地,又是各少数民族的活动舞台,而且还是中西文化交流的荟萃之地。齐先生主要运用传世史籍,兼参考部分敦煌、吐鲁番文书,对以河西走廊为中心的西北史进行了多方面的研究,除了上述诸文外,他还出版了《五凉史略》《河西史研究》《西北通史》(第二卷)等书,可谓成果丰硕,尤其是奠定了河西史研究的基本框架,成为我们今天进一步研究的基础。当然,从今天的学术发展来回看这些成果,很多研究是基础性的,许多问题还需要在细节上深入考探。比如,对河西兴衰诸阶段的划分显得比较粗线条,魏晋时期史载颇为阙略,但楼兰文书可以提供诸多补充;吐蕃及归义军时期仅有寥寥数语,对敦煌文书与石窟资料利用不多。作者虽然对隋唐时期的西北屯田作了比较透彻的研究,但类似的问题式研究并不多见,更多的是基于史籍所作的描述阐释,研究的突破性相对有限。

读罢此书,可以发现齐陈骏先生在敦煌学、丝绸之路与西北史的研究上有以下特点:

第一,齐先生在兰州大学开创了敦煌学研究事业,主要体现在创办了敦煌学研究小组、《敦煌学辑刊》,培养了一批研究人才,组织出版了系列著作,建设了资料中心,加强了与国内外学术交流。这些学科建设方面的努力,使兰州大学逐渐发展成为国内外敦煌学研究的重镇,也为改革开放后中国的敦煌学研究事业做出了重要贡献。他个人在敦煌学研究方面的学术贡献,主要在敦煌、吐鲁番法律文化等领域,然涉足未多。

第二,齐先生非常娴熟于传世史籍,特别是对汉唐间的正史、《资治通鉴》及地理志等典籍,可谓信手拈来,用之于对西北历史的研究中。这不仅在研究西北史的诸篇论文中得到充分反映,而且在研究丝绸之路、敦煌吐鲁番学的论文中也体现得非常明显。他具备深厚的史学基本功,书中对传世史籍的使用占了极大比重,远远超过了敦煌文书。这既是本书及作者的优点,但反过来也说明对敦煌文书使用不足,当然这也是早期论文发表时敦煌文书尚在逐渐刊布中的缘故。

第三,齐先生身在甘肃,重点关注河西、敦煌,同时略及西域、陇右。他参加丝绸之路考察活动,从兰州到乌鲁木齐,穿越了甘肃、青海、新疆三省区。在利用传世史籍研究中原王朝对西域的经营、丝路法律文化与商业贸易、五凉政权与西域、隋唐西北屯田等问题时,他都把目光投放到了西域地区;在研究唐代职田与法律文化时,又重点使用了吐鲁番文书。在考论西魏时期关陇地区民族文化融合时,又涉及陇右地区。总的来说,河西走廊是齐先生关注与研究的核心区域,因此河西史也成了他最具代表性的耕耘园地,西域、陇右是其研究河西史的一种延伸。

第四,我们说齐先生开创了河西史研究,也开创了兰州大学的敦煌学研究事业,并且推动了丝绸之路与西北史的研究,但他只是个开创者,很多领域尚待后人进一步深入挖掘。他对丝绸之路的考察,只是跟随中国唐史学会组织的丝路考察队一同前行,之后没有利用身在西北的机会再多作考察,致使研究成果只能依靠传世史籍与敦煌、吐鲁番文书,而未能使用丝路沿线出土的各种文物考古资料。他对丝绸之路、敦煌吐鲁番学、西北史的研究,提出了一些概论性的观点,如西部文化的特点、对丝路贸易的估价等,但相关的实证性论文则比较少,有些甚至不足以支撑其提出的概论性观点。

第五,从书中可以读出齐先生对西部地区的学术感情,尤其是对甘肃河西走廊有着深厚的学术情结。他在工作之初到酒泉农场参加劳动,"文革"前带学生到敦煌参观及"文革"中到莫高窟"开门办学",都与河西走廊紧密地联系在一起。他在兰州大学提出研究具有西部特色的历史,创建敦煌学研究小组与《敦煌学辑刊》,以至于今日兰州大学敦煌学研究所成为国内外敦煌学研究的重镇,都凝聚着齐先生的无数心血。他的学术研究以河西史为主,兼及西域、陇右,并且推动敦煌、吐鲁番学的发展,更是把一生的学术青春奉献给了西部。

尽管该书内容大多已属三版,但仍然存在一些编校问题,如第53页叙张骞第一次西使,为匈奴所获,"居留一年","一"字当为"十"之误。第121页"天下称富庶者莫如陇右"的"莫"字,应作"无"。第214页"韩益"、"韩盆"实为"韩瓮",第221页"合成"当作"合城",第241页"盈群"当作"盈君",第242页"清占"当作"侵占",等等。关于兰州大学敦煌学研究小组的成立时间,一说在1979年底(第4页),一说在1979年元月(第393页),当是作者回忆有所疏失,以致出现前后不一致,核之《敦煌学辑刊》第1集"编后记",可知元月为确。《简述敦煌、吐鲁番文书有关职田的资料》一文中有些地方发生了注释错位的现象。这些编校失误皆我之责,十分惭愧。此外,书中有些地方的表述不尽准确,如第21页说骆驼城是"北凉沮渠蒙逊建都的地址",实际上骆驼城是段业所建北凉的都城,沮渠蒙逊都于张掖和武威;第22页言及鄯善,称"这里出现大量的回鹘文书,说明魏晋隋唐时期……"把回鹘文书的时间上溯到魏晋隋朝是不合适的;第48页论述漠北游牧政权对西域绿洲王国的控制,说到了宋代的女真(即金朝),自不准确。

(作者单位:浙江大学中国古代史研究所)

书评:《黄金半岛:1500年以前马来半岛的历史地理》

鲁西奇

"黄金半岛"(Golden Khersonese, or Golden Chersonese, Ancient Greek: Χρυσῆ Χερσόνησος, Chrysē Chersónēsos; Latin: Chersonesus Aurea)①这个名称,是古典时代希腊、罗马的地理学家对今马来半岛的称谓,见于公元2世纪成书的托勒密(Claudius Ptolemy)《地理学》(Geography)。

今见文献中,最早提到东南亚有一个金色的或盛产黄金的地方,是著名的印度古代文学作品《罗摩衍那》(Ramayana),其中说到 Suvarnabhumi (金土地)和 Suvarnadvipa (黄金岛或黄金半岛,dvipa 既可以指半岛,也可以指岛屿)。② 亚历山大(Alexander the Great)东征之后,希腊人进一步拓展了其有关东方的知识,但直到罗马帝国兴起之前,在希腊文献中并没有专门指称今东南亚地区的地理名词。希腊、罗马的地理学家埃拉托色尼(Eratosthenes)、狄奥尼修斯(Dionysius Periegetes)和彭波尼斯·米拉(Pomponius Mela)都曾提到过一个 Golden Isle (Khrysē, Chryse Insula),一般认为是指今苏门答腊(Sumatra),也可以包括马来半岛在内。③ 而普利尼(Pliny)在《自然史》(Natural History)中,则明确地用 Chryse 指称一个海角和海岛。④

---

① Paul Wheatley (1961), *The Golden Khersonese: Studies in the Historical Geography of the Malay Peninsula before A.D. 1500*. Kuala Lumpur: University of Malaya Press. pp.138 – 159.

② Paul Wheatley (1961), *The Golden Khersonese: Studies in the Historical Geography of the Malay Peninsula before A.D. 1500*. pp.177 – 184. Anna T. N. Bennett. "Gold in early Southeast Asia". *Archeosciences*: Anna T. N. Bennett.

③ G. E. Gerini, Researches on Ptolemy's geography of Eastern Asia (further India and Indo-Malay archipelago), *Asiatic Society Monographs*, Royal Asiatic Society, 1909, pp.77 – 111; Udai Prakash Arora, Greek Geographers on the Indian Ocean and Southeast Asia, in Chattopadhyaya, D. P. and Project of History of Indian Science, Philosophy, and Culture (eds.), *History of Science, Philosophy and Culture in Indian Civilization*, New Delhi, Oxford University Press, 1999, Vol.1, Pt.3, C.G. Pande (ed.), *India's Interaction with Southeast Asia*, Chapter 6, pp.184 – 185.

④ Paul Wheatley (1961), *The Golden Khersonese: Studies in the Historical Geography of the Malay Peninsula before A.D. 1500*, pp.128 – 129.

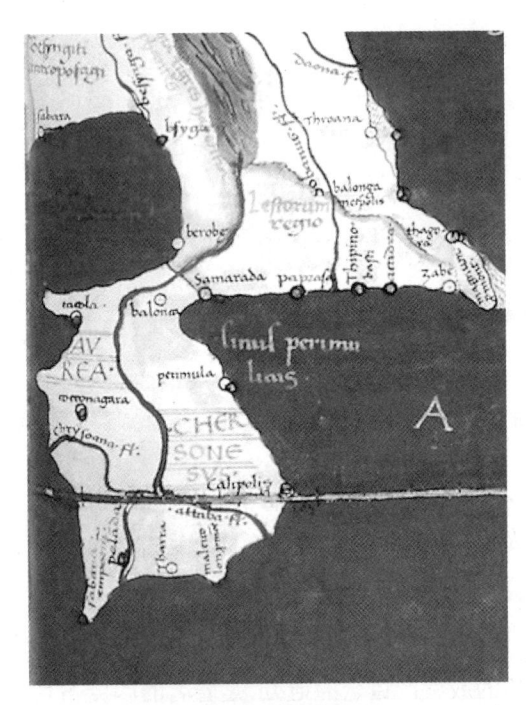

图一 托勒密的亚洲地图(第11版),画出了黄金半岛,并显示出它就是马来半岛。图中的横线代表赤道。

托勒密《地理学》是在马里努斯·提尔(Marinus of Tyre)著作的基础上编撰的,它可能是最早提到黄金半岛的著作。① 可是,今本《地理学》中包含了后世地理学者提供的某些信息,所以,最早明确述及黄金半岛的,更可能是马尔西安·赫拉克利亚(Marcian of Heraclea)的著作。② 在希腊语中,Chersonese 意为半岛,所以,尽管有不少学者认为 Golden Chersonese 当指下缅甸地区(Lower Burma),但现在一般都承认,它指的是马来半岛。在古代,马来半岛被认为盛产黄金,而且,直到17世纪,马来—葡萄牙作家艾莱达(Godinho de Erédia)仍然提到在北大年(Patani)和彭亨(Pahang)的金矿。③ 现在,马来西亚并不以生产黄金著称,但仍然存在黄金开采,其中最有名的金矿就在彭亨的劳勿(Raub)。④

托勒密地图上画出了黄金半岛,其地理位置显然就是今天的马来半岛。可是,现存最早的托勒密地图来自13世纪后期。需要指出的是,和许多早期的地理学家一样,托勒密相信印度洋是一个封闭的海洋,所以,根据托勒密的认识绘制的地图,都把黄金半岛置于一个封闭的海盆内。黄金半岛的东边是大湾(Great Gulf),大湾的东面是 terra incognita(未知土地)。8世纪时,阿拉伯地理学家已经意识到把印度洋看作封闭的海洋是错误的,al-Khwārizmī 在所著《大地志》(Book of the Description of the Earth)中就指出了

---

① G. E. Gerini, Researches on Ptolemy's geography of Eastern Asia (further India and Indo-Malay archipelago). *Asiatic Society Monographs*, Royal Asiatic Society, 1909, pp.77 – 111.

② Paul Wheatley (1961), *The Golden Khersonese: Studies in the Historical Geography of the Malay Peninsula before A.D. 1500*, pp.131 – 136.

③ Paul Wheatley (1961), *The Golden Khersonese: Studies in the Historical Geography of the Malay Peninsula before A.D. 1500*, pp.138 – 159.

④ Choong En Han (March 16, 2014), At least 5 gold mines in Malaysia are under foreign listed companies, *Media Checker*.

这一点。他们认识到印度洋是与更大的世界海洋相联系的,也知道人类居住地区的边界远在马来半岛以东,并把那里的海称为黑海(Sea of Darkness),海中有一个珍珠岛(Island of the Jewel)。也许正因为此,托勒密地图的东界变成了龙尾岛(Dragon's Tail peninsula)。

大约绘制于1448年的蒙蒂地图(*mappa mundi of Andreas Walsperger*),清晰地画出了黄金半岛,并标明 hic rex caspar habitavit(Caspar 国王居住于此),Caspar 是传说中信奉基督的"东方三贤士"(Three Magi)之一。马丁(Martin of Bohemia)在他完成于1492年的《全球地理志》(Geographical Globe)中,把金银岛(the islands of Chryse and Argyre)画在靠近日本(Zipangu)的地方。按照马可·波罗的说法,那里"盛产黄金"。1587年,一支探险队在乌纳穆诺(Pedro de Unamuno)的指挥下,前往探寻这些传说中的岛屿。[①]

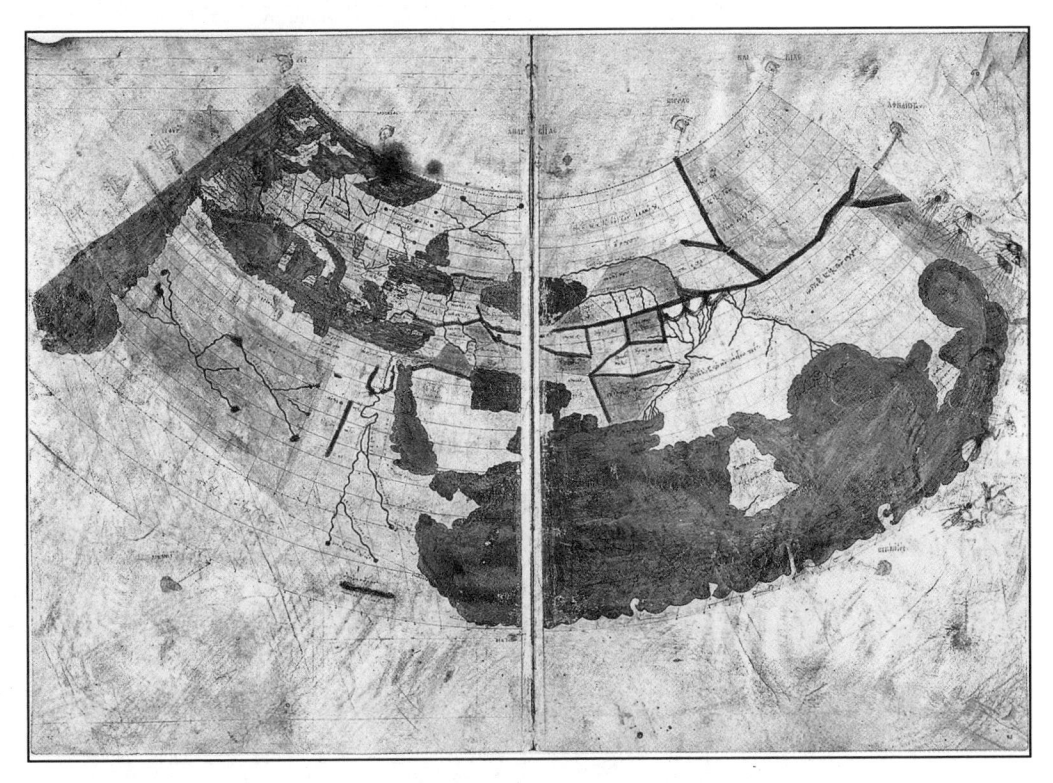

图二 乌尔维纳世界地图(**The world map from Urbinas Graecus 82**)是根据托勒密最早的地图复制的。在这幅图上,印度洋被画成封闭的海洋,黄金半岛被置于远东,其东是大湾。

---

① *The Travels of Pedro Teixeira*, tr. and annotated by W.F. Sinclair, London, Hakluyt Society, Series 2, Vol.9, 1902, p.10; E.W. Dahlgren, Were the Hawaiian Islands visited by the Spaniards before their Discovery by Captain Cook in 1778?, *Kungliga Svenska Vetenskapsakademiens Handlingar*, Band 57. No.1, 1916—1917, pp.1-222, pp.47-48, 66.

印度、希腊罗马以及阿拉伯文献中所见的"黄金半岛",应当就是中国史籍中记载的"金邻"。《太平御览》卷七九〇引朱应《扶南异物志》云:

> 金邻,一名金陈,去扶南可二千余里。地出银,人民多好猎大象,生得乘骑,死则取其牙齿。①

《文选》卷五左太冲《吴都赋》句云:"乌浒狼荒,夫南西屠。儋耳黑齿之酋,金邻象郡之渠。"注引《异物志》曰:

> 乌浒,南夷别名也,其落在深山之中。其种族为人所杀,则居其死所,且伺杀主,若有过者,是与非则仇而食之……夫南,特有才巧,不与众夷同。西屠,以草染齿,染白作黑。儋耳人,镂其耳匡。夫南之外,有金邻国,去夫南可二千余里,土地出银,人众多,好猎大象,生得〔乘骑〕,其死则取其牙。酋类皆豪帅也。②

是知三国时中国对"金邻"已有相当了解。又《梁书》卷五四《诸夷传》"扶南"记范蔓为扶南王,"勇健有权略,复以兵威攻伐旁国,咸复属之,自号扶南大王。乃治作大船,穷涨海,攻屈都昆、九稚、典孙等十余国,开地五六千里。次当伐金邻国,蔓遇疾,遣太子金生代行"。则知金邻国与扶南相近,中有涨海相隔。而同书述扶南国方位,谓扶南国"在日南郡之南,海西大湾中,去日南可七千里,在林邑西南三千余里。城去海五百里。有大江广十里,西北流,东入于海"。是以扶南在"海西大湾中"。又谓扶南以南大海洲中,有毗骞国,"有山出金,金露生石上,无所限也"。③ 中文文献中关于金邻在扶南以南、出金银的记载,以及扶南、金邻附近有"大湾"的描述,与印度、阿拉伯以及希腊、罗马以来西方文献中有关黄金半岛及其东有"大湾"的记载,惊人一致,说明诸种文明正是在马来半岛地区最早碰撞在一起,从而使不同文明的地理观念与知识形成了某种融会。

黄金半岛(马来半岛)在中国、印度、阿拉伯以及欧洲诸种文明交流及各地区交通史的地位,据此可见一斑。正因为此,对马来半岛的研究,乃是"海上丝绸之路"研究最重要的关节点之一,不仅马来西亚、新加坡学者一直关注其自身的历史,特别是其在东西方文明交流史上的地位,中国、印度与西方学术界,也有很多学者从事这一领域的研究,并提出诸多研究成果。其中最重要的成果之一,就是保罗·惠特利(Paul Wheatley,1921—1999)所著《黄金半岛:1500 年前马来半岛的历史地理》(*The Golden Khersonese:*

---

① 《太平御览》卷七九〇《四夷部》——《南蛮六》,中华书局,1960 年,第 3502 页。
② 《六臣注文选》卷五,中华书局,1987 年,第 111 页。
③ 《梁书》卷五四《诸夷传》,中华书局,1973 年,第 787—788 页。

Studies in the Historical Geography of the Malay Peninsula before A.D. 1500, Kuala Lumpur：University of Malaya Press，1961)一书。实际上,这本书出版近半个世纪以来,已经成为马来半岛古代历史以及印度洋与西太平洋特别是南中国海交通史研究的经典著作。

保罗·惠特利是地理学家,主要从事东南亚与东亚历史地理研究。他早年在利物浦大学(Liverpool University)和伦敦学院大学(University College，London)学习地理学,并开始致力于东南亚和中国的历史地理研究,并为此前往在新加坡的马来亚大学(University of Malaya);之后,他先后任教于加州大学伯克利分校(1966—1971)、芝加哥大学(1971—1991),并曾担任芝大社会思想委员会(Committee on Social Thought)主席(1977—1991)、亚洲研究学会主席(1976),是美国人文艺术科学院院士(1976)和英国科学院院士。他是最早使用中文、阿拉伯以及英文文献研究东南亚和阿拉伯世界的英国地理学家。

《黄金半岛:1500年前马来半岛的历史地理》是惠特利早年的作品。[①] 全书由绪论和七个部分组成。其中,绪论题为"立足于黄金半岛",概述马来半岛的地形地貌、气候、自然资源及其分布等情况,是一篇通论性的介绍,但对我们了解马来半岛的基本情况,仍然很有价值。

第一部分,"中国和马来半岛"。研究1500年之前的马来半岛,所可依靠的文献资料主要来源于中文文献。因此,作者在中文史料上颇下了一番功夫。在第一章"南海通道的陆上运输"中,他首先引述《汉书·地理志》有关南海诸国及其与中国交往的记载,讨论了汉代中国与南海诸国间的交通,特别是马来半岛在此一通途上的地位。他认为,马来半岛对于中国来说,主要是中国通往印度的海上航路上的一站,而不是贸易活动的一个端点。在第二章"3世纪的传闻和报告"中,他在伯希和等人所作译本基础上,对康泰、朱应的南海之行做了细致分析,特别是考证了《南州异物志》《扶南传》以及《吴时外国传》《隋书》等中文文献所记顿逊、屈都昆(都昆)、九稚(拘利)等国之所在。第

[①] 除本书外,惠特利还著有 *The Pivot of the Four Quarters*; *a Preliminary Enquiry into the Origins and Character of the Ancient Chinese City*, Chicago：Aldine, 1971; *From Court to Capital: A Tentative Interpretation of the Origins of the Japanese Urban Tradition*, with Thomas See, Chicago：University of Chicago, 1978; *Nagara and Commandery: Origins of the Southeast Asian Urban Traditions*, Chicago, Ill.：University of Chicago, Dept. of Geography, 1983; *The Places Where Men Pray Together: Cities in Islamic Lands, Seventh through the Tenth Centuries*, Chicago：University of Chicago Press, 2001; *The Origins and Character of the Chinese City*. New Brunswick, N.J.：Aldine Transaction, a Division of Transaction Pub. 2008.Berry, Brian J.L.; Dahmann, Donald C. (2001). Paul Wheatley, 1921-1999. *Annals of the Association of American Geographers*, 91(4): 734-747; Forêt, Philippe (2000), In Memoriam Paul Wheatley (1921—1999), *Historical Geography*, 28: 257-259; https://en.wikipedia.org/wiki/Paul_Wheatley_(geographer).

三章是关于赤土国的考定,使用的主要是《隋书》卷八二《南蛮传》关于赤土国的记载。在仔细考辨的基础上,他绘制了"隋代的南海航行路线图"。第四章"前往圣地",则主要使用《法显传》《大唐西域求法高僧传》的记载,考察法显、义净等人的经行路线,从而大致绘出了 5—7 世纪的南海航行图。第五章"夷海",使用《梁书》《隋书》《新唐书》《通典》的相关记载,考定盘盘、丹丹、狼牙须、羯荼、哥罗、罗越、哥谷罗等国的位置,并认为这些国家都可能是城邦国家。第六章主要使用《诸蕃志》《岭外代答》等宋人记载,考察登流眉、单马令、凌牙斯〔加〕、佛罗安等国的位置,并兼及其人群、文化与物产情况。第七章"岛夷",主要使用汪大渊《岛夷志略》等资料,讨论丹马令、遐来物、彭坑、吉丹兰、丁家庐、龙牙犀角、龙牙门、班卒等国的地理位置。第八章"三宝太监的遗产",细致考察了《星槎胜览》《瀛涯胜览》《顺风相送》等明代文献中所见与马来半岛有关的诸地名。总之,这一部分的讨论主要是建立在中文历史文献基础之上的。虽然惠特利主要是使用此前西方学者的西文译本,但他仍然下了很大的功夫。作为地理学出身的学者,这一部分的地名考定,较之于前人的研究,最大程度地考虑了地理的因素,包括海岸地形、洋流、气候等。而对于中国学者来说,惠特利将中文古代文献所见的地名(国名),与现代马来半岛及其周围地区的地名相比照,给出了自己的界定,并绘制出地图,使后人一目了然,非常便利。

更值得注意的是,惠特利对古代中文文献中有关马来半岛乃是南海地区的记载,采取了一种谨慎细致的辨析态度。为了突出这些中文文献的重要性和价值,并明晰在使用这些材料时所应当注意的问题,惠特利在这一部分之后附录了五份资料:(1)关于引用中文文献的注释,(2)康泰和朱应的出使,(3)金邻,(4)齐梁时期来自马来半岛诸邦国的使节,(5)约翰·克劳福德(John Crawfurd)对古代新加坡遗址的描述,采自印度总督派往暹罗和克钦(Cochin)的使团的报告(伦敦,1828 年)。

第二部分,"西方世界对马来半岛的认识:公元 1000 年前希腊与拉丁文献中有关马来半岛的记录"。包括两章和三个附录。第九章"在太阳最初升起的地方",地中海世界对东方的认识,大抵可以上溯到公元前 500 年前后米利都人赫卡泰乌斯(Hecataeus of Miletus)的旅行。惠特利的考察也就从这里开始。他讨论了希罗多德(Herodotus)、埃拉托色尼(Eratosthens)、斯特拉波(Strabo)、米拉(Pomponius Mela)、狄奥尼修斯(Dionysius Periegetes)等希腊历史、地理学家所了解的亚洲,特别是其东界。第十章"黄金半岛",细致讨论了《地理》(*Geographike Huphegesis or Guide to Geography*)中有关马来半岛乃至东南亚地区的描述,考证相关记载中所见马来半岛的位置、地形、河流、山脉、城镇。在这两章中,惠特利将部分古希腊文、拉丁文记载译成英文,并加以考释,使我们可以阅读使用。同样,在附录中,他对这些文献和相关学术史做了梳理,提供了很好的研究文献。

第三部分,"马来亚的印度人:11世纪末以前印度文献中有关马来亚的记载"。包括三章和一个附录。第十一章"Suvarnadvīpa",Suvarnadvīpa是地名,见于古代印度典籍如《大王统纪》(Mahavamsa)、《本生经》(Jataka Tales)、《弥兰陀问经》(Milinda Panha)中,意为"金色的土地"或"黄金之地"。惠特利详细考证了这个词在不同文献中的意义,及其所指的地区。第十一章"马来亚的佛教和婆罗门教",主要使用印度佛教与婆罗门教文献,结合中文文献与考古资料,考察印度半岛与马来半岛之间的移民运动及其路线。第十二章"朱罗(Cōla)王国在马来亚"。朱罗(注辇,Cōla, Chola,又译作科拉)是9—10世纪崛起于南印度的一个政权,它与室利佛逝争夺从马六甲到孟加拉湾的海上霸权,并将势力扩张到马来半岛。在这一章中,惠特利使用部分已公布并得到释读的碑铭资料,讨论朱罗王国在马来半岛的活动及其影响。在附录中,惠特利对于所采用的印度文献做了说明。

第四部分,"阿拉伯人在马来亚:9—15世纪阿拉伯文献中有关马来亚的记载"。包括绪论和第十四、十五章以及一个附录。阿拉伯人最早出现在东南亚地区,大约是在7世纪。在此之后的千余年中,阿拉伯人频繁地进入这一地区,以寻求香料等贸易物资。在这一部分的绪论中,惠特利简要介绍了阿拉伯人进入东南亚地区的过程与航行路线,以及相关研究所可依靠的资料。第十四章"印度的奇观",检视8—10世纪各种阿拉伯文集与行记中有关马来亚的记载,特别是早期阿拉伯旅行家和地理学家的记录(包括著名的伊本·白图泰的游记)。惠特利以马来半岛的古地名为纲,将印度文献中有关此一地名的记载辑在一起,遂得见相关记载的歧异之处及共同点,而该地的基本情况与前后变化亦得明朗。第十五章"航海家,1450—1550",叙述并考证了此一世纪中一些著名的航海家与马来半岛相关的航行,如苏莱曼(Sulaiman B. Ahmad Al-mahri)、马吉德(Shihāb Al-Din Ahmad Ibn Mājid)的相关航行路线及所经地点。同样,在这一部分的附录里,惠特利介绍并评论了其所依靠的主要印度文献,其中包括成书于851年前后的《中国印度传闻集》(Akhbār as-Sīn wa' l-Hind, Tales of China and India),特别值得注意。

第五部分,"三个被遗忘的王国"。包括第十六、十七、十八章,分别考察了狼牙修(Langkasuka)、投拘利(Takola Emporion)、羯荼(Kĕdah)三个古国。在这一部分的考证中,作者综合使用中文、阿拉伯与爪哇、马来文材料以及考古资料,展开了深入细致的论证,并力图将这几个古国在数个世纪中的历史演变做一些初步梳理。以评论人之浅见,其中关于狼牙修的考证、梳理,在诸多研究中,较为系统,亦比较可信。

第六部分,"地峡时代:1400 年以前马来半岛政治地理之概观"。只有第十九章一章。在中印交流、南海与印度洋间的航海与贸易以及东南亚政治格局变动等大背景下,观察 1400 年以前马来半岛的政治地理地位及其变动。惠特利首先指出,马来半岛的政治经济及其变动,一直是与从红海到中国的贸易网络联系在一起的,这一贸易网络的变动,直接影响到马来半岛的政治格局。他在这个意义上,讨论 550 年前后扶南王国的崩解,并分析其崩解的原因及其给马来半岛带来的影响,提出了自己的认识。他把 550—800 年间看作为一个间歇期,认为由于真腊起源于内陆地区,没有充分重视海上贸易,所以未全力控制马来半岛。第三个时期是室利佛逝(Sri Vijayan)统治时期(800—1300)。8 世纪后期,新兴的室利佛逝渐次征服了马来半岛,将马来半岛诸港口纳入自己的贸易体系和政治控制之下,但马来半岛诸土邦实际上仍得维持相对的自主地位。第四个时期是泰国间歇期(1300—1400)。14 世纪中期,室利佛逝衰落后,泰人建立的素可泰(Suk'ot'ai, Sukhothai)王朝兴起,但其核心在今泰国中北部地区,对马来半岛的控制并不强。

第七部分"一座为商人建立的城市:15 世纪马六甲的地理"。包括一章正文和一个附录。第二十章"一座为商人建立的城市",专门讨论马六甲的兴起、早期发展及其城市形态。拜里米苏拉于 1402 年建立马六甲苏丹国(Malacca Sultanate),王城即在今马六甲市,全盛时期的国土范围覆盖北大年(今属泰国南部)至苏门答腊西南部。与此前历史学者都将关注点放在马六甲苏丹国的兴衰及其与印度、中国以及后来的葡萄牙人的关系不同,惠特利将考察的重点放在马六甲城的商业网络、商业活动、商人的聚居与活动以及城市形态的形成与特点方面,从而为他后来的城市地理研究奠定了基础。附录"15 世纪关于马六甲的描述",介绍了马欢的《瀛涯胜览》、费信的《星槎胜览》等中文文献,并讨论了其中关于马六甲的叙述。

《黄金半岛:1500 年前马来半岛的历史地理》出版后,立即获得国际学术界的高度评价。研究东南亚历史最负盛名的法国学者赛代斯(G. Cœdès)在《通报》上发表了长篇书评,对惠特利的研究作了详细介绍与细致讨论,并就其核心论点和具体认识展开了讨论。[1]《英国皇

---

[1] Reviewed Work(s): *The Golden Khersonese. Studies in the Historical Geography of the Malay Peninsula before A.D. 1500*, by Paul Wheatley, Review by: G. Cœdès. Source: *T'oung Pao*, Second Series, Vol. 49, Livr. 4/5 (1962), pp. 433–439. Published by: Brill. Stable URL: http://www.jstor.org/stable/4527529.

家亚洲研究学会通讯》《伦敦大学亚非学院通报》、美国《地理学评论》都发表了书评。① 半个多世纪以来,本书研究及其认识已越来越得到学术界的公认,已成为东南亚历史地理研究的经典著作之一。综合相关评论及我们的认识,本书的学术价值主要表现在如下几个方面:

(1) 弥补了东南亚历史与东西交流史研究的空白。在惠特利之前,人们对马来半岛的历史所知甚少。法国学者一般侧重于研究印度支那,荷兰学者则关注印度尼西亚,英国学者则沉迷于印度文化。而在16世纪中叶以前,几乎没有关于马来亚历史的系统记述,考古材料也非常少。为了克服史料缺乏的困难,惠特利在充分利用希腊罗马以来的西方文献及印度文献的基础上,充分发掘中文、阿拉伯文、波斯文乃至爪哇文、马来文的文献资料,并与现代地理知识相结合。对于西方学者来说,最为难能可贵的是他为了撰写本书,来到新加坡,学习马来语,从而可以使用马来文文献。这些文献及其讨论构成为本书的基础和基本部分。作者可以熟练地使用中文、阿拉伯文、希腊文文献,这使得本书的文献基础非常扎实。不仅如此,作者对不同文献均持有审慎的态度,只有在进行科学的辨析之后,才予以采信、使用。这使他的研究风格朴实厚重,故其结论性认识得到后人采信。

(2) 描述了马来半岛历史地理的基本轮廓与历史发展的基本脉络。在惠特利之前的诸多研究,一般单独使用中文或印度文献,考证其中所见的部分地名或史事,往往专注于某一历史时期、某一邦国的历史或地理问题。惠特利既得综合利用不同语文本的文献资料,更得前后贯通,全面考定相关历史地名之位置,并将之联系起来,遂对马来半岛之历史地理变迁与历史发展之总体脉络形成较为全面系统的认识。他的地理学知识与学术背景,使他将相关史事置于特定的地理环境中加以考察,从而使其认识更切近于具体的历史地理环境。研究的通贯性和地理学特征,是惠特利区别于许多西方历史学者的最重要的研究特点。

(3) 基本厘清了马来半岛在中国、印度以及阿拉伯、波斯以及西方诸种文明交流通

---

① (1) Review by: O. W. Wolters Source: *Bulletin of the School of Oriental and African Studies*, *University of London*, Vol. 25, No. 1/3 (1962), pp. 638-639, Published by: Cambridge University Press on behalf of School of Oriental and African Studies, Stable URL: http://www.jstor.org/stable/610953. (2) Review by: R. O. Winstedt. Source: *The Journal of the Royal Asiatic Society of Great Britain and Ireland*, No. 1/2 (Apr., 1962), p. 92. Published by: Cambridge University Press. Stable URL: http://www.jstor.org/stable/25202526. (3) Review by: L. A. Peter Gosling. Source: *Geographical Review*, Vol. 53, No. 4 (Oct., 1963), pp. 626-628. Published by: American Geographical Society. Stable URL: http://www.jstor.org/stable/212399。

道(即"海上丝绸之路")上的地位与作用。作者一直把马来半岛的历史与地理问题,放在东西方交流、印度洋与中国海之间的海上交通与贸易的大背景下加以考察,故其有关马来半岛的研究,实际上是东西交流史研究的重要一环,其相关认识,加深了我们对海上丝绸之路的认识,使我们对中国、印度、阿拉伯、波斯、马来等不同人群在海上丝绸之路的开辟与发展中所发挥的作用,有了更全面的认识。

《黄金半岛:1500年前马来半岛的历史地理》在西方学术界有很高的声誉,是东南亚研究、航海史研究及文明交流史研究最重要的阅读文献。可能受到学术视野的局限,评论人迄未见到本书的中文译本,中文研究中对本书的相关介绍与引用也较少,正因为考虑到这一点,评论人希望介绍这本书。可是,本书出版已逾半个世纪,后来的相关研究实际上已在本书的基础上推进了很多,评论人并没有能力全部阅读,所以也就无力对其具体认识做出准确的评判与讨论,故本文只能是一个简单的介绍。

(作者单位:武汉大学历史学院)

向达先生《中外交通小史》的当代价值

殷盼盼

19世纪20至30年代是我国学者对中外交通史进行系统研究的起步阶段,向达先生为此做出了重要贡献,其所著《中外交通小史》①是国内第一本中外交通通史著作。顾颉刚称"中外交通史研究,以向达、岑仲勉二先生的贡献最大。向先生有《中外交通小史》……"②修彩波评价向达的史学成就时,对《中外交通小史》一书的撰写背景及主要内容进行了全面介绍,充分肯定此书首创之功。③ 然由于《中外交通小史》谈论问题广泛、篇幅较小(仅四万余字)、论证简略、出版时间早等原因,在日益精细化的学术发展历程中,这本书逐渐被淹没,甚至一些专门研究此书的论著也有将此书出版日期弄错的现象。④ 这种境况与《中外交通小史》一书的实际价值明显不符。笔者以为即使在今天看来,《中外交通小史》也有其特有的价值,故撰此小文,对此书的当今价值略作阐发。

一、向达《中外交通小史》一书的出版顺应了时代的需求,在当时具有较强的实用价值。《中外交通小史》出版以前,国内的中西交通史研究承袭清季西北舆地之学余风,在中西交通史的某些专题研究上已经取得了一定的成果,国内也已有高校开设了中西交通史或中外关系史的相关课程,⑤但仍没有较适合广大中等学生课外阅读的中外、

---

① 向达《中外交通小史》,商务印书馆,1930年。
② 顾颉刚《当代中国史学》下编《近百年中国史学的后期》,胜利出版公司,1947年,第116页。
③ 修彩波《近代学人与中西交通史研究》,光明日报出版社,2010年,第190—198页。
④ 李东华《"中外关系史"相关科目教学的内容问题》(原载张哲郎编《历史学系课程教学研讨会论文集(上)》,政治大学历史学系,1993年;后收入李东华著,关玲玲、杨宗霖编校《李东华教授论文集》,稻乡出版社,2013年,第184页)引用向达先生此书关于中外关系史的定义时,误将此书的出版日期写为1933年。更有以此为研究对象者,也将此书出版年份弄错,如修彩波《近代学人与中西交通史研究》(第190页)、毛瑞芳《回顾与思考:20世纪的中西交通史研究》(载《历史文献研究》第30辑,华东师范大学出版社,2011年,第315页)均将此书出版时间误作1933年。
⑤ 修彩波《试论20世纪上半叶中西交通史学科的形成及特点》,载《东岳论丛》2012年第9期,第96—97页;李孝迁《民国时期中西交通史课程设置》,载《史学史研究》2012年第1期,第105—117页。

中西交通通史著作。① 甚至此书出版后，直到1937年白寿彝才出版《中国交通史》一书。② 在这种背景下考察，即可见《中外交通小史》的面世适应了时代的需求，具备较高的学术史价值。

二、《中外交通小史》得益于向达较高的外语水平，以及对国际学界研究状况的熟悉掌握，此书不仅吸收了亨利·裕尔（Henry Yule）编译，亨利·考迪埃（Henri Cordier）修订的《契丹及其通往那里的路》（Cathay and the Way Thither）一书的体例和成果；而且补充了《契丹及其通往那里的路》重视不足的"中国文化之东被及南传"、"中外交通在文化上的收获"、"明清之际中西文化上的交通"等内容，因此即使与国际学界同一时代的同一类著作相比，《中外交通小史》一书也有其过人之处。全书主要由"绪论"和九章正文构成，时间上起于张骞通西域，下止于乾隆禁止基督教在清传播。正文分别讨论希腊罗马与古代中国的文化交通、中国与中亚的交通、中国与伊斯兰文化、印度文化的东传、中国与阿拉伯的交通、中国文化东传朝鲜、日本；南传安南诸国的概况，以及景教与也里可温教、中古时期来华外国人和明清之际的中西交通与西学传入等诸多问题。

三、《中外交通小史》一书也提出了一些在当代仍然具有重要价值的学术观点。此书"绪论"中言："魏、晋以后，印度的佛教东来中土，始则尚有主客之分，终则竟成连鸡之势。佛教的思想竟侵入中国的各方面，而不能辨别。隋、唐以后，中国的文化又渡海东去，传入日本，大化维新，于是日本的一切无不模效唐风。至于六朝以及辽、金、元时代，北方民族同化于中国，于是中国民族中又骤然添了不少的他民族的成分在内。元、明以后，中国同西洋又相接触，卒之有今日之局。"（"绪论"第2页）这是其对古代中国中外交通不同阶段特点进行的精要概括，大体勾勒出古代中外交通的面貌。"绪论"末尾又指出乾隆以前中国的中外交通处于一种不太明了的状态，而乾嘉以后"中外交通的形势起一空前的变革，……鸦片一役，门户洞开，遂成旷古未有的局面。所以乾、嘉以前，中外的交通，大都是以中国为主体，乾、嘉以后，中国时时处于被迫的地位"（"绪论"第2页）。这些论说对我国的中外交通史研究产生了重大影响，对我们今天的研究仍然具有很大的参考价值。又如在第一章所阐述的犍陀罗艺术对中国新疆及中原佛教艺术的影响，不仅早已为后来的学术研究所证实，并且当今的学术研究还在不断丰富和充实着这一论断。第二章提及的摩尼教东传中国相关问题，至今仍是学界讨论的热点问题。

---

① 向达《中西交通史·总序》，商务印书馆，1933年，总序第1页。
② 白寿彝《中国交通史》，商务印书馆，1937年。

"印度文化之东来"一章则大量谈及印度佛教文化对中国的影响,指出"中国同外国文化接触,如所受印度文化的影响之大者,恐无其比"(第31页)。具体而言,中国受印度佛教影响较深的有美术、医药、天文、注音字母、通俗文学、音乐诸方面,尤其值得一提的是,向达以敦煌文献中的像印和千体折佛为据,提出中国印刷术的产生一定程度上受到印度佛教的启发,这样的观点不仅在当时,即使现在看来也能让人眼前一亮。另外就全书的内容而言,将中国文化向朝鲜、日本、安南的传播纳入到中外交通史著作之中,不仅涵盖中西交通的内容,而又明确地将中西交通与中外交通进行区分,使中国文化在世界文化发展史上的地位和贡献得以彰显。处于人们还在讨论中国文化是否是孤立的发展时代,向达这一做法独具慧眼,迄今为止汉文化圈、汉字文化圈等相关问题的研究仍然是学界讨论的热点,各方面的研究也正在日益丰富。

四、向达先生学术视野广阔,即使是仅有四万余字的通史著作,也对国际学界与中国文化关系重大的一些问题有所回应。针对当时欧美、日本学界盛行的"中国文化西来"说,向达在第一章中指出文化与人种的起源是单一抑或多元,尚无定论,但是汉以后中国文化多方面受到希腊文化的影响则是事实。在谈及中印交往的最早时间时,向达对国内外学界以《摩奴法典》、荷马史诗《伊利亚得》、《大宝积经》、《阿育王息坏目因缘经》、《历代三宝纪》等有关记载为据,认为中印在先秦时期即有交通的观点提出了质疑。又如当藤田丰八提出《史记》所记秦始皇不得"祠"的"祠"为"浮屠祠"的观点时,向达不但是国内明确反驳的第一人,而且其观点被后来的研究证实是正确的。①

五、《中外交通小史》提及了诸多有关中外交通的外文著作,其中一些甚至可以作为研究中国历史相关问题的重要史料。第一章论述西方社会关于古代中国的早期记载时就谈及克泰夏斯(Ctesias)、斯特拉波(Strabo)、庞博尼乌斯·梅拉·奥比斯(Pomponius Mela de Situ Orbis)、普布利乌斯·维吉尔乌斯·马罗(Publius Virgilius Maro)、昆图斯·贺拉提乌斯·弗拉库斯(Guintus Horatius Flaccus)、塞克斯图斯·奥里利乌斯·普罗佩提乌斯(Sextus Aurelius Propertius)、西利乌斯·伊塔利库斯(Silius Italicus)、布勃里乌斯·奥维提乌斯·拿梭(Publius Ovidius Nasa)等人著作中关于中国的多种记载,此外还提及普林尼(Pliny)、托勒密(Ptolemy)、弗劳罗斯(Florus)的著作。除此而外,第八章专门介绍中古时期到过中国且撰有游记的外国游历家,这些游历家关于古代中国方方面面的记载,对我们今天从事历史研究具有相当重要的价值,向达对此

---

① 容甫《关于"不得"的后话》,载《书品》2010年第3辑,第8—10页。

作专门梳理,对我们检索相关资料十分有帮助。据笔者统计,于此章提到的就有圆仁《入唐求法巡礼行记》;阿布·扎伊德(Abu Zaid)的游记;伊本·胡尔达兹比赫(Ibu Kburdadhbah)的《道程郡国志》(*The Book of Routes and Provinces*);伊宾·罗斯德(Ibn Rosteh)的 *Al_A'lāk al_Nafisa*,麻素提(Mas'ūdī)的《黄金牧场》(*Meadows of Gold*);阿布·都罗夫·米斯亚尔·伊宾·慕哈伊尔(Abu Dulaf Mis'ar Ibn Muhalil)、阿布·赛德·阿巴特·阿尔·黑依·伊宾·都合克·嘉儿底只(Abu Sa'īd Abd al_Haiy Ibn Dubāk Gurdēzi)、爱德利奚(Edrisi)的《地理书》(*Geography*);罗吉尔·倍根(Roger Bacon)的 *Opus Majus*;柏朗嘉宾(Plano of Carpini)的游记;威廉·德·罗柏鲁(William of Rubruquis)的游记,以及马哥孛罗(Marco Polo)的《马哥孛罗游记》等。另外,除了第九章讲述明清时期西学东渐时介绍的大量西方传教士带入中国的天文、地理、历算、物理、哲学等方面的书籍外,此书还提到了《摩奴法典》(*Laws of Manu*)、《摩诃婆罗多》(*Mahabharat*)、荷马(Homer)史诗《伊利亚得》(*Iliad*)、苏莱曼(Soliman)的游记、便雅悯·图德拉(Benjamin of Tudela)的行记、伊本·白图泰(Ibn Batuta)的行记、翟里斯(H. A. Giles)的《中国与中国人》(*China and the Chinese*)、巴托尔德·劳费尔(Barthold Laufer)的《中国伊朗编》(*Sino-Iranica*)、饭岛忠夫的《支那古代史论》、桑原骘藏的《蒲寿庚之事迹》与《波斯湾头之东洋贸易》、伯希和(P. Pelliot)的《8世纪末从中国入印度的两条线路》(*Deux itinéraires de Chine en Inde à la fin du VIIIe siècle*)、夏德(F. Hirth)与罗智意(W. W. Rockhill)合译的赵汝适《诸蕃志》导言、明末耶稣会士阳玛诺(Emmanuuel Diaz)的《唐景教碑颂正诠》,日本佐伯好郎的《景教碑文研究》和美国赖德烈(Latoureth)的《基督教在华传教史》(*A History of Christian Missions in China*)等诸多论著,可以为我们进行相关领域的资料查阅提供基本的指南。

  总而言之,《中外交通小史》以较小的篇幅,选取中外政治文化交往为侧重点,精要地勾勒出近代以前中外交通的梗概。除却其梳理的中外交通史研究的具体内容,我们还应该看到,虽然此书所提及的部分观点或已陈旧、或已被学界扬弃,但仍有一些成为常识甚至是经典。同时,此书在今天仍然具有较大的学术史价值,不但其本身可作为学术史的对象进行研究,而且此书提到的诸多外文著作,也对我们按图索骥了解此书之前国际学界的研究成果提供了重要线索。作为通史著作,无论是对于当时的人们,还是在出版物十分丰富的当代社会来讲,这本书都是我们了解古代中国中外交通梗概的优良读本。

(作者单位:浙江大学中国古代史研究所)

《丝路文明》稿件撰写格式

《丝路文明》是由浙江大学"一带一路"合作与发展协同创新中心和中国古代史研究所联合主办的专业性学术期刊,主要刊发研究陆上丝绸之路、海上丝绸之路历史文化的学术论文、考察报告、书评、学术综述、资料整理、学术信息等。

为了保证刊发文稿的原创性与规范性,特提请投稿者注意如下事项:

一、来稿为本人原创性成果,并充分尊重他人知识产权,遵守学术规范与学术道德。来稿字数不限,必须保持引文正确,所引资料应使用原始文献或调查数据。

二、来稿请使用 A4 纸格式,正文简体横排,宋体(分段引文用楷体,右进两格),小 4 号字;注释用页下注(脚注),宋体,小 5 号字,注释序号用①、②、③、……标识,每页单独排序。来稿请附 300 字左右的中英文内容提要和关键词。

三、注释征引格式如下:

(1) 引用著作依次为作者、书名、出版信息、页码,第二次起引用该著作则省略出版信息。引用译著时加写译者名。

例:张涌泉《敦煌写本文献学》,甘肃教育出版社,2013 年,第 100 页。

〔美〕芮乐伟·韩森著,张湛译《丝绸之路新史》,北京联合出版社,2011 年,第 50 页。

(2) 引用古籍的格式基本同上,另外在书名后写出卷数、篇名,若有点校者或整理者亦须标出。"二十四史"、《资治通鉴》等常用文献,可省去作者。

例:《旧唐书》卷五五《李轨传》,中华书局,1975 年,第 2251 页。

(唐)李吉甫撰,贺次君点校《元和郡县图志》卷四十《陇右道下》,中华书局,1983 年,第 1019 页。

(3) 引用期刊论文依次为作者、论文、期刊、出版年期(卷、号、辑等)、页码。引用译文时加写译者名。

例:霍巍《粟特人与青海道》,载《四川大学学报》2005 年第 2 期,第 94—98 页。

〔美〕韦陀著,常红红译《武威博物馆藏喜金刚与大黑天金铜造像考》,载《敦煌研究》2011 年第 1 期,第 21—29 页。

（4）引用外文著作、期刊论文的格式，遵循各国的一般规范。需要指出，在日文论著中，除了作者、论著名仍保持日文外，其余则都为汉文简体字。

例：〔法〕Étienne de la Vaissière, *Histoire des Marchands Sogdiens*. Paris: Institut des Hautes Études Chinoises, Collège de France, 2002, p.255.

〔澳〕Lewis Mayo, "Birds and the Hand of Power: A Political Geography of Avian Life in the Gansu Corridor, Ninth to Tenth Centuries", *East Asian History*, no. 24, 2002, pp.1–66.

〔日〕長澤和俊《シルク・ロード史研究》，东京：国书刊行会，1979年，第200页。

〔日〕森安孝夫《イスラム化以前の中央アジア史研究の現況について》，载《史学雑誌》第89编第10号，1980年，第21—28页。

四、论文中出现的数字，一般使用阿拉伯数字，但古代年号后面的数字则用汉文数字。年号须括注公元纪年。首次出现外国人名，须括注原名外文。

五、来稿中若有插图，应在文中标明插入位置和说明文字；插图使用jpg或tif格式，保证高清晰度，并以电子邮件单独发来。

六、欢迎使用电子投稿，请同时发来word、pdf版本，并邮寄纸本。收稿后，会尽快向投稿者确认。审稿期限为3个月，期内请勿他投。无论审稿通过与否，本刊均通过邮寄、电子邮件或电话等方式告投稿者。来稿一律不退还原稿，敬请作者自留底稿。

七、来稿须附作者简介，含姓名、出生年、籍贯、工作或学习单位、职称、研究方向；并提供详细的通信地址、电话号码，以便联络。

八、联系方式

来稿请同时发送到下列电子信箱：

slwm@zju.edu.cn ；ljb1961@126.com

纸本稿件请寄至：

310028　杭州市天目山路148号浙江大学历史系　刘进宝

九、联系、垂询电话：

刘进宝：13968016039

冯培红：18268892045

《丝路文明》编辑部
2016年12月10日